Global Energy Interconnection
Development and Cooperation Organization

全球能源互联网发展合作组织

U0657892

破解危机

全球能源互联网发展合作组织

中国电力出版社
CHINA ELECTRIC POWER PRESS

图书在版编目（CIP）数据

破解危机 / 全球能源互联网发展合作组织著. —北京：中国电力出版社，2020.9
ISBN 978-7-5198-4877-4

Ⅰ.①破…　Ⅱ.①全…　Ⅲ.①公共管理—危机管理—研究—世界　Ⅳ.① D523.29

中国版本图书馆 CIP 数据核字（2020）第 158917 号

审图号：GS（2020）5000 号

出版发行：中国电力出版社
地　　址：北京市东城区北京站西街 19 号（邮政编码 100005）
网　　址：http：//www.cepp.sgcc.com.cn
责任编辑：孙世通（010-63412326）　周天琦
责任校对：黄　蓓　郝军燕
装帧设计：北京锋尚制版有限公司
责任印制：钱兴根

印　　刷：北京瑞禾彩色印刷有限公司
版　　次：2020 年 9 月第一版
印　　次：2020 年 9 月北京第一次印刷
开　　本：889 毫米 ×1194 毫米　16 开本
印　　张：22
字　　数：356 千字
定　　价：300.00 元

序 言

人类社会发展史是一部不断遭遇危机、战胜危机的斗争史。从 14 世纪黑死病到 2019 年新冠肺炎疫情，人类从重大疾病危机中重拾生命；从 1929 年大萧条到 2008 年金融危机，人类从经济社会危机中重获繁荣；从斯巴达战役到两次世界大战，人类在战争废墟上重建家园。危机一直像幽灵，潜伏在人类前行的道路上，给人类带来难以承受之痛。每一次破解危机、战胜危机的斗争都是人类与灾难殊死相搏的历史，也是人类生生不息、永续发展的生命之歌，必将永远镌刻史册。

历史的卷轴翻至 2019 年，突如其来的新冠肺炎疫情席卷全球，200 多个国家无一幸免，亿万生命遭受损失，世界经济严重衰退，国际治理面临挑战。新冠肺炎疫情敲响振聋发聩的警钟：人类和地球正处于"危机四伏"的时代。更频繁的危机、更大的灾难将是我们和子孙后代必须面对的时代浩劫。撕开一次次惨痛历史的伤疤，我们不得不直视，人类自身就是很多危机的始作俑者，但却毫不自知。人类在追求经济增长、社会繁荣的同时，贪婪短视、肆意攫取和争夺自然资源，造成了千疮百孔的地球家园、变暖恶化的气候环境、贫困蔓延的社会生态、增长乏力的经济体系，人类生存和发展面临重重危机的威胁。

气候环境危机这只"灰犀牛"正在狂奔而来。过去 5 年是有记录以来全球平均气温最高的五年，人类自工业革命以来累积排放的二氧化碳已高达 2.2 万亿吨。可怕的是，我们正在遭受的极端高温、台风频发、洪水干旱肆虐仅仅是"风暴前夜"，气候变化正在加速演化形成全球生态环境危机，极有可能引起多米诺骨牌效应，造成全人类和地球的毁灭性灾难。联合国秘书长古特雷斯郑重警告：地球的环境危机正在发展，这一更深层次危机即将到达不可逆转的地步。面对这一场致命的全球危机，人类又将书写怎样的历史？

气候环境危机与能源密切相关。能源是经济社会的血液，将人类活动与地球生态紧密联系。化石能源的燃烧和过度使用是造成这一切的罪魁祸首。摆脱灾难宿命、打开希望之门，人类必须牢牢握紧清洁发展这把金钥匙。大力实施清洁替代和电能替代，加快实施风能、太阳能、水能等清洁能源对煤炭、石油、天然气等化石能源的全方位替代，提高电气化水平，建立绿色低碳、清洁高效的现代能源体系，彻底摆脱对化石能源的依赖，让全人类共享一个天蓝、地绿、水清、人和的地球村，这就是人类共同破解危机的希望所在。

全球能源互联网是清洁发展的全球平台，是覆盖全球、光速传输、清洁低碳、智能友好的现代能源网络，能够将遍布全球最优质的、最低廉的清洁能源高效开发，并以光速传输、配置到千家万户。随着化石能源加快退出历史舞台，全球能源互联网将全面替代煤炭、石油、天然气系统，成为未来的全球能源系统。全球能源互联网为破解危机提供现实可行、技术先进、经济高效、全球共赢的系统方案，是人类转危为机的"治本良方"。历史终将证明，人类能源利用史将由全球能源互联网续写，人类战胜危机的奋斗史将由人类命运共同体续写，从而翻开人类和地球永续发展的新篇章。

报告共分 9 章。第 1 章，回顾人类发展史上的重大危机，反思人类在危机应对中的惨痛教训；第 2 章，揭示人类已经进入危机频发的时代，气候环境、能源资源、贫困健康等重大危机相互交织、积蓄待发；第 3 章，从科学事实、损失后果、发展走向等方面，提示人类必须高度重视和防范气候环境危机这一快速逼近的致命危机；第 4 章，分析全球在破解危机中存在的思想认识、发展方式、实际行动、治理体系等方面的深层次困境和难题；第 5 章，提出以清洁转型和"两个替代"理念破解危机的思路；第 6 章，介绍全球能源互联网方案，系统回答如何破解危机；第 7 章，分析全球能源互联网方案在现实可行、技术经济、发展方式、全球合作等方面的优势和作用；第 8 章，介绍全球六大洲在能源互联网建设方面的实践基础、发展成效以及未来的思路和重点；第 9 章，展示全球能源互联网化解气候环境危机、保护地球家园、改善人类健康福祉、实现可持续发展的巨大价值，展望人类进入高度清洁化、电气化、智能化、人本化永续新世界的美好前景。

全人类是一个休戚与共的命运共同体，没有哪个国家能够独自应对人类面对的各种挑战。团结合作、同舟共济、共赢发展是人类战胜危机最有力的武器。让我们共同担负起全人类的发展使命，向即将到来的危机宣战！我们必须主动掌握人类自己和地球家园的前途命运，迅速参与到清洁发展和全球能源互联网建设中，让绿色低碳、和谐永续之光照耀世界！

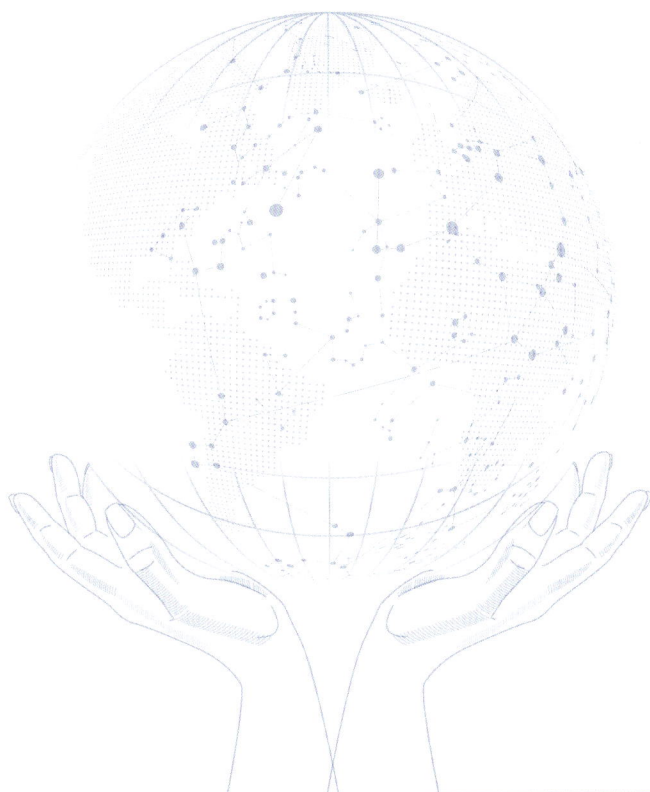

目 录

重大危机的反思 1

2019 年突如其来的新冠肺炎疫情造成全球范围人员伤亡、经济衰退、社会失序等巨大灾难影响，世界人民倍受折磨、损失惨重。人类发展史是一部遭遇危机、战胜危机的斗争史。一如历史上遭遇的每一场危机灾难，我们坚信人类终将战胜疫情。痛中思痛，人类是否已对即将到来的下一场危机做好准备？

1.1　新冠疫情的巨大灾难

新冠肺炎疫情成为新世纪全球面临的最大公共卫生危机，危及人类的生命健康，世界经济陷入严重倒退，引发数以亿计的失业者流落街头，社会动荡和贫困加剧，全球治理进程面临巨大挑战。

1.1.1　重大生命损失

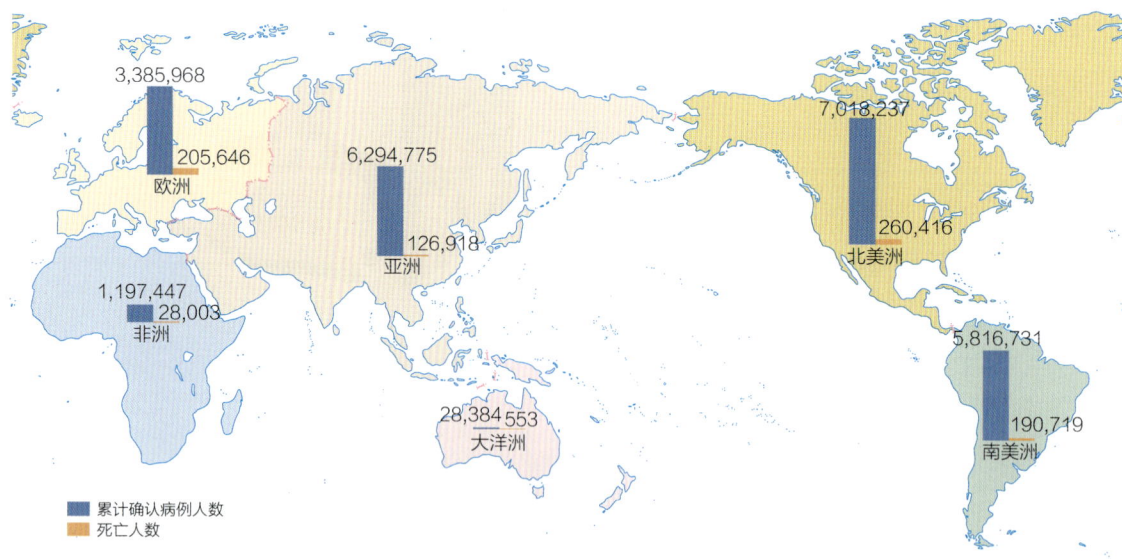

图 1.1　全球新冠肺炎累计确诊和死亡病例分布情况 ❶

---

❶ 资料来源：美国约翰·霍普金斯大学，系统科学与工程中心及有线电视新闻（CNN）整理，https://edition.cnn.com/interactive/2020/health/corona virus-maps-and-cases/。数据截至 2020 年 8 月 24 日。

新冠病毒是人类历史上最难应对的病毒之一。病毒的传染性强，基本传染数 R_0 值为 1.4～6.5，均值 3.3[1]，高于 SARS（R_0 值为 2～5）和中东呼吸综合征（R_0<1）。感染者的潜伏期长，一般为 2～14 天，最长可达 24 天，导致甄别已感染人群的难度大，不利于疫情防控。新冠病毒感染者剧增，击穿医疗承受能力，导致死亡率大幅升高，达 1.6%～12%，远高于 H1N1 病毒。与其他冠状病毒相比，新冠病毒感染重症病例显示，症状会迅速发展为急性呼吸窘迫综合征、脓毒症休克、难以纠正代谢性酸中毒、凝血功能障碍等，导致死亡。

新冠肺炎疫情已造成数十万人死亡。截至 2020 年 8 月 24 日，214 个国家和地区累计确诊病例超过 2374 万，死亡人数超过 80 万，其中，北美洲和欧洲确诊病例数占全球比重超过一半。在部分地区，养老院感染率高达 70%～80%，低收入感染者得不到及时检测和救治。由于死亡人数多、频率密集，亡者的尸体无处安放。重症患者即使治愈也可能会面临较为严重的后遗症，导致生活质量严重下降。疫情还引发巨大的次生灾害，自杀、暴力等一系列社会问题频出。据统计，美国、澳大利亚等地暴力事件大幅增长。全球 188 个国家、3.63 亿学生被迫停课，其中 50% 的学生由于缺乏网络和在线教育的条件彻底停学。

表 1.1　全球各大洲新冠病毒感染人数统计

单位：人

地区	累计	单日新增	死亡	治愈	每百万确诊
北美洲	7018237	46083	260416	3946314	11820
欧洲	3385968	30872	205646	1993407	4556
亚洲	6294775	85334	126918	4988183	2022
南美洲	5816731	50455	190719	4390491	13331
非洲	1197447	7642	28003	923922	925
大洋洲	28384	318	553	22014	712

注：截至 2020 年 8 月 24 日。

---

[1] 基本传染数（R_0）是指在没有外力介入，同时所有人都没有免疫力的情况下，一个感染某种传染病的人，把疾病传染给其他人的平均数，可用于评估一种疾病的传染力。

亚洲 ▶ 中国、日本、韩国、新加坡等国家采取积极的检测和追踪接触者等手段，实施社交隔离和社区动员等措施，有效避免了新冠病毒的大范围扩散，抗疫局势基本稳定。印度、孟加拉国、印度尼西亚等国家鉴于其卫生条件、庞大的人口基数以及众多聚集性的贫民区，抗疫工作存在极大的不确定性，抗疫压力大。目前，印度、孟加拉国日均新增确诊数千人，已分别累计确诊311万、156万人，印度尼西亚日均新增确诊超1200人。

欧洲 ▶ 2020年3—5月，意大利、西班牙、德国、英国等国家成为新冠肺炎疫情中心，多个国家的单日新增确诊均达数千人，各国医疗系统不堪重负，致使许多病例错失救治良机。5月以来，俄罗斯成为新的疫情中心，单日新增确诊人数过万。截至8月24日，欧洲48国累计确诊近338万人，死亡超过20万人。

非洲 ▶ 医疗基础设施与全球平均水平差距大，检测能力极为有限，口罩、防护服、药品等必备抗疫物资严重短缺，急需全球各国支援。在54个非洲国家中，10个较发达国家确诊病例占非洲确诊病例总数的80%，其中，南非占非洲确诊病例总数的50%以上。目前，非洲确诊病例数量正在加速上升，单日新增屡创新高，累计确诊已接近120万人、死亡2.8万人。

北美洲 ▶ 美国已连续两个多月单日新增确诊病例2万~3万人，目前累计确诊人数及死亡人数已分别超过592万人和18万人，确诊病例总数全球最高。北美洲每百万人感染11820人。迫于美国国内失业问题、经济复苏等压力，封锁隔离的措施很难持续，随着经济及社交活动的逐步恢复，感染人数可能仍在较长时期内继续上升。

南美洲 ▶ 2020年6月以来，南美洲的确诊人数及死亡病例迅猛增加，目前已累计确诊超582万人、死亡19万余人，每百万人感染13331人，居各大洲之首。特别是巴西，6月19日单日新增确诊病例近5万人，创下全球单日新增之最，后续疫情发展形势令人担忧。

表1.2　主要国家新冠病毒感染确诊病例情况

单位：人

地区	累计	单日新增	死亡	治愈	每百万确诊
美国	5915616	41470	181113	3217905	17970
巴西	3627217	21434	115451	2778709	16750
印度	3164881	59696	58546	2403101	2313
俄罗斯	961493	4744	16448	773095	6560
南非	611450	1677	13159	516494	10685
秘鲁	600438	6112	27813	407301	18268
墨西哥	560154	0	60480	383872	4147
哥伦比亚	551696	10549	17612	384171	11047
西班牙	420809	12930	28872	196958	9187

注：截至 2020 年 8 月 24 日。

本轮疫情可能持续至 2022 年甚至更远。在有效疫苗研制成功之前，社交隔离是控制疫情蔓延的最有效方式，结合新冠病毒传播特性和疫情现状，考虑各国抗疫举措的生效时间、力度、民众防护意识等关键因素，世界卫生组织（World Health Organization，WHO）指出有效控制此轮疫情有可能需要4~5年之久。目前南亚、非洲、中南美洲的大部分发展中国家疫情处于早期或潜在暴发期，抗疫政策尚存在较大不确定性。受经济下行压力影响，各国抗疫政策可能进一步放松，疫情很可能出现二次暴发，部分发展中国家将成为此阶段疫情的"震中"，全球感染人数或达到 2000 万~6500 万人，死亡人数达到 100 万~650 万人。

1.1.2　世界经济衰退

引发全球性经济衰退。新冠肺炎疫情大流行产生的巨大冲击以及防控措施造成的经济停摆，致使世界经济陷入严重收缩。2020 年 3 月起全球金融市场暴跌。美股在短短十天之内发生 4 次熔断，亚太、欧洲各国股市也遭遇重挫；大宗商品价格剧烈波动，国际油价降至 18 年以来的最低水平；国际粮价和黄金价格大涨。企业破产潮、失业潮接踵而至，全球商品贸易和服务贸易全面萎缩，多国采购经理人指数（PMI）跌至荣枯线以下，部分主要贸易国新订单下降，各类需求都处于收缩状态，经济衰退风险不断加大。根据世界银行估算，2020 年全球经济将收缩 5.2%，这将是第二次世界大战以来程度最深的经济衰退 ❶。

发达经济体衰退程度大。此次新冠肺炎疫情的隔离措施对服务业和居民消费冲击最大。欧美、日韩等发达经济体，服务业占比高达 70% 以上，消费在总需求中占比高达 80% 以上。2020 年一季度，美国经济增长 −4.8%、欧元区 −2.9%、日本 −3.4%；二季度，美国和欧洲疫情较一季度更严峻，内需、供应、贸易和金融仍继续中断，已有超过 4500 万人领取失业救济金。西弗吉尼亚州的"美国第一州银行"破产，成为全美首家倒闭的银行。预计发达经济体 2020 年的经济活动将收缩 7%，其中美国经济收缩 6.1%，欧元区收缩 10.2%，日本收缩 6.1% ❷。

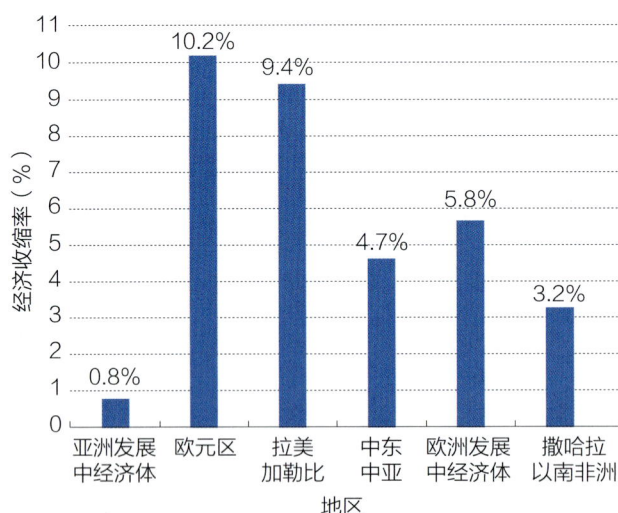

图 1.2　2020 年主要地区经济增长收缩率 ❸

---

❶❷❸ 资料来源：世界银行，2020 年 6 月期《全球经济展望》，2020。

发展中经济体失业及民生问题严峻。巴西、印度、秘鲁等新兴经济体新冠肺炎疫情严重。非洲国家依赖全球贸易、旅游、大宗商品出口和外部融资，对新冠肺炎疫情带来的冲击缺乏充分的应对措施，各国政府能够出台的经济刺激及救助方案有限。预计 2020 年新兴市场及发展中经济体经济活动将收缩 2.5%，是近 60 年来首次整体收缩，人均收入将降低 3.6%，使亿万人失业，陷入极端贫困，面临生存困难。在最贫穷的国家将有超过 5 亿人重新面临食物和药物匮乏，如果疫情进一步发展，将引发更大范围的生存危机。

全球贸易和产业链遭受冲击。疫情暴发以来，部分国家参与国际合作意愿减弱，据不完全统计，目前已有超过 50 个国家和地区限制对医疗物资的出口，仅 2020 年 3 月以来新出台的出口限制措施就达到 33 项。国际自由贸易体系以及医疗卫生、电子、信息通信等产业链都遭到冲击。一季度，全球贸易额环比下降 3%，全年全球贸易将缩水 15%[1]。

经济发展走向存在不确定性。当前各国已难以长期承受封锁措施导致的经济衰退压力，正逐步放松各类管制措施、恢复经济活动，并纷纷采取 2008 年国际金融危机后规模最大、覆盖范围最广、刺激力度最强的金融和经济刺激方案。美国财政部提出 2 万亿美元的经济刺激法案，美联储推出 2.3 万亿美元的信贷方案，欧盟各国达成 5400 亿欧元的一揽子经济刺激计划，日本发布有史以来总值最大的 108 万亿日元经济刺激计划。短期来看，各国政府及央行的信用扩张将在一定程度上稳定经济、安抚金融市场、缓解中小企业生存压力、抑制失业率快速上升。然而，经济活动的恢复仍取决于未来疫情的控制及反弹情况。从中长期来看，本轮的经济刺激很可能导致全球范围内的热钱泛滥，进而引起新一轮的资产价格泡沫，为全球经济在疫情之后的复苏埋下隐患。

---

[1] 资料来源：联合国，世界经济形势与展望年中报告，2020。

1.1.3　全球治理失序

疫情当下全球治理失序。自新冠肺炎疫情暴发以来，国际社会应急响应不协调，对共同遵守的国际规则与行之有效的治理方案执行力不足。一些国家为了维护眼前利益，采取单边主义行动。一些国家在疫情关键时期拒绝履行国际责任、拒绝承担国际义务，急于将疫情政治化、他国污名化，试图达到转移矛盾的目的。全球形成的多边治理体系和国际合作机制面临重重压力，在疫情防控和经济复苏中发挥的作用受到制约。

国际合作机制应急乏力。新冠肺炎疫情以来，联合国、世界贸易组织、国际货币基金组织等全球性机构、欧盟、非盟等区域性组织积极号召各国团结一致、共同抗疫。WHO 在国际防疫物资调配、防治经验交流、疫苗研制、医疗物资认证、后续防控策略发挥了不可替代的重要影响。但是，一些国家在疫情初期，忽视了国际组织的多次劝告，未能充分重视近在咫尺的危机，白白浪费了宝贵的防疫时间窗口，加剧了全球面对疫情的共同脆弱性。这场危机折射出长期存在的全球治理赤字和国家隔阂。国际社会呼吁构建全球公共卫生安全防控体系，完善疫病监测预警、信息共享和应急机制，建立更加有效的双边和多边合作机制。

全球治理进程放缓、难度增大。受疫情影响，原计划于 2020 年举行的多个国际会议受到影响，被迫取消或者推迟，一些领域已经取得的制度化成果也面临被搁置的风险。第 26 届联合国气候变化大会（COP26）原定于 2020 年 11 月在英国格拉斯哥举行，被迫延期至 2021 年。联合国在世界多地的维和行动、粮食援助、技术支援未能如期开展。2020 年 7 月，联合国经济社会事务部发布《2020 年可持续发展目标报告》[1] 指出，新冠肺炎疫情暴发带来空前危机，可持续发展目标实现遭遇严峻挑战。疫情还冲击国际经贸谈判，增加各种贸易壁垒和保护主义倾向，国际经贸领域的合作和机制难以在特殊时期充分发挥作用。世界贸易将下降 13%～32%，外国直接投资将下降 40%。

---

[1] 资料来源：United Nations, The Sustainable Development Goals Report 2020, 2020.

1.2 重大危机的惨痛历史

近现代十余次重大瘟疫、平均每年三次的战争冲突、每十年一遇的金融风暴、频繁发生在我们周围的生态环境破坏事件、震惊世人的十大生态公害灾难，以及诸多波及广、影响大的各类灾难，共同构成了一部沉痛的人类危机史。

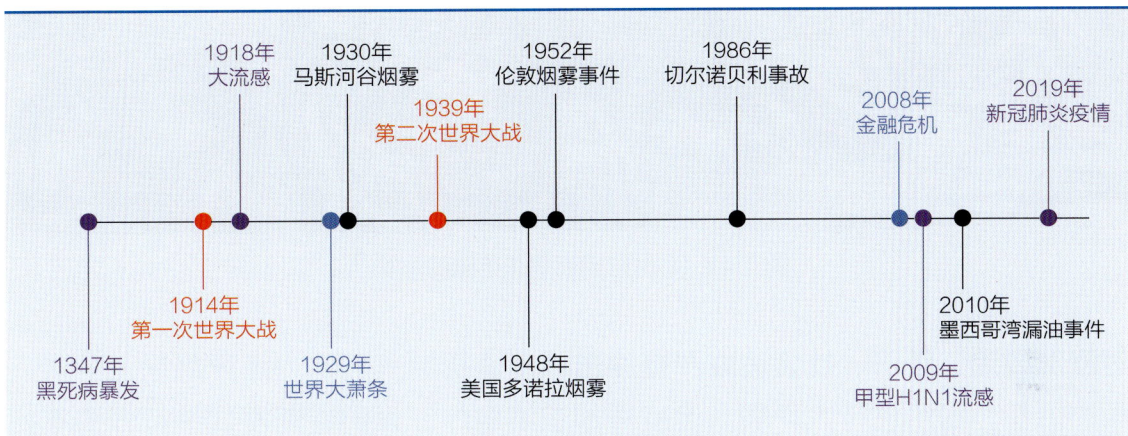

图1.3 代表性危机事件历史回顾

1.2.1 重大流行性疾病

自公元前1500年埃及出现炭疽流行以来，鼠疫、天花、霍乱、埃博拉等流行性疾病曾夺去亿万人的宝贵生命，历史惨剧不断上演。

1 14世纪黑死病

黑死病造成近1/3的欧洲人失去生命。 黑死病是由鼠疫杆菌引起的一场大瘟疫，起源于14世纪中叶的蒙古，随后传入欧洲并引起大暴发，前后历时7年之久。1346年，蒙古围攻乌克兰时，将黑死病死者用抛石机抛入城内，导致疫情在城内传播。城内的商人乘船逃回意大利途中又陆续将黑死病传播到停靠的欧洲港口，继而迅速蔓延至内陆城市，席卷整个欧洲。1347—1353年间先后在意大利、西欧、北欧、俄罗斯及中东暴发，仅1348年佛罗伦萨、威尼斯、伦敦等城市的死亡人数就均在10万人以上，最终在欧洲共造成2500万人死亡，约占欧洲当时总人口的三分之一，在全球导致7500万人丧生，是人类历史上极为严重的瘟疫之一。

图 1.4　14 世纪黑死病在英国的惨状 ❶

对欧洲政治、经济、社会造成严重冲击。疫情初期人们认为黑死病是上帝对人类的惩罚，纷纷进行大忏悔，但疫情却愈演愈烈，人们逐渐发现进行忏悔不如采取实际行动，引发对天主教的信仰危机。在找不到瘟疫来源合理解释的情况下，人们开始归罪于犹太人、残疾人、乞丐等群体，西欧社会大肆迫害和屠杀犹太人，使得大量犹太人被迫迁徙到东欧。在黑死病影响下，社会劳动力大量短缺，导致土地荒芜，限制农业生产和畜牧业发展，并进一步引发大饥荒和社会动荡。

2　1918 年流感

全球暴发改变世界发展进程。1918 年 3 月，在美国得克萨斯州的福斯顿军营，千余名士兵患上重型流感，紧接着全美 24 个大型军营陆续暴发疫情并传至周围城市。4 月美军陆续开赴欧洲战场，疫情继续蔓延至欧洲及全球。夏季，疫情看似开始消散，实际上代际传播后的病毒正在变异，瑞士、英国、法国等局部地区开始出现高死亡率的流感疫情，死亡率在 5% 以上。随后，流感再次传入美国和法国并于 9 月大范围暴发，数星期内传播至世界各地。第二次大流行持续约 3 个月，造成大量死亡并引发大恐慌，仅 10 月美国就死亡 20 万人，医生和护士大量感染造成医院瘫痪。在欧洲，德军因流感导致减员三成，这也成为其投降和一战结束的重要因素。最终 1920 年春，流感病毒才神秘消失。

---

❶ 资料来源: History.com Editors, Black Death, History, https://www.history.com/topics/middle-ages/black-death.

严重影响社会经济生产发展。1918 年流感分别在 1918 年春季、1918 年秋季、1919 年冬季至 1920 年春季三次反复大流行，其中第二次最为严重。暴发范围基本覆盖全球所有人类聚集地，包括北极和太平洋群岛，其中一些北极圈的因纽特人部落死亡率更超过 80%，很多村庄成为废墟。由于处于战争期间，对疾病的预警和控制没有引起各参战国的重视，感染者基数大，造成空前的死亡规模。据统计 11 个月里全球 130 多个国家 5 亿人感染，占全球当时人口的三分之一，导致 0.5 亿~1 亿人病亡，平均致死率达 10%。由于流感传播的恐慌，美国大城市，包括纽约和费城，基本上都临时关闭，劳动力短缺和工资上涨导致社会保障负担加重，最终使部分州的制造业产出下降 18%，造成巨大经济损失。

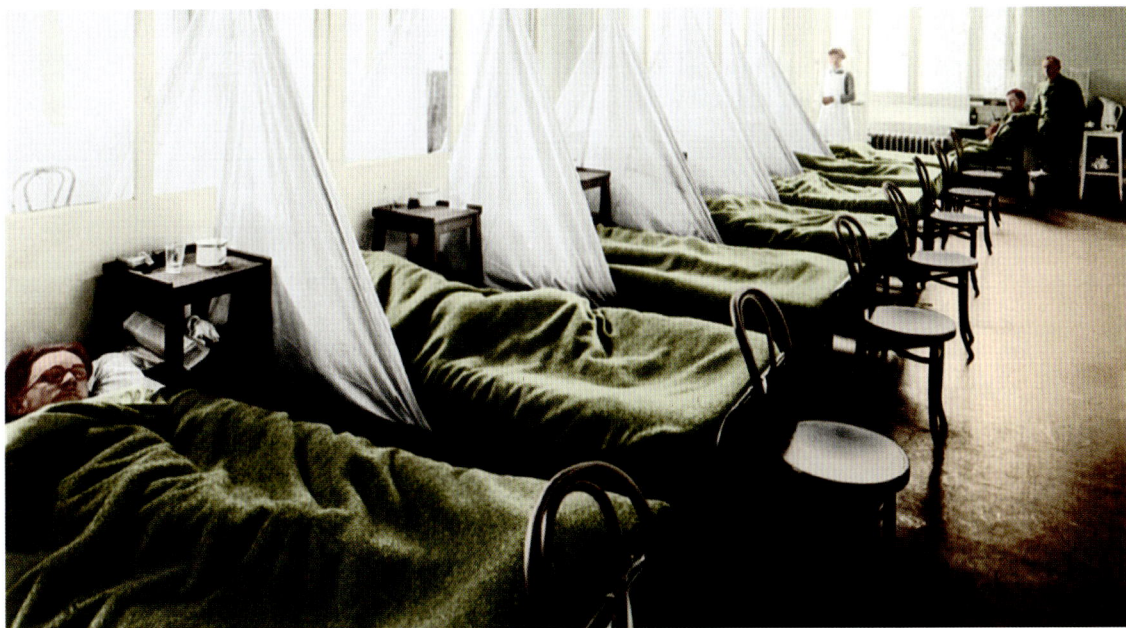

图 1.5　1918 年流感造成惨重伤亡

3　2009 年甲型 H1N1 流感

成为首个最高警戒的突发公共卫生事件。2009 年，甲型 H1N1 流感在美国暴发，首例发生在加利福尼亚。WHO 宣布疫情为"国际关注的突发公共卫生事件"，并将全球流感大流行警戒级别升至 6 级，这是 WHO 成立 40 年来第一次把传染病级别升至最高。甲型 H1N1 流感最终蔓延至全球 214 个国家和地区，感染总人数超过 6000 万，导致约 2 万人死亡，致死率约 0.02%，直到 2010 年 8 月，甲型 H1N1 流感大流行才宣告结束。

对全球经济社会产生较大影响。在全球金融危机等因素综合作用下，2009年全球GDP出现负增长（-1.7%）。敏感性极强的金融市场最先感受到危机，航空运输、旅游休闲等行业也深受影响。航空公司、旅行社和旅馆业等旅游相关产业受到打击，消费者恐慌心理还对养殖业和肉类产品贸易产生巨大冲击。此次流感还引发了一系列连锁反应，由于担心世界经济将会进一步放缓，2009年4月27日原油价格下跌了2.7%，达到50.14美元/桶。

表1.3　全球历次重大流行疾病

流行病	黑死病	1918年流感	甲型流感
发生原因	鼠疫杆菌	猪流感	甲型H1N1流感
终结原因	隔离病源	群体免疫	疫苗
持续时间	1347—1351年	1918—1919年	2009—2010年
影响国家	32个	130多个	214个
死亡人数	7500万	5000万~1亿	2万

历次流行性疾病都对全球造成重大伤害。病毒超越种族和地域的差别对人类进行残酷攻击，不论是在科技认知水平有限、交通运输不发达的14世纪还是现在，都在短时间内传遍了世界主要国家，造成巨大损失和人员伤亡。人类在重大疾病和公共卫生危机面前是十分脆弱的，如果不采取全球合作的有力行动，任何国家和地区都难以独自承受和应对。历史上的重大流行病也屡屡成为改变世界发展走向和人类前途命运的重大转折点。

1.2.2　世界性战争冲突

从原始社会人类为争夺猎物爆发部落战争，到现代社会为争夺资源、利益发生地域冲突，战争从来没有停止过。据不完全统计，人类数千年的文明史上共发生过大小战争1.5万次，平均每年就发生3次。

1 第一次世界大战

人类历史上首次全球性战争。为重新瓜分殖民地和争夺世界霸权，德、奥匈帝国等同盟国与英、法、俄等协约国爆发了第一次世界大战，战争从 1914 年 8 月 4 日全面爆发到 1918 年 11 月 11 日结束，前后持续了 4 年零 3 个多月，战火席卷欧、亚、非三大洲，参战国家地区达 34 个，受战火波及的人口达 15 亿以上，约占当时世界人口总数的 75%。战争中双方动员了约 7351 万人走上前线，其中协约国方面达 4835 万人，同盟国方面为 2516 万人。

造成巨大损失和破坏。战争造成大量人员伤亡，直接死于战争的军人高达 900 万人，另有 2000 多万人受伤，350 万人成为终身残疾，饿死、疫死者大约 1000 万人。主要交战国中被动员入伍者在公民中所占比例高达 50%。整个战争中，在长达几千千米的战线上，大规模会战不下几十次，每次会战几乎都是一场大屠杀。战争还造成严重的经济损失，按当时美元价值计算，一战参战国的直接经济损失高达 1805 亿美元，间接经济损失高达 1516 亿美元。大量的房屋、铁路、桥梁、工厂、农田遭到破坏。协约国和中立国的商船损失总计高达 1285 万吨，其中被潜艇击沉的达 1115 万吨。全球生产遭到沉重打击，单纯从经济角度估计，仅欧洲的工业发展就倒退了 8 年。

2 第二次世界大战

人类历史上规模最大的战争。第二次世界大战是人类历史上第二次全球规模的战争，先后有 61 个国家和地区、超过 20 亿人口（占当时世界人口的 77%）被卷入战争，作战区域面积 2200 万平方千米。1939 年 9 月—1945 年 9 月，以德国、意大利、日本等轴心国及保加利亚、匈牙利、罗马尼亚等国为一方，以英国、美国、苏联、中国等 26 国反法西斯联盟及全世界反法西斯力量为另一方，在世界范围发动大小战役千余场，最终反法西斯联盟和世界人民战胜法西斯侵略者，赢得世界和平与进步。

流感和战争双重阴霾下的欧洲

战争让病毒一夜之间完成"大迁徙、大流行"。 1918年3月，美国堪萨斯州的青年阿尔伯特·吉特切尔应征服役于美军的第二大军事基地福斯顿军营，成为5.6万名新兵的一员，而他的家乡在年初才经历了不为人知的流感疫情。3月4日，吉特切尔发烧病倒，是大流感记录在案的首例病人，随即病毒在军营肆意蔓延，三周就有1000人相继染病，38名士兵死亡，此后流感传遍2/3的美军军营。伴随着一战，病毒随着25艘载着美国士兵的舰船驶向欧洲大陆。4月初，疫情出现在美军登陆的法国布雷斯特，紧接着疫情波及了法国、意大利和英国军队，毫无防备的士兵还未面对炮火已先被疾病击倒。5月，流感在西班牙蔓延，甚至国王阿方索十三世也染病。6月，大流感开始侵袭中国和日本、印度、菲律宾等亚洲国家。

流感加速了一战的结束。 8月，肆虐欧洲的疫情有所缓和。但好景不长，新一波流感来袭的破坏力更强。1918年9月，大海兽号军舰载着9000名美国步兵前往法国，大流感再一次袭击欧洲，肺炎和死亡接踵而来。由于处于战

图1 第一次世界大战冲突景象

争状态，各国政府的隐瞒行为导致疫情更加恶化，持续了4年之久的第一次世界大战也在此时出现了重要转折。3—8月，德军在流感和对手的双重打击下，损兵80万人，士气更加低落。德军原定7月发动的对协约国左翼的进攻，也因流感而取消。9月开始，同盟国中的保加利亚、土耳其和奥匈帝国先后退出战争。1918年11月11日，德国在战争和流感的双重压力下宣布投降，第一次世界大战结束。庆祝停战的人们挤满街道和广场，接吻和拥抱又为病毒提供了更广阔的"温床"。直到1920年春季，肆虐两年的大流感才逐渐消失。

图 1.6 第二次世界大战欧洲街景

死伤人数多、经济损失大。第二次世界大战直接导致约 7000 万人死亡。其中，苏联约 2800 万人死亡，中国约 1800 万人死亡，其中平民占到多数。另有至少 1.3 亿人受伤，合计伤亡人数超过 2 亿人。同时二战还大量使用了化学武器，甚至后期还使用了核武器等杀伤力、破坏力巨大的武器，导致了千百万的难民和伤残军人。交战双方动员兵力达 1 亿人，直接军费开支总计约 3 万亿美元，占交战国国民总收入的 60%～70%，参战国物资总损失价值达 4 万亿美元，造成全球经济损失接近 5 万亿美元。按 1937 年的不变价计算，日本侵略者给中国造成的直接经济损失高达 1000 亿美元，间接经济损失达 5000 亿美元。此外，战争导致全球 1710 座城市、7 万个乡村遭到破坏，3.2 万个工业企业被摧毁，多国工业严重受创。

表 1.4 两次世界大战对比

世界大战	第一次世界大战	第二次世界大战
发生原因	新旧帝国主义国家重新瓜分殖民地和争夺全球霸权	法西斯国家要求重新划分世界势力范围
终结原因	同盟国战败	法西斯国家战败
持续时间	1914—1918 年	1939—1945 年
影响国家	31 个	61 个
参战人数	7000 万	1 亿
死亡人数	1600 万	7000 万
直接经济损失	1805 亿美元	4 万亿美元

1.2.3　全球经济金融危机

自 17 世纪荷兰"郁金香泡沫"金融危机爆发以来，全球范围内发生了九次波及范围巨大且影响深远的金融危机。如今，人类平均每 10 年会经历一次重大金融危机，给社会经济运行造成巨大混乱，影响深远。

1 1929—1933 年大萧条

现代社会持续时间最长的经济危机。第一次世界大战以后，世界经济经历了 10 年相对稳定的发展时期，但随着各国进行大规模的固定资本更新以及开展"产业合理化"运动，生产迅速扩大，而人们有支付能力的购买需求却在相对缩小，矛盾日益尖锐。1929 年 10 月 24 日，美国纽约股票市场价格在一天之内下跌 12.8%，由此引爆了积蓄已久的大危机。紧接着银行倒闭、生产下降、工厂破产、工人失业，危机从美国迅速蔓延到整个欧洲和除苏联以外的全世界。各国为维护本国利益加强了贸易保护的措施和手段，进一步加剧恶化了世界经济形势，成为人类社会遭遇的规模最大、历时最长、影响最深刻的经济危机。

造成严重社会问题。失业问题最为严重，美国失业人口总数达到了 830 万人，各城市排队领救济食品的穷人长达几个街区；发生了遍及全美国的大饥荒和普遍营养不良，导致大量人口非正常死亡，最保守估计至少有 700 万人死亡，约占当时美国人口的 7%。英国有 500 万～700 万人失业，许多人忍受不了生理和心理的痛苦而自杀，社会治安日益恶化。德国在一战后由于巨额战争赔款导致国内常年恶性通货膨胀、民不聊生，此次经济危机传导至德国后，更是雪上加霜，一夜之间失业人数增加 700 万人，对当时社会格局产生严重冲击，间接导致了纳粹党的上台，并最终引爆了第二次世界大战。

2 2008 年金融危机

次贷危机引发全球金融动荡。2003 年美国房贷利率跌到了 1950 年以来最低水平，房地产市场一片繁荣，各个层级特别是收入最低人群的债务比例快速增加。同时海外资金的流入，带来了美国人民持续加杠杆消费。贪婪、过度金融创新和金融自由化又错失了对风险的最后一道防守，2007 年次贷危机爆发，2008 年发展为金融危机，并迅速传导至全球。

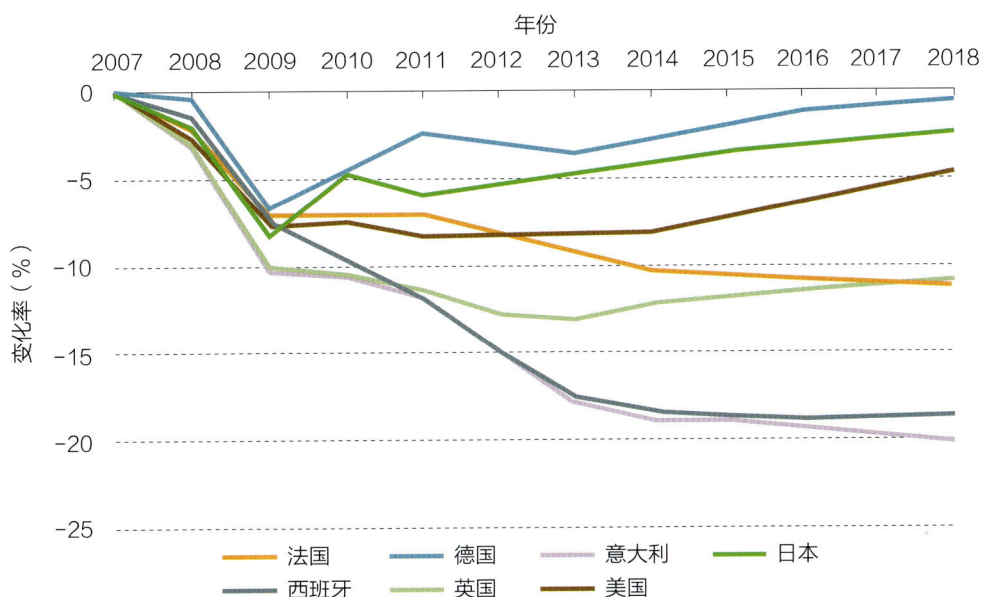

图 1.7　全球金融危机后人均 GDP 相比 2007 年增长率的变化走势 ❶

金融危机给全球带来广泛影响。世界主要发达经济体陷入经济衰退，全球金融资产缩水 27 万亿美元，负向的财富效应影响居民消费，总需求急剧下行。大量金融机构面临倒闭，金融从业者首先受到影响。而对于非金融机构，在总需求疲弱的情况下，就业人数急剧下滑，2009 年 3 月，美国的失业率已高达 8.7%，较金融危机前增长近 50%，居民生活质量严重下降。美国企业部门融资环境急剧恶化，工业生产总值延续负增长的趋势，2009 年 1 月降至 -13.33% 的历史最低位。各国政府以超发货币的方式应对危机，使全球陷入"低增长、低通胀、低利率"时代，引发了 2009—2011 年欧债危机。

---

❶ 资料来源：Euromonitor Macro Model and International Statistics.

1.2.4 严重生态环境事件

伴随人类社会的工业化进程，人类对自然资源的攫取和对自然环境的破坏日益加剧，生态环境事件不断爆发，发生在 20 世纪震惊世界的十大公害事件是生态环境危机的历史缩影。空气污染、水污染、有毒气体泄漏、核泄漏等事件严重破坏生态环境，威胁人类生存健康。

比利时马斯河谷烟雾事件。马斯河谷是比利时境内沿马斯河旁一段长 24 千米的河谷地段，是重要的工业区，建有 3 个炼油厂、3 个金属冶炼厂、4 个玻璃厂和 3 个炼锌厂，还有硫酸、化肥加工和石灰窑炉等设施。1930 年 12 月 1—15 日，整个比利时被大雾笼罩，气候反常。在逆温层和大雾的作用下，马斯河谷工业区内 13 个工厂排放的大量烟雾弥漫在河谷上空无法扩散，有害气体在大气层中越积越厚，其积存量接近危害人类健康的极限。人们吸入刺激性化学物质，导致呼吸道内壁损伤。河谷工业区有上千人发生呼吸道疾病，流泪、喉痛、咳嗽、呼吸短促、胸口窒闷、恶心呕吐等病症导致一个星期内 63 人死亡，是同期正常死亡人数的十多倍。

美国多诺拉烟雾事件。多诺拉是美国宾夕法尼亚州的一个小镇，有居民 1.4 万多人，曾是硫酸厂、钢铁厂、炼锌厂的集中地。1948 年 10 月 26—31 日，大气中的烟雾越来越厚重，工厂排出的大量烟雾被封闭在山谷中。空气中散发着刺鼻的二氧化硫气味，令人作呕。空气能见度极低，除了烟囱之外，工厂都消失在烟雾中。随之而来的是小镇约 6000 人突然发病，眼病、咽喉痛、流鼻涕、咳嗽、头痛、四肢乏力、胸闷、呕吐、腹泻等病症导致 20 人很快死亡，死者年龄多在 65 岁以上，情况与当年的马斯河谷事件相似。造成烟雾事件的主要原因是小镇上工厂排放的二氧化硫等有毒有害气体及金属微粒聚集在山谷中积存不散，这些毒害物质附着在悬浮颗粒物上，严重污染了大气。人们在短时间内大量吸入这些有毒害的气体，引起各种症状，以致暴病成灾。

切尔诺贝利事故是人类有史以来最严重的核事故。1986 年乌克兰切尔诺贝利核电厂发生严重泄漏及爆炸事故，31 人当场丧生、上千人患癌去世、20 万人外迁安置，整个地区成为无人区，13 个欧洲国家发出放射性危险警报。核辐射扩散大范围污染了该地区的空气、食物和地下水，持续影响当地人的生活。

伦敦烟雾事件是 20 世纪极为严重的空气污染灾难。1952 年 12 月 5—9 日，英国伦敦发生严重的空气污染事件。大量燃烧煤炭所产生的空气污染物形成烟雾，短短数日内共导致 4000 人死亡，两个月后又有 8000 多人死去，超过十万人身患严重的呼吸道疾病。该事件的巨大冲击为各国环境治理敲响警钟，英国政府修改了多项法规，包括 1956 年《清洁空气法》，对其他各国现代公害运动及环境运动的兴起具有深远的影响。

图 1.8　1952 年伦敦烟雾事件 ❶

墨西哥湾漏油事件是世界历史上最严重的环境灾难之一。2010 年 4 月 20 日，英国石油公司租用的一个名为"深水地平线"的深海钻油平台发生爆炸，11 名钻机工人丧生。随后的 87 天里，数百万加仑的石油涌入了墨西哥湾。事故发生后，该水域附近的鱼类种群减少了 50%～80%、珍稀鲸鱼的数量减少了 22%，至少有 80 万只鸟类和 17 万只海龟死亡。漏油事件造成的环境污染危害持续至今，并通过食物链传导给人类。直到 2018 年，该水域数千种鱼类中仍发现了较高含量的油污染 ❷，其中包括黄鳍金枪鱼、方头鱼和红鼓鱼等人类饭桌上受欢迎的海鲜，2011—2017 年，该地区黄缘石斑鱼肝脏组织以及胆汁中的油污浓度增长了 800% 以上。

---

❶ 资料来源：Getty Images.
❷ 2011—2018 年，研究团队采样了 2500 多条 91 种鱼类标本。这些鱼类生活在墨西哥海湾 359 个不同地点，这些地点都被石油严重污染。

1.3　发人深省的教训启示

当前我们正经历新冠肺炎疫情给世界经济社会发展带来的严峻考验。回顾历史，人类曾经受重大流行性疾病折磨，遭受世界性战争摧残，承受全球性经济衰退影响，经受生态环境破坏威胁。这些全球性、系统性、灾难性重大危机给人类留下深刻和惨痛的教训，很多方面值得我们反思。

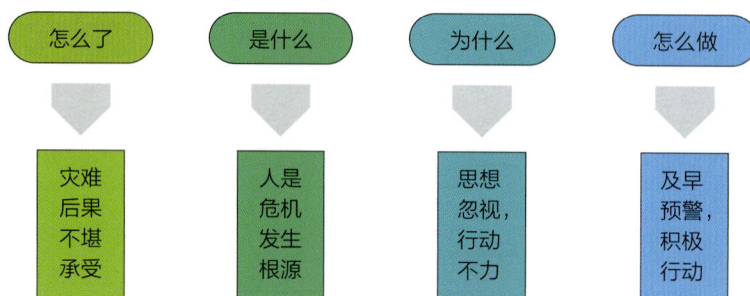

怎么了	是什么	为什么	怎么做
灾难后果不堪承受	人是危机发生根源	思想忽视，行动不力	及早预警，积极行动

图 1.9　危机教训与启示

1.3.1　灾难后果不堪承受

危机影响具有明显的全球性特点，各类风险广泛交织、相互影响，往往单个危机会引发系统性灾难。如环境风险可以显而易见地引起社会风险，社会风险会造成各类经济损失，会潜在引发经济危机，各类风险叠加会在一定程度上引发地区冲突。系统性灾难造成的损失和后果往往影响范围广、程度重、时间久。

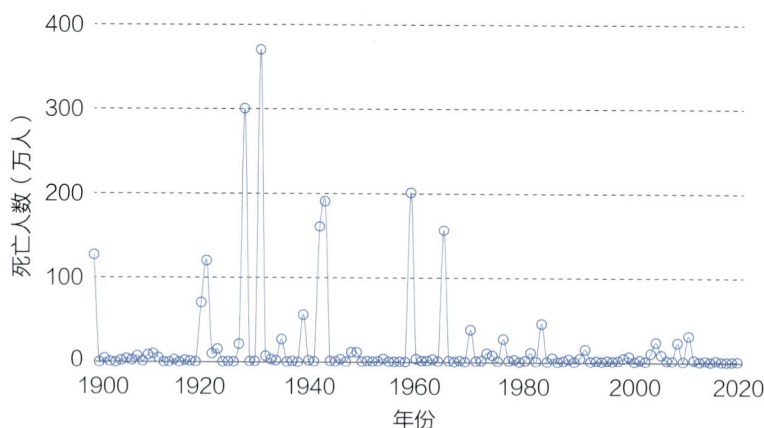

图 1.10　1900—2019 年全球自然灾害导致的死亡人数变化 ❶

---

❶ 资料来源：Emergency Events Database: OFDA/CRED. International Disaster Database, Université catholique de Louvain–Brussels–Belgium, 2019.

重大危机后果惨重。战争、流行病、环境灾难等重大危机曾剥夺数亿人的宝贵生命，部分国家和地区甚至是横尸遍野、满目疮痍、惨不忍睹。1990—2019 年干旱、地震、高温热浪、洪水、山体滑坡、火山爆发等自然灾害共造成 2300 万人死亡。其中，一半以上是由气候变化引起的干旱造成，死亡人数达到 1170 万；其次是洪水，累计死亡人数达到 700 万，占自然灾害总死亡人数的 30%；极端天气灾害累计造成 160 万人死亡，占比达 7%。每年全球受自然灾害影响人数近 1.6 亿人[1]，对人类生产生活产生直接影响，同时对地球自然系统、生态系统和社会环境造成不同程度破坏，间接影响人群的健康、福祉和生存发展。

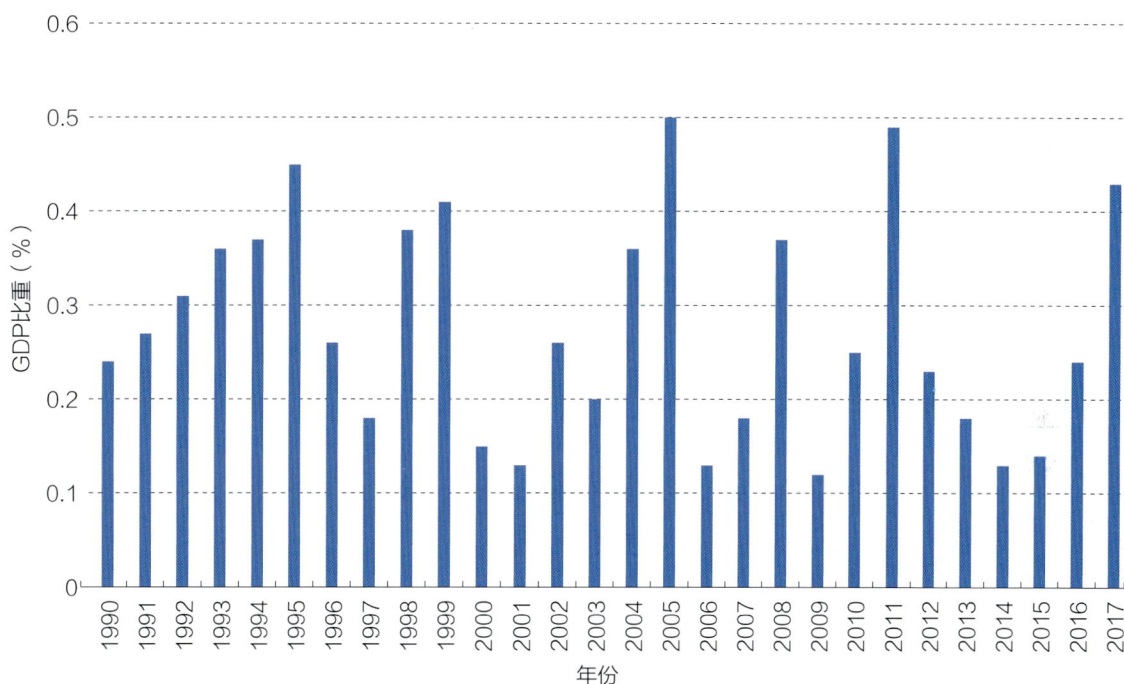

图 1.11 1990—2017 年全球自然灾害损失占 GDP 比重[2]

---

[1] 资料来源：World Health Organization, Nature Events, https://www.who.int/environmental_health_emergencies/natural_events/en/.

[2] 资料来源：EMDAT: OFDA/CRED, International Disaster Database, Université catholique de Louvain-Brussels-Belgium, 2019.

危机影响持续深远。经历危机的国家和地区经济都遭受毁灭性的破坏，设施被毁、工厂被废、生产停滞、大量失业，社会产出急剧下降，经济衰退影响深远。其中，2000—2010年自然灾害造成的经济损失高达1万亿美元，仅2010年一年，造成的损失估计就有1090亿美元。近二十年来灾害造成的经济损失明显高于过去。2017年自然灾害损失占全球GDP的比重超过0.4%。发达国家基础设施相对昂贵，因此蒙受的绝对损失更大，相比之下，非洲遭受的损失相对较小。2005年印度洋海啸造成约100亿美元的损失，而卡特里娜飓风在美国造成约1300亿美元的损失。高度发达国家遭受自然灾害经济损失平均为6.36亿美元，低收入国家遭受的经济损失平均为0.8亿美元[1]。除经济损失外，危机灾难同时给人们造成重大心理创伤，加剧各种社会暴力事件，在人们心灵留下沉重烙印，对家庭造成毁灭性影响，造成突出社会问题。特别是种族主义、民族冲突等恶性问题，是人类社会文明的巨大倒退，造成长久持续的伤害难以弥合，是人类不堪承受之痛。

1.3.2　危机根源令人警醒

人与自然、人类相互之间的矛盾是导致全球危机的罪魁祸首[2]。每个危机发生背后都有深层次原因，人类在很多危机中作为始作俑者而不自知，事后醒悟却不做改变，这些根源问题值得警醒。

---

[1] 资料来源：United Nations Office for Disaster Risk Reduction, Disaster Through a Different Lens: Behind every effect, this is a case, 2018.
[2] 资料来源：Passmore J A, Man's Responsibility for Nature: Ecological Problems and Western Traditions, London: Duckworth, 1974.

违背客观规律与缺乏敬畏之心是危机发生的根源。以人的利益为核心，单方面强调自然资源对人类的价值作用，忽略人与自然和谐共生。人类为了满足发展需求，不断攫取地球各种资源，造成生态资源平均消耗速度超常增长，地球依靠自身的新陈代谢已无法承受人类活动。研究显示，生态超载日 ❶ 已经由每年的 12 月 29 日提前至 7 月 29 日，这意味着 2019 年人类消耗了约 1.75 个地球能够提供的资源 ❷。空气污染、生态破坏、物种减少，积累亿万年的资源在短短数百年间集中耗损，这为未来发生更大危机埋下隐患。同时，经济增长、社会发展都有其内在规律，人类为争夺稀缺资源和发展空间，频繁进行恶性竞争乃至冲突，贸易霸权、无序竞争的人类之间的矛盾引发地区冲突和世界战争。这些行为不断违背发展规律、突破发展极限，最终成为孕育战争冲突、金融危机、经济衰退等社会危机的土壤。

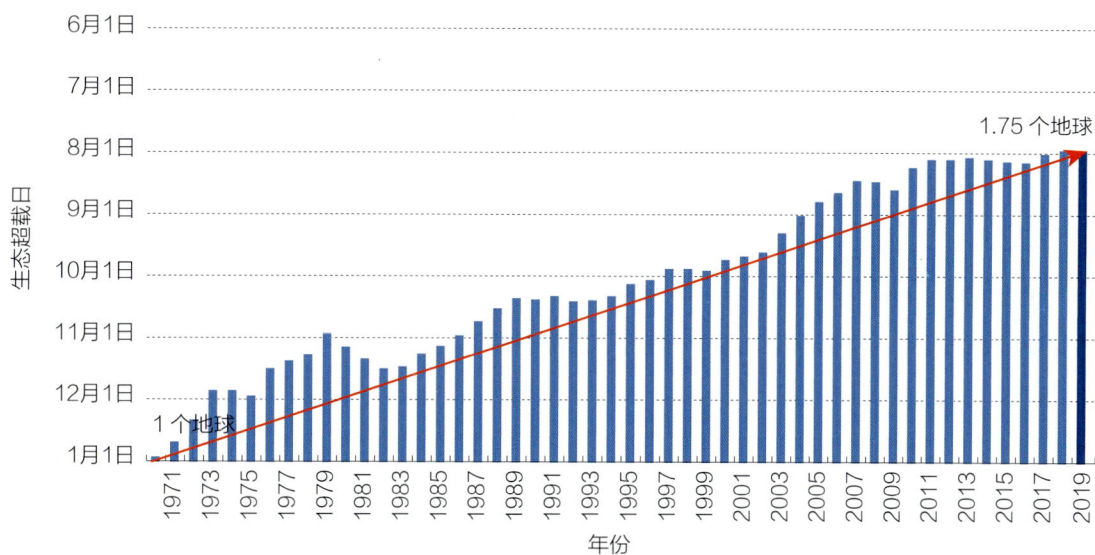

图 1.12　1970—2019 年生态超载日变化

---

❶ 生态超载日，是指地球当天进入了本年度生态赤字状态，已用完了地球本年度可再生的自然资源总量。由全球足迹网络及英国智库"新经济基金会"提出，其理论基础是"生态足迹分析"法。

❷ 资料来源：Global Footprint Network, Earth Overshoot Day, 2019, https://gongyi.ifeng.com/c/7oo1SOP4eIK.

案例1　北美黑风暴事件 ❶

北美黑风暴是20世纪十大自然灾害之一。1934年5月11日凌晨，美国西部草原地区发生了一场人类历史上空前未有的黑色风暴。风暴整整刮了三天三夜，横扫了美国三分之二的大陆，形成一个东西长2400千米、南北宽1440千米、高3400米的迅速移动的巨大黑色风暴带，是近三百年来危害最大的一次。风暴所经之处，耀眼的丽日顿时消失，原来蔚蓝色的天空，瞬间尘土飞扬，沙土像瓢泼的大雨一样从空中倾泻而下，一座座城市，一个个庄园，一块块田野，转瞬间失掉了原有的风采，变成了黑暗的地狱。溪水断流，水井干涸，田地龟裂，庄稼枯萎，牲畜渴死，千万人流离失所，给那一代的美国人留下了一段非常恐怖的回忆。那么，尘暴是如何发生的？它究竟是天灾还是人祸？

北美大草原的生机盎然逐渐消失。1870年以前，北美洲中部的大平原土地肥沃，青草在风中泛着涟漪，成群的北美野牛在这无尽的绿色中嬉戏、奔跑，一派生机勃勃的和谐之景。在美国人的心目中，大平原也被誉为"上帝赐予的礼物"。而到19世纪中期，随着"西进运动"的不断推进，外面的人发现了这片草的海洋。他们大规模地捕杀北美野牛，直至其灭绝，同时把饲养的肉牛赶到了这里，冬天在南部草场放牧，夏天则转向更高海拔的草原。到19世纪80年代，美国人已经在这辽阔的大平原上开发出一个"牧牛王国"。好景不长，由于资本家的过度放牧，有的地区甚至牧养了4倍于草场承受力的牛群，造成土地大面积破坏。到1885年的冬天，由于草料的严重匮乏，持续了近二十年的"牧牛王国"轰然倒塌，大平原迎来了它的"大垦荒"时期。

过度放牧和开垦超出生态承载力。正值30年代初小麦获得高产之时，大平原却迎来了长达10年的干旱期。因为人们的垦荒，整个大平原地区的自然植被遭到了毁灭性的破坏，而旱作翻耕又将大量的沙土裸露在外。狂风肆虐之下，尘暴产生，并与中国黄土高原森林砍伐、地中海地区过度放牧而导致的严重水土流失一起，被国际粮食问题专家乔治·伯格斯托姆称为"历史上人为的三大生态灾难"。

---

❶ 资料来源：梅雪芹，直面危机，北京：中国科学技术出版社，2014。

1.3.3　思想认识致命错误

对"黑天鹅"缺乏警惕、对"灰犀牛"缺乏预防，是导致人类一次次遭遇致命危机的思想根源。低估和忽视危机发生的概率和风险，心存侥幸相信灾难不会出现在自己身边，这些思想认识错误深深埋下危机爆发的种子。

思想忽视是最大的危机隐患。缺乏危机意识是人类一次次遭遇致命危机的根本原因。回顾以往发生的重大危机事件，其风险征兆往往有迹可循[1]。2008年房地产危机预警频现，最终由于人们的忽视发展成为席卷全球的国际金融危机。海恩法则表明，每一起严重事故背后，通常有29起轻微事故、300起未遂先兆以及1000起事故隐患[2]。因此重大危机灾难看似偶然，其实是各种因素积累到一定程度的必然结果。人们选择性地忽视风险征兆会错失最好的危机处理时机，导致危机必然降临[3]。

心存侥幸导致危机不断重现。不重视其他地区、其他危机的教训，"火"没烧到自己身上就没有感觉，心存侥幸也是思想认识的致命错误。1952年伦敦烟雾事件并不是历史上首次出现，1930年的马斯河谷烟雾事件，1943年和1948年的光化学烟雾事件、多诺拉烟雾事件都是前车之鉴。继北美黑风暴之后，苏联未能吸取美国的教训，历史两次重演，1960年3月和4月，苏联哈萨克新开垦地区先后两次遭到黑风暴的侵蚀，经营多年的农庄几天之间全部被毁，颗粒无收。大自然对人类的报复是无情的。3年之后，在这些新开垦地区又一次发生了风暴，这次风暴的影响范围更为广泛，受灾面积达20万平方千米。风险总是被提起，却又总是被忽略，人们思想意识放松为危机出现埋下无穷隐患。

---

[1] 资料来源：米歇尔·渥克，灰犀牛：如何应对大概率危机，北京：中信出版社，2017。
[2] 资料来源：曹泉海，"海恩法则"的启示，安全、健康和环境，2009，9（7）：52。
[3] 资料来源：阿瑟·布洛赫，墨菲定律，太原：山西人民出版社，2012。

背景 2

黑天鹅与灰犀牛

"**黑天鹅**"**事件**。17 世纪之前，欧洲人认为天鹅都是白色的。"所有的天鹅都是白色的"就成了一个没有人怀疑的事实。后来欧洲人发现了澳洲，一上岸竟发现有黑天鹅。"黑天鹅"曾经是欧洲人言谈与写作中的惯用语，用来指不可能存在的事物，早在公元 2 世纪，古罗马诗人朱文诺就曾用黑天鹅比喻罕见的鸟儿，但这个不可动摇的信念随着第一只黑天鹅的出现而崩溃。黑天鹅事件比喻一种极其罕见的、未曾预见的、造成巨大影响的事件。"黑天鹅"这一术语是美国经济学家纳西姆·尼古拉斯·塔勒布在 2001 年创造的。黑天鹅寓意着不可预测的重大稀有事件，意料之外，却又改变一切。9·11 事件、美国次贷危机都是黑天鹅的典型例子。

"**灰犀牛**"**事件**。灰犀牛体型笨重、反应迟缓，你能看见它在远处，却毫不在意，一旦它向你狂奔而来，定会让你猝不及防，直接被扑倒在地。灰犀牛并不神秘，却更危险。"灰犀牛"是政策分析师米歇尔·渥克在 2012 年希腊金融危机后发明的术语。灰犀牛事件比喻发生概率极大，却被忽视的、冲击力极强的风险。灰犀牛不是随机的突发事件，而是一系列预警和明显征兆之后爆发出来的问题。因此，灰犀牛是与黑天鹅互补的概念。一个指太过于常见以至于人们习以为常的风险；一个指极其罕见的、出乎人们意料的风险。

短视造成"地平线悲剧"。人们面对公共危机时，受制于准确全面认知的难度，加上各种体制性、制度性、市场性等因素的影响，会倾向于选择短视治理[1]。这表现为人们在评估危机应对策略时，考虑到隐含的"贴现率"，错误地认为在当前采取行动换取未来的回报不确定性高、投资回报小，高昂的成本使人们倾向于选择"现状偏好"[2]。换言之，由于危机发生具有渐进和累积的特点，人们更倾向于重视短期利益，忽略"地平线"远方的潜在威胁，最终遭受到严重的危机后果，造成追悔莫及的"地平线悲剧"[3]。生态环境变化最为典型，由于其变化相对缓慢、影响逐步累积、时间周期长，决策者在统筹考虑政治、商业等多领域影响时，往往容易忽略生态环境的危害性，成为最容易出现"地平线悲剧"的领域。

否认危机是自欺欺人。"否认"是一个深深根植在人类思想中的防范机制。尽管这一机制在短时间内可以帮助人们减轻内心对危机和重大灾难的恐惧，但往往会造成对危机严重性认识不足、行动及时性不够等问题。当面对疫情、灾害以及各类突发事件时，有些政府和机构在尚未确定危机的规模、影响以及应对措施时，倾向于否认其存在或严重性，平息公众的担忧，减少对其他领域的影响，等待事态进一步发展后再采取措施。这一防范机制对于那些发生概率高、应该提早预防的"灰犀牛"事件往往产生"自欺欺人"的效果，导致更为严重的后果。

---

[1] 资料来源：韩艺，地方政府环境决策短视：原因分析、治理困境及路径选择，北京社会科学，2014（05）。
[2] 现状偏好，又叫安于现状偏差，指的是人类倾向于维持现有的状况。即便当现状客观上劣于其他选项或者在信息不完整时，人们还是会做出维持现状的决定，而且倾向将任何改变都视为一种损失。
[3] 英国经济学家马克·卡尼提出的"地平线悲剧"概念。

背景3

人们容易忽视大概率事件

人类对事件的敏感程度影响对其发生概率的主观判断。人们在对一件事的预期做出反应的时候，对事件强度的敏感程度远大于对它发生概率的敏感程度。人类的损失规避偏好，驱使人们面对同样数量的收益和损失时，认为损失更加令他们难以忍受，因此人们对事件影响的强度特别敏感。对于风险人类有天生的警觉性，同时很容易自然地夸大风险，特别是在结果可能造成非常重大影响的时候。比如飞机失事导致失去生命，尽管死于车祸的概率远远大于飞机失事，但是新闻报纸对于飞机失事的报道给我们留下了极其深刻的印象，让人们误以为乘坐飞机的风险更大，这说明人们缺少对概率的直觉理解。有证据显示，一个人死于开车去机场的可能性远远大于死于空难的可能性。哈佛大学的一项研究发现，一个人死于车祸的概率是5万分之一，而死于坠机的概率是1100万分之一，远低于死于车祸的概率。据麻省理工学院（MIT）统计学教授阿诺德·巴尼特介绍，一个人平均每天飞行一次，持续400万年，才可能死于致命的空难。

人类非理性的思想认识容易忽视大概率事件。政策分析家和学者卡洛琳·考斯基、约翰·帕特和李察德·泽克豪斯特分析指出：人类面对危机灾难并不像我们认为的那样理性。研究表明，如果人们经历的是他们从未遇到过的"初历危险"，例如汽车冲进卧室，他们就会高估此类事件再次发生的可能性。此类事件在情感上越是生动，人们就越是高估它再次发生的可能性。因此，如果人们遇到的是他们经常看到或想到的危险，例如车祸，他们就会低估这类危险再次发生的可能性。对事件概率发生理解的偏差往往使人类过度关注小概率事件，而忽视大概率事件的发生。

1.3.4　行动不力错失时机

重大危机留给人们预防和应对的窗口期非常有限，犹豫不决、意愿不足、行动不力往往导致错失化解危机的宝贵时机，产生风险集聚、后果失控的惨痛代价。

得过且过，危害深远。危机发展初期，人们倾向于得过且过，尽量维持现状或尽少采取行动。这反映出人们在权衡危机应对得失中，往往夸大了采取行动避免灾难发生所做的微小牺牲，忽略不作为造成的代价。一方面，主动应对意味着改变现状和发展惯性，人们不愿意对少数人造成伤害，认为这比避免让多数人受到伤害更加重要 ❶；另一方面，人们认为充足的信息和时间有助于寻找最佳解决方案，解决问题的方法总会在最后出现。相反，一旦做出错误决定，导致的结局远比不作为的结局更悲惨。

缺乏行动力，错失应对时机。在全球危机面前，各方应对危机意愿和行动不足，甚至会主动忽视客观事实。面对突如其来的新冠肺炎疫情，在没有有效疫苗和治疗方案面前，部分国家应对不及时，为避免过多经济投入和损失，倾向于维持现有处置方案，不愿采取更有力的行动。由于缺乏行动力错失应对良机，最终疫情迅速蔓延，危机不断加剧。危机爆发后，得过且过的应对态度及保守的应对方案使得危机持续扩散，产生一系列次生危机，使得危机应对更加棘手，错失危机控制良机。

缺乏合作协同，引发"公地悲剧"。在应对公共危机时，由于缺乏强制性约束机制和"搭便车"等心理原因，有些国家会选择孤立主义来谋求各自利益最大化，忽视全局最优，最终会引发对各方不利的"公地悲剧"❷。这种以政治层面的孤立主义应对全球公共危机会引发一损俱损的系统灾难。公地悲剧反映出，当资源分配中个人利益与公共利益发生冲突时，过度追求个体利益，忽视全局利益，会引发对各方不利的后果。这种现象在砍伐森林、捕捞渔业资源、污染河流和空气以及全球气候变暖等领域普遍存在，最终形成的灾难和后果将影响到每一个人。

---

❶ 著名的手推车问题实验说明人们不愿意以牺牲一个人的代价去救助更多的人。心理学家提问：你们是否愿意把一个人推到失控的手推车前面去，以此来阻止手推车伤害到更多的人？被提问者中的绝大多数人都回答不愿意这样做。

❷ 美国著名生态经济学家加勒特·哈丁针对资源分配中个人利益与公共利益的冲突提出"公地悲剧"理论。

1.3.5　主动预防扭转危机

危机应对策略是影响危机走向和最终后果的关键。及早干预、综合施策，尊重专业意见、科学制定策略，制定和实施预警识别、危机处置、应急体系等行动方案将有效改变危机发展态势、减少灾难后果，甚至避免危机发生。

背景 4

危机发展的四个阶段

从人类历次危机历史来看，危机发展一般经历潜伏期、爆发期、扩散期和处理期四个阶段，呈现明显的非线性发展趋势。

● **危机潜伏期**是导致危机发生的各种诱因逐渐积累的过程。在这个阶段，公共危机已表现出一些征兆，但征兆不明显，容易被人们忽略，预示着危机即将来临。

● **危机爆发期**是危机因素量变引起质变的阶段，是公共危机造成损害的时期，公共危机爆发之后，如果能立即处理，就可将危机影响限制在可控范围之内，如果不立即处理或处理不当，危机将可能进一步升级，影响范围和强度有可能进一步扩大。危机爆发前是主动预防的关键期，提前介入和综合施策将有效降低危机爆发时的危害程度和影响范围。

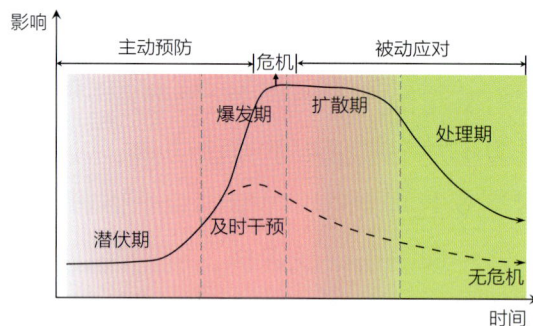

图 1　危机演化的四个阶段与及时干预影响 ❶

---

❶ 根据 Fink S 和 González-Herrero A, Pratt C B 危机理念研究成果绘制。

- **危机扩散期**是控制危机危害范围与程度，减少公共危机连带影响或次公共危机发生的阶段。在这一时期，要科学调配人力、物力、财力等应急保障资源，进行危机处理。危机爆发后进入被动应对危机阶段，采取及时而强有力的应对措施也可以缩短危机扩散期，减少危机处理的时间成本。

- **危机处理期**是公共危机的最后阶段，此时应该进行积极的分析和总结，使个体或社会回到正常运作状态；并且要分析公共危机发生的诱因，寻找公共危机发生的本质，并提出针对性的改进措施，防止公共危机可能引起的各种后遗症和卷土重来。

危机有方可循，不是无药可救。 从危机演化规律看，危机发展有迹可循，呈现非线性发展，采取不同的应对策略、在不同阶段施加不同干预，直接影响危机走向和结果。危机处理的时间点越早越好，在潜伏期采取预防行动极有可能避免危机形成，抑或将危机隐患快速消除。危机演化过程中，危机爆发期的扩散最具破坏力，甚至会造成连锁反应，并产生其他危机。这一阶段采取果断、科学的干预行动，仍有可能将后果和损失控制在最小范围内。人们在危机面前不是束手无策、只能被动应对，通过对危机发生发展规律的认识和把握，完全有可能将非常态的危机纳入常态化的危机管理轨道，科学制定和实施应对危机的良方。

直面危机是认识和解决危机的前提。 尽管危机发生和影响存在很大不确定性，但是正确认识危机发展进程，科学识别危机先兆，综合实施应对策略是可以最大程度控制危机后果的。正视以前重大危机的惨痛教训，直面人类的致命错误，审视正在经历和潜在发生的公共卫生危机、生态环境危机，是对待危机的正确态度。建立和完善危机应急体系，加强和规范危机识别预警，尽快形成全球协作应对共识，是解决危机的前提。

尽早干预是避免危机发生的关键。在危机潜伏期采取及时干预的有效措施可以扭转危机的发展路径，避免危机发生。把握主动预防的关键期，遏止危机因素的发展和扩散，避免危机发生关联性、系统性、不可控的灾难。及时干预同时可以有效减少未来应对危机的成本。研究表明，灾难预防中每投入 1 美元就能节省 7 美元的灾后恢复费用[1]。勿以"预"小而不为，及时干预，防患于未然，将危机扼杀在萌芽状态是应对和解决危机的最佳手段。

案例 2　臭氧层空洞与《蒙特利尔议定书》

臭氧层空洞曾被认为是 20 世纪末期人类面临的最大环境威胁之一。臭氧层是地球的保护层，可以让地球生命免遭紫外线的破坏性影响，不过，因人造化合物被排放到大气，造成臭氧浓度逐渐降低。1985 年 5 月，英国科学家在南极上空的高层大气发现了臭氧层空洞，臭氧层空洞可能会扩散至世界其他地方，导致引起癌症的太阳辐射增多。臭氧空洞成为 20 世纪末环境面临的最大威胁之一。

《蒙特利尔议定书》及时签署和落实，一场生态灾难得以避免。臭氧层空洞发现后不久，1985 年国际社会立即签署了《蒙特利尔议定书》，旨在限制并最终禁止使用和生产破坏臭氧层的化学物质，如氟氯碳化物（CFCs）。从冰箱到喷雾剂，许多产品都在使用氟氯碳化物。《蒙特利尔议定书》使得氟氯碳化物在许多国家迅速被淘汰。2009 年，联合国所有成员国都签署了《蒙特利尔议定书》。《蒙特利尔议定书》被认为是保护环境方面最成功的国际协议之一，在《蒙特利尔议定书》签署二十多年以后，种种迹象表明遭到破坏的臭氧层正逐渐恢复，一场危及全球的生态灾难得以避免。

---

[1] 资料来源：UNDRR, Disaster Through a Different Lens: Behind every effect, this is a case, 2018.

新冠肺炎疫情已向全人类发出红色警报：穹顶之下危机四伏。人类对资源的野蛮攫取和对生态的肆意破坏，造成气候环境濒临崩溃、能源资源紧缺加剧、贫困冲突扩散蔓延，人类生存健康和永续发展笼罩在"重重危机"阴霾之下。

2.1 危机灾难总体趋势

从历史发展规律来看，危机呈现频次上升、后果加剧的特点，危机永远在人类进步的前面。人类无法预知明天和灾难哪个会先来临，而全球性危机一旦发生，将无人幸免。

2.1.1 危机频次增加

危机种类和发生频次逐年上升。人类历史上曾经历地震、风暴、干旱、洪涝等自然灾害，也经历过战争、生态灾难、金融危机等人为灾难，正在经历流行病、资源、健康贫困等交叉风险。新旧危机叠加，人类未来将面临更多种类、更加频繁的危机灾难。1980—2018 年，全球自然灾害数量呈稳定上升的趋势。2018 年全球共计发生 800 余次重大自然灾害，是 1980 年的近 4 倍。经济危机、公共卫生危机、武装冲突等发生的时间间隔均呈现缩短趋势。

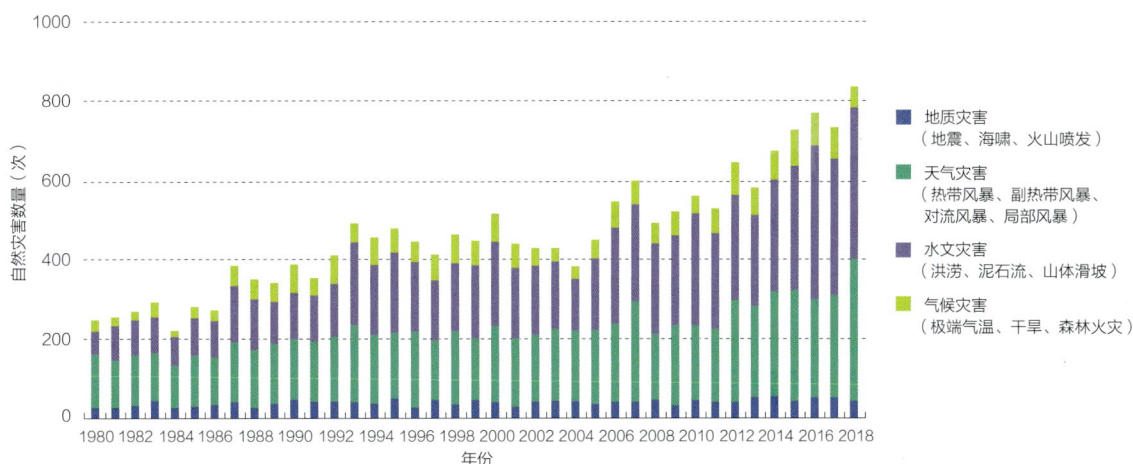

图 2.1　1980—2018 年全球自然灾害数量统计 ❶

2.1.2　灾难后果加剧

危机影响的广度和深度日益加剧。灾害风险受到灾害事件危害程度、脆弱性及暴露度的影响。随着人类社会系统日益复杂，与自然系统的联系更加紧密，单一危机极有可能迅速恶化为多重危机，导致社会危机与自然危机相互传导，灾害事件危害程度加剧；由于生态环境恶化，地球系统脆弱性问题严峻；而人口日益增长，全球化加速发展，城镇化建设加快推进，导致风险要素暴露度明显增强。各类不利影响因素叠加，使得灾害风险的广度和深度加剧，危机影响的广度和深度也日益加剧。1994—2013 年，全球累计发生 6873 起严重的自然灾害，共造成 135万人死亡，平均每年近 6.8 万人丧生，2.18 亿人生产生活受到影响 ❷。

---

❶ 资料来源：Munich Re, Geo Risks Research, NatCatSERVICE, 2019.
❷ 资料来源：联合国国际减灾战略署。

背景5 　　　　　　　　　　　**灾害风险评估**

灾害风险是自然或人为因素造成的灾难危害与脆弱条件之间相互作用所造成的有害后果或预期损失（如死亡、受伤、财产、生活、经济活动中断、环境破坏）的可能性❶。灾害风险可用以下方式表示，即

$$灾害风险 = 危害程度 \times 脆弱性 \times 暴露度 \qquad （1）$$

为计算特定灾害风险，也可以表示为

$$R_S = P_{(T:Hs)} \cdot P_{(L:Hs)} \cdot V_{(Es|Hs)} \cdot A_{Es} \qquad （2）$$

式中　　R_S——灾害风险；

$P_{(T:Hs)}$——在给定的再现周期内某个区域发生特定危害的时间概率；

$P_{(L:Hs)}$——在风险影响区域中，在给定的再现周期内发生特定危害的位置或空间概率；

$V_{(Es|Hs)}$——物理脆弱性，指灾难发生时引起的局部影响强度对特定风险要素的损坏程度；

A_{Es}——承受风险要素的数量，如建筑物数量。

图1　灾害风险影响因素❷

---

❶ 资料来源：UNDRR, Terminology on Disaster Risk Reduction, 2009.

❷ 资料来源：修改自 Figure SPM.1 from Intergovernmental Panel on Climate Change, 2012: Summary for Policymakers. In: Managing the Risks of Extreme Events and Disasters to Advance Climate Change Adaptation [Field, C.B., V. Barros, T.F. Stocker, D. Qin, D.J. Dokken, K.L. Ebi, M.D. Mastrandrea, K.J. Mach, G.-K. Plattner, S.K. Allen, M. Tignor, and P.M. Midgley (eds.)]. A Special Report of Working Groups I and II of the Intergovernmental Panel on Climate Change. Cambridge University Press, Cambridge, UK, and New York, NY,USA。

2.2 气候变暖态势严峻

由于人类活动的影响，全球气候和环境近年来急剧恶化，陆地及海洋表面平均气温持续升高，地球碳循环失衡导致气候变暖加剧，干旱、洪涝、飓风、热浪等极端天气气候事件频发，灾害损失持续加剧。

2.2.1 全球温升加速

全球正在加速变暖。全球气候变暖是由大气中温室气体不断积累造成的。温室气体对来自太阳辐射的可见光具有高度透过性，而对地球发射出的长波辐射具有高度吸收性，能强烈吸收地面辐射中的红外线，导致地气系统吸收与发射的能量不平衡，额外能量不断在其中累积，地球温度不断上升，导致全球气候变化。2019 年大气中二氧化碳浓度已上升至 415 ppm（百万分比浓度单位），创历史新高。世界气象组织（World Meteorological Organization，WMO）指出，全球平均气温已经比工业革命前高 1.1℃，2015—2019 年是有记录以来最热的五年期，"全球变暖"已经转变为"全球变热"。

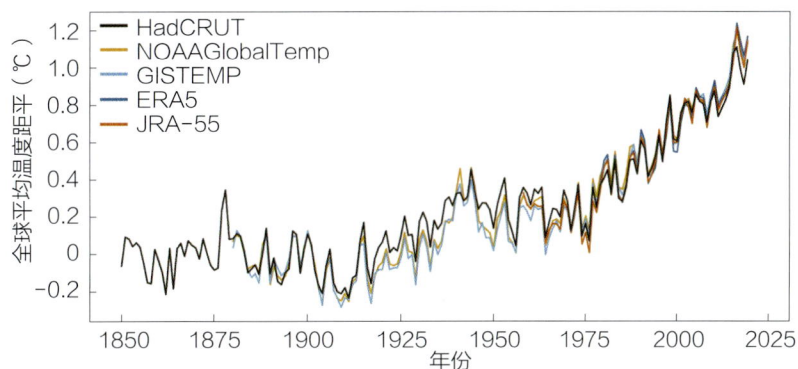

图 2.2　1850—2019 年全球平均气温变化趋势 [1]

全球各地气温创历史纪录。2019 年的持续高温覆盖了世界的大部分地区，南极洲气温创历史最高纪录。陆地和海洋的变暖速率差别较大。自工业革命以来，海洋表面温度升高了约 0.8℃，陆地地表温度升高了近 1.8℃。2019 年全球 36 个国家或地区气温创历史新高。全球海平面高度和海洋热容量达到新高，冰川持续融化 [2][3]。

---

[1] 资料来源：World Meteorological Organization, WMO Statement on the State of the Global Climate in 2019, 2020.

[2] 秦大河，中国气候与环境演变：2012，第二卷　影响与脆弱性，北京：气象出版社，2012。

[3] 第三次气候变化国家评估报告编写委员会，第三次气候变化国家评估报告，北京：科学出版社，2017。

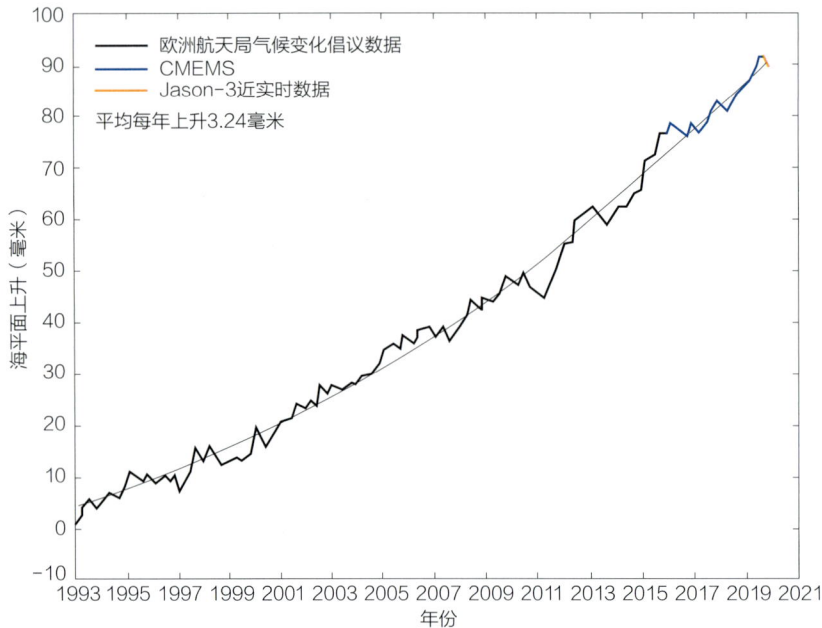

图 2.3　1993—2019 年全球海平面加速上升情况 ❶

2.2.2　极端天气气候

极端天气灾害频次不断增加。极端天气气候通常指温度、降水、风速等气象要素突破历史极值的现象 ❷。全球天气气候灾害 ❸ 在全球变暖的背景下发生频次呈上升态势，飓风、山火、极端高温热浪等各类极端天气发生的频率显著增加。据国际灾害数据库统计显示，1980 年以来各类天气气候灾害发生频次是以往的近 4 倍。据美国国家海洋与大气管理局和威斯康星大学麦迪逊分校的研究显示，1979—2017 年热带气旋达到或超过强飓风强度的概率增加，平均每 10 年增加约 8%，95% 置信区间为 2%～15% ❹。在气候变暖最剧烈的时期，热带气旋的强度增加，导致更多的热带气旋成为飓风，更多的飓风成为强飓风。伴随着全球温度的升高，各类极端天气的强度、影响范围和持续时间大幅增加。每年天气气候相关灾害导致死亡人数呈上升趋势。

---

❶ 资料来源：WMO, The Global Climate in 2015—2019, 2019.

❷ 极端天气是指气象变量值高于或低于该变量观测值区间的 90% 上限或 10% 下限的阈值时的事件，其发生概率一般小于 10%。通常高温标准为日最高气温 ≥35℃，暴雨标准为 24 小时降雨量 ≥50 毫米。

❸ 天气气候灾害通常是由天气气候事件导致人类社会正常运行发生变化而造成的损失和损害。天气气候灾害风险取决于天气气候事件、人员财产暴露度和脆弱性三大要素。短时间尺度的为天气灾害，长时间尺度的为气候灾害。

❹ 资料来源：James P K, Kenneth R K, Timothy L O, et al., Global increase in major tropical cyclone exceedance probability over the past four decades, PNAS, 2020, 117 (22).

图 2.4　全球重大气候灾害导致的死亡人数 [1]

飓风肆虐造成严重损失。热带气旋造成的经济损失是所有气象灾害中最严重的。在大西洋地区，2012 年的飓风"桑迪"导致纽约大范围被淹。2017 年的飓风季节更是有史以来最具破坏性的飓风季节之一，仅飓风"哈维"造成的损失就超过了 1250 亿美元。2015 年的"帕特里夏"是有记录以来最强的飓风，最低中心气压达 872 百帕，给墨西哥中部带来了巨大损失。在太平洋地区，2016 年台风"尼帕特"是历年 1 号台风中威力最大的，给中国南部带来巨大损失。2019 年，全球热带气旋活动高于平均值。在印度洋地区，2019 年 3 月热带气旋"伊代"在莫桑比克登陆，它是历史上在非洲东海岸登陆的最强气旋之一，造成了前所未有的破坏性极端天气灾害。其带来的强风和风暴潮给沿海地区带来了大范围的破坏，大洪水蔓延至内陆地区，导致 900 多人死亡。"伊代"也成为过去至少 100 年中已知的造成生命损失最大的南半球热带气旋 [2]。

洪水泛滥波及广大地区。热带气旋和季风季节热带地区降雨过多通常伴随着破坏性的特大洪水。短期的数小时强降水也会增加山洪暴发的风险，甚至造成某些地区的重大滑坡事件。2016 年，夏季发生在中国的洪灾至少造成 310 人死亡和 140 亿美元经济损失。2017 年 8 月，印度东北部地区、孟加拉国和尼泊尔的洪水造成至少 1200 人死亡，4000 万人受到影响。2017 年，塞拉利昂的滑坡事件造成至少 1102 人死亡。2018 年，日本暴发洪水造成至少 245 人死亡，摧毁 6767 幢房屋；同年，印度喀拉拉邦地区因为洪水造成至少 223 人死亡，43 亿美元经济损失，140 万人流离失所，540 万人受到影响 [3]。

---

[1] 资料来源：UNDRR, Global Assessment Report on Disaster Risk Reduction 2015, 2015.

[2] 资料来源：WMO, WMO Statement on the State of the Global Climate in 2019, 2020.

[3] 资料来源：WMO, Global Climate in 2015—2019, 2020.

山火频发敲响安全警钟。森林火灾受天气和气候的影响巨大，干旱大大增加了森林地区的山火风险，特别是长时间、持续性的森林火灾。有史以来经济损失最大的三次森林火灾都发生在 2015—2019 年中 **❶**。2019 年下半年，澳大利亚经历了异常持久且严重的火灾季，数次发生重大火情。截至 2020 年初，澳大利亚火灾已报告 33 人死亡，2000 多处房产损失，新南威尔士州和维多利亚州过火面积总计约达 7 万平方千米。2019 年 10 月，美国加利福尼亚州的大火也造成了重大损失。2019 年夏季，北极地区发生了前所未有的野火；仅在 6 月，大火排放了 5000 万吨二氧化碳，比 2010—2018 年同期北极火灾释放的总和还高 **❷**。

干旱持续造成多重影响。干旱是由于降水量在足够长的时期内严重不足，而蒸发造成土壤水分亏损、径流量减少，破坏正常的作物生长和人类活动的灾害性天气现象。干旱会带来作物减产、饮水困难、用水缺乏等灾害，导致相当严重的损失。干旱对世界许多地区造成了人道主义和经济方面的双重负面影响。所有有人居住的大陆都发生过严重的干旱，其中影响最大的是非洲。干旱已造成非洲数百万人口面临粮食短缺问题，许多人流离失所。2015—2016 年，巴西亚马孙河流域平均降雨量触及有记录以来的历史最低水平。2015—2018 年，南非开普省的供水严重枯竭。2016—2017 年，东非索马里地区至少 670 万人处于干旱导致的粮食危机中。2017—2019 年，澳大利亚东部遭受干旱，导致达令河停止流动，大规模的鱼类死亡，农业遭受了巨大的损失。2017—2018 年阿根廷北部地区和乌拉圭由于干旱造成夏季作物损失惨重，农业经济损失达 59 亿美元 **❸**。

---

❶❷ 资料来源：WMO, Global Climate in 2015—2019, 2020.
❸ 资料来源：WMO, WMO Statement on the State of the Global Climate in 2019, 2020.

极端高温热浪威胁人类生存。2015—2019 年，高温热浪一直是最致命的气象灾害。极端高温热浪正在对人类健康系统和卫生系统造成越来越大的挑战。在人口老龄化、城市化、城市热岛效应和医疗资源不均现象加剧的情况下，发生极端高温热浪的地区甚至产生了更严重的灾害。2019 年 7 月末和 8 月初严重的高温热浪影响日本，造成了 100 多人死亡，另有 18000 人住院治疗，这给卫生系统带来了巨大负担。2019 年夏季欧洲经历了两次严重的高温热浪；6 月底的第一波高温热浪，影响了欧洲的西南部和中部地区，许多地方的极端高温热浪创下了新的纪录，局地高温热浪甚至达到 46℃，导致西班牙和法国出现多人死亡；更严重的高温热浪出现在 7 月末，影响了欧洲中部和西部的大部分地区 ❶。

极端寒冷天气侵袭影响生产生活。尽管全球总体温度升高，但极端寒冷天气也更加频繁发生。2015—2019 年发生了许多严重的寒潮和大范围降雪事件，其中大部分发生在北美。2015 年美国东北部和加拿大东部持续寒冷，2015 年 2 月也成为美国东北地区有纪录以来第二个最冷的 2 月。2016 年 1 月下旬异常低温从中国东部向南延伸至泰国，广州经历了自 1967 年以来的第一次降雪，南宁经历了自 1983 年以来的第一次降雪。2017 年 7 月阿根廷巴里洛切的温度降至 -25.4℃，比最低纪录还要低 4.3℃。2018 年欧洲大部分地区的冬末和初春异常寒冷，东爱尔兰地区降雪量突破了 50 年来的最高纪录，局部降雪量超过50 厘米。2019 年 1 月下旬和 2 月下旬在美国中北部和加拿大内陆西部地区持续出现异常寒冷天气 ❷。

---

❶ 资料来源：WMO, WMO Statement on the State of the Global Climate in 2019, 2020.
❷ 资料来源：WMO, Global Climate in 2015—2019, 2020.

2.3 生态环境污染恶化

工业革命以来，人类过度的生产行为和不健康的生活方式严重毁坏了地球环境，全球多地出现光化学烟雾、雾霾等空气污染灾害，部分地区淡水资源面临枯竭，水质污染严重，固体废弃物焚烧和肆意丢弃，造成大气和海洋环境恶化，生物多样性受到严重威胁。

2.3.1 空气污染严重

人类活动带来的硫氧化物、氮氧化物、可吸入颗粒物、臭氧等污染物排放量超出环境承载力，造成酸雨、雾霾、臭氧层破坏等严重空气污染问题。亚洲和非洲空气污染排放量最多，亚洲地区空气污染最为严重。亚洲二氧化硫、氮氧化物和可吸入颗粒物排放量分别占全球的 48%、39% 和 46%，非洲二氧化硫、氮氧化物和可吸入颗粒物排放量分别占全球的 7%、6% 和 19%[1]。目前全球每 10 个人中有 9 个人生活在空气污染超标的区域[2]。

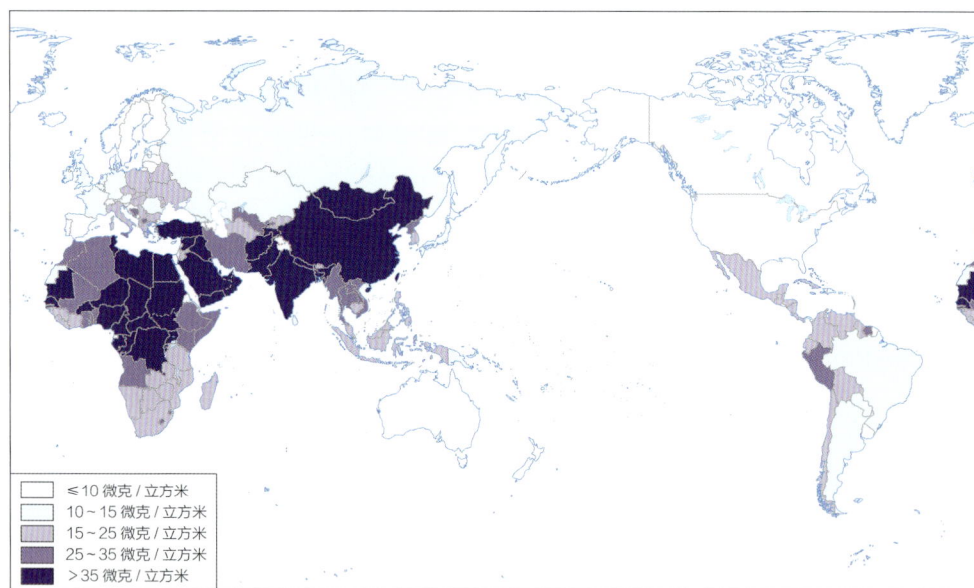

图 2.5　2016 年全球城市细颗粒物（$PM_{2.5}$）的年均浓度分布[3]

图例：
- ≤10 微克 / 立方米
- 10～15 微克 / 立方米
- 15～25 微克 / 立方米
- 25～35 微克 / 立方米
- >35 微克 / 立方米

---

[1] 资料来源：国际能源署，能源与空气污染，2017。

[2] 资料来源：世界卫生组织，http://www.who.int/airpollution/en/。其数据以世界卫生组织发布的《世卫组织空气质量指南》为标准。

[3] 资料来源：世界卫生组织，http://gamapserver.who.int/gho/interactive_charts/phe/oap_exposu re/atlas.html。

2.3.2 清洁水源紧缺

人类活动造成水环境质量持续恶化，淡水资源紧缺。全球范围内看，大部分河流水质呈现逐步恶化趋势，全球超过 80% 的废水未经污水处理直接排放。受污染的河流直接危害人体健康，大约 58% 的腹泻源于缺乏清洁的饮用水和卫生设施。南美洲、非洲和亚洲河流的有机污染物含量持续增加，超过 1/3 的河流发现了致病性污染物，危及人类健康及灌溉、工业和其他用途 [1]。

全球可供人类使用的淡水资源仅占全球水量的 0.4%，约有 20 亿人口处于缺水状态。西亚、非洲等地区缺水问题突出，非洲、亚洲、南美洲等地区水体污染严重。几乎所有阿拉伯国家都面临水荒，其中至少有 12 个国家用水量大大超出了可再生水资源供应能力，面临极度缺水问题。25% 的非洲人口长期严重缺水 [2]。

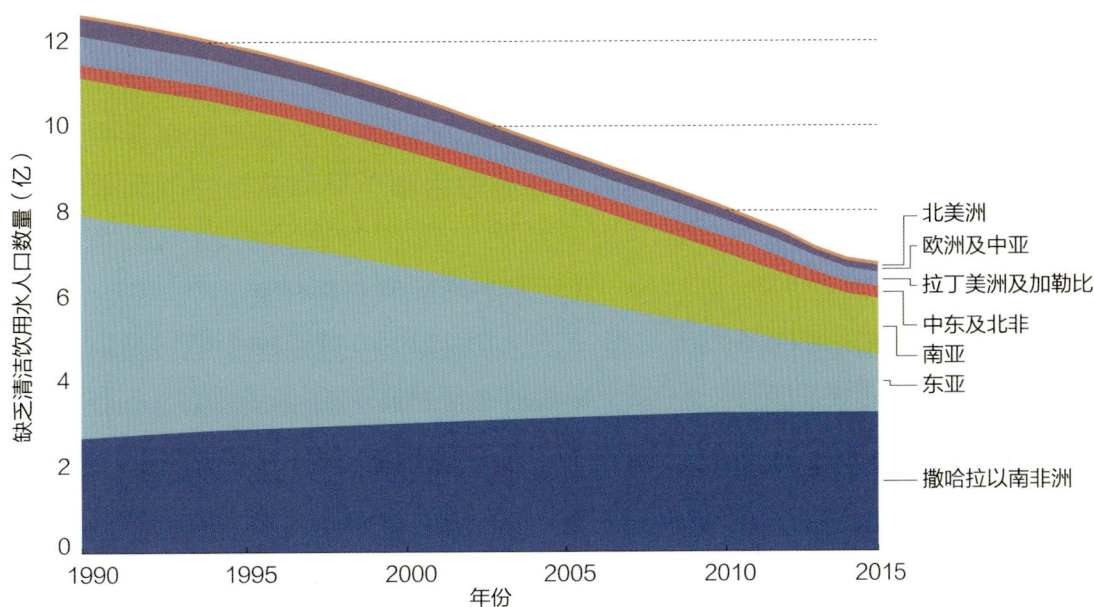

图 2.6 缺乏清洁饮用水人口数量 [3]

---

[1] 资料来源：United Nations Environment Programme, Towards a Pollution-Free Planet Background Report, 2017.

[2] 资料来源：United Nations Educational, Scientific and Cultural Organization, The 4th edition of the UN World Water Development Report, 2012.

[3] 资料来源：World Bank, World Development Indication, 2019.

2.3.3 固体废弃物破坏环境

工业、农业、生活等产生的固体废弃物，在填埋、燃烧、再利用等处理过程中，带来较严重的生态环境污染问题。2012 年全球产生的固体废弃物高达 13 亿吨，在过去三十年间增长了接近 1 倍。未收集的废弃物通过排水管道堵塞加剧洪灾和传染病的传播，对公共健康构成威胁，加大了胃肠道和呼吸道疾病感染的风险。露天倾倒和焚烧废弃物对环境造成全面的危害，导致严重的土地、淡水、地下水和海洋污染，同时加剧了局地的空气污染。发达国家产生大部分固体废弃物，经济合作发展组织（Organization for Economic Co-operation and Development，OECD）成员国产生的固体废弃物约占全球总量的一半，除 OECD 国家外的其他国家中，东亚和太平洋占 21%、南美洲占 12%、东欧和中亚占 7%、西亚和北非占 6%、撒哈拉以南非洲占 5%、南亚占 5%。世界排名前 50 位的大型垃圾站主要位于非洲、亚洲、南美洲，影响 6400 万人的日常生活，对人体健康和环境产生严重威胁[1]。

海洋环境也受到固体废弃物污染威胁。一方面，微塑料通过自身生物吞噬作用对浮游动物和底栖生物产生危害；另一方面，通过表面富集重金属、持久性有机污染物、新型高毒有机污染物等污染物载体给海洋及海岸带生态环境带来严重危害。2010 年，192 个沿海国家产生了 2.75 亿吨塑料废物，其中有 480 万～1270 万吨进入海洋[2]。据估计，全球海洋中的微塑料碎片高达 4.85 万亿个，合计质量达 9.3 万～23.6 万吨[3]。预计至 2025 年，全球海洋中塑料垃圾量将高达 2.5 亿吨，即每 3 吨鱼中，就有 1 吨塑料垃圾[4]。

---

[1] 资料来源：联合国环境规划署，全球废弃物管理展望，2016。
[2] 资料来源：Jambeck J R, Geyer R, Wilcox C, et al., Plastic waste inputs from land into the ocean, Science, 2015, 347: 768-771.
[3] 资料来源：Van Sebille E, Wilcox C, Lebreton L, et al., A global inventory of small floating plastic debris. Environmental Research Letters, 2015, 10: 124006.
[4] 资料来源：章海波，周倩，周阳，等，重视海岸及海洋微塑料污染加强防治科技监管研究工作，中国科学院院刊，2016，031.010 (2016): 1182-1189。

2.4 能源紧缺日益加剧

能源是人类生存和发展的重要物质基础，是现代社会发展不可或缺的基本条件。化石能源过度开采导致全球面临能源储量短缺、能源成本不确定性大，严重制约经济社会可持续发展。

2.4.1 化石能源问题突出

化石能源临近枯竭。煤炭、石油、天然气等化石能源属于可耗竭资源，其形成过程极其缓慢，是一种储量有限、能被耗尽的稀缺资源。工业革命以来，化石能源逐步取代生物质能源成为主导能源，为经济社会发展提供强大动力。由于化石能源消耗过快，人类正日益面临能源危机。按 2018 年全球每年开采煤炭80 亿吨、石油 44.7 亿吨、天然气 38680 亿立方米的速度，煤炭、石油和天然气将分别于 132、50 年和 51 年后完全耗尽。1949 年，美国著名石油地质学家哈伯特提出石油峰值论，即任何地区的石油产量都会达到最高点，达到峰值后该地区的石油产量将不可避免地开始下降。石油峰值论提出后引起很大反响，人类对化石能源枯竭问题日益重视。随着勘探开采等技术进步，化石能源储量虽有所增长，但规模有限，无法根本解决未来资源枯竭问题。

表 2.1　世界煤炭、石油、天然气资源储量及分布情况 [1]

地区	煤炭			石油			天然气		
	剩余探明可采储量（亿吨）	占比（%）	储采比	剩余探明可采储量（亿吨）	占比（%）	储采比	剩余探明可采储量（万亿立方米）	占比（%）	储采比
北美	2580	24.5	342	354	14.6	29	14	7.1	13
中南美	140	1.3	158	511	21.1	136	8	4.1	46
欧洲及独联体国家	3235	30.6	>100	215	8.2	23	67	34.0	76
中东	144	1.4	53	1132	46.7	72	76	38.6	110
非洲				166	6.8	42	14	7.1	61
亚太	4449	42.2	79	63	2.6	17	18	9.1	29
合计	10548	100	132	2424	100	50	197	100	51

---

[1] 资料来源：英国石油公司，世界能源统计年鉴 2019，2019。表格中储采比的合计值按全球储量与开采量统计计算。

化石能源成本不断攀升。陆地化石能源资源经过多年的开采，地理位置优越和高品质的资源已开采耗尽，人们必须转向地理位置复杂和低品质的资源，如岩石层深处的页岩气资源和海洋深水区的油气资源。开采位置越来越深，开采环境越来越恶劣，开采难度越来越大，开采成本也将显著增加。深井煤矿的开采成本是露天煤矿的 3~5 倍，深层、低品位油田的开采成本是埋藏浅、易开采油田的 5~10 倍以上。

化石能源分布不均衡。受地质构造约束，全球化石资源分布极不均匀。97% 的煤炭资源分布在欧洲及独联体国家、亚太、北美等地区；80% 以上的石油资源分布在中东、北美和中南美；70% 以上的天然气资源分布在欧洲及独联体国家、中东地区。化石能源短缺对以其为核心能源的经济体来说用能成本高、能源安全受制于人，这严重制约经济发展和人民福祉的提高，三次石油危机都给全球经济造成严重冲击。化石能源争夺还是局部战争频发的重要诱因，使这些地区人民长期遭受战乱痛苦。

2.4.2　能源市场波动性大

能源政治博弈加剧。石油是现代社会发展和人类生存不可缺少的资源，在国计民生中占有重要位置。石油需求和贸易迅速扩大，使其逐渐成为一种国际战略性商品，与国家战略、全球政治、国际关系和国家实力等方面紧密交织在一起，成为政治博弈的重要武器。如石油输出国为谋求更大的政治利益，以石油为筹码，多次实施石油禁运，使得油价在短时间内上涨 3~5 倍以上，严重打击资源依赖型国家经济发展。各国纷纷将石油提升到战略高度，不惜采取政治、经济、军事等各种手段争夺石油资源、石油价格控制权、石油运输通道控制权等，不断打压外部对手。总体看，能源进口国和输出国之间的能源政治博弈加剧，对全球政治经济格局产生深刻影响。

国际油价波动加剧。石油是一种由供应端主导的商品，价格易受到地缘政治、全球经济、恐怖袭击、自然灾害等多种因素影响，其价格是全球能源价格的风向标。总体上，国际油价长期保持震荡态势，尤其是进入 21 世纪以来，油价动荡加剧。油价从 2002 年的 21 美元 / 桶开始，一路上升到 2008 年的超过 100 美元 / 桶，期间在 2008 年第二季度曾经达到过最高点 147 美元 / 桶，之后震荡走低。2019 年 5 月，美国取消对伊朗制裁豁免，布伦特原油期货价格最高突破 74 美元 / 桶，累计涨幅超过 40%；2020 年 1 月，美军空袭伊拉克巴格达国际机场，再次推动布伦特原油期货价格涨破 70 美元 / 桶。油价大幅波动会增加上下游企业成本支出不确定性和经营风险，扰乱经济正常运行。

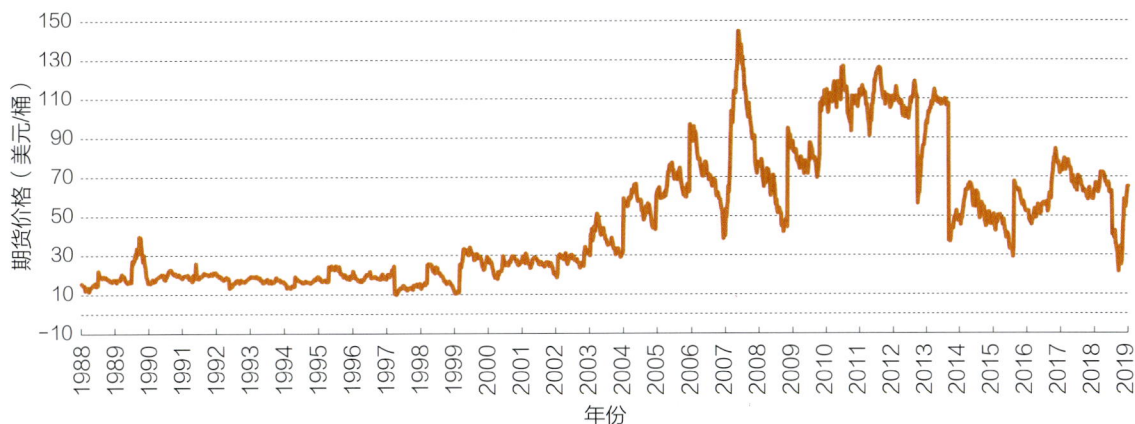

图 2.7　布伦特原油期货价格走势 ❶

"资源诅咒"效应加剧。当全球经济繁荣、化石能源价格较高时，资源型国家会积累起大量的贸易顺差，国内经济也比较旺盛；而一旦全球经济陷入低迷、化石能源价格进入低谷时，这些经济体则会陷入困境，出现贸易赤字、货币贬值、债务违约、通货膨胀攀升等一系列问题。化石能源价格波动放大了资源型经济体的"资源诅咒"效应，造成经济波动大于非资源型经济体。以尼日利亚为例，20世纪80年代油价下跌，使得尼日利亚的石油出口由 1980 年 259 亿美元的最高峰下滑至 1986 年的 51 亿美元，本国货币大幅贬值、物价成本上涨。20世纪70年代，尼日利亚曾一度进入了中等收入国家行列，但在 80 年代中后期成为低收入国家。

案例 3　新冠肺炎疫情下石油价格波动及影响

2020 年以来，新冠肺炎疫情在全球范围内肆虐，国际油价出现全面跳水。2020 年 4 月 21 日，5 月份交割的 WTI 原油期货合约暴跌超过 300% 以上，当天最终结算价收报 -37.63 美元 / 桶，在历史上首次收于负值。

油价大幅下跌短期看有利于降低居民出行等消费成本，但也给油企和油气出口国带来诸多风险。上游石油勘探和开采亏损严重，出现越采越亏的困境；石油需求大幅下滑也严重冲击了中游产业链，终端需求萎缩，成品油销售大减，倒逼压迫中间炼油环节利润；石油运输、贸易、油服等领域也受到不同程度的冲击，高负债企业易遭遇流动性危机、债务危机，破产压力不断增大；油价下跌对非洲、中南美洲的资源国带来较大财政压力，其经济收入大幅减少，将导致货币剧烈贬值。

---

❶ 资料来源：https://www.investing.com/.

2.5 资源枯竭加速逼近

人类对矿产资源、森林资源、水资源等自然资源过度消费使地球长期处于超载状态，资源紧缺已成为经济发展和社会进步的重要瓶颈。

2.5.1 矿产资源加速消耗

矿产资源总量有限、分布不均。铁矿石、锰、铜、锂、钴、锌、铝土矿等非能源矿产属于不可再生的耗竭性资源。随着人类对矿产资源的巨大需求和盲目超强度的开采消耗，可供给后代开发利用的资源储量越来越少。2018 年，全球非能源矿产产量达 72.6 亿吨。按当前开采强度，铁矿石、钼、钴、铬、锰等 18 种矿产资源的储产比不足 100，尤其是金、银、铅、锌、锡、锑 6 种矿的储产比不足 20 年。矿产资源供应源高度集中，2018 年铁矿石、铜、铝土矿、镍、钴和锂等矿产集中度（前四个国家产量占总产量比重）分别为 77%、53%、80%、57%、75% 和 95%。因争夺矿产资源爆发的暴力犯罪事件层出不穷。

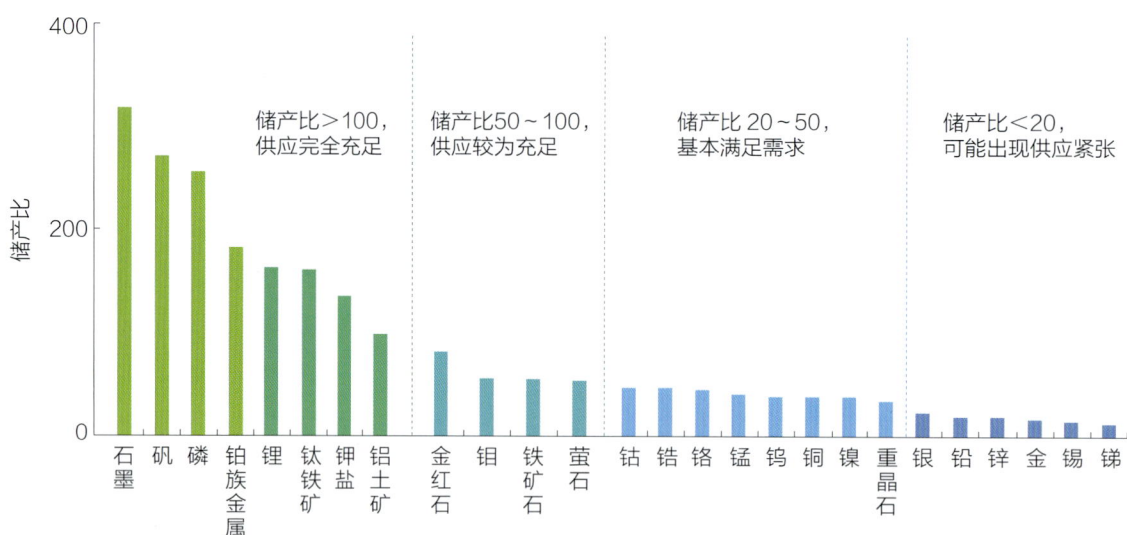

图 2.8　2018 年全球 30 种矿产的储产比 ❶

---

❶ 资料来源：自然资源部中国地质调查局国际矿业研究中心、自然资源部中国地质调查局中国矿业报社，全球矿业发展报告 2019，2019。

矿产资源消耗难以为继。矿产是支撑社会和经济发展的重要物质基础。2000—2018 年，全球粗钢、原铝、铜的年产量从 8.5 亿、2466 万、1460 万吨分别增至 18.1 亿、6434 万、2374 万吨，分别增长 2.1、2.6、1.6 倍。而且随着开采强度增加，以金、铜、铅、锌、镍为代表的多种矿产的资源品位和开采品位明显下降。如不改变当前发展模式，不断增长的矿产需求将加速矿产资源的消耗和枯竭。

2.5.2 生态资源不堪重负

生态资源消耗超出地球承载力。研究表明，在 20 世纪 70 年代之前人类对地球资源的消耗都在地球可承受的预算范围之内，即不会出现"地球生态超载日"。如 1961 年一整年内人类消耗的可再生资源总量仅为地球可生产总量的 3/4。但近 40 年来，人类每年的资源需求量持续保持着高加速度增长，直至近年来远远超过了每年的生态预算。换言之，人类每年对淡水、土地、牲畜、森林、绿化面积等地球资源的利用已经失控，令人担忧。按照目前的资源利用率，人类要想可持续地延续下去，每年至少需要 1.75 个地球的资源量来维持地球生态系统的发展❶。发达国家资源消耗整体偏高，若全球按照美国消耗水平，则需要 5 个地球的资源总量才能实现"收支平衡"，按照德国、中国消耗水平，则分别需要3、2.2 个地球资源总量。

粮食危机阴影笼罩。由于战争、动荡、环境污染、水资源短缺、耕种面积减少、自然灾害等因素影响，局部地区粮食供应严重短缺。2019 年，全球共有 55 个国家和地区的 1.35 亿人处于粮食"危机"状态❷。从地理分布看，7300 万人位于非洲，占到总人数的一半以上；4300 万人分布在中东和亚洲；1850 万人分布在拉丁美洲和加勒比地区。从危机原因看，有 7700 万人生活在冲突地区，3400 万人受到气候变化影响，另有 2400 万人则是由于经济动荡而导致饥饿。全球还有 1.83 亿人处于粮食供应"面临压力"状态，即徘徊在重度饥饿边缘。2019 年 12 月以来，一场大范围的蝗虫灾害席卷了从西非到东非、从西亚至南亚共 20 多个国家，部分国家粮食安全面临空前威胁。新冠肺炎疫情全球蔓延后，越来越多的国家采取封锁政策来遏制和缓解危机蔓延，全球粮食供应和加工链

---

❶ 资料来源：世界自然基金会，地球生命力报告 2018，2018。
❷ 粮食危机是指粮食安全阶段综合分类第三阶段或以上，重度饥饿状态。

条被中断或延误。一些国家食品出现严重短缺或价格急剧上涨。欧洲发达国家出现农业劳工荒，陷入缺乏劳工帮忙采收农作物的困境。饲料等农业物资的运输与物流出现困难。新冠肺炎疫情与蝗灾叠加加剧粮食危机。2020 年全球面临粮食危机的人数或将再增加 1.3 亿，达到 2.65 亿人。

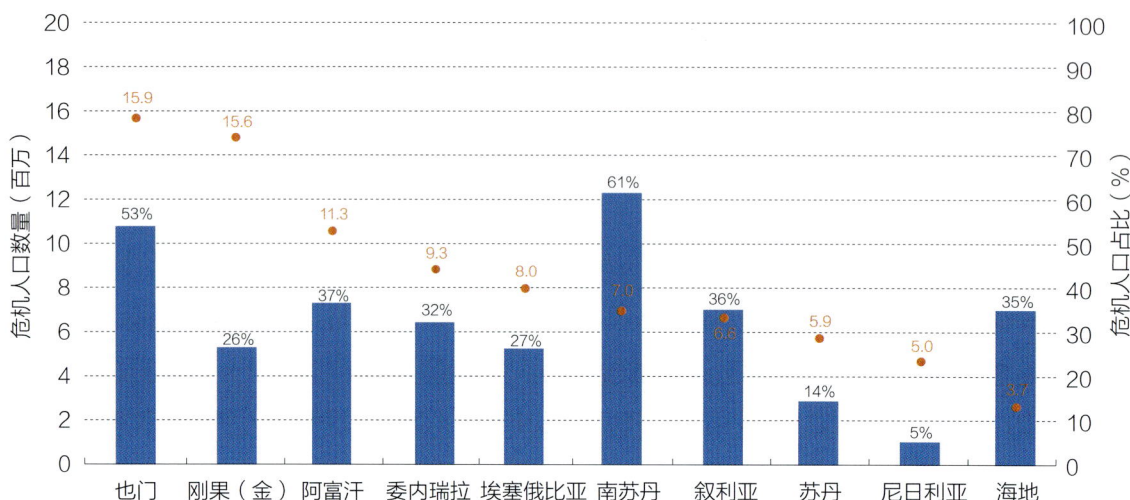

图 2.9　2019 年全球粮食危机最严重的 10 个国家 ❶

2.6　健康危机频繁爆发

重大公共卫生危机的爆发从侧面反映出当前人类健康形势的严峻性。总体上，全球面临着三大全球性健康风险，即严重疾病威胁生命、环境污染危害人类健康及公共卫生体系薄弱。

2.6.1　严重疾病威胁生命

当前人类面临数百种难以治愈的疾病威胁，全球超过 1/3 以上的人口缺少必要的药物和医疗救助，一般性疾病仍得不到有效治疗，引发更为严重的疾病甚至死亡。全球总体人口平均预期寿命为 72 岁，而非洲地区预期寿命仅为 61 岁，较全球平均水平低 11 岁。尼日利亚、中非、安哥拉、塞拉利昂等低收入国家人口预期寿命均不足 55 岁。

---

❶ 资料来源：Food Security Information Network, Global Report on Food Crises, 2020.

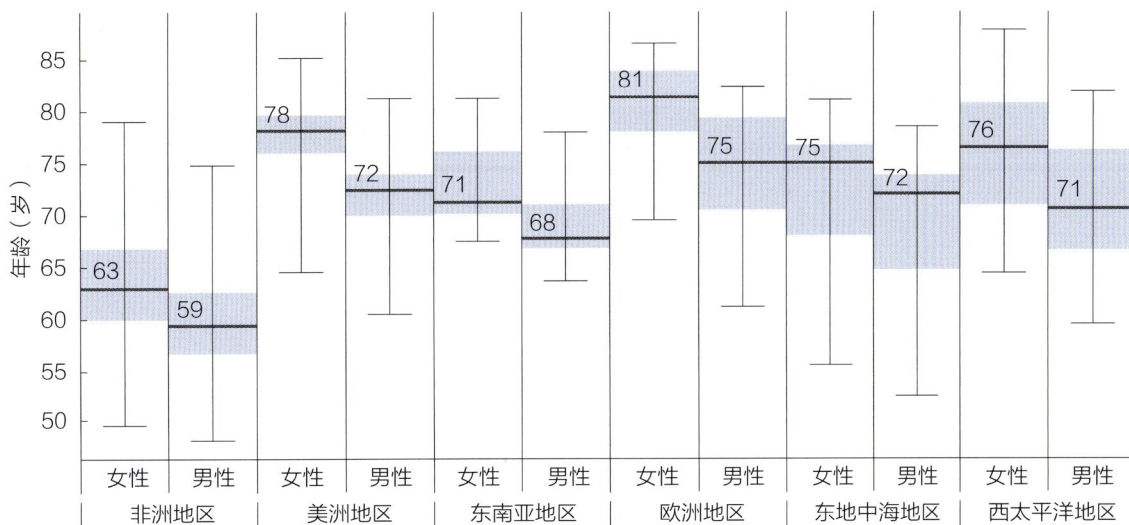

图 2.10　全球各地区人口平均预期寿命（按性别分）[1]

2.6.2　环境污染危害人类健康

全球疾病负担研究（Global Burden of Disease Study, GBD）估计，2015 年环境污染相关疾病导致 900 万人过早死亡，占全球总死亡人数的 16%。GBD 还估计，污染相关疾病造成了 2.68 亿伤残调整生命年[2]。WHO 估计，2012 年不健康的环境导致了全球 1260 万人死亡，占全球总死亡人数的 23%，占 5 岁以下儿童死亡总人数的 26%。

大气污染。全球 90% 人口生活在空气质量不能满足 WHO 安全标准的环境。大气污染是造成人类死亡的第四大原因，每年有约 650 万人因空气污染死亡[3]。据估计，大气污染诱因占成人心脏病死亡总数的 24%、占中风的 25%、占慢性阻塞性肺病的 43%、占肺癌的 29%。

淡水污染。2012 年，全球因缺乏清洁水源导致的直接死亡人数达 87 万，受污染的水还通过诱发疾病危害人体健康，约 58% 的腹泻源于缺乏清洁饮用水和卫生设施[4]。

---

[1] 资料来源：世界卫生组织。
[2] 伤残调整生命年（Disability Adjusted Life Year, DALY）是指从发病到死亡所损失的全部健康生命年，包括因早死所致的生命损失年和疾病所致伤残引起的健康生命损失年两部分。DALY 是生命数量和生命质量以时间为单位的综合度量。
[3] 资料来源：国际能源署，能源与空气污染，2017。
[4] 资料来源：联合国环境规划署，迈向零污染地球，2017。

表 2.2　不同污染因素导致的全球死亡人数 ❶

单位：百万人

统计主体（5%~95% 置信区间）	GBD2015 数据	WHO2012 数据
空气污染（总数）	6.5（5.7~7.3）	6.5（5.4~7.4）
室内空气污染	2.9（2.2~3.6）	4.3（3.7~4.8）
大气颗粒物	4.2（3.7~4.8）	3.0（3.7~4.8）
大气臭氧	0.3（0.1~0.4）	—
水污染	1.8（1.4~2.2）	0.8（0.7~1.0）
职业性污染	0.8（0.8~0.9）	0.4（0.3~0.4）
致癌物	0.5（0.5~0.5）	0.1（0.1~0.1）
颗粒物	0.4（0.3~0.4）	0.2（0.2~0.3）
土壤、重金属和化学污染	0.5（0.2~0.8）	0.7（0.2~0.8）
铅污染	0.5（0.2~0.8）	0.7（0.2~0.8）

土壤污染。 重金属污染土壤主要通过食物链进入人体。地面臭氧和其他空气污染物会影响植被和动物，不但造成生态系统的长期变化，还会对全球作物产量产生不利影响，是影响全球粮食安全的重要因素。

海洋污染。 工业革命以来，海水 pH 值下降了 0.1，即海水的酸度已提高 30%。海水酸性的增加，将改变海水的化学平衡，使珊瑚礁等多种海洋生物乃至生态系统面临威胁。

2.6.3　公共卫生体系薄弱

近年来，世界各国公共卫生体系得到较快发展，但总体水平仍有待提升。根据2019 年美国约翰·霍普金斯大学发布的《全球卫生安全指数报告》，在签署WHO《国际卫生条例》的 195 个签署国中，各国卫生系统平均分为 40.2 分（满分 100 分），高收入国家的平均得分也仅达到 51.9 分，115 个高收入和中等收入国家不满 50 分，即使是评级较高的国家也只有 7% 具备病原体阻断能力。新冠肺炎疫情全球蔓延，反映出部分国家应对国际性紧急卫生事件的疾控体系尚不完善，在专业队伍、物资与供给保障、国民相关教育等方面都有很大缺失。同时，以 WHO 为核心的全球公共卫生协调机制，亟须各国在资金、行动、技术等方面加大支持。

---

❶ 资料来源：Philip J L, Richard F, Nereus J R A, et al., The Lancet Commission on Pollution and Health, The Lancet Commissions, 2018, 391(10119), 462-512.

背景6

日本水俣病事件

水俣病是日本大规模公害疾病之一，受害人数超过2200人。1956年，在日本水俣湾出现了的一种"怪病"，这就是日后轰动世界的"水俣病"。其症状表现为轻者口齿不清、步履蹒跚、面部痴呆、手足麻痹、感觉障碍、视觉丧失、震颤、手足变形，重者精神失常或酣睡或兴奋，身体弯弓高叫，直至死亡。水俣病事件被称为世界十大公害事件之一。

水俣病成因源自未经处理的工业废水排放。水俣湾一带曾是日本少数几个美丽且富庶的海域之一。1908年日本氮公司在这里设立工厂，并开始制造生产化学肥料。不久之后，这里便成为日本主要的化学工厂聚集地。随着工厂的发展，水俣各地也逐渐繁荣兴盛。原本只是一个小村落的水俣，人口不断增加，逐渐发展为一个工业都市，许多水俣市民都在日本氮公司工作。然而自1950年开始，水俣湾陆续发生贝类死亡、鱼群出现翻白肚死亡的现象，甚至海藻也无法在这里生长。日本氮公司在水俣的工厂自从1932年开始生产制作乙烯树脂原料的乙醛，在生产过程中会产生具有强烈毒性的甲基汞。甲基汞混入工厂废水排放至海里，导致含有大量汞的淤泥沉积于海底。自1954年开始，水俣地区许多猫突然发狂而死，在空中飞翔的鸟儿也突然从空中落下来。而常把鱼肉混入饲料中喂鸡或养猪的人家，同时期发现家畜竟然也在一阵发狂之后死亡。1963年，熊本大学研究班发表研究结果指出，从氮公司所排放的废水中检测出有机汞。直到1968年，日本正式认定水俣病是由于日本氮公司排出的甲基汞所造成的一种公害病。

水俣病对经济社会造成严重影响。由于甲基汞污染，水俣湾的鱼虾不能再捕捞食用，当地渔民生活失去依赖，很多家庭陷于贫困之中。工业污染和各种公害病随后泛滥成灾。除水俣病外，四日市哮喘病、富山痛痛病等相继出现。日本的工业发展虽然使经济获利不菲，但难以挽回的生态环境破坏和贻害无穷的公害病使日本政府和企业日后为此付出极其昂贵的治理、治疗和赔偿代价。

2.7 贫困问题蔓延扩散

贫困涵盖经济、社会、文化等多方面，包括生存贫困、多维贫困和发展贫困等多个层次 ❶。处于国际贫困线以下的贫困人口广泛分布在全球五大洲 100 余个国家，全球贫困问题突出。同时贫困与无电、经济发展、环境污染、气候变化等全球性问题相互交织，加剧脱贫难度。

2.7.1 全球贫困问题突出

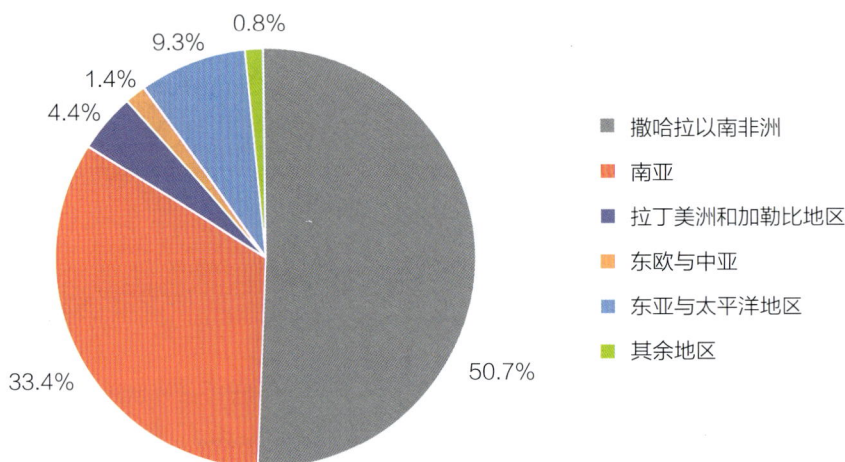

图 2.11 全球各地区生存贫困人口占比 ❷

国际贫困线以下人口达 7.5 亿。2015 年，世界银行将平均每天消费支出 1.9 美元（购买力平价）设置为国际标准贫困线。低于这一标准意味着难以享受足够的食物、清洁的水等，基本生活需求无法得到保障，属于生存贫困人口。目前，生存贫困人口主要集中在撒哈拉以南非洲和南亚地区，占全球生存贫困人口的 80% 以上。

全球多维贫困人口达 15.6 亿。低收入国家居民普遍存在多维贫困问题，是生存贫困人口的 2.2 倍。多维贫困是社会问题在个体上的表现，体现在儿童死亡率和营养不良比例高，受教育年限和中学入学率低，水、电、燃料、卫生设施、住房、基本家用电器等严重不足等方面。当前，全球多维贫困人口广泛分布于各发展中国家，且有上升趋势。

---

❶ 资料来源：联合国贫困与饥饿指数。生存贫困是指温饱尚未解决，生存受到威胁。多维贫困是指缺乏教育、医疗、能源、水等生活保障。发展贫困是指经济增长低迷甚至陷入衰退，贫困状况长期得不到改善。
❷ 资料来源：世界银行，贫困与共同繁荣 2016，2016。

贫困问题仍在全球蔓延。最不发达国家人均收入、人力资产较低，经济脆弱。最近 3 年，最不发达国家的平均经济增长率持续低于 5%，未达到 2030 年可持续发展目标所预定的 7%增长目标。特别在 2008 年国际金融危机之后，最不发达国家的贸易赤字大幅增加，从 2009 年的 450 亿美元增加到 2016 年的 980 亿美元❶。这些国家和地区将面临更加严峻的贫困问题。

2.7.2　贫困问题复杂交织

能源贫困是贫困问题的重要诱因。无电是典型的能源贫困，是贫困问题的一个重要方面。从人口分布上看，无电与贫困高度重合，全球贫困人口主要集中在撒哈拉以南非洲和南亚地区，这也是全球无电人口集中的地区。贫困、无电和健康问题复杂交织。贫困导致地区投资能力不足，能源电力基础设施严重缺失。反之，无电导致劳动生产率低、限制工业化发展等进一步加剧贫困。无电和贫困问题带来的环境污染、医疗资源匮乏等直接影响人类健康，同时限制地区和国家的发展能力，如在预期寿命较低、疾病频发的地区将大大降低"人口红利"带来的发展优势。综合来看，贫困是导致无电、健康问题的最重要原因，必须在发展中解决无电、贫困和健康问题。

经济落后和人口增长是解决贫困问题的障碍。内生增长动力不足、经济增长缓慢和"增长贫困"形成恶性循环。特别是撒哈拉以南非洲地区贫困人口占全球一半以上；更严重的是，1999—2015 年该地区贫困人口总数不但没有下降，反而净增 1.3 亿人❷。一方面，经济发展速度不足以大幅减少贫困，2018 年撒哈拉以南非洲的经济增长速度约为 2.5%，较 2017 年下降 0.1 个百分点，2019 年预计增速反弹至 2.9%；另一方面，本地区的贫困率从 1990 年的 54% 下降到 2015 年的 41%，但每年 2.6% 的人口增长抵消了这些减贫成果。马达加斯加、刚果（金）、布隆迪等数十个国家贫困发生率超过 50%，人均 GDP 增长极慢，整个社会发展能力极低，迫切需要新的增长动力和经济增长点。

---

❶ 资料来源：联合国贸易和发展会议，2017 年最不发达国家报告，2017。
❷ 资料来源：世界银行，2019 年度报告：终结贫困　投资于机会，2019。

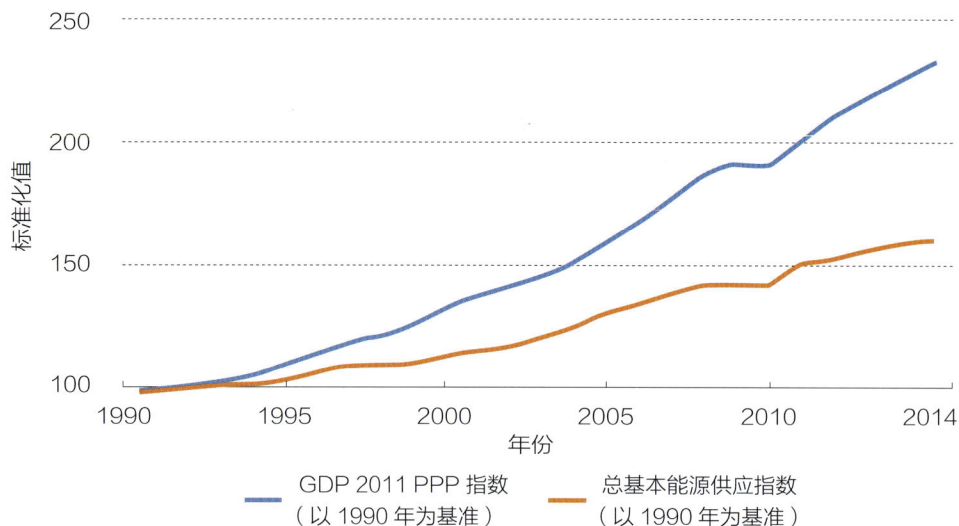

图 2.12　全球经济增长与能源供给的关系 ❶

重大危机导致贫困加剧。研究表明，此次新冠肺炎疫情很可能导致全球 4000 万～6000 万人重新跌入极端贫困 ❷，到 2030 年还将新增 1.3 亿极端贫困人口 ❸。其中，发展中国家的贫穷人口将急剧增加，如果各国不能合作应对危机，全球减贫进程恐将倒退 20～30 年。同时，贫困人口往往缺乏应对极端灾害、气候变化、环境污染等危机的能力，一旦遭遇重大疾病、自然灾害、战争冲突等威胁，极易重返贫困，甚至遭受生命和健康损失。

总体来看，当前人类正在面临重重危机。各种危机相互交织、相互影响，极有可能引起跨领域连锁危机。气候环境、能源资源等领域危机已显现端倪，人类必须及早做好准备，警惕黑天鹅事件，防范灰犀牛事件。

---

❶ 资料来源：世界银行、国际能源署。
❷ 资料来源：世界银行，https://www.worldbank.org/en/topic/poverty/overview。
❸ 资料来源：联合国，世界经济形势与展望年中报告，2020。

当前，全世界人民正在努力应对席卷全球的新冠肺炎疫情。人类终将战胜疫情，但下一场灾难——气候环境危机才真正令人类难以承受。气候环境危机这只致命"灰犀牛"正在狂奔而来。全球温升已接近安全临界阈值，我们生存的星球正在进入"热室地球"新阶段，人类正站在事关存亡的十字路口，即将面临"全面危机"境地。人类别无选择，只有直视危机、立即行动、全球合作，才能把握"最后窗口"。

3.1 气候环境危机是致命"灰犀牛"

地球辐射强迫和碳循环改变导致全球气候变化，根源是人类燃烧和利用化石能源造成大气温室气体浓度上升。气候环境危机极有可能引发人类和地球系统的全面危机，是致命的"灰犀牛"。

3.1.1 气候环境危机溯源

气候环境危机是指气候变化引发全球气候系统和地球系统变化，由此产生的对各类自然系统和人类系统的重要影响和重大风险。其发生和发展是一个复杂、动态的演化过程，人类大量燃烧和过度使用化石能源是根本原因。

地球温室效应引发气候系统变化。 大气中的温室气体可以让太阳短波辐射透过，加热地表，但又阻止由陆－气系统向外空的红外辐射，这就是温室效应。大量燃烧和过度使用化石能源导致大气中的温室气体增加，打破了原有的地球辐射收支平衡，使得地表和对流层大气增温。同时，大气中的温室气体增加也会影响到陆地系统、水文系统以及海洋系统的物理化学特征，导致地球系统发生变化。

工业革命以来，人类活动导致大气中温室气体浓度迅速增加，产生的总辐射强迫及其增加速率，在过去一万多年里是史无前例的[1]。2011年人为排放的温室气体导致的辐射强迫相比工业革命前增加了 2.29 瓦 / 平方米，其中二氧化碳导致的辐射强迫增加了 1.68 瓦 / 平方米，甲烷导致的辐射强迫增加了 0.48 瓦 / 平方米[2]。温室气体的人为排放量持续增长，改变了原有的地球系统碳循环，使得大气成分发生变化。在人为二氧化碳净排放完全停止后，地球表面温度仍将多个世纪基本保持在较高的水平上。二氧化碳排放造成的人为气候变化，大部分在多个世纪到千年时间尺度上是不可逆的。

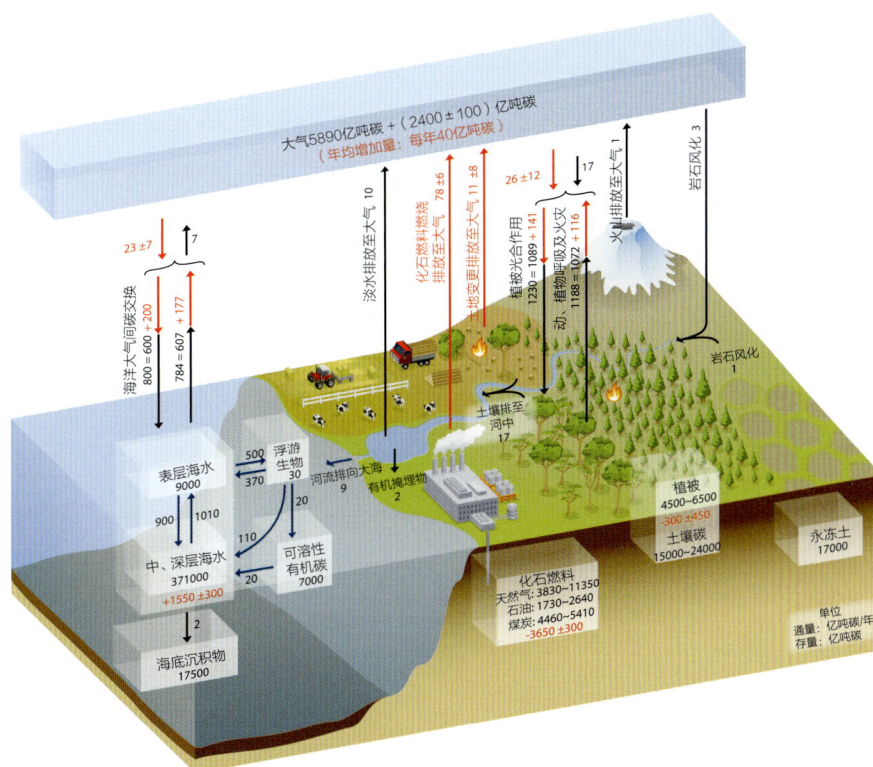

图 3.1　地球系统碳循环示意图[3]

[1] 资料来源：M. B. 麦克尔罗伊，能源与气候：前景展望，北京：科学出版社，2018。

[2] 资料来源：IPCC Change, Climate Change 2013: The Scientific Basis. Contribution of Working Group I to the Fifth Assessment Report of the Intergovernmental Panel on Climate Change, 2013. Cambridge, UK and New York, USA: Cambridge University Press, 2013.

[3] 资料来源：Figure 6.1 from Ciais, P., C. Sabine, G. Bala, L. Bopp, V. Brovkin, J. Canadell, A. Chhabra, R. DeFries, J. Galloway, M. Heimann, C. Jones, C. Le Quéré, R.B. Myneni, S. Piao and P. Thornton, 2013: Carbon and Other Biogeochemical Cycles. In: Climate Change 2013: The Physical Science Basis. Contribution of Working Group I to the Fifth Assessment Report of the Intergovernmental Panel on Climate Change [Stocker, T.F., D. Qin, G.-K. Plattner, M. Tignor, S.K. Allen, J. Boschung, A. Nauels, Y. Xia, V. Bex and P.M. Midgley (eds.)]. Cambridge University Press, Cambridge, United Kingdom and New York, NY, USA.

背景7

大气温室效应 [1]

温室效应，俗称"大气保温效应"。来自太阳的热量以短波辐射的形式到达地球外空间，然后穿越厚厚的大气层到达地球表面，地球表面吸收这些短波辐射热量后升温，升温后的地球表面反而向大气释放长波辐射热量，这些长波热量很容易被大气中的温室气体吸收，这样就使得地球表面的大气温度升高，这种增温效应类似于栽培植物的玻璃温室，故此得名温室效应（Greenhouse effect）。

大气中的温室气体主要有二氧化碳、甲烷、一氧化二氮、氯氟碳化合物及臭氧等。它们能够吸收地球表面释放的长波辐射热量，把热量暂时保存起来，就像给地球穿上了一件保暖羽绒服。其实，这些温室气体早就存在大气层中，温室效应也早就存在了，科学家们把这种最原始的温室效应称为"天然的温室效应"。

自工业革命以来，由于人类活动释放大量的温室气体，使得大气中温室气体的浓度急剧升高，结果造成大气中的温室效应日益增强，科学家们把这种人为活动引起的温室效应称为"增强的温室效应"，这正是全球环境科学家们密切关注和担忧的温室效应。随着大气温室效应不断加剧，全球平均气温也必将逐年升高，最

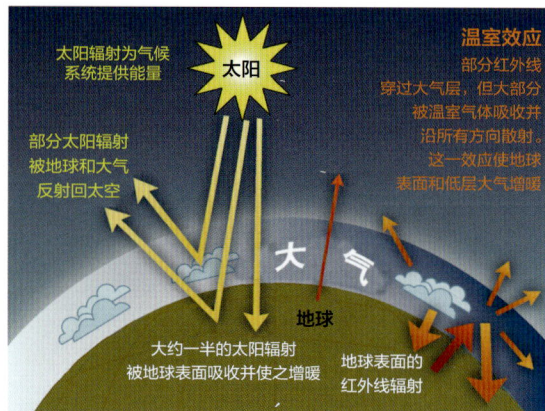

图1　大气温室效应示意图 [2]

终导致全球气候变暖，产生一系列全球性的气候和环境问题。

---

[1] 资料来源：http://www.cas.cn/kxcb/kpwz/201408/t20140825_4191468.shtml.

[2] 资料来源：FAQ 1.3, Figure 1 of Chapter 1 from Le Treut, H., R. Somerville, U. Cubasch, Y. Ding, C. Mauritzen, A. Mokssit, T. Peterson and M. Prather, 2007: Historical Overview of Climate Change. In: Climate Change 2007: The Physical Science Basis. Contribution of Working Group I to the Fourth Assessment Report of the Intergovernmental Panel on Climate Change [Solomon, S., D. Qin, M. Manning, Z. Chen, M. Marquis, K.B. Averyt, M. Tignor and H.L. Miller (eds.)]. Cambridge University Press, Cambridge, United Kingdom and New York, USA.

背景8

辐射强迫 [1]

辐射强迫，是指由于气候系统内部变化，如二氧化碳浓度或太阳辐射的变化等外部强迫引起的对流层顶垂直方向上的净辐射变化。单位为瓦特/平方米（W/m^2）。

辐射强迫一般在平流层温度重新调整到辐射平衡之后计算，期间对流层性质保持着它未受扰动之前的值，目前的辐射强迫值，是2005年相对于工业化前1750年的差值。辐射强迫是对某个因子改变地球－大气系统射入和逸出能量平衡影响程度的一种度量，同时也是一种指数，反映了该因子在潜在气候变化机制中的重要性。正强迫使地球表面增暖，负强迫则使其降温。某种气体对气候变化辐射强迫的贡献，取决于该气体的分子辐射特性、大气中浓度增加量以及释放到大气中之后的存留时间等。温室气体在大气中的存留时间并不一样，在自然过程把排放到大气中的温室气体清除掉之前，长寿命温室气体在大气中要存留至少几十年甚至几千年，它们对维持大气辐射强迫具有不可逆的贡献。一旦温室气体产生的正辐射强迫占主导作用，全球地面平均气温就会呈上升趋势。

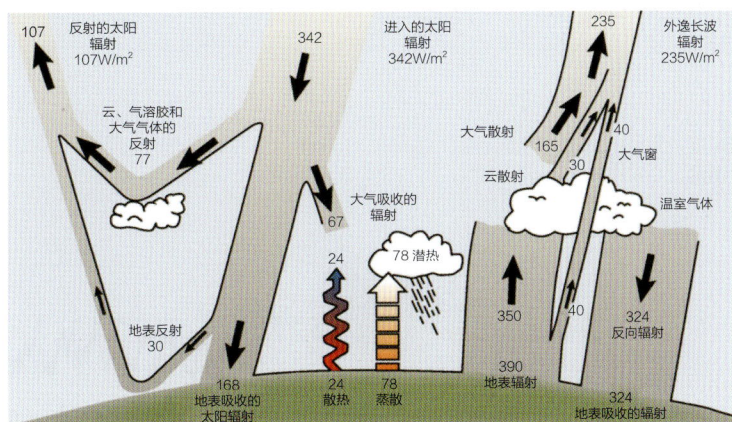

图1　辐射强迫示意图 [2]

[1] 资料来源：周健民，沈仁芳，土壤学大辞典，北京：科学出版社，2013。

[2] 资料来源：FAQ 1.1, Figure 1 of Chapter 1 from Le Treut, H., R. Somerville, U. Cubasch, Y. Ding, C. Mauritzen, A. Mokssit, T. Peterson and M. Prather, 2007: Historical Overview of Climate Change. In: Climate Change 2007: The Physical Science Basis. Contribution of Working Group I to the Fourth Assessment Report of the Intergovernmental Panel on Climate Change [Solomon, S., D. Qin, M. Manning, Z. Chen, M. Marquis, K.B. Averyt, M. Tignor and H.L. Miller (eds.)]. Cambridge University Press, Cambridge, United Kingdom and New York, USA.

海－陆－气碳循环失衡是引发气候系统变化的关键一环。 地球碳循环是指地球系统中各圈层中的碳通过海－陆－气相互作用以及生物、物理和化学过程不断交换的过程。据估计，海洋碳库约为 39 万亿吨碳，土壤碳库约为 1.5 万亿吨碳，陆地生物圈约为 5500 亿吨碳，大气圈约为 7500 亿吨碳。地球系统碳循环本应"自循环""自平衡"，却因受到人为影响而发生改变。自工业革命以来人类活动排放的温室气体中，化石能源燃烧排放约 3650 亿吨碳，土地利用净排放约 300 亿吨碳。人类活动排放的温室气体中，约 2400 亿吨碳留存在大气中，1550 亿吨碳被海洋所吸收[1]。碳循环的变化将深刻改变地球系统各圈层的循环关系，一旦打破平衡，发生质的转变，将引发气候环境连锁增馈效应，使气候系统产生重大变化。

温室气体浓度增加导致全球碳循环失衡。 全球人口和经济快速增长使得化石能源使用量快速增加，导致大气中温室气体含量在近百年期间快速升高，地球碳"自平衡"系统被打破，增量无法被碳库合理消纳，造成失衡。工业革命以来，大气温室气体浓度持续攀升至近 80 万年以来的最高水平，其增加速度在历史上是前所未有的[2]。由于人类活动的影响，2018 年大气中温室气体浓度达到创纪录水平，主要温室气体浓度如二氧化碳、甲烷和一氧化二氮浓度分别达到 408 ppm、1869 ppb（十亿分比浓度单位）和 331 ppb，相比工业革命前分别增长 1.5、2.6 倍和 1.2 倍[3]。

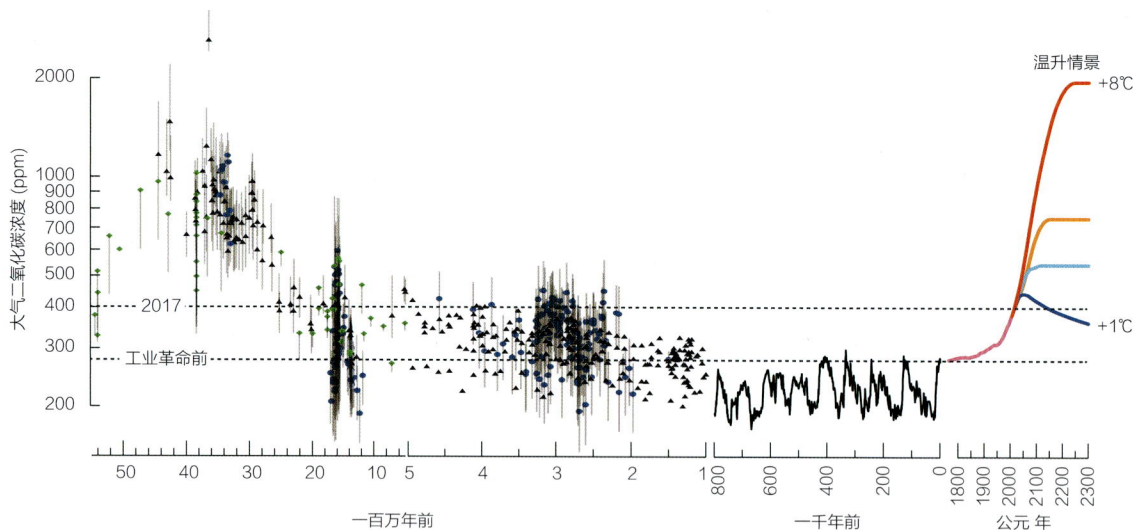

图 3.2 近五千万年以来大气二氧化碳浓度变化[4]

---

[1][4] 资料来源：IPCC, Climate Change 2013: The Scientific Basis. Contribution of Working Group I to the Fifth Assessment Report of the Intergovernmental Panel on Climate Change, 2013. Cambridge, UK and New York, USA: Cambridge University Press, 2013.

[2] 资料来源：IPCC, Climate Change 2007: Impacts, Adaptation and Vulnerability, Working Group II Contribution to the Intergovernmental Panel on Climate Change, Cambridge: Cambridge University Press, 2007.

[3] 资料来源：WMO, WMO Greenhouse Gas Bulletin, No.14, 2018.

化石能源燃烧排放的二氧化碳是温室气体增长的主体。政府间气候变化专门委员会（Intergovernmental Panel on Climate Change，IPCC）报告表明，人类排放尤其是化石能源排放是导致大气温室气体浓度上升和全球变暖的主要原因，对全球变暖具有决定性作用[1]。自工业革命以来，全球温室气体和二氧化碳排放总量不断升高，人类累积排放的二氧化碳超过 2.2 万亿吨。20 世纪中叶以来，随着全球经济和人口的快速发展，全球温室气体排放加速增长。1970—2018 年，全球温室气体排放量增长了一倍。2018 年温室气体排放达到 535 亿吨二氧化碳当量，化石能源相关的二氧化碳排放量达到 371 亿吨[2]。与化石能源利用相关的二氧化碳排放约占二氧化碳总排放的 85%，化石能源利用相关的二氧化碳排放约占温室气体总排放的 66%[3]，所占比重相比 1990 年均有所提高，表明化石能源在排放结构中的重要性日益增强。化石能源排放结构中，煤炭和天然气排放比重仍在持续增加，石油排放比重减少，未来全球能源系统转型和减排面临巨大的挑战。

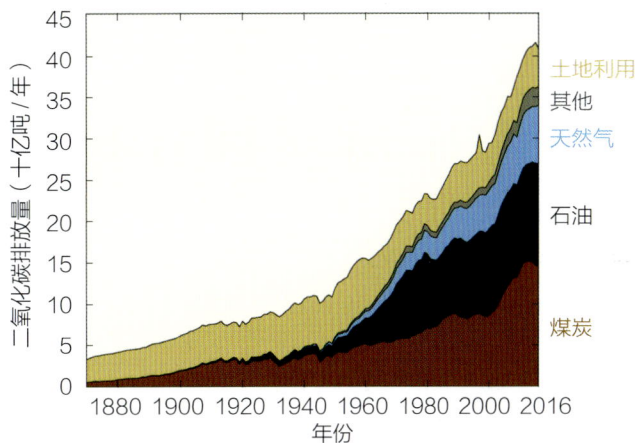

图 3.3　1850—2016 年全球二氧化碳排放总量及结构[4]

未来气候变化取决于人类温室气体排放。科学家根据人类未来各种可能的经济社会发展路径，假设了一系列的情景来对未来的温室气体排放和全球平均温升进行了模拟，这些情景称为典型浓度路径情景。在高温室气体排放情景下，全球在 21 世纪保持高化石能源需求及高温室气体排放，到 21 世纪末，人类新增累积排放的温室气体超过 4 万亿吨二氧化碳当量，平均温升超过 3.2~5.4℃。在 2℃目标情景下，到 21 世纪末，人类累积排放的温室气体控制在约 1 万亿吨二氧化碳当量。在 1.5℃目标情景下，到 21 世纪末，人类累积排放的温室气体控制在 5000 亿吨二氧化碳当量以内。

---

[1] 资料来源：IPCC, Climate Change 2014: Mitigation of Climate Change. Contribution of Working Group III to the Fifth Assessment Report of the Intergovernmental Panel on Climate Change, Cambridge, UK; New York, USA: Cambridge University Press, 2014.

[2] 资料来源：Global Carbon Project, Global Carbon Budget, 2018. https://www.globalcarbonproject.org.

[3] 资料来源：International Energy Agency, CO$_2$ Emissions from Fuel Combustion Highlights 2016, 2016.

[4] 资料来源：GCP, Global Carbon Budget, 2017. https://www.globalcarbonproject.org.

背景 9　　未来温室气体排放和温升情景 [1]

为了研究未来经济社会发展情景和温室气体排放情景，IPCC 开发了一系列共享经济社会情景（SSPs）和典型浓度路径情景（RCPs）。

现有政策延续情景（典型浓度路径 RCP8.5 情景，或称高排放情景）。这一情景下，全球在 21 世纪保持高化石能源需求及高温室气体排放。到 21 世纪末，人类累积排放的温室气体超过 4 万亿吨二氧化碳当量，温室气体浓度达到 1370 ppm，辐射强迫超过 8.5 W/m²，平均温升超过 3.2~5.4℃。

2℃目标温室气体排放情景（典型浓度路径 RCP2.6 情景，简称 2℃情景）。温室气体排放保持在非常低的水平。到 21 世纪末，人类累积排放的温室气体控制在 1 万亿吨二氧化碳当量以内，21 世纪下半叶温室气体实现净零排放。到 21 世纪末温室气体浓度控制在 490 ppm，辐射强迫控制在 2.6 W/m²，平均温升不超过 2℃。

1.5℃目标温室气体排放情景（典型浓度路径 RCP1.9 情景，简称 1.5℃情景）。温室气体排放保持在最低的水平。到 21 世纪末，人类累积排放的温室气体控制在 5000 亿吨二氧化碳当量以内。21 世纪中叶温室气体实现净零排放。到 21 世纪末温全球室气体浓度恢复到 400 ppm 以内（接近当前浓度水平），辐射强迫控制在 1.9 W/m²，平均温升不超过 1.5℃。

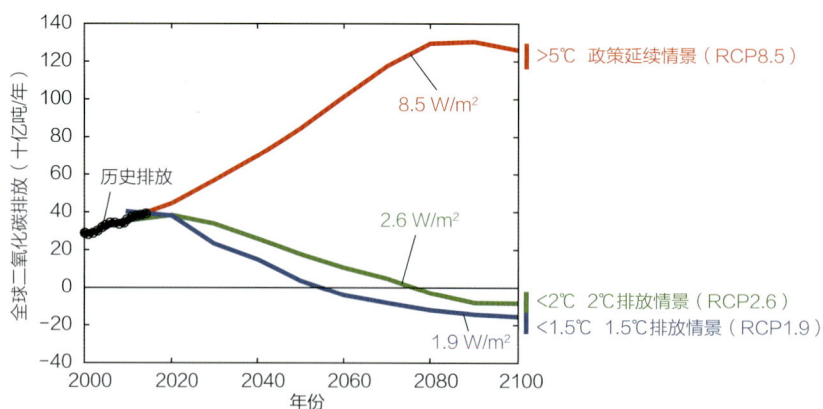

图 1　未来温室气体排放路径和温升情景

---

[1] 资料来源：https://tntcat.iiasa.ac.at/SspDb/dsd?Action=htmlpage&page=about.

3.1.2 气候环境危机连锁效应

地球系统、气候系统和人类系统紧密关联。地球系统是由五大圈层即大气圈、水圈、岩石圈、冰冻圈和生物圈组成的有机整体。地球系统的各个组成部分通过质量、热量、动量和通量相互连接，通过海－气、陆－气和海－陆等交互作用形成一个开放的相互连接的系统。

气候系统包括岩石、水、冰雪、大气、生物五个系统，气候系统实质是地球系统的表层系统。在地球系统各子系统中，若取大气圈的热容量为 1，则水圈的热容量是大气圈的 103 倍，而整个地球系统的质量和热容量有 99% 以上集中在岩石圈中。水圈、大气圈、生物圈总共加起来亦不足整个地球系统质量和热容量的1%。虽然气候系统在整个地球系统中所占的物质和能量的比例很小[1]，但对外部冲击最为敏感，因而最易受到人类活动的影响。气候变化是地球系统各子系统相互作用在大气圈中的反映。气候系统与地球系统是相互联系、密不可分的[2]，随着气候系统变化，地球系统各子系统也会随之发生变化。

智慧圈（又称人类圈）则是以人类为自然实体的独立的地球圈层。在人类世时代，人类智力在现代地球演变中起着越来越大的作用，成为影响气候系统和地球系统、引起各类全球变化最重要的因素。近现代以来，15—17 世纪欧洲航海者开辟新航路发现新大陆，18 世纪以来的工业革命和对化石能源的利用，19—20 世纪人口、经济和贸易的全球化发展，都是人类圈对地球圈产生全球性影响的重要标志性事件。

图 3.4　智慧圈影响地球系统五大圈层[3]

---

[1] 资料来源：王家映，地球物理学，北京：科学出版社，1988。

[2] 资料来源：高晓清，汤懋苍，朱德琴，关于气候系统与地球系统的若干思考，地球物理学报，2004，2：364-368。

[3] 资料来源：中科院青藏高原所，中科院地质与地球物理所，青藏高原多圈层相互作用及其资源环境效应，中国科学院院刊，2016，31（Z2）：96-100。

气候环境危机产生连锁效应，危及地球系统和人类社会。自然环境是人类赖以生存的物质基础，同时自然系统的承载能力也是有限的。自人类世以来，人类这一物种在历史上第一次发展到有能力在全球范围内改变地球的气候环境 ❶。人类活动利用化石能源，增加温室气体和各类污染物排放，引发以全球变暖为标志的气候环境危机。

气候环境危机首先影响气候系统，通过气候系统内部之间的物质循环如碳循环、氮循环和水循环，各种能量交换，以及系列物理、化学和生物反应，影响岩石、水、冰雪、大气、生物五个气候子系统，导致冰川融化，海平面升高，生态系统崩溃等。

气候环境危机通过影响气候系统继而影响地球系统的大气圈、水圈、岩石圈、冰冻圈和生物圈五大圈层，引发气候灾难和生态灾难。通过影响人类赖以生存的物质基础和自然环境，影响沿海和脆弱地区人类生存，威胁粮食和水资源安全，触发社会动荡，引发人类生存灾难和经济社会灾难。

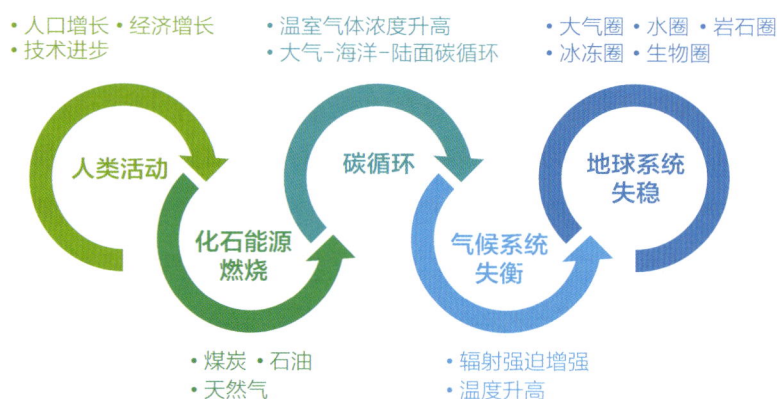

- 人口增长 · 经济增长
- 技术进步

- 温室气体浓度升高
- 大气-海洋-陆面碳循环

- 大气圈 · 水圈 · 岩石圈
- 冰冻圈 · 生物圈

人类活动　化石能源燃烧　碳循环　气候系统失衡　地球系统失稳

- 煤炭 · 石油
- 天然气

- 辐射强迫增强
- 温度升高

图 3.5　人类圈与气候系统和地球系统五大圈层关系链

气候环境危机是"风险倍增器"，引发全面危机。气候、环境、能源、资源、健康、贫困等问题紧密联系、相互交织。气候变化对水资源、粮食、生态、健康、能源、交通、基础设施、城市、农村、经济和社会发展等不同领域都有广泛的影响。气候环境危机不仅带来水资源风险加剧、生态安全风险升级、健康安全风险加大等新问题，而且新风险会与能源、粮食、交通等领域的传统风险交叉，通过耦合、连锁等关联作用，加剧和放大已经存在的各类风险，形成复杂性更高的新风险系统，成为人类的"风险倍增器"。

---

❶ 资料来源：方修琦，苏筠，尹君，等，历史气候变化对中国社会经济的影响，北京：科学出版社，2019。

气候环境危机对其他部门和领域产生耦合和连锁效应的途径多种多样，带来多重负面影响。气候变化通过影响水、土壤、大气等自然环境，加剧环境污染。通过各类极端事件和天气气候灾害如干旱、洪涝、低温灾害、风雹等影响粮食生产。气候变化影响粮食安全和水资源安全，加剧荒漠化、土地退化。气候变化加重因灾致贫返贫，产生多维贫困和大量气候移民，影响脆弱人群生计。极端灾害增加不仅导致人员意外死亡、财产损失，还可能引发疫病流行，危害人类生存健康。极端天气气候事件和气候变化对国民重要基础设施如建筑、交通、生命线工程、能源、防灾设施等行业造成了大量的破坏和损失。能源电力部门从生产、传输到消费的各个环节的活动都不同程度直接或间接地受到气候变化的威胁。海平面上升影响沿海发达地区的经济发展和自然生态，影响国民经济和社会发展。气候环境危机导致人类出现系统性危机，进一步降低人类社会应对气候环境危机的能力，从而加速危机演化进程。如果不能及早行动、善加应对，气候环境危机将引发未来地球和人类的"全面危机"。

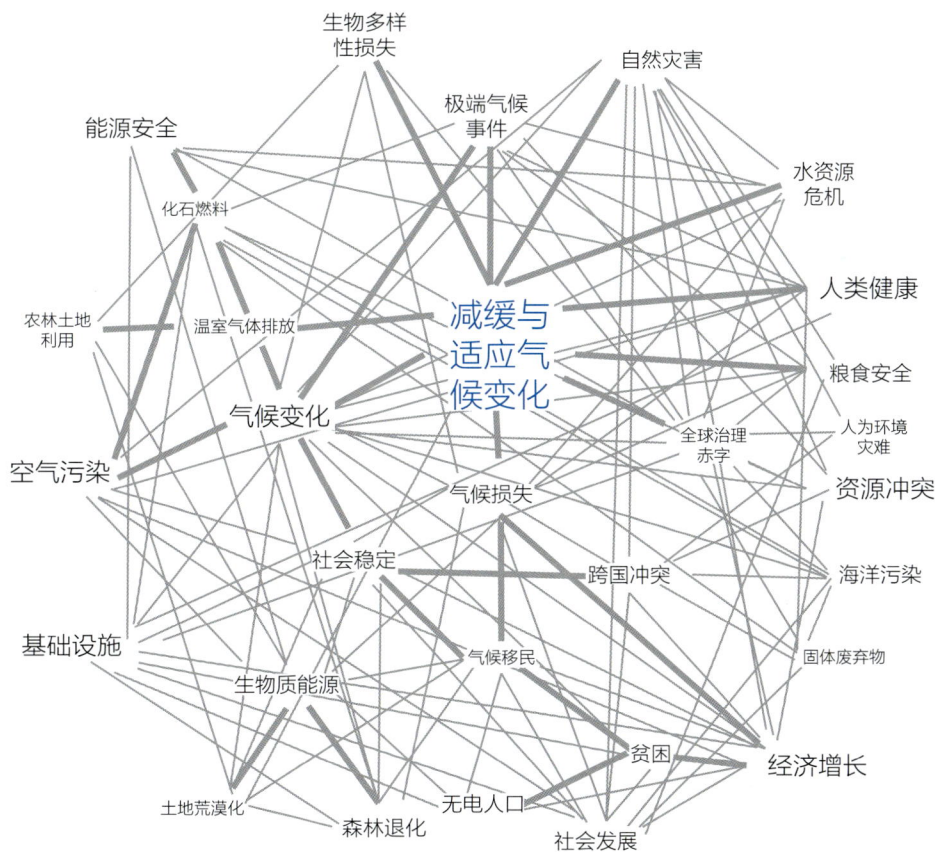

图 3.6　气候环境危机引发全面危机 ❶

❶ 资料来源：修改自 World Economic Forum, The Global Risks Report 2019 (14th Edition), 2019。

背景 10

人类世 ❶ 与智慧圈 ❷

诺贝尔化学奖得主克鲁岑提出"人类世"概念，将人类界定为影响地球系统的地质力量，地球由此进入"人类地球"新纪元，这代表了自然科学界对地球自然历史的最新判断。人类世是继更新世和全新世之后的另一个新的地质时代。人类世意味着人类已经成为影响地球系统的决定性力量，塑造地球地质的主要力量已不再是河流、冰或风而是人类，人类活动的痕迹将进入岩石、冰层或海洋沉积物，成为一种永久性存在，可以说人类活动本身已经变成了一个地质过程，通过人为活动引发的气候变化、毒物泛滥和物种多样性降低等方面表现出来，其中人为气候变化是核心表征。

人类世概念已得到学界广泛认可，但对以何时作为人类世的起点学界观点不一。克鲁岑建议以工业革命作为人类世的起点，其判断的重要依据是全球大气中二氧化碳等温室气体的浓度。全新世时期（距今约 1.2 万年），地球气候比较稳定，为农业文明的发展提供了理想的自然环境，人类对地球的影响相对有限，空气中的二氧化碳浓度由 260 ppm 增长到 280 ppm。与此形成鲜明对比的是，工业革命以来的两百多年里，空气中二氧化碳浓度已由 280 ppm 增长到 400 ppm，并且浓度还在持续上升。这些数值都基于科学观测和科学分析，因此全球变暖和气候变化具有科学依据。人类排放的温室气体将对地球产生持续性的影响，随着温室气体不断累积，地球生存环境会发生根本性改变。

"智慧圈"是一个重要的科学概念，指生物圈中受人类智力活动强烈影响的部分。一般认为智慧圈与人类圈的范围相同。智慧圈中的"智慧"意指智力境界，以与地圈（非生命世界）和生物圈（生命世界）相区别。智慧圈是独立于地球系统五大圈层的存在，人类世以来智慧圈日益成为影响地球系统的核心驱动因素。

---

❶ 资料来源：姜礼福，"人类世"概念考辨：从地质学到人文社会科学的话语建构，中国地质大学学报（社会科学版），2020，02：124-134。
❷ 资料来源：陈之荣，人类圈·智慧圈·人类世，第四纪研究，2006，026（005）：872-878。

3.1.3 气候危机演化趋势

气候系统是一个复杂巨系统，经历了长期演化进程。地质历史时期，地球上曾发生过多次气候冷暖变化。自全新世（从约 12000 年前开始）以来，地球系统始终处于冰期－间冰期旋回。但自工业革命以来，人类活动对气候及地球系统造成了全球性的影响，地球系统进入了人类世新纪元。随着地球系统进入人类世，在地球系统中有诸多子系统正在达到或突破阈值而发生状态的不可逆迁移。这类子系统被称为不可逆要素，亦称临界要素。目前已知的 15 个全球气候临界要素，现在已经激活了 9 个 [1]。随着气候系统及地球系统持续恶化，最终很可能使地球系统由"温室地球"走向"热室地球"，全面引发气候灾难、生态灾难、人类生存灾难和经济社会灾难。

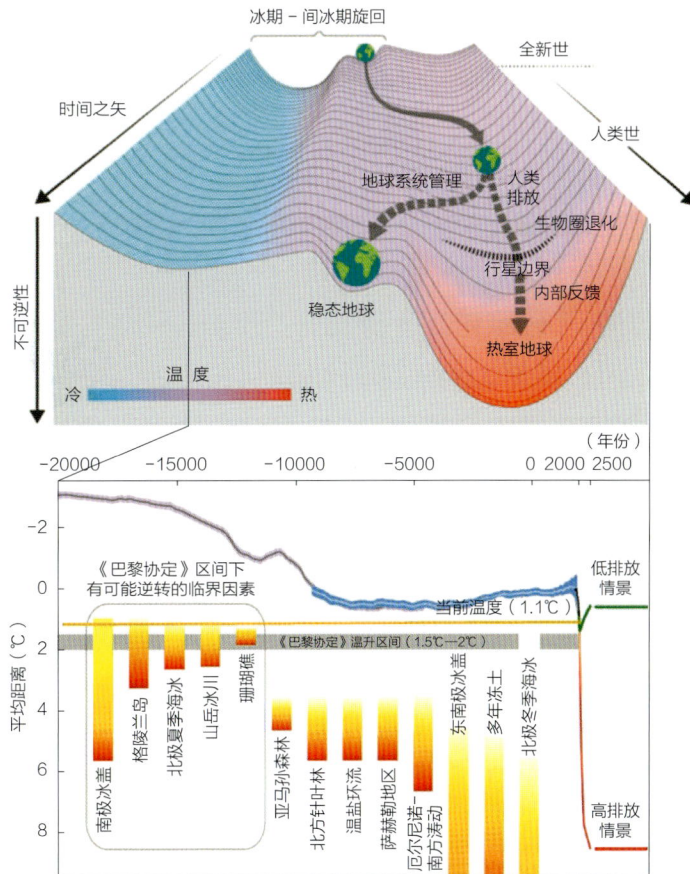

图 3.7　气候环境危机引发地球失稳 [2]

---

[1] 资料来源：Lenton T M, Rockström J, Gaffney O, et al., Climate Tipping Points-Too Risky to Bet Against. Nature, 2019, 575(7784): 592-595.

[2] 资料来源：效存德，王晓明，苏勃，冰冻圈人文社会学的重要视角：功能与服务，中国科学院院刊，2020，35(04)：504-513。其中，横坐标负值表示公元前。

根据对地球历史气候和未来气候预测的科学研究，结合危机发展的演化规律，气候危机发展很有可能呈现四个阶段趋势。

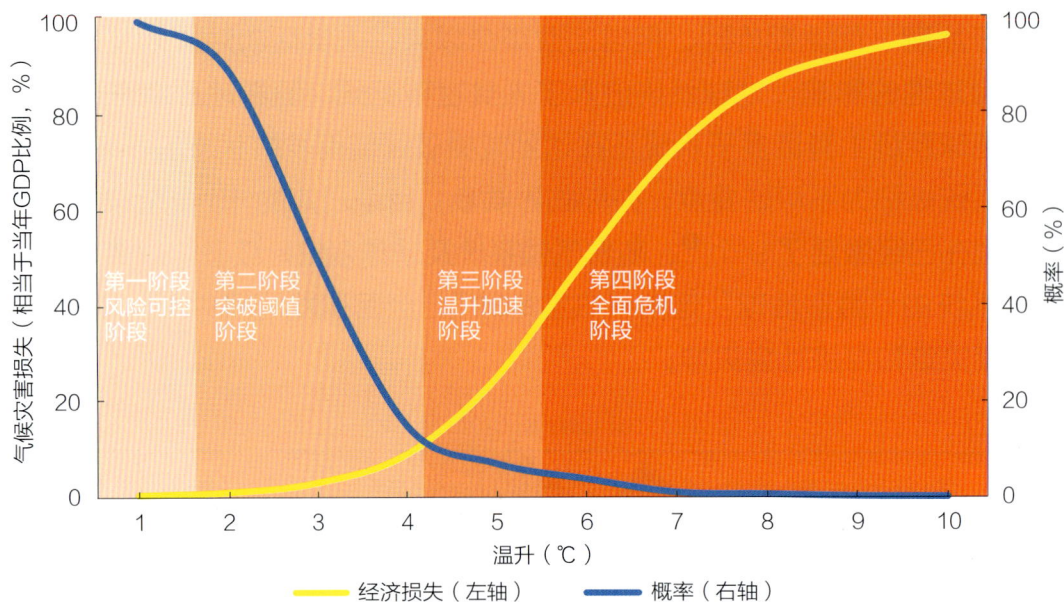

图 3.8　气候危机发展的四个阶段示意图

第一阶段——风险可控。《巴黎协定》提出，"把全球平均气温升幅控制在工业革命前水平以上 2℃以内，并努力将气温升幅限制在工业革命前水平以上 1.5℃之内"。温升 1.5℃是气候系统安全底线，2℃是安全阈值。全球温升控制在 1.5℃安全底线内，气候变化会对自然系统和人类系统产生一定程度的不利影响，但总体风险尚且可控。以 1.5℃为温控目标可能造成的影响将远小于 2℃温控目标，预计到 2100 年全球海平面上升高度将减少 10 厘米，使 1 亿人免于气候变化影响，造成的生物灭绝数量是 2℃目标下的 1/3～1/2，对人类健康、生活、粮食安全、水资源、人类安全、经济增长造成的风险更低[1]。

---

[1] 资料来源：IPCC, Global Warming of 1.5℃, an IPCC Special Report on the Impacts of Global Warming of 1.5℃ above Pre-industrial Levels and Related Global Greenhouse Gas Emission Pathways, in the Context of Strengthening the Global Response to the Threat of Climate Change, Sustainable Development, and Efforts to Eradicate Poverty, Cambridge, UK; New York, USA: Cambridge University Press, 2018.

第二阶段——突破阈值。气候变化一旦超过 2℃ 安全阈值，生态链关键物种（如珊瑚礁）和北极生态系统濒临灭绝，极有可能会造成生态系统迅速恶化，全球生物多样性面临高风险，而且这种影响是不可逆的。关键气候系统如北极海冰系统面临的风险从中等风险迅速升为高风险，极端天气气候事件如高温热浪、极端降水、沿海洪涝造成的风险升高，气候变化对全球各区域的粮食和水资源产生的不均匀的影响分布更为极端，全球整体面临的气候风险等级由中等提升为高等。

第三阶段——温升加速。一旦温升进一步加速，气候变化将导致冰盖、冻土层和海洋储存的温室气体加速排放进入大气，亚马孙和北半球森林枯死导致大量碳进入大气，北极冰面和南极、格陵兰陆面冰盖消融使得原本被反射的太阳辐射被海洋和陆面大量吸收，气候系统中导致温升的各类正反馈机制不断自我强化，促使大气、地表和海洋温度加速上升。由于南极冰盖和格陵兰冰盖消融造成大面积、不可逆的海平面上升，全球海平面升高可能超过 15 米。地球系统从稳定的平衡状态进入新的失稳阶段。

第四阶段——全面危机。气候变化超过 5℃ 临界阈值，地球由"温室地球"进入"热室地球"，北极全年无冰，南极和格陵兰冰盖完全融化，全球海平面升高可能超过 60 米，导致气候系统、人类系统、生态系统、经济社会系统发生崩溃的可能性大为增加，地球系统和人类社会面临全面危机。

背景 11　高纬度甲烷加速释放与温升正反馈机制 [1]

气候系统各子系统和各种因素之间存在相互作用，这种作用叫反馈机制。气候反馈机制包括大气的温度反馈、冰雪反照率的反馈、云反馈、海洋反馈和陆面反馈机制等。反馈机制分正反馈和负反馈，如果气候系统持续正反馈超过负反馈，就会造成气候不稳定。

由于高纬度地区广泛分布着大规模的碳库，因此高纬度甲烷逃逸造成温升正反馈的问题备受关注。这些大储量碳库包括储有潜在不稳定土壤有机碳的多年冻土和存在于大洋边界离岸沉积物中的含甲烷冰（又称甲烷水合物）。北极碳库扮演着大气二氧化碳和甲烷扩大器的角色。北极冻土中的土壤碳总储量约 1.8 万亿吨，北极海洋中甲烷水合物约有 1.6 万亿吨碳，二者都接近地层中所有化石燃料的碳储量，均相当于工业革命以来人类累积碳排放量的 3~4 倍。北极地区甲烷释放的最大潜力，陆地区域为 750 亿吨碳当量，海洋区域为 500 亿吨碳当量，接近工业革命以来人类累积的碳排放量。

全球温升并非均匀分布，高纬度地区的温升是全球平均温升的 2~4 倍，全球变暖首先会导致北冰洋大陆架海冰融化和北极多年冻土消融。因此，一旦高纬度地区多年冻土融化，或海洋中聚集的甲烷水合物释放，高纬度碳库集中释放，将导致短期内全球大气和海洋温度快速升高，引发全球气候系统产生突变。由于高纬度地区碳储量巨大，一旦这些碳短期内被释放到大气中，将导致大气温室气体浓度和大气温度的快速上升，会对地球气候造成巨大影响。甲烷的增温潜力远高于二氧化碳，约为二氧化碳的二十多倍，而且甲烷的增温速度要比二氧化碳快得多。研究表明，如果大气甲烷浓度翻四番，那么来自甲烷的总辐射强迫将达到 $3\ W/m^2$，是二氧化碳造成的辐射强迫的 2 倍，短期造成的温升是二氧化碳导致温升的 2~3 倍。

---

[1] 资料来源：美国国家科学院国家研究委员会，气候变化突发影响：预见意外，北京：气象出版社，2017。

3.2 正在遭受的"两大影响"

当前人类社会和地球系统正处于气候环境危机发展酝酿期，气候变化和环境问题已在诸多领域对地球家园和人类社会造成重大影响。

3.2.1 地球系统濒临崩溃

气候环境问题全面深刻影响地球系统五大圈层，正以前所未有的幅度和速度引发系统性的全球变化，对自然系统产生广泛影响[1]。其中，大气圈的降水模式和极端天气气候事件、冰冻圈的冰川融化和海平面上升、水圈的海洋热含量增加以及生态圈的生物多样性减少等都是气候环境变化最明显的指标。

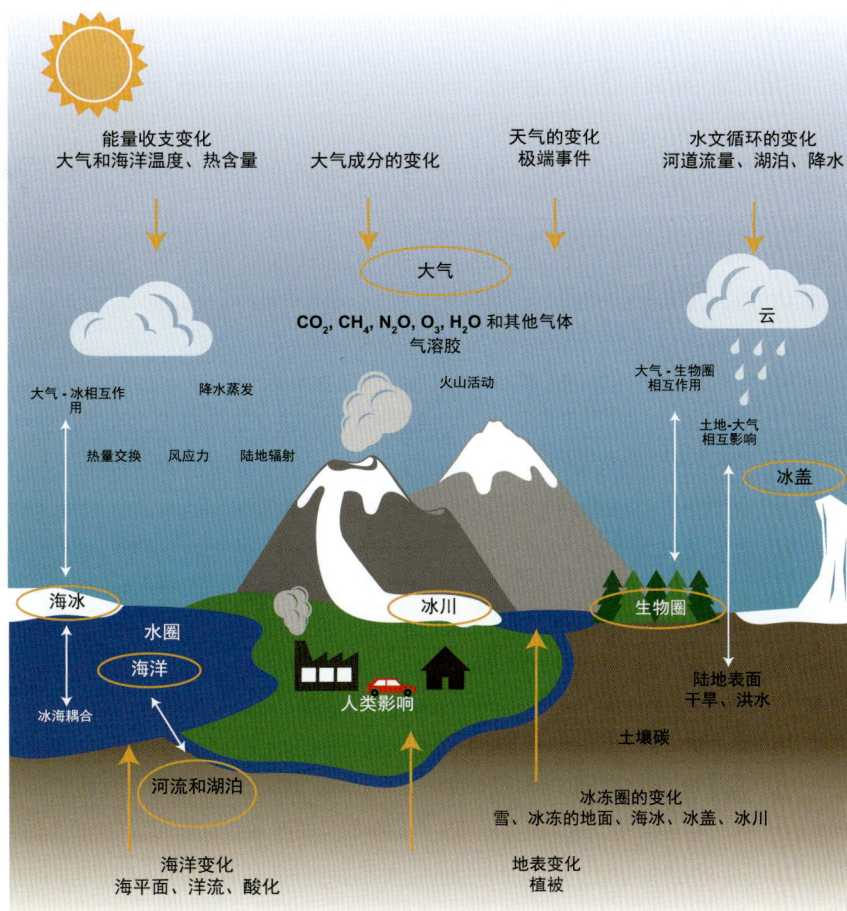

图 3.9　气候系统的各个组成部分及其相互作用 [2]

[1] 资料来源：秦大河，中国气候与环境演变：2012，第一卷　科学基础，北京：气象出版社，2012。
[2] 资料来源：WMO, WMO Statement on the State of the Global Climate in 2018, 2019.

1　大气圈不稳定加剧

极端高温频现。自 1950 年以来，极端高温天气和高温热浪事件呈增多趋势。在全球尺度上，冷昼和冷夜的数量已减少，而暖昼和暖夜的数量已增加。在欧洲、亚洲和澳大利亚的大部分地区，热浪的发生频率已显著增加。由于陆地极端温度上升高于全球平均地表温度。因此，当全球温升达到 1.5℃时，中纬度极端炎热天气将升高约 3℃，高纬度地区极端寒夜温度将上升约 4.5℃；全球温升达到 2℃时，中纬度极端炎热天气将升高约 4℃，高纬度地区极端寒夜温度将上升约 6℃。在大多数陆地地区，炎热天气的天数预计将增加，热带地区的炎热天数将增加更多 ❶。

降水模式变化。随着大气平均温度升高，水蒸气含量增加，会进一步增强大气温室效应，显著影响大气环流，改变原有降水模式，局地极端降水事件频发，"旱的越旱，涝的越涝"，造成全球干湿分化趋势加重。北半球大部分地区、非洲和亚洲赤道周围、澳大利亚的西部内陆和南美南部地区的降水量在 2015—2019 年呈现过去 60 年最高水平；相比之下，在南美北部、非洲南部和西南、印度季风地区和波斯湾以东、欧洲、北美中部和北部以及澳大利亚东北部地区的降水量呈现历史最低水平 ❷。

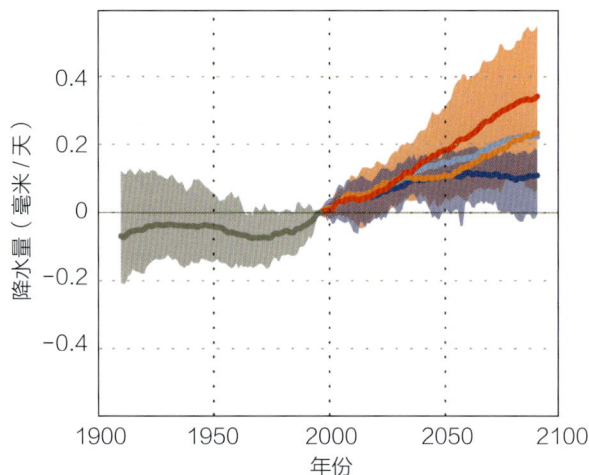

图 3.10　全球历史和未来预测降水平均值趋势 ❸

❶ 资料来源：IPCC, Global Warming of 1.5℃, 2018.
❷ 资料来源：WMO, Global Climate in 2015—2019, 2020.
❸ 资料来源：修改自 Figure 14.2 panel (a) from Christensen, J.H., K. Krishna Kumar, E. Aldrian, S.-I. An, I.F.A. Cavalcanti, M. de Castro, W. Dong, P. Goswami, A. Hall, J.K. Kanyanga, A. Kitoh, J. Kossin, N.-C. Lau, J. Renwick, D.B. Stephenson, S.-P. Xie and T. Zhou, 2013: Climate Phenomena and their Relevance for Future Regional Climate Change. In: Climate Change 2013: The Physical Science Basis. Contribution of Working Group I to the Fifth Assessment Report of the Intergovernmental Panel on Climate Change [Stocker, T.F., D. Qin, G.-K. Plattner, M. Tignor, S.K. Allen, J. Boschung, A. Nauels, Y. Xia, V. Bex and P.M. Midgley (eds.)]. Cambridge University Press, Cambridge, United Kingdom and New York, NY, USA。

极端事件增加。由于人为导致的温室气体浓度增加的影响，一些极端天气气候事件（简称"极端事件"）的强度和频率发生了变化。这在与热量和降水有关的极端事件上尤为明显。2015—2019 年，热浪一直是最致命的气象灾害，影响到所有大陆，尤其是在欧洲、北美，许多国家产生新的高温纪录。在所有与天气有关的灾害中，热带气旋造成的经济损失最大，带来洪水、山体滑坡以及相关的破坏和损失。2018 年的热带气旋特别活跃，北半球所有盆地上的气旋活动均高于历史平均水平，东北太平洋出现有卫星记录以来最大的累积旋风能量（ACE）值。在现有政策延续情景下[1]，依据气候模型预测，到 21 世纪末各种极端事件的发生频率和强度将增加。例如，将会出现大量高温极端事件，且热浪更加频繁；暴雨的频率或暴雨造成的总降雨将增加；平均热带气旋的最大风速可能会增加；在某些季节和地区干旱将加剧。

全球温度上升将导致更多的极端事件和更高的风险。根据气候模型的预测，当前和全球 1.5℃ 温升及 2℃ 温升之间的区域气候特征存在巨大差异。这些差异包括：大多数陆地和海洋地区平均温度升高、大多数人居地区极端温度升高、一些地区强降水增加而另一些地区出现干旱和降水不足的可能性增加。全球温升达到或超过 2℃ 时，在北半球高纬度地区和高海拔地区，尤其是在东亚和北美东部，强降水以及与热带气旋有关的强降水的风险更高，发生强降水的范围越广，全球受洪涝灾害影响的陆地地区的比例将越大[2]。

---

[1] 现有政策延续情景（BAU）指高排放情景，即典型浓度路径（RCP8.5）情景。
[2] 资料来源：IPCC, Global Warming of 1.5℃, 2018.

背景12 极端天气气候事件与气候变化

极端天气气候事件（简称极端事件）能够通过两种方式引发气候突变。一是天气或气候格局的突变，例如极端暴雨条件突然转为极端干旱条件。二是极端事件发生频率或严重程度变化趋势的改变，导致超过人类社会或生态极限，进而引起影响的突变。

根据IPCC第五次评估报告，20世纪50年代以来全球变暖的至少一半以上是由人类活动造成的。全球变暖破坏了气候系统的稳定状态，显著改变了全球各地的大气环流（如北极环流、西北太平洋副热带高压）和大洋环流，导致极端高温、暴雨洪涝、干旱、台风等各类极端事件发生的频率、强度、分布及持续时间显著增加。大量研究表明，极端事件发生的概率受人类活动的影响显著，某些地区极端高温发生的概率甚至增加了10倍以上。

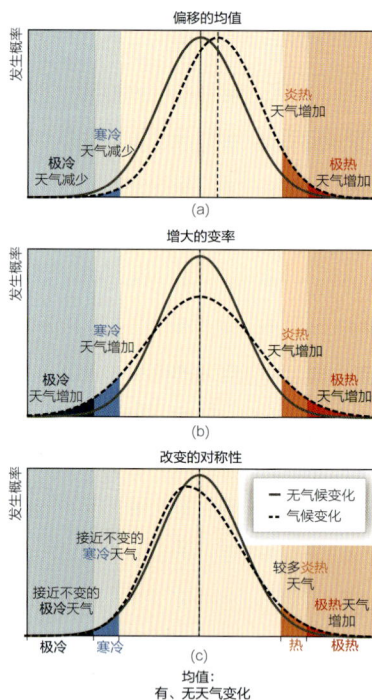

图1 极端事件通过均值变化、变率增大和形态非对称变化引发气候突变 ❶

❶ 资料来源：Figure SPM.3 from IPCC, 2012: Summary for Policymakers. In: Managing the Risks of Extreme Events and Disasters to Advance Climate Change Adaptation [Field, C.B., V. Barros, T.F. Stocker, D. Qin, D.J. Dokken, K.L. Ebi, M.D. Mastrandrea, K.J. Mach, G.-K. Plattner, S.K. Allen, M. Tignor, and P.M. Midgley (eds.)]. A Special Report of Working Groups I and II of the Intergovernmental Panel on Climate Change. Cambridge University Press, Cambridge, UK, and New York, USA.

2 水圈平衡持续恶化

海平面上升。卫星观测结果显示海平面持续加速上升。20 世纪以来，全球海平面已上升 0.19 米，2019 年全球海平面达到自有记录以来的最高值 [1]。海平面呈加速上升趋势，观测到的全球平均海平面上升速率已从 1997—2006 年的 3.04 毫米 / 年增加到 2007—2016 年的 4.36 毫米 / 年。根据气候模型对全球海平面上升的预测，全球温升 1.5℃ 时，到 2100 年，与 1986—2005 年相比全球海平面上升高度的范围为 0.26～0.77 米，与全球温升 2℃ 时相比低了 0.1 米，这意味着面临相关风险的人数减少 1000 万 [2]。

海洋热量增加。海洋是地球上最大的储热库。据估计，与气候变化有关的辐射增量超过 90% 被海洋吸收。2019 年，海洋热含量创下新的最高纪录，全年平均值比 2015 年增加了 1/3 以上。在大多数数据集中，2016 年的值也高于 2015 年之前的任何一年。观测数据显示，2018 年海洋热含量异常，为 13.0×10^{22} 焦（0～700 米层）和 18.2×10^{22} 焦（0～2000 米层），与 2015 年前相比分别增加了 37% 和 27% [3]。

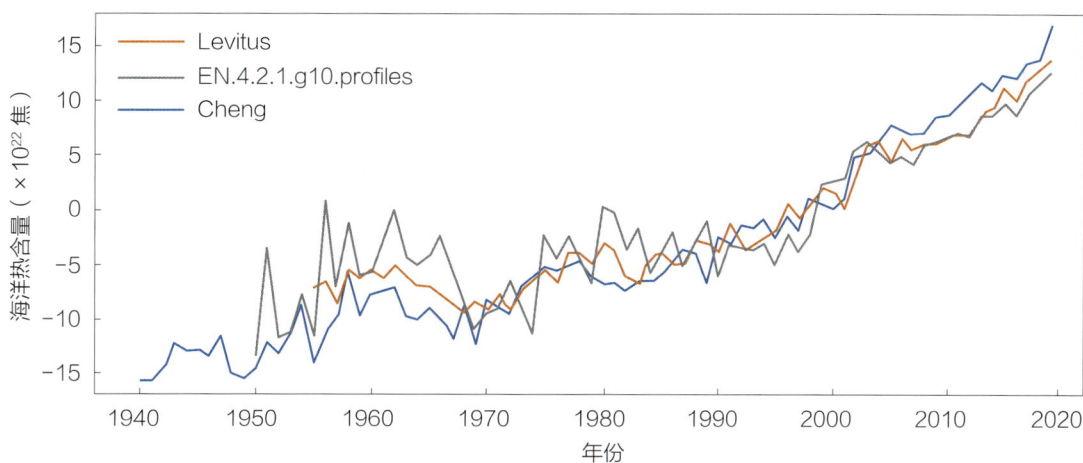

图 3.11　全球海洋热含量快速增加（相对于 1981—2010 年均值的变化）[4]

---

[1][4] 资料来源：WMO, WMO Statement on the State of the Global Climate in 2019, 2020.
[2] 资料来源：IPCC, Global Warming of 1.5℃, 2018.
[3] 资料来源：WMO, WMO Statement on the State of the Global Climate in 2018, 2019.

海水酸化。海洋吸收了排放到大气中的二氧化碳的 25%，因此变得更加酸化。观测表明，在过去的二三十年中，海洋吸收的二氧化碳与海水的化学反应，导致了海水平均 pH 值显示出明显下降的趋势。自工业革命以来，海洋表层水的 pH 值已从 8.2 下降到 8.1，酸度已增加 30%[1]。

3 冰冻圈加速消融

冰川遭受创纪录的冰量损失。冰川和冰盖储存了世界上 75% 的淡水，并且封存了大量的温室气体，例如甲烷。但是，由于全球变暖，海冰范围持续减少。与 2011—2015 年相比，2015—2019 年冬季海冰的平均范围值较低。在 2015—2019 年中的所有年份，冬季海冰的平均范围都远低于 1981—2010 年的平均值，并且出现了四个冬季最低纪录[2]。目前北极夏季海冰面积以每十年约 13% 的速度下降，多年冰已几近消失[3]；南极海冰面积在 2019 年 5—7 月连续三个月创下历史新低[4]；格陵兰冰盖的消融速度近 20 年来剧增，仅 2019 年 7 月就有 1790 亿吨海冰消失[5]。"世界第三极"青藏高原的雪线上升，冰川面积每十年减少 1314 平方千米，而且呈加速消减的趋势[6]。

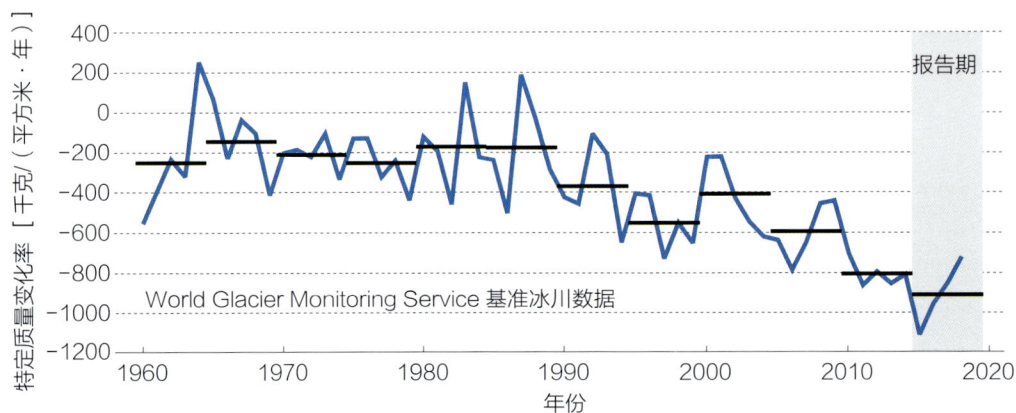

图 3.12 冰川特定质量变化率平均值[7]

---

[1][3][7] 资料来源：WMO, Global Climate in 2015—2019, 2020.
[2] 资料来源：WMO, The Global Climate in 2015—2019, 2019.
[4] 资料来源：WMO, WMO Statement on the State of the Global Climate in 2019, 2020.
[5] 资料来源：WMO, Climate Science Informs COP25, 2019.
[6] 资料来源：张瑞江，方洪宾，赵福岳，等，青藏高原近 30 年来现代冰川面积的遥感调查，国土资源遥感，2010，86（S1）：45-48。

积雪大幅减少。北半球春季积雪存在于高海拔、亚北极和北极地区。1967—2018 年 5 月和 6 月的积雪趋势分别为每十年减少 4.2% 和 12.9%。北极永久冻土比预测的融化时间早了 70 年[1]。根据对温带大陆变暖的观测，温度每升高 1℃，北半球春季积雪大约减少 80 万平方千米。融化的永久冻土释放出被困在地下的甲烷等温室气体，导致大气和海洋加速变暖。冰冻圈体积的减少不仅表现为冰原和冰川融化从而导致海平面上升，而且还表现为多年冻土融化从而导致向大气释放大量温室气体，加剧温室效应，加速全球变暖。

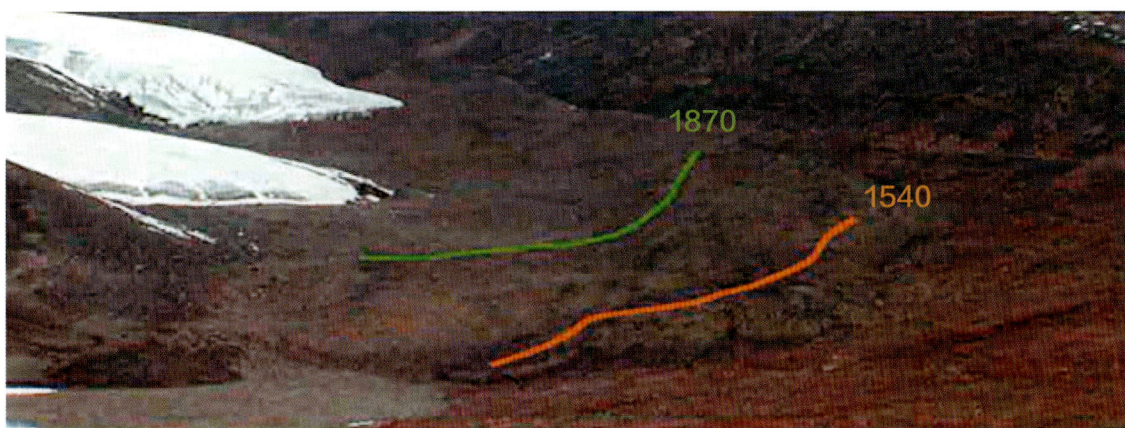

图 3.13　小冰期以来天山乌鲁木齐河源 1 号冰川变化图[2]

4　岩石圈遭受影响

岩石圈的变化在很大程度上改变大气圈中大气环流以及气候的格局与性质，通过下垫面与大气圈进行紧密的相互作用。气候变化及其他环境问题将改变地表水和地下水资源，对粮食安全和陆地生态系统产生了不利影响，并加剧了荒漠化和土地退化。

在一些干旱地区，气候变化和人类活动相互作用，土地表面空气温度和蒸散量的增加以及降水量的减少导致了荒漠化。这些地区包括撒哈拉沙漠以南的非洲、东亚中亚的部分地区，以及澳大利亚。

非洲的撒哈拉大沙漠面积在 20 世纪扩大了 11%～18%[1]；北极的苔原冰川的边界在 1950—2015 年向北缩减约 50 千米，面积缩小了 16%。林线朝更高纬度上移动将减少高纬度的反射率，从而进一步加剧全球变暖。反过来，全球变暖又进一步加速永久冻土的退化，从而形成加速全球变暖的正反馈机制[2]。

图 3.14　全球荒漠化和土壤退化情况（相对于 1961—1970）[3]

5　生物圈平衡破坏

地球系统的变化对生物圈具有大尺度的综合性影响，改变生态系统结构与功能，增加物种灭绝、有害生物爆发的频率和强度，使生物多样性受到严重威胁。气候变化导致森林面积缩小，草原呈荒漠化趋势，沿海及海洋生态系统中的红树林和珊瑚礁减少。据统计，目前全球有超过 3.1 万个物种面临灭绝威胁，地球上四分之一的哺乳动物、将近一半的植物和八分之一的鸟类正濒临灭绝[4]。

---

[1] 资料来源：Thomas N, Nigam S, Twentieth-Century Climate Change over Africa: Seasonal Hydroclimate Trends and Sahara Desert Expansion, Journal of Climate, 2018, 31(9): 3349-3370.

[2] 资料来源：Liu Y, Xue Y, Expansion of the Sahara Desert and Shrinking of Frozen Land of the Arctic, Nature, 2020, 10:4109.

[3] 资料来源：Figure SPM.1F from IPCC, 2019: Summary for Policymakers. In: Climate Change and Land: an IPCC special report on climate change, desertification, land degradation, sustainable land management, food security, and greenhouse gas fluxes in terrestrial ecosystems [P.R. Shukla, J. Skea, E. Calvo Buendia, V. Masson-Delmotte, H.- O. Pörtner, D. C. Roberts, P. Zhai, R. Slade, S. Connors, R. van Diemen, M. Ferrat, E. Haughey, S. Luz, S. Neogi, M. Pathak, J. Petzold, J. Portugal Pereira, P. Vyas, E. Huntley, K. Kissick, M. Belkacemi, J. Malley, (eds.)]. Cambridge University Press, Cambridge, UK, and New York, USA.

[4] 资料来源：The IUCN Red List of Threatened Species, 2020. https://www.iucnredlist.org/.

3.2.2　人类社会损失巨大

气候环境问题通过直接或间接方式造成经济损失，影响人类健康，威胁粮食安全，阻碍社会进步，是人类社会迫在眉睫的严峻挑战 ❶❷。

阻碍经济发展。极端天气气候事件 ❸、应对气候变化失败 ❹ 是对全球影响最大、发生可能性最高的系统性风险。全球每年气候相关灾害损失严重，且呈增加趋势。当前气候相关灾害导致全球年均经济损失 2500 亿～3000 亿美元，年均导致 4200 万生命年的损失 ❺。

气候变化对各国都有影响，但影响程度不一。气候灾害导致全球平均每年的经济损失约占国内生产总值（GDP）的 0.4%。发达国家灾害经济损失大，但占 GDP 比重低，往往低于 1%；发展中国家灾害经济损失占 GDP 比重高，占国民经济的比重为 2%～5%。气候变化对地势低洼的发展中国家和小岛屿国家影响非

常大，部分小岛屿国家的经济损失将占到 GDP 的 8%～20% ❻。灾害导致的生命损失中，95% 以上都在中低收入的发展中国家 ❼。

灾害经济损失（1994—2013 年）

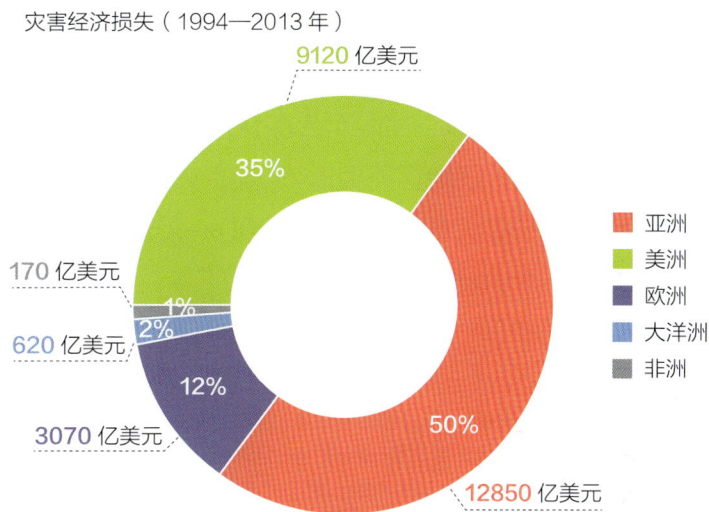

图 3.15　全球及各洲灾害导致的经济损失分布 ❽

3.2　正在遭受的"两大影响"

---

❶ 资料来源：清华大学气候变化与可持续发展研究院，联合国环境署，环境与气候协同行动 ——中国与其他国家的良好实践，2019。

❷ 资料来源：谢伏瞻，刘雅鸣，气候变化绿皮书：应对气候变化报告（2019），北京：社会科学文献出版社，2019。

❸ 资料来源：WEF, The Global Risks Report 2019, 2019.

❹ 资料来源：WEF, The Global Risks Report 2020, 2020.

❺❼ 资料来源：UNDRR, Global Assessment Report on Disaster Risk Reduction (GAR) 2015, 2015.

❻ 资料来源：UNDRR, The Human Cost of Natural Disasters: A Global Perspective, 2015.

❽ 资料来源：Emergency Events Database, Centre for Research on the Epidemiology of Disasters/ UCLouvain, Brussels, Belgium. https://www.emdat.be/ (D. Guha-Sapir).

损害人类健康。气候变化和环境问题是破坏健康社会的决定性因素，包括人们获得清洁的空气、安全的饮用水、充足的食物和安全住所的渠道，从而危及全人类的"健康权"❶。每年因室外和室内空气污染引起700万例死亡。1994—2013年间，气候变化及相关天气气候灾害（如洪水、干旱、风暴、极端气温等）累计影响约20亿人，导致约60万人死亡❷。2015年全球因为各类污染导致早死的人数高达900万人，占同年全球死亡人数的16%❸。气候变化尤其是对最贫穷、最脆弱的区域，如小岛屿发展中国家和最不发达国家影响最大，扩大了南北之间、不同收入群体之间的健康不平等。减缓政策越严格，健康效益则越大❹。

威胁粮食安全。粮食的生产、获取、使用和价格稳定都受到气候变化的不利影响，对局部地区造成严重威胁。2006—2016年，发展中国家的农业（作物、牲畜、林业、渔业和水产业）损失约占气候相关灾害所造成损失总量的26%❺。大约2/3的作物损失都与洪水灾害相关，畜牧业约90%的损失都归因于干旱❻。非洲大部分地区不利的气候条件以及异常的干旱灾害，导致作物种植区的种植面积和产量大幅下降❼。1960—2013年间气候变化导致小麦、水稻、玉米等主要粮食作物减产9%～13%❽。

---

❶❹ 资料来源：WHO, COP24 Special Report: Health and Climate Change, 2019.

❷ 资料来源：UNDRR, The Human Cost of Natural Disasters: A Global Perspective, 2015.

❸ 资料来源：Landrigan P J, Fuller R, Acosta N J R, et al., The Lancet Commission on Pollution and Health, The Lancet, 2018, 391(10119): 462–512.

❺❼ 资料来源：WMO, WMO Statement on the State of the Global Climate in 2019, 2020.

❻ 资料来源：Food and Agriculture Organization of the United Nations, 2017 The Impact of Disasters and Crises on Agriculture and Food Security, 2018. http://www.fao.org/3/I8656EN/i8656en.pdf.

❽ 资料来源：IPCC, Climate Change 2014: Impacts, Adaptation and Vulnerability. Contribution of Working Group II to the Fifth Assessment Report of the Intergovernmental Panel on Climate Change, Chapter 7 Food Security and Food Production Systems, Cambridge, UK and New York, USA: Cambridge University Press, 2014.

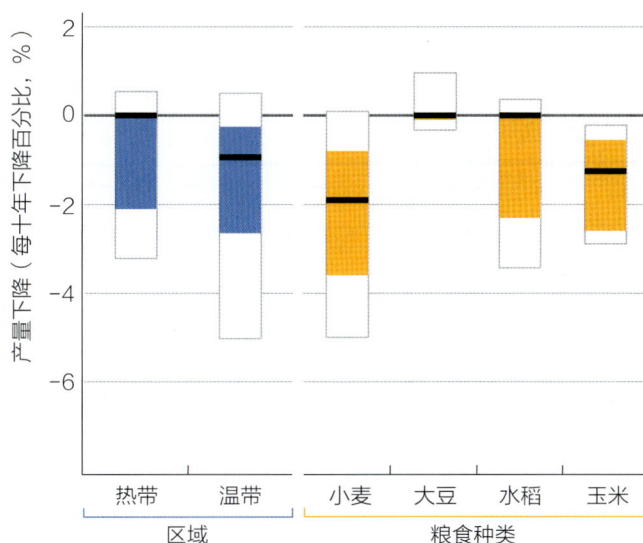

图 3.16　1960—2013 年气候变化导致全球粮食减产情况 ❶

许多区域的作物研究表明，气候变化对粮食产量的不利影响比有利影响更为显著。气候变化给粮食安全带来的主要的风险包括与升温、干旱、洪水、降水变率和极端事件相关的食品安全和食物系统中断（特别是城市和农村贫困人口的粮食供应中断）的风险、由于饮用和灌溉用水不足以及农业产量的减少（特别是半干旱区域的农牧民）带来的农村生计问题和收入损失的风险。贫困地区粮食产量减少将增加营养不良的可能性，加剧已有的人类健康问题 ❷。

影响社会发展。气候变化还将增加城市地区人群、资产、经济和生态系统的风险，包括热浪、风暴、极端降水、内陆和沿海洪水、山体滑坡、大气污染、干旱、水资源短缺、海平面上升和风暴潮带来的风险。农村地区在水资源可用性及供应、粮食安全、基础设施和农业收入方面将会遭受重大影响。气候变化将会导致经济增长放缓，减贫难度加大，粮食安全状况恶化，加剧气候移民和社会冲突，导致社会和政治不稳定 ❸。

---

❶ 资料来源：修改自 Figure 1.11 panel (c) from IPCC, 2014: Topic 1 – Observed Changes and their Causes. In: Climate Change 2014: Synthesis Report. Contribution of Working Groups I, II and III to the Fifth Assessment Report of the Intergovernmental Panel on Climate Change [Core Writing Team, R.K. Pachauri and L.A. Meyer (eds.)]. IPCC, Geneva, Switzerland。

❷ 资料来源：姜彤，李修仓，巢清尘，等，《气候变化 2014：影响，适应和脆弱性》的主要结论和新认知，气候变化研究进展，2014，10（003）：157–166。

❸ 资料来源：IPCC, Climate Change 2014: Impacts, Adaptation and Vulnerability. Contribution of Working Group II to the Fifth Assessment Report of the Intergovernmental Panel on Climate Change, Chapter 7 Food Security and Food Production Systems, Cambridge, UK and New York, USA: Cambridge University Press, 2014.

3.3 即将面对的"四大灾难"

地球系统正在通向"全面危机"的快行道。2019年全球平均气温已经比工业革命前高1.1℃，大量气候翻转事件正在被激活。科学研究表明，如果延续现有趋势，到21世纪末全球气温将比工业革命前升高3.2~5.4℃[1]。如果考虑各种正反馈机制带来的"加速效应"，大气温室气体浓度翻倍，全球温升可能会超过5℃，极端情况下可能达到7~10℃，从而使地球系统脱离正常和稳定的自然周期，由"温室地球"时代进入新的"热室地球"时代[2]。这意味着地球进入"全面危机"阶段，气候系统、生态系统、人类系统、经济社会系统灾难将全面爆发。

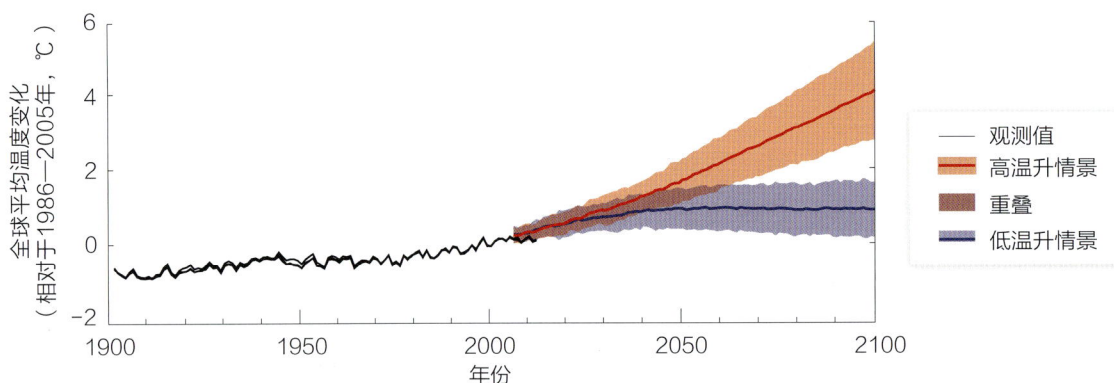

图3.17 全球平均温度变化趋势[3]

3.3.1 气候系统灾难

冰盖融化引发关键气候系统崩溃和链式反应。到21世纪末全球将失去80%以上冰川和冻土面积。导致大西洋经向翻转环流减弱或消失，很可能再现历史上曾经发生过的重大气候灾难。

---

[1] 资料来源：IPCC, Climate Change 2013: The Scientific Basis. Contribution of Working Group I to the Fifth Assessment Report of the Intergovernmental Panel on Climate Change, Cambridge, UK and New York, USA: Cambridge University Press, 2013.

[2] 资料来源：Lenton T M, Held H, Kriegler E, et al., Tipping Elements in the Earth's Climate System, Proceedings of the National Academy of Sciences of the United States of America, 2008, 105(6): 1786-1793.

[3] 资料来源：修改自 Figure SPM.7 panel (a) from IPCC, 2013: Summary for Policymakers. In: Climate Change 2013: The Physical Science Basis. Contribution of Working Group I to the Fifth Assessment Report of the Intergovernmental Panel on Climate Change [Stocker, T.F., D. Qin, G.-K. Plattner, M. Tignor, S.K. Allen, J. Boschung, A. Nauels, Y. Xia, V. Bex and P.M. Midgley (eds.)]. Cambridge University Press, Cambridge, United Kingdom and New York, USA.

1 冰盖融化导致气候系统崩溃

冰盖融化导致地面加速升温，同时导致冰层和冻土封存的温室气体加速排放进入大气，导致气候系统崩溃。全球气候变暖，海冰融化，水面吸收更多的太阳辐射，这种正反馈将加速变暖。科学研究表明，如果延续现有趋势，温度持续升高，到 2040 年前后北极可能出现完全无冰的夏季乃至全年无冰，到 21 世纪末全球冰川和冻土面积将失去 80% 乃至完全消融 [1]。

气候科学研究表明，预计到 21 世纪末北极海冰范围全年都会缩减，其中，9 月份在 2℃情景下北极海冰面积会减少 43%，而在高排放情景下减少可达 94%；2 月份在 2℃情景下北极海冰面积会减少 8%，而在高排放情景下减少可达 34%。在高排放情景下，9 月份无冰的北极将可能在 2050 年前出现。随着全球气温不断上升，到 21 世纪末，南极海冰面积和体积可能会减少 [2]。

根据气候模式预测，到 21 世纪末，预计全球冰川包括南极冰盖周围的冰川储量在 2℃情景下会减少 15%～55%，而在高排放情景下会减少 35%～85%。到 21 世纪末，北半球春季积雪面积预计在 2℃情景下减少 7%，而在高排放情景下减少 25%。随着全球地表平均温度的上升，北半球高纬度的近地表多年冻土的面积将会持续减少。预计到 21 世纪末，北半球高纬度地区的近地面（上部 3.5 米）多年冻土面积，将较 20 世纪末再减少 37%（2℃情景）到 81%（高排放情景）[3]。

北极碳库扮演着大气二氧化碳和甲烷扩大器的角色，北极冻土和北极海洋中储存的碳，相当于工业革命以来人类累计碳排放量的 3～4 倍 [4]，一旦快速释放将导致大气温室气体浓度和温升的快速飙升，引发全球尺度气候系统发生重大变化。

---

[1] 资料来源：IPCC, Climate Change 2013: The Scientific Basis. Contribution of Working Group I to the Fifth Assessment Report of the Intergovernmental Panel on Climate Change, Cambridge, UK and New York, USA: Cambridge University Press, 2013.

[2] 资料来源：IPCC, Global Warming of 1.5℃, 2018.

[3] 资料来源：沈永平，王国亚，IPCC 第一工作组第五次评估报告对全球气候变化认知的最新科学要点，冰川冻土，2013，35(05)：1068-1076。

[4] 资料来源：美国国家科学院国家研究委员会，气候变化突发影响：预见意外，北京：气象出版社，2017。

背景13

气候突变与翻转成员 ❶

地球系统是各个圈层相互联系和影响的复杂系统，如果地球系统的子系统或组成部分发生根本性变化，例如北极冰完全消融，会全面影响自然系统和人类系统，甚至可能造成巨大的灾难，这种变化及其影响的空间尺度往往达到数千千米以上甚至是全球性的。

过去气候科学家采用气候突变这一术语来描述这种变化。后来考虑到需要包括非气候成员、转变较慢、转变可逆等因素，对于有可能发生根本性变化的子系统或系统成员称之为翻转成员。在一定条件下，当一个翻转成员有标志性的要素变化达到某个临界值时，翻转成员可能转变为一种全新的状态，这个临界值称为翻转点。

作为翻转成员要满足四个条件：①有一个控制参数；②这个参数与人类活动有关；③参数达到翻转点时成员状态发生本质的变化；④这个变化对人类有重要影响。

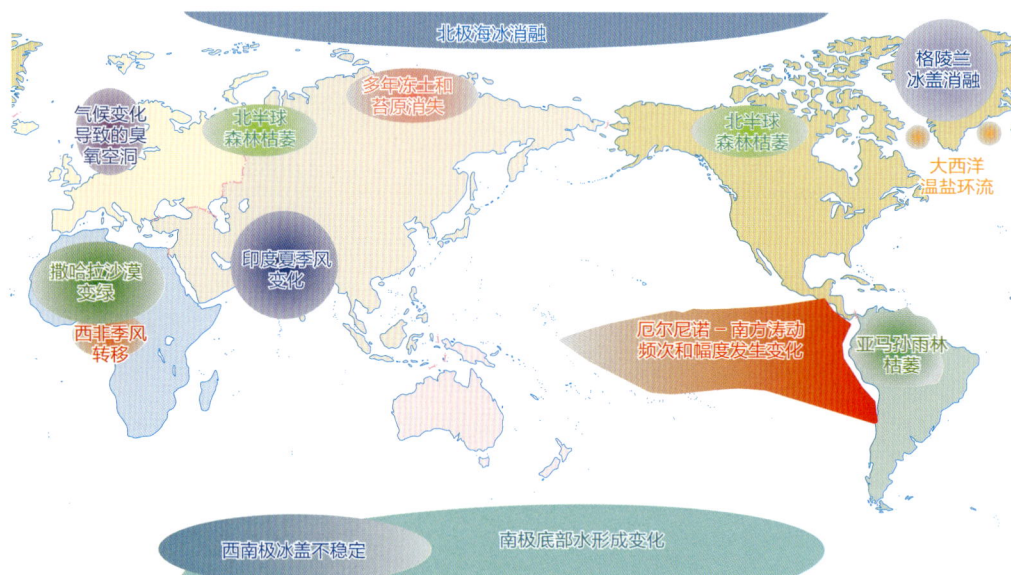

图1 气候系统中潜在的部分翻转成员 ❷

---

❶ 资料来源：王绍武，罗勇，赵宗慈，等，翻转成员与翻转点，气候变化研究进展，2013，9（1）：73-78。

❷ 资料来源：Lenton, T M, Held, H, Kriegler, E, et al., Tipping elements in the Earth's climate system, Proceedings of the National Academy of Sciences of the United States of America, 2018, 105(6), 1786-1793.

地球气候系统的主要翻转成员包括：北极海冰、格陵兰冰盖、多年冻土、海洋甲烷水合物、喜马拉雅冰川、西南极冰盖、大西洋热盐环流、北美西南部干旱、印度夏季风、西非季风、厄尔尼诺－南方涛动（ENSO）变化、北半球（北美）森林枯萎、冷水珊瑚礁、北半球（欧亚大陆）森林枯萎、亚马孙雨林枯萎、热带珊瑚礁、南大洋海洋生物碳泵等。这些都是地球系统中最脆弱的环节，在全球变暖的影响下，很有可能达到翻转点，从而形成气候系统灾难。

气候变化导致亚马孙雨林发生突变。亚马孙雨林拥有世界最大的陆地生物群系，在发展农业且响应未来气候变化的同时，这里也是热带生态系统在应对突变时最为脆弱的地区。研究表明，全球变暖 3～4℃亚马孙雨林就可能枯萎，因为持续的厄尔尼诺状态可能使亚马孙平原变干。土地利用也有潜在的可能性使森林植被达到翻转点。因此，未来亚马孙雨林的命运取决于降水量变化、厄尔尼诺－南方涛动和土地利用情况。研究显示，在亚马孙的部分地区，实际发生的干季变长速度已经超过了气候模式对当前和未来气候的模拟结果。因此，气候变干导致的雨林生态系统崩溃风险很可能比气候模式模拟情景里的概率更大。亚马孙雨林这一全球重要系统极可能在 50 年内发生突变。

北半球森林面临大规模枯萎风险。随着温度和降水模式的改变，北方森林将很容易快速转型为稀树或无树生态系统，预计气候转型将放大北方地区大尺度生态系统的变化，而人类活动带来的放牧或野火也可能会触发这样的变化。观测数据显示，在全球尺度上，当年降水量在 1000～2500 毫米时，森林有突然转型为稀树草原的趋势；而当年降水量在 750～1500 毫米时，稀树草原有突然转型为草原的趋势。这种降水格局控制着约一半的地球陆地表面，在这些地区，无论是缓慢的气候变化越过了生态系统的极限，还是极端天气气候事件和土地利用给生态系统带来的巨大扰动，都将引发生态系统的突变，进而反过来放大原本的气候变化幅度。

相较于 2℃ 温升，全球温升 1.5℃ 时，夏季北冰洋出现无海冰现象的可能性将大幅降低。当全球温升 1.5℃ 时，预测每世纪将有一个夏天出现北冰洋无冰现象。而当全球温升 2℃ 时，至少每十年出现一次此类现象。就十年的时间尺度而言，高温对北冰洋海冰的影响是不可逆的 [1]。

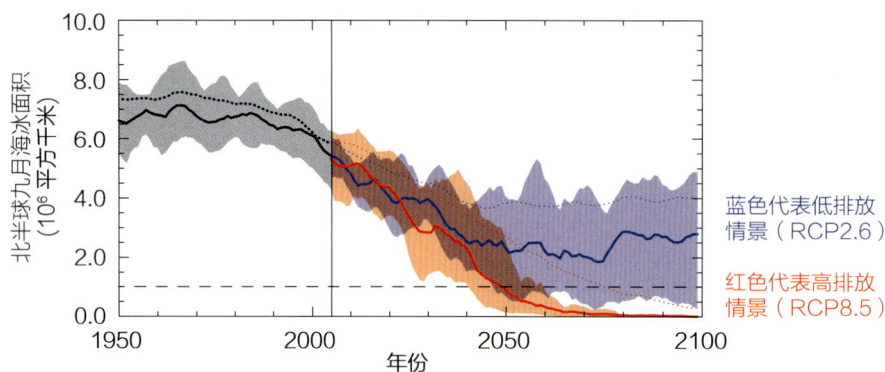

图 3.18　冰川融化引发气候系统灾难 [2]

IPCC 第五次评估报告的评估结论表明，在 21 世纪，全球水循环响应气候变暖的变化将不是均匀的，潮湿和干旱地区之间、雨季与旱季之间的降水对比度会更强烈。到 21 世纪末，在高排放情景下，高纬度地区和热带太平洋区域的年降水量将会增加；许多中纬度的潮湿地区，平均降水也将增加。但在中纬度干燥地区与副热带的干燥地区，平均降水将减少。在全球持续变暖的趋势下，到 21 世纪末，中纬度大部分陆地区域与热带区域的湿区，极端降水事件将更剧烈并更频繁。从全球角度而言，到 21 世纪末受到季风系统影响的区域会增加，季风带来的降水更加剧烈。季风开始时间会提早或不变，但季风结束的时间延迟，会造成季风季节的延长。

厄尔尼诺 - 南方涛动（ENSO）现象在 21 世纪具有全球性的重要影响，仍将是 21 世纪影响热带太平洋年际变化最重要的因子。由于水汽的增加，造成与厄尔尼诺 - 南方涛动相关的降水在部分区域将可能增强。受厄尔尼诺影响，类似中国 1998 年发生的百年一遇的严重洪涝将更频繁，美洲暴发洪水，而东南亚和南亚会发生严重干旱，太平洋飓风增多，全球粮食和渔业大幅减产。

[1] 资料来源：IPCC, Global Warming of 1.5℃, 2018.
[2] 资料来源：修改自 Figure SPM.7 panel (b) from IPCC, 2013: Summary for Policymakers. In: Climate Change 2013: The Physical Science Basis. Contribution of Working Group I to the Fifth Assessment Report of the Intergovernmental Panel on Climate Change [Stocker, T.F., D. Qin, G.-K. Plattner, M. Tignor, S.K. Allen, J. Boschung, A. Nauels, Y. Xia, V. Bex and P.M. Midgley (eds.)]. Cambridge University Press, Cambridge, United Kingdom and New York, USA。

背景14

厄尔尼诺现象 [1]

厄尔尼诺是一种发生在热带海洋中的异常现象，其显著特征是赤道太平洋东部和中部海域海水出现显著增温。"厄尔尼诺"一词来源于西班牙语，原意为"圣婴"。19世纪初，南美洲国家的渔民们发现，每隔几年，从10月至第二年的3月便会出现一股沿海岸南移的暖流，使表层海水温度明显升高，性喜冷水的鱼类就会大量死亡，使渔民们遭受巨大损失。由于这种现象最严重时往往在圣诞节前后，渔民便将其称为上帝之子——圣婴。后来，在科学上此词语用于表示在秘鲁和厄瓜多尔附近几千千米的东太平洋海面温度的异常增暖现象。

正常情况下，西太平洋海水温度较高，大气的上升运动强，降水丰沛；而赤道中、东太平洋，海水温度较低，大气为下沉运动，降水很少。当厄尔尼诺现象发生时，由于赤道西太平洋海域的大量暖海水流向赤道东太平洋，致使赤道西太平洋海水温度下降，大气上升运动减弱，降水也随之减少，造成严重干旱。而在赤道中、东太平洋，由于海温升高，上升运动加强，造成降水明显增多，暴雨成灾。热带地区大范围大气环流的变化，又必然影响和改变南北方向的经圈大气环流，从而导致全球性的大气环流和气候异常。

厄尔尼诺现象是海洋和大气相互作用不稳定状态下的结果。据统计，每次较强的厄尔尼诺现象都会导致全球性的气候异常，由此带来巨大的经济损失。

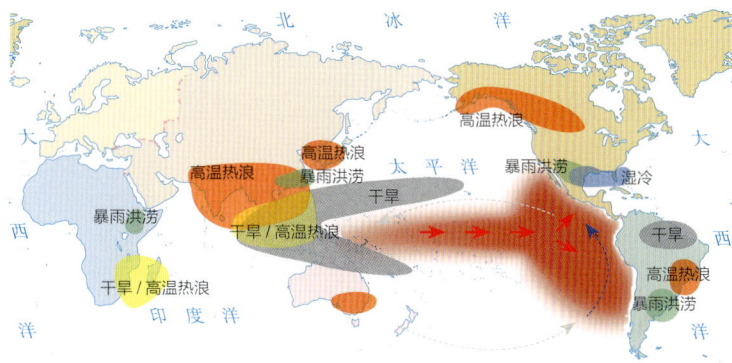

图1　厄尔尼诺现象与全球性异常气候

---

[1] 资料来源：http://www.cma.gov.cn/2011xzt/2012zhuant/20120302/2012030205/201203020502/201203/t20120306_163755.html.

2 气候系统产生链式反应

气候系统崩溃将引发多重自然灾难。科学研究表明，当前已知的 15 个全球气候突变事件，现在已经激活了 9 个，而且这一情况还在进一步恶化，包括格陵兰岛冰盖、南极冰盖和南极洲东部的部分区域正在加速消融、亚马孙雨林由碳汇转为碳源、珊瑚礁大规模白化、大西洋经向翻转环流减缓、多年冻土层解冻、北美针叶林枯死等 [1]。

以大西洋经向翻转环流为例，大西洋经向翻转环流减缓或停止将引发全球气候系统灾难。气象观测表明，目前北大西洋海水正在淡化。IPCC 第四次评估报告估计，到 21 世纪末，北大西洋经向翻转环流将非常可能（高于 90% 概率）逐渐减弱。如果气候变化导致格陵兰冰盖融化，向北大西洋注入过量淡水，可能导致大西洋经向翻转环流减弱，有可能到达北大西洋经向翻转环流关闭的临界点，导致消失，海洋向北的热输送减少，将导致欧洲及北半球持续变冷，重现历史上欧洲及北半球温度下降 15℃ 且持续千年的骤冷气候事件 [2]。历史上曾发生类似的"新仙女木事件"，由于北美五大湖溃决，巨量淡水注入大西洋，导致大西洋经向翻转环流关闭，造成北半球温度骤降 7~15℃，并且持续了近千年，导致许多物种灭绝 [3]。

IPCC 第五次评估报告评估结论表明，在 21 世纪，大西洋经向翻转环流很可能会减弱，在 2℃ 情景下减弱的幅度约为 11%，在高排放情景下约为 34%。由于大西洋经向翻转环流本身内部动力特性，约在 2050 年大西洋经向翻转环流会减弱。若在持续较大的变暖趋势下，21 世纪大西洋经向翻转环流将会有完全瓦解的可能。

---

[1] 资料来源：Lenton T M, Rockström J, Gaffney O, et al., Climate Tipping Points-Too Risky to Bet Against. Nature, 2019, 575(7784): 592-595.

[2] 资料来源：IPCC, Climate Change 2007: The Physical Science Basis, Contribution of Working Group I to the Fourth Assessment Report of the Intergovernmental Panel on Climate Change, Cambridge, UK and New York, USA: Cambridge University Press, 2007.

[3] 资料来源：丁晓东，郑立伟，高树基，等，新仙女木事件研究进展，地球科学进展，2014，29(10): 1095-1109。

背景15　北大西洋经向翻转环流变化与新仙女木事件

北大西洋经向翻转环流是大洋热盐环流传送带的重要组成部分：北大西洋经向翻转环流将北大西洋低纬度的高温、高盐水向北输送至高纬度地区，通过向大气释放热量，海水变重而下沉，形成北大西洋深层水，并在中深层海洋向南运动，形成大洋热盐环流的重要组成部分。北大西洋暖流对西欧与北欧气候具有明显的增温和增湿作用，每年向西欧与北欧输送相当于每千米海岸燃烧6000万吨煤释放的热量，使西欧和北欧沿岸形成了舒适宜居的海洋性气候。一旦北大西洋翻转环流停滞，欧洲及北半球高纬度地区将变为严寒地区。

科学家发现，在1.26万年前，地球突然变冷，气温骤降了7～15℃，并且持续了大约1000多年。这次温度的降低，使得生性喜寒的仙女木大为繁荣，生长区域扩大到全球许多地区，但却给很多大型动物带来了灭顶之灾，许多大型哺乳动物如猛犸象、剑齿虎等物种在这一时期灭绝。这次事件被称为新仙女木事件。这一事件的触发机制，最为流行的是"融冰淡水驱动假说"，即在气候变暖作用下北美地区冰盖大规模融化，大量淡水注入北大西洋，导致北大西洋深层水生成停止，减缓了北大西洋经向翻转环流，从而使得北大西洋地区不能获得通过洋流带来的低纬度热量，最终触发了这一骤冷事件。其间环北大西洋地区大规模降雪向大西洋提供了持续的淡水供给，降低了海表面盐度，减弱温盐环流，导致新仙女木事件持续时间长达上千年[1]。

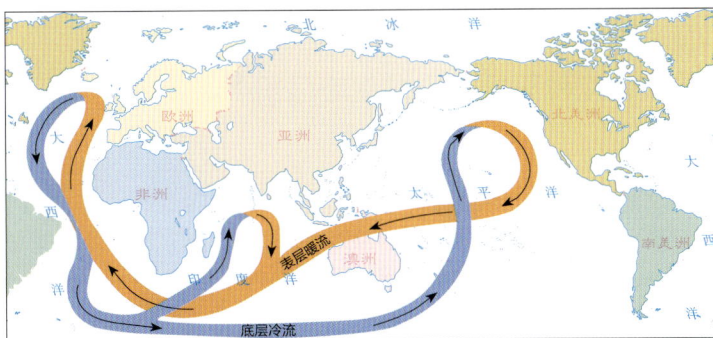

图1　大西洋经向翻转环流关闭引发气候系统灾难

---

[1] 资料来源：Wang L, Jiang W Y, Jiang D B, et al., Prolonged Heavy Snowfall during the Younger Dryas, Journal of Geophysical Research: Atmospheres, 2018, 123(24). DOI:10.1029/2018JD029271.

3.3.2 生态系统灾难

气候环境灾难全面引发极地、陆地、淡水和海洋生态系统灾难。南极、北极和喜马拉雅冰川"三极"生态系统遭受严重破坏，极地诸多物种濒临灭绝。亚马孙热带雨林和北半球森林将大面积枯死，导致规模相当于历史上恐龙灭绝级别的物种大灭绝。

1 极地生态灾难

"三极"的极地生态系统将遭受严重破坏，极地诸多物种濒临灭绝。冻土消融会释放大量的甲烷等温室气体。由于媒介栖息地的扩大、冬季媒介存活的机会增加以及永冻土退化，北极的气候变暖可能增加人畜共患疾病的风险，从而对人类健康和生态安全形成重大威胁[1]。目前在青藏高原冰核样本中发现古老病毒存在的证据，其中28种是新病毒[2]。冻土的进一步变暖会导致活炭疽生物的释放，1897年至1925年之间，炭疽病的频繁暴发导致俄罗斯北部150万头鹿死亡，同时发生人类感染并死亡事件[3]。

高纬度苔原和北方森林特别容易因气候变化而导致退化，而在温升加剧时，木本灌木将加快入侵苔原地区的速度。相较于2℃温升，将全球温升控制在1.5℃内能防止150万～250万平方千米的永久冻土区在数个世纪内融化[4]。

2 陆地生态系统灾难

气候变化将导致生态系统的组成、结构和功能都发生重大变化，恶化所有物种的栖息环境，导致大量物种灭绝，引发生态危机[5]。

---

[1] 资料来源：Boris A R, Marina A P, Thawing of Permafrost may Disturb Historic Cattle Burial Grounds in East Siberia, Global Health Action, 2011, 4:1.

[2] 资料来源：Zhong Z P, Solonenko N E, Li Y F, et al., Glacier Ice Archives Fifteen-thousand-year-old Viruses, 2020, BioRxiv preprint.

[3] 资料来源：http://www.xinhuanet.com/world/2016-08/03/c_129199840.htm.

[4] 资料来源：IPCC, Global Warming of 1.5℃, 2018.

[5] 资料来源：Pecl G T, Araujo M B, Bell J D, et al. Biodiversity Redistribution under Climate Change: Impacts on Ecosystems and Human Well-being, Science, 2017, 355(6332): i9214.

随着全球变暖，生物的适应性将导致动植物向较凉爽的气候和更高的海拔移动。研究估计，陆地物种平均以每十年 17 千米的速度向两极移动，而海洋物种则以每十年 72 千米的速度移动[1]。但是由于大部分植物物种无法足够快速地转换其地理范围，气候灾难导致大量的树木和草本植物枯萎或物种灭绝。同时许多动物赖以生存的栖息地遭到破坏，或生存环境发生改变，也会导致物种灭绝。研究表明，当全球温升 2℃时，在所研究的 10.5 万个物种中，有 18% 的昆虫、16% 的植物和 8% 的脊椎动物将失去一半以上的生存空间；生物多样性相关的风险，如森林火灾和物种入侵的影响迅速升高；约 13% 陆地面积的生态系统类型将发生改变[2]。未来气候环境灾难将导致约 40% 的鸟类物种、2/3 的两栖物种以及非洲 10%～40% 的哺乳动物物种濒危，引发相当于恐龙大灭绝量级的物种大灭绝[3]。

温度升高，降水减少，亚马孙热带雨林和北半球森林将大面积枯死，或由森林变为草原，从而引发生态系统的突变[4]。亚马孙雨林占地 550 万平方千米，占世界雨林面积的一半，占全球森林面积的 20%，生物物种超过 1.47 万多种，植物种类和鸟类各占世界的一半。亚马孙雨林枯死不仅导致亚马孙生态灭绝，还将引发全球生态环境灾难，林木大量枯死将释放大量的碳进入大气，使得亚马孙雨林由"地球之肺"、地球的"储碳库"成为地球的"加热器"[5]。

3 淡水和海洋生态灾难

地球表面 71% 的面积都是海洋。多数小型哺乳动物和淡水软体动物无法跟上高速气候变化，海洋生物将因海洋酸化、含氧量下降及海洋温度上升导致濒危甚至灭绝。

[1] 资料来源：Pecl G T, Araujo M B, BellL J D, et al., Biodiversity Redistribution under Climate Change: Impacts on Ecosystems and Human Well-Being, Science, 2017, 355(6332):i9214.
[2] 资料来源：IPCC, Global Warming of 1.5℃, 2018.
[3] 资料来源：美国国家科学院国家研究委员会，气候变化突发影响：预见意外，北京：气象出版社，2017。
[4] 资料来源：Steffen W, Rockstrom J, Richardson K, et al., Trajectories of the Earth System in the Anthropocene, Proceedings of the National Academy of Sciences, 2018, 115(33): 8252.
[5] 资料来源：王绍武，罗勇，赵宗慈，等，翻转成员与翻转点，气候变化研究进展，2013，9(1): 73-78。

海洋通过吸收大气中的二氧化碳，造成海水酸化。高排放情景下，大气二氧化碳浓度越高，海洋吸收得越多，海水酸化越强。根据地球系统模式预测的结果，在 21 世纪气候和碳循环之间呈正反馈，气候变化将部分抵消陆地和海洋碳汇机制，而导致人为排放的二氧化碳会存留在大气中。根据模型预测，全球温升 1.5℃时，二氧化碳浓度的增加将加剧海洋酸化程度，并加大气候变化的不利影响。在 2℃情景下，海水 pH 值将减少 0.06。而在高排放情景下，海水 pH 值将减少 0.32。全球温升越高，海洋酸化的影响将越严重，并威胁包括从藻类到鱼类多个物种的生存繁殖。

全球海洋将在 21 世纪持续变暖，热量将从海洋表层渗透到深海并影响海洋环流。表面海水温度增暖最明显的地区位于热带和北半球副热带地区的海洋，但较深海水温度增暖最明显的区域是在南半球的海域。高排放情景下，到 21 世纪末，上层 100 米深的海洋增温约为 2℃，1000 米左右深的海水温度，增温约为 0.6℃[1]。

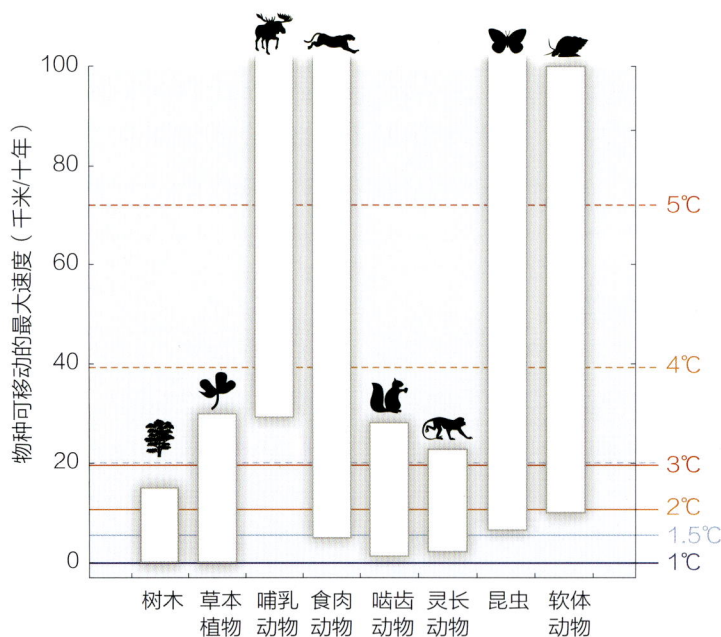

图 3.19　气候变化引发生态灾难 [2]

[1] 资料来源：IPCC, Global Warming of 1.5℃, 2018.

[2] 资料来源：修改自 Figure SPM.5 from IPCC, 2014: Summary for policymakers. In: Climate Change 2014: Impacts, Adaptation, and Vulnerability. Part A: Global and Sectoral Aspects. Contribution of Working Group II to the Fifth Assessment Report of the Intergovernmental Panel on Climate Change [Field, C.B., V.R. Barros, D.J. Dokken, K.J. Mach, M.D. Mastrandrea, T.E. Bilir, M. Chatterjee, K.L. Ebi, Y.O. Estrada, R.C. Genova, B. Girma, E.S. Kissel, A.N. Levy, S. MacCracken, P.R. Mastrandrea, and L.L.White (eds.)]. Cambridge University Press, Cambridge, United Kingdom and New York, USA.

随着海水温度升高，很多海洋和沿海生态系统将面临不可逆的损失，这一现象在全球温升 2℃甚至更高时尤为突出。全球温度升高时，海洋物种的活动范围会向高纬度地区转移，海洋生态系统面临更多破坏。同时，这还将加速沿海资源的损失，降低渔业和水产品产量，尤其是在低纬度地区损失尤为显著。珊瑚礁对海水温度非常敏感，过去 30 年世界上一半的珊瑚礁已因气候变化而死亡。全球温升 1.5℃时，珊瑚礁将减少 70%～90%；而温升 2℃时珊瑚礁将几乎完全死亡，预计 2050 年左右，全世界的珊瑚礁将全数灭绝[1]。超过 4000 种鱼类依赖珊瑚礁生活，占海洋总鱼类 1/4，珊瑚礁死亡导致上述鱼类以及更多生态链上的海洋生物濒临灭绝[2]。此外，气候变化通过影响海洋生物的生理、生存栖息地、繁殖、疾病发病率和物种入侵风险而使渔业和水产业面临更大的风险。根据全球渔业模型预测，全球温升 2℃时，海洋渔业捕捞量每年将减少超过 300 万吨[3]。

[1] 资料来源：Hughes T P, Kerry J T, Baird A H, et al., Global Warming Transforms Coral Reef Assemblages, Nature, 2018, 556:492-496.

[2] 资料来源：IPCC, Climate Change 2014: Synthesis Report. Contribution of Working Groups I, II and III to the Fifth Assessment Report of the Intergovernmental Panel on Climate Change, Cambridge, UK and New York, USA: Cambridge University Press, 2014.

[3] 资料来源：IPCC, Global Warming of 1.5℃, 2018.

3.3.3 人类生存灾难

气候灾难导致海平面大幅上升和生存环境急剧恶化，导致人类生存灾难。一旦全球冰川完全融化，海平面上升可能达到 60 米。全球一半以上的人口、70% 的经济活动和众多沿海大城市都将面临生存危机。

1 海平面大幅上升威胁人类生存灾难

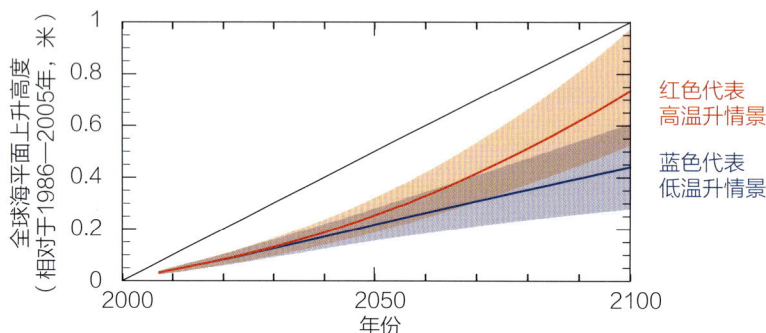

图 3.20　全球海平面上升引发人类生存灾难 ❶

气候变化带来的海平面上升，使得世界沿海城市和低地都将面临被淹没的风险。海岸系统和低洼地区将经历越来越多的不利影响，包括淹没、海岸洪水和海岸侵蚀。目前全球一半以上的人口、70% 的经济活动和 3/4 的百万人口以上的大城市都分布在沿海地带，冰川融化带来的海平面上升足以引发全球性生存危机。

IPCC 第五次评估报告评估结论表明，到 21 世纪末，在高排放情景下，海平面将上升 0.52~0.98 米 ❷。全球平均海平面上升主因是受海水热膨胀影响，占 30%~55%，冰川融化占 15%~33%。格陵兰冰盖表面消融的增加将会超过降雪的增加，其表面冰雪物质平衡变化对未来海面上升起到正的贡献；南极冰盖消融较少，而降雪将会增加，其物质平衡变化将对未来海面上升起到负的贡献。但格陵兰冰盖与南极冰盖二者的融冰相加，到 21 世纪末将使海平面上升 0.2 米。

---

❶ 资料来源：修改自 Figure 2.1 panel (d) from IPCC, 2014: Topic 2-Future Climate Changes, Risk and Impacts. In: Climate Change 2014: Synthesis Report. Contribution of Working Groups I, II and III to the Fifth Assessment Report of the Intergovernmental Panel on Climate Change [Core Writing Team, R.K. Pachauri and L.A. Meyer (eds.)]. IPCC, Geneva, Switzerland。

❷ 资料来源：IPCC, Climate Change 2013: The Scientific Basis. Contribution of Working Group I to the Fifth Assessment Report of the Intergovernmental Panel on Climate Change, Cambridge, UK and New York, USA: Cambridge University Press, 2013.

极地区域暖化的速率比全球平均速率快，因此极地的积雪和冰盖的融化速率会比模型预测的更快。极端情况下，如果西南极冰盖完全融化，将足以使海平面上升6米[1]；如果占全球冰储量近90%的南极冰盖全部融化，全球海平面可能升高超过15米[2]；如果全球冰川完全融化，海平面上升可能达到60米[3]。

历史上曾出现过类似情形。针对古气候的研究表明，公元前1200万年前后，全球平均温升比现代高0.7℃，格陵兰南部冰盖完全消融，海平面比现代高2.2~3.4米[4]。在上一个间冰期，大约距今12.5万年前，格陵兰地区平均表面气温比现在高3~5℃，全球平均的海平面比20世纪的海平面高4~6米[5]。如果对气候环境危机不加控制，这一灾难可能会重演。

2 气候灾难导致人类生存环境恶化

气候灾难导致淡水资源紧缺、荒漠化扩大，生态环境恶化，威胁人类生存。目前全球有近20亿人口处于缺水状态，随着全球人口增长和经济社会发展，水资源需求持续扩大，预计到2025年将有30亿人口缺水。

荒漠化对生态环境产生重大影响，造成可利用土地面积大量减少，土壤生产力降低；加剧自然灾害发生，引发淡水资源危机，威胁生物多样性；恶化生产和生活条件，加深贫困程度，严重制约经济社会发展[6]。全球荒漠化土地面积约3600万平方千米，占陆地总面积1/4，气候变化导致荒漠化面积以每年6万平方千米的速度增长，严重威胁100多个国家约10亿人口的生存。

---

[1] 资料来源：Otto-Bllesner B L, Marshall S J, Overpeck J T, et al., Simulating Arctic Climate Warmth and Ice Field Retreat in the Last Interglaciation, Science, 2006, 311: 1751-1753.

[2] 资料来源：DeConto R, PollardD, Contribution of Antarctica to Past and Future Sea-level Rise, Nature, 2016, 531, 591-597.

[3] 资料来源：美国国家科学院国家研究委员会，气候变化突发影响：预见意外，北京：气象出版社，2017。

[4] 资料来源：王绍武，罗勇，赵宗慈，等，翻转成员与翻转点，气候变化研究进展，2013，9(1):73-78。

[5] 资料来源：IPCC, Climate Change 2007: The Physical Science Basis, Contribution of Working Group I to the Fourth Assessment Report of the Intergovernmental Panel on Climate Change, Cambridge, UK and New York, USA: Cambridge University Press, 2007.

[6] 资料来源：全球能源互联网发展合作组织，全球能源互联网促进全球环境治理行动计划，2019。

气候危机加剧全球大气环境恶化，导致更多极端事件。气候变暖将进一步恶化大气环境。受污染地区的地面气温偏暖时，将会增加地面臭氧和细颗粒物（PM2.5）污染。在高排放情景下，甲烷浓度的增加将使得地表臭氧增加，到21世纪末，臭氧的浓度会增加25%。目前全球90%的人生活在空气污染超标的区域，气候环境危机导致的大气污染将加重对人类生存和健康的影响。陆地增温的速度比全球平稳增温的速度快。当地表均温上升，将出现更多高温日数，热浪发生的频率将大幅增加且持续时间拉长，严重威胁各类脆弱人群的生命和健康。

全球温升1.5℃时，预计与气候变化有关的风险将增加，影响人类健康、生活、粮食安全、水供应、人类安全和经济社会发展。而全球温升2℃时，风险将进一步加剧。全球温升1.5℃甚至更高时，因气候变暖而遭受极大风险的人群包括：弱势群体、一些土著人口以及以农业为生或沿海地区的人群。面临极大风险的地区包括：北极和高纬度地区、干旱地区、小岛屿发展中国家和极不发达国家。随着全球温升，预测一些人群将面临更严重的贫困。高排放情景下，到2050年，面临气候相关风险的人口和易致贫人口的数量将增加数亿到数十亿。全球温升对人类健康产生负面影响。温升2℃或更高时，与高温及臭氧相关疾病的发病率和死亡率将显著增加。城市热岛效应通常会加剧城市内热浪的影响。当全球温升至2℃或更高时，传染媒介生物性疾病如疟疾和登革热的风险会增加[1]。

---

[1] 资料来源：IPCC, Global Warming of 1.5℃, 2018.

3.3.4　经济社会灾难

气候环境灾难导致经济崩溃，社会动乱，引发经济社会灾难。一旦温升超过5℃，粮食大幅减产，经济损失将超过全球 GDP 的 25% 以上，最脆弱的小岛国、低海拔国家及农业国家的经济损失超过 GDP 的一半以上。社会动乱加剧，全球超过数亿人成为气候难民。

1　经济崩溃和经济灾难

如果全球温升达到或超过 5℃ 临界值，全球系统性灾难事件发生概率将大幅增加，气候变化对地球系统和人类系统带来的风险大大增强，届时全球经济损失将超过全球当年 GDP 的 5% ~ 10%[1]。气候变化和极端灾害将导致众多发展中国家尤其是最脆弱的小岛国、低海平面国家以及高度依赖农业的经济体遭受毁灭性打击，重大自然灾害将导致经济损失超过 GDP 的一半以上[2]。

若温升达到 2℃ 时，在撒哈拉南部非洲、东南亚和中南美洲等地区的玉米、稻米、小麦和其他谷物作物将会减产。同时，荒漠草原、南非、地中海、中欧和亚马孙地区的稻米和小麦的营养价值会降低。全球温升超过 2℃ 时，预测粮食减产量会更大。随着气温的上升，由于食物质量改变、疾病传播和水资源的变化，牲畜将受到不利影响。根据未来的经济社会情景，若温升达到或超过 2℃，气候变化导致的水资源压力会更大，承受压力人口占全球总人口的比例将上升一倍以上，很多小岛屿发展中国家的水资源压力会更大。同时发生能源、粮食、水资源等并发危机的概率更高，对受灾地区造成新的危害并加剧环境脆弱性，从而进一步影响更多的人口和更广阔的区域[3]。

气候变化带来的全球整体经济发展风险会更高。如果全球温升达到或超过 2℃，人类遭受多发、复杂气候风险的概率会随之提高，热带国家和南半球亚热带国家的经济发展受到的影响将最大，易受贫困威胁的人口比重在非洲和亚洲地区上升。

---

① 资料来源：Stern N, The Economics of Climate Change: The Stern Review, Cambridge UK: Cambridge University Press, 2007.
② 资料来源：UNDRR, The Human Cost of Natural Disasters: A Global Perspective, 2015.
③ 资料来源：IPCC, Global Warming of 1.5℃, 2018.

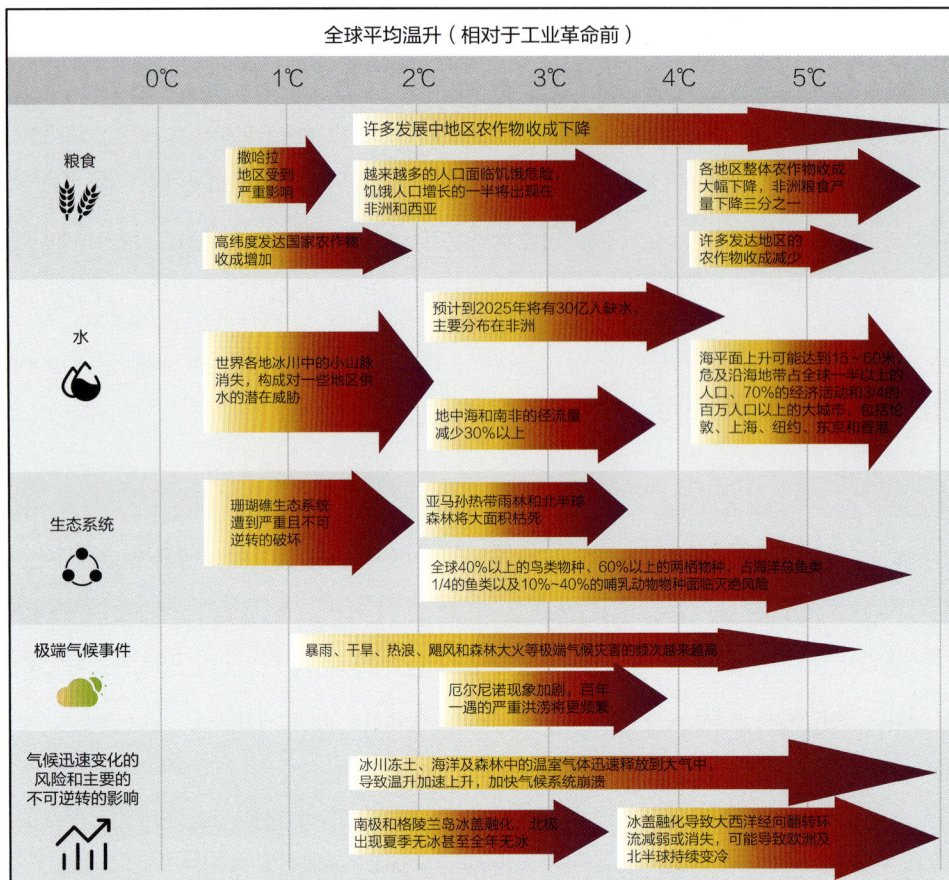

图 3.21　气候变化引发经济社会灾难 ❶

2　社会动乱和社会灾难

气候变化将给国家安全、地缘政治、公共卫生、经济社会等各个方面带来广泛而深远的冲击，包括南北之间的紧张关系将加剧，国内和跨境移民将增加，公共卫生问题日趋严重，资源冲突和脆弱性将增加，核活动及其风险将加大，全球治理面临的挑战将大增，国内政治动荡和国家治理失败现象将层出不穷等 ❷，引发全方位、系统性、严重的社会灾难，导致数亿到数十亿人成为气候难民，全球人口数量下降 ❸。

---

❶ 资料来源：IPCC, Climate Change 2007: Impacts, Adaptation and Vulnerability. Contribution of Working Group II to the Fourth Assessment Report of the Intergovernmental Panel on Climate Change, Cambridge, UK; New York, USA: Cambridge University Press, 2007. IPCC 版权所有；在本书引用时由全球能源互联网发展合作组织进行了修改。

❷ 资料来源：Campbell K M, Gulledge J, McNeill J R, et al., The Age of Consequences: The Foreign Policy and National Security Implications of Global Climate Change, 2007.

❸ 资料来源：https://www.thepaper.cn/newsDetail_forward_2335367.

3.4 化解危机的"最后窗口"

透过气候环境危机已经造成的严重影响，人们可以窥见即将发生的可怕灾难。当前，站在人类生存与文明发展的十字路口上，未来的命运在很大程度上取决于应对气候环境危机的行动力度。我们应该吸取以往应对人类危机的经验教训，清醒地认识到行动刻不容缓、时机稍纵即逝，把握好改变历史的"最后窗口"。

3.4.1 灾难不容侥幸

人们评估灾难性事件的风险，一方面取决于事件发生的概率，另一方面取决于事件带来的影响。面对气候环境危机风险，人们往往对其发生的可能性和造成的灾难性后果都存在错误认识，抱有侥幸心理，大大低估了气候环境灾难风险。然而研究表明，无论是气候环境危机发生的概率，还是其造成后果的严重性，都远超人们一般认知。

气候环境危机发生可能性远超预想。 全球气候变化是复杂的科学问题，也是典型的不确定性问题。在预测未来气候时，科学家们普遍采用"置信度术语"和"可能性术语"，但人们在理解这些术语时会低估科学家们实际表达的风险概率[1]，从而错误地认为气候环境危机发生的概率极低，甚至怀疑气候变化的客观科学性。然而，研究表明，气候变化是对全球影响最大、发生可能性最高的系统性风险[2]，气候环境危机发生的概率超过 40%，远远高于重大传染病、经济危机、能源危机、核事故、飞机失事和交通事故等各类风险事件[3]，是不能忽视的"灰犀牛"。

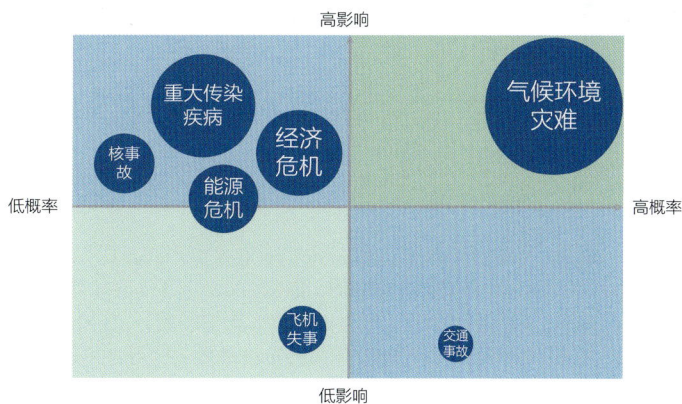

图 3.22 气候环境灾难与各类风险发生的概率和影响程度[4]

---

❶ 资料来源：哥伦比亚大学环境决策研究中心，气候传播心理学，2009。
❷ 资料来源：WEF, The Global Risks Report 2020, 2020.
❸ 资料来源：拉斯洛·松鲍法维，人类风险与全球治理，北京：中央编译出版社，2012。
❹ 圆圈大小为风险大小示意，与灾害事件、暴露程度和脆弱程度相关。

气候环境危机灾难性后果无法承受。气候环境危机具有全球性、系统性、灾难性特点，一旦发生，全人类的生存和发展都将面临巨大危险。传统研究没有考虑发生气候环境危机的可能性，低估了气候环境灾难的潜在损害[1][2][3]。研究表明，预计到 21 世纪末气候灾难带来的累计经济损失将超过 500 万亿美元，约为全球当前 GDP 总量的 6 倍[4]。气候环境危机的风险是非线性的，随着全球温度升高，其影响和损失呈指数级上升。一旦超出安全阈值，将引发不可控、不可逆、不可知的灾难后果[5]，直接威胁人类和地球的存亡。

3.4.2　时机稍纵即逝

留给人类的时间已经不多。如果不采取有力行动，1.5℃温控目标对应的全球碳预算将在十年内用尽。一旦全球升温幅度超过 1.5℃安全底线和 2℃安全阈值，气候环境危机将爆发，自然系统和人类系统崩溃的可能性大大增加[6][7]。研究表明，当前全球 2030 年的国家自主贡献减排承诺最多能减排 60 亿吨二氧化碳当量。要实现 2℃目标，需要将国家自主减排贡献目标提高 3 倍。要实现 1.5℃目标，需要将国家自主减排贡献目标提高 4～5 倍，在 2030 年前将全球碳排放量降至 250 亿吨二氧化碳当量，即当前排放量的一半水平。而按照当前国家自主贡献减排承诺，全球 2030 年的碳排放量预计为 560 亿吨二氧化碳当量，比 1.5℃目标水平高出一倍。如果仅兑现国家自主贡献减排承诺，21 世纪末全球气温仍有可能上升 3.2℃[8] 以上，全球气候环境危机将无法避免。

[1] 资料来源：Weitzman M L, On Modeling and Interpreting the Economics of Catastrophic Climate Change, The Review of Economics and Statistics, 2009, 91(1): 1–19.

[2] 资料来源：联合国，2020 年世界经济形势与展望，2020。

[3] 资料来源：清华大学，气候变化风险及碳排放的社会成本评估，2018。

[4] 资料来源：Zhao Z J, Chen X T, Liu C Y, et al., Global Climate Damage in 2℃ and 1.5℃ Scenarios based on BCC_SESM Model in IAM Framework, Advance in Climate Change Research, 2020 (accepted).

[5] 资料来源：Stoerk T, Wagner G, Ward R E T, Policy Brief-Recommendations for Improving the Treatment of Risk and Uncertainty in Economic Estimates of Climate Impacts in the Sixth Intergovernmental Panel on Climate Change Assessment Report. Review of Environmental Economics and Policy, 2018, 12(2): 371–376.

[6] 资料来源：Lenton T M, Rockström J, Gaffney O, et al., Climate Tipping Points – Too Risky to Bet Against. Nature, 2019, 575(7784):592–595.

[7][8] 资料来源：IPCC, Global Warming of 1.5℃, 2018.

应对气候环境危机的窗口期只有短短 5～10 年，并且还在不断缩短。如果拖到 2025 年，1.5℃的目标几乎不可能实现 ❶。WMO 发布的最新气候预测报告指出，未来五年（2020—2024 年）中，每年的全球年均气温都有可能比工业革命前水平（1850—1900 年）至少高出 1℃，至少有一年高出 1.5℃的可能性为 20%，且发生的概率在增加 ❷。这一研究表明实现气候变化《巴黎协定》2℃和 1.5℃温控目标面临着巨大挑战。窗口期既是机遇又是挑战，机会稍纵即逝，应对危机刻不容缓。

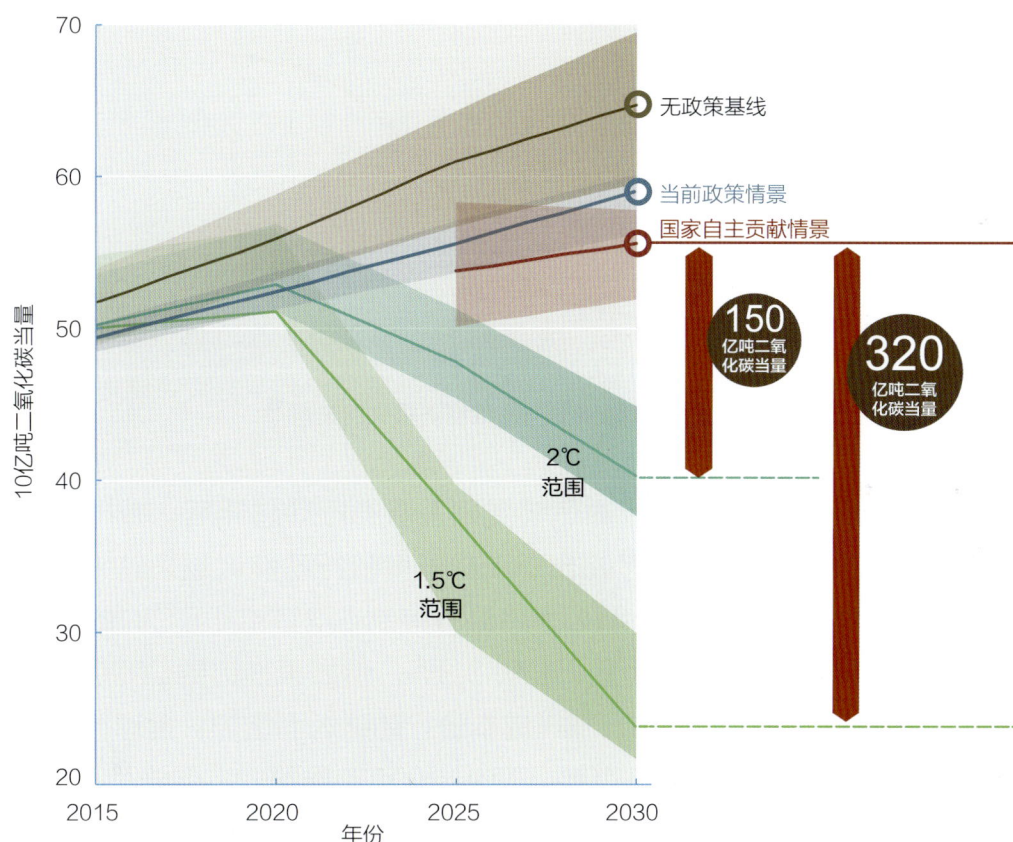

图 3.23　不同情景下的全球温室气体排放路径及到 2030 年的排放差距 ❸

❶❸ 资料来源：UNEP，Emission Gap Report 2019, 2019. UNEP 版权所有；在本书引用时由全球能源互联网发展合作组织进行了修改。

❷ 资料来源：WMO, New Climate Predictions, 2020.

应对气候环境危机越早越有利。 研究表明，气候损失呈"S"型增长曲线，温升越高，经济损失增长越快，损失规模加速扩大。全球温升在 2℃ 以内时，气候灾难带来的全球经济损失占当年全球 GDP 的 3% 以内，而温升超过 5℃ 时，这一比例增至 25% 以上❶。基于经济学成本－收益分析的研究表明，在气候变化问题上尽早采取有力行动的收益远大于成本❷。如果不能在 2030 年前采取有力的减排行动，全球将无法实现 2℃ 温控目标；若全球温室气体排放量在 2020—2030 年之间不能以每年 7.6% 的水平下降，全球将无法实现 1.5℃ 温控目标❸。实现 1.5℃ 温控目标难度大、时间紧，需要尽早行动，尽快制定积极的政策和行动方案。越早采取有效减排措施，经济成本越低，减排难度越低，气候损失越小。

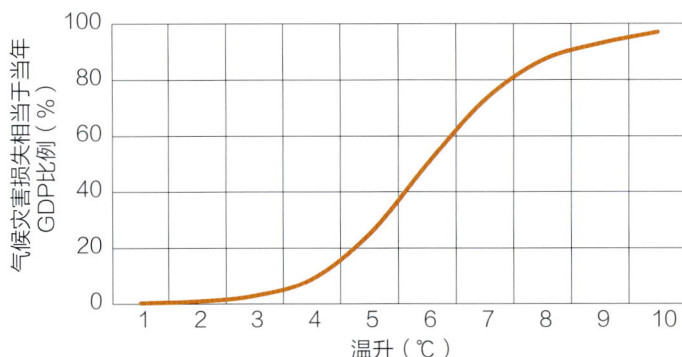

图 3.24　全球温升与造成经济损失的关系❹

减排成本随行动延迟而增加。 应对气候变化采取的行动越滞后，减排难度和减排成本就越大。《斯特恩报告》❺指出，减排难度随行动推迟越来越大。如果从 2010 年就开始采取有效行动，那么为将温升控制在 2℃ 和 1.5℃ 时的预计排放水平，平均每年所需减排量仅为 0.7% 和 3.3%。但如果推迟到 2020 年，平均每年所需减排量增至 3% 和 7%。减排成本随行动延迟而增加。全球行动延迟十年将导致解决气候变化成本增加 40%，延迟 20 年则导致成本翻倍❻。因此，应立刻采取坚决有力的行动，以降低未来气候环境灾难的发生概率。

❶❹ 资料来源：Weitzman M L, What is the "Damages Function" for Global Warming–and What Difference Might it Make, Climate Change Economics, 2010, 1(1): 57-69.

❷❺ 资料来源：Stern N, The Economics of Climate Change: The Stern Review, Cambridge: Cambridge University Press, 2007.

❸ 资料来源：UNEP，Emission Gap Report 2019, 2019.

❻ 资料来源：Council of Economic Advisers, The Cost of Delaying Action to Stem Climate Change, 2014.

背景16

应对气候环境危机迫在眉睫 [1]

气候环境危机是对全球的严重威胁，亟须全球积极行动。及早大幅减排，减排成本远低于气候变化导致的损失。如果延迟减排行动开始的时间，导致21世纪全球温升超过1.5℃和2℃，气候变化导致的损失和损害将迅速增大。

《斯特恩报告》是首个对全球气候变化进行系统经济评估的报告 [1]。该报告指出，气候变化的实际影响预计比传统的研究结论要严重得多，因为之前的研究往往把一些看似小概率但是可能具有全球破坏性影响的事件排除在外。过去大部分正式模拟都把起点定在全球变暖2～3℃的情况上。在这个温度范围内，气候变化的成本与气候不变化情况下的全球产出相比，相当于全球产出的约3%以内。《斯特恩报告》指出，21世纪全球变暖很有可能达到5℃以上。现有的模型在考虑到突然、大规模气候变化的风险之后，估计温度上升超过5℃将造成相当于全球GDP 5%～10%的损失，而穷国遭受的损失成本将会超过GDP的10%。在政策延续情景下，气候变化带来的不利影响将相当于平均降低全球人均消费的5%。如果考虑气候变化导致的生命损失和生态价值，气候变化的总成本将相当于全球人均消费减少20%。

及早大幅减排显著降低减排成本。如果要实现2℃温控目标，需要将大气温室气体浓度稳定到450～500 ppm二氧化碳当量，到2050年前每年的减排成本仅占GDP的1%，相当于1美元的减排成本能够避免5倍的气候损失。碳的社会成本即减排一吨碳的边际成本约为每吨二氧化碳25～30美元，相当于政策延续情景下碳的社会成本的三分之一左右。2015—2050年全球能源相关的年均减排投资需求约为4800亿美元。《斯特恩报告》指出，如果要实现1.5℃温控目标，需要将大气温室气体浓度稳定在400～450 ppm二氧化碳当量，全社会边际减排成本将提高3～4倍，减排投资需求接近翻一番 [2]。

---

[1] 资料来源：Stern N, The Economics of Climate Change: The Stern Review, Cambridge: Cambridge University Press, 2007.

[2] 资料来源：IPCC, Global Warming of 1.5℃, 2018.

3.4.3 行动刻不容缓

全球共同行动是唯一出路。资源、气候、环境等问题是全球公共物品，具有全球共享属性。积极应对气候环境危机，受益的是全人类；而一国的过度排放和消费，受损的也不仅仅是本国，而是全世界。正是因为这种现象，国家常常倾向于过度使用气候环境资源，在应对气候环境危机问题上"搭便车"，从别国的努力中获得收益，而非自己付出努力。在当前全球化的大背景下，从人类历次应对危机的经验来看，在气候环境危机面前，没有人是旁观者，没有任何一个国家可以置身事外。应对气候环境危机不是零和博弈，各国必须摆脱囚徒困境，共同采取行动，才是应对危机的正确方向。

应对气候环境危机迫在眉睫。犹豫不决、踟蹰不前，我们很可能错失实现 1.5℃目标的机会 ❶。只有抓住最后 5~10 年的机遇之窗，立即采取行动，而且将减排力度在现有水平上至少提升 4~5 倍才有可能实现《巴黎协定》的 1.5℃目标 ❷。把握宝贵的时间窗口，坚定信心，提升力量，推动全球各国共同行动，我们才能够避免气候环境灾难。

---

❶❷ 资料来源：UNEP, Emission Gap Report 2019, 2019.

破解危机的“困与难” 4

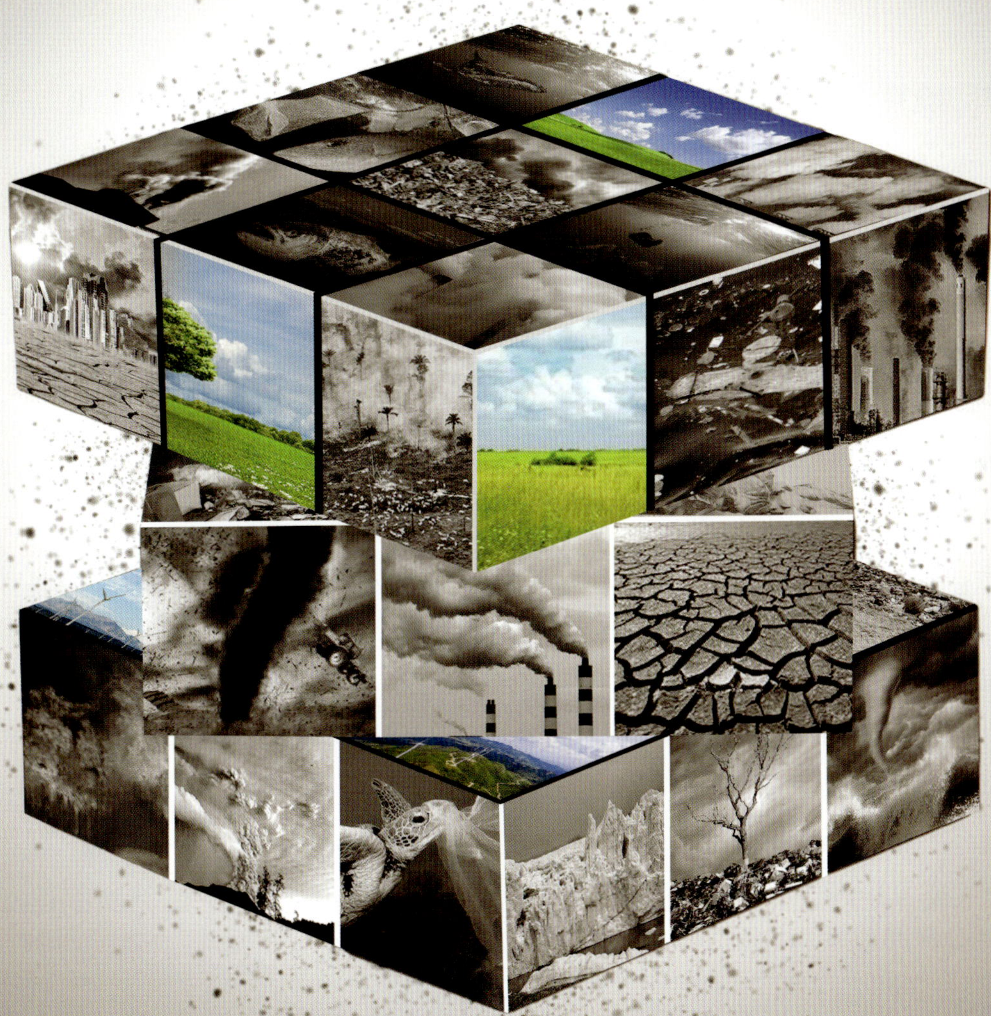

一直以来，国际社会为应对气候变化、实施环境保护和治理开展了一系列行动和努力，在科学归因、治理机制、技术创新等方面也取得大量成效和进展。人们越来越清醒地认识到气候环境危机的根源来自对化石能源的依赖。但同时，人类的错误观念和发展理念根深蒂固，经济社会的高碳发展惯性巨大，缺乏全球性、系统性和可实施的解决方案，无法形成应对危机的思想共识和共同行动，这些都是破解危机的重重困难。

4.1　根除思想痼疾难

忽视危机是最大的危机。错误观念和发展理念导致人类不断埋下危机的种子。又因为思想上存在侥幸心理，难以正确有效地应对危机。

4.1.1　思想认识偏差

危机的思想根源是人类中心主义和利己主义思想，这些思想主张为了人类利益对自然资源加大索取，忽视地球资源、环境和生态的承载上限，违背以人为本、生态平衡、社会公平、和谐共赢的价值观念。表现在经济社会发展理念上，就是过分强调经济增长，只注重外延式扩大经济规模，盲目刺激消费。实践表明，这种发展观念不但会加速和加剧危机，还有可能酿成多重危机。人类社会发展是经济社会全面进步、人与自然和谐相处、人的身心全面发展的有机统一，是人类发展的题中应有之义 [1]。因此，要避免全球各类危机，就必须摒弃传统发展道路和理念，遵循以人为本、尊重自然、经济繁荣、社会和谐、合作共赢"五位一体"的生态文明理论，秉承"创新、协调、绿色、开放、共享"的新发展理念，实现人类永续发展 [2]。

---

[1] 资料来源：王英，全球生态危机的思想根源在西方，人民日报，2015 年 5 月 19 日。
[2] 资料来源：潘家华，以生态文明建设推动发展转型，人民日报，2015 年 8 月 26 日。

4.1.2 缺乏思想共识

主观忽视危机。人类社会对正在发生的紧急危机会产生应激反应，但对于气候环境危机这类长期性、普遍性和渐变性的危机，却往往无动于衷、失去戒备，直到危机由量变产生质变，引发巨大灾难。事实表明，气候环境危机真实发生的概率远高于人们主观认为的"低"概率，而系统性灾难带来的严重后果却大大超过人们的日常认知。由于温室气体是累积污染物，一旦释放到大气中就会均匀稀释到全球范围，引发的气候危机会持续数十年甚至上百年。2015 年，各国通过的《仙台减灾框架》，针对一般性的常规自然灾害，明确提出了理解灾害风险、加强灾害风险管理、提高灾害恢复力和加强备灾等防灾减灾体系[1]。但当前对于潜在的重大气候环境危机及其引发的气候、生态、生存和社会灾难的成因和发展机理研究不够，各国监测预警和预防投入不足，应急防备力量薄弱，全球缺乏系统性应对方案。

缺乏行动决心。人类更倾向于延续"一切照旧"的惯性，很难为防范尚未发生的危险和灾难付出艰苦努力、投入巨大资源。因此，面对气候环境危机这类全球性、长期性危机，很多国家缺乏减排力度，造成巨大的减排差距。研究显示，要实现《巴黎协定》2℃和 1.5℃温控目标，全球在 2030 年需要将国家自主贡献减排量分别提高 3 倍和 5 倍，相比当前排放水平下降 1/3 乃至一半以上[2]。

---

[1] 2015 年 03 月 18 日，第三届世界减灾大会在日本仙台召开，会议最终通过《2015—2030 年仙台减灾框架》，确定了包括到 2030 年大幅降低灾害死亡率、减少全球受灾人数及直接经济损失等全球性七大目标，及理解灾害风险、加强灾害风险管理、提高灾害恢复力和加强备灾等四项优先措施，并强调必须在防灾、减灾、备灾、应急、恢复和重建中加强灾害风险管理，降低灾害风险。

[2] 资料来源：UNEP, Emission Gap Report 2019, 2019.

4.2 摆脱路径依赖难

摆脱危机难在脱离"老路"。过去的老路已经造成经济系统对化石能源强大路径依赖和"碳锁定效应"[1]。破解危机就要实现碳排放与经济增长脱钩，必须要有新思路。

4.2.1 高碳发展方式

工业革命以来，全球现代化发展主要依靠大量化石能源的燃烧和使用来支撑工业化、城镇化进程。特别是 20 世纪以来，化石燃料的使用呈几何式增长，化石燃料燃烧引起的二氧化碳排放量增长与全球经济总产值的增长高度吻合。1990年以来，全球经济总量翻了一番，能源消费总量和化石能源相关的二氧化碳排放提高了 1.5 倍，能源二氧化碳排放强度基本持平，反映出经济系统和能源系统对化石能源的依赖性极强。

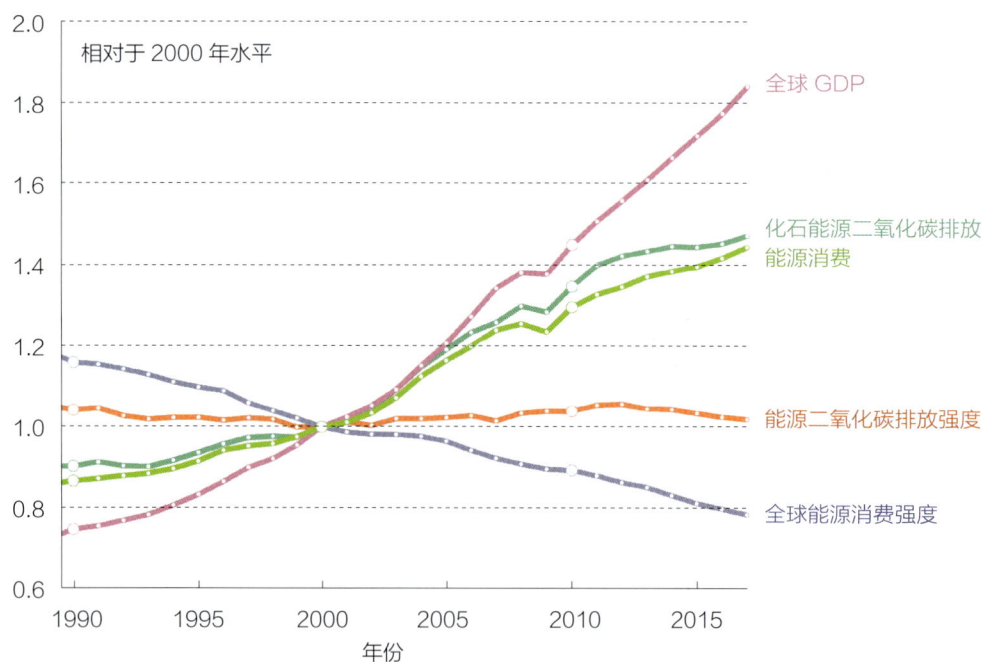

图 4.1　1990—2017 年全球经济增长与二氧化碳排放 [2]

---

[1] "碳锁定效应"指经济社会发展一旦采用高碳的能源、技术和基础设施就会一直沿着这一路径发展，从而难以转换到更先进、更低碳的发展模式和发展路径。谢来辉，碳锁定、"解锁"与低碳经济之路，开放导报，2009，5：8-14。

[2] 资料来源：GCP, Global Carbon Budget 2018, 2018. https://www.globalcarbonproject. org/carbonbudget/.

4.2.2　碳锁定惯性大

各国已形成庞大的化石能源基础设施和高碳资产，工业、交通和建筑等能源消费体系都建立在化石能源基础设施之上。这类基础设施的生命周期一般为30~50 年，一旦建成就会长期排放，"碳锁定"效应明显。研究表明，各国仅当前正在建设和短期规划中的化石能源基础设施的排放已达 6580 亿吨二氧化碳，总量已经超过了 1.5℃目标的排放空间，接近占 2℃目标排放空间的 2/3。其中，建设和规划中的化石能源发电带来的排放达 5460 亿吨二氧化碳，占总量的 80% 以上。分国别来看，发达国家的化石能源基础设施已基本接近饱和，新增需求较小；但发展中国家对于化石能源基础设施的新增需求非常大，发展中国家建设和规划中的化石能源基础设施超过了总量的2/3[1]。化石能源资产占据全球股票和固定收益资产的 1/3，实现《巴黎协定》温控目标将导致全球 1 万亿~4万亿美元的化石能源资产面临"搁浅"风险，与 2008 年全球金融危机的损失规模相当[2]。因此，打破全球经济"碳锁定"的枷锁刻不容缓。

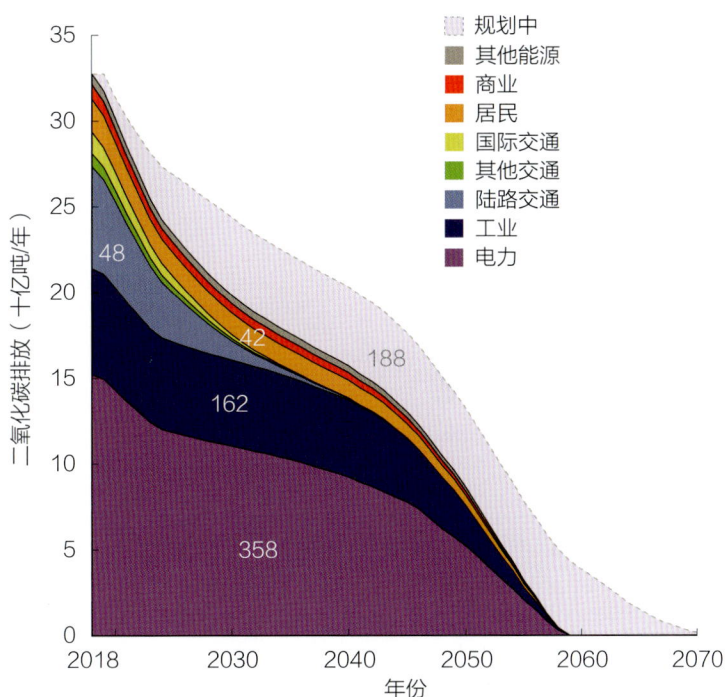

图 4.2　全球建设规划基础设施的化石能源排放预测[3]

❶❸ 资料来源：Tong D, Zhang Q, Zheng Y, et al., Committed Emissions from Existing Energy Infrastructure Jeopardize 1.5℃ Climate Target, Nature, 2019, 572:373-377.

❷ Mercure J, Pollitt H, Viñuales JE, et al., Macroeconomic Impact of Stranded Fossil Fuel Assets. Nature Climate Change, 2018, 8:588-593.

4.2.3 缺少创新思路

传统思路实现经济增长与碳排放脱钩，主要是对过去化石能源系统进行修修补补，寄希望于发展二氧化碳捕集与封存（CCS）技术、核能等。21世纪初CCS技术曾被寄予厚望，但现实情况是近年来CCS进展非常缓慢，到2020年除碳成本仍然高达60美元/吨二氧化碳，折合度电成本为0.35元/千瓦时，再加上化石能源发电成本，CCS减排总成本居高不下[1]。受安全因素限制，核电成本居高不下，全球多国开展关闭核电站行动。纵观全球低碳技术发展，风、光等清洁能源发展迅猛，规模迅速扩大，成本快速下降，当前已经接近平价上网水平，部分地区清洁能源发电成本已经低于化石能源发电成本，为人类从根本上实现零碳发展奠定了基础[2]。

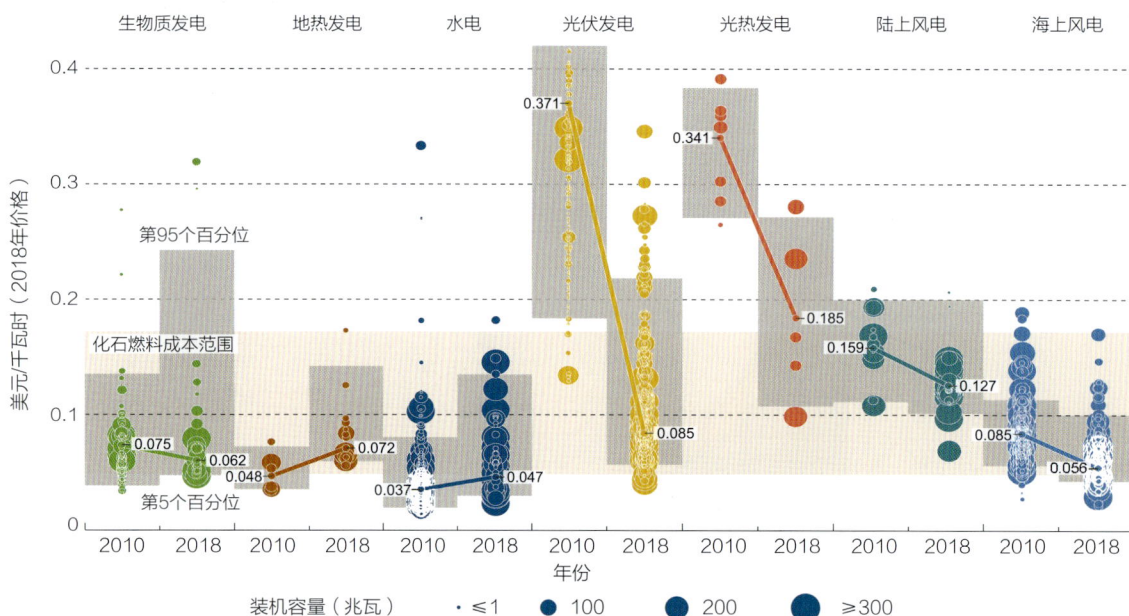

图 4.3　低碳清洁电源的度电成本下降趋势[3]

---

[1] 资料来源：全球CCS研究院，全球CCS现状报告2019，2019。

[2][3] 资料来源：International Renewable Energy Agency, Renewable Power Generation Costs in 2018, 2019. 版权归IRENA所有（©IRENA）。

4.3 实施可行方案难

化解危机需要有效可行的解决方案。既要兼顾效率与公平、权利与责任，又要可操作、可实施、可复制，这正是当前全球各国和各利益相关方最急需和紧迫的任务。

4.3.1 缺少系统方案

《联合国气候变化框架公约》《巴黎协定》等确立了各国共同应对气候、环境等领域问题的政治框架，但缺少有效的载体和抓手。尽管超过 195 个缔约方签署《巴黎协定》，184 个国家及地区提交国家自主减排贡献方案，但承诺的减排量仍与实现温控目标存在巨大差距。截至 2020 年 5 月，仅有欧盟等 17 个区域或国家提交了 2050 年长期温室气体低排放战略，其中只有欧盟明确提出2050 年实现碳中和目标[1]。上述国家虽然制定了长期减排目标，但缺乏可操作、可实施和可复制的减排方案，也缺乏具体的能源转型和零碳经济社会实施路线图。绝大多数国家还未制定长期温室气体低排放战略，导致减排方案落地和实施困难。

背景 17

G20 国家自主贡献目标进程 [2]

联合国环境规划署（United Nations Environment Programme，UNEP）对二十国集团成员国的减排进程进行了综合评估。G20 国家约占全球温室气体排量（包括土地使用）的 75%，在很大程度上决定全球减排趋势。研究预计，中国、欧盟 28 国、印度、墨西哥、俄罗斯和土耳其在现有政策下能够实现无条件国家自主贡献目标，澳大利亚、巴西、加拿大、日本、韩国、南非、美国 7 个国家尚未踏上实现 2030 年国家自主贡献的正轨，阿根廷、印度尼西亚和沙特阿拉伯 3 个国家的减排政策存在较大不确定性，尚不能确定是否能完成。

---

[1] 资料来源：https://unfccc.int/process/the-paris-agreement/long-term-strategies.
[2] 资料来源：UNEP，Emission Gap Report 2019, 2019.

4.3.2　难于兼顾权责

统筹不同发展阶段难。气候环境危机具有全球性和长期性特点，必须考虑国家不同发展阶段，统筹考虑发达国家减排责任和能力，以及发展中国家的发展权利。但是各国制定和实施方案时，往往只考虑本国和当下的利益，导致难以达成和实施全球系统方案。公约确定了发达国家和发展中国家在应对气候变化问题上共同但有区别的责任原则、公平原则和各自能力的原则。当前的气候危机主要是发达国家历史排放造成的，发达国家具有历史责任。发达国家有能力减排，但率先垂范履行减排和出资责任的意愿不强。发展中国家减排成本较低，减排效率高、潜力大，但发展中国家处于经济起飞和追赶阶段，基础设施建设和经济社会发展都需要大量的碳资产积累，需要排放空间来维护发展权利。针对二氧化碳排放的"环境库兹涅茨"曲线 ❶ 的实证研究表明，除少数发达国家实现温室气体达峰并下降之外，大多数国家尤其是广大发展中国家的排放仍在持续快速增加，但发展中国家的年人均二氧化碳排放依然低于世界平均水平 4.8 吨，更远低于发达国家的人均排放水平。发达国家的经验表明，只有人均年收入达到 1.5 万～3 万美元才会实现二氧化碳排放达峰。从全球来看，排放总量和人均排放均未实现达峰，在延续现有政策情形下，未来全球排放总量和人均排放还会长期保持增长 ❷。

统筹区域和代际公平难。发展中国家更容易受到气候变化的不利影响，同时在面临气候灾难时更为脆弱。全球天气气候灾害导致的死亡人口的 80% 集中在发展中国家，经济损失一半以上集中在发展中国家，其中，亚洲和非洲受气候灾害影响最为严重 ❸。全球在应对气候变化的过程中需要将资金、技术、能力建设等资源更多向发展中国家倾斜。同时，气候变化涉及多代人，子孙后代也需要有安全优质的气候环境，因此需要将子孙后代的福祉纳入当代人的考虑框架，维护代际公平，实现可持续发展。

---

❶ "库兹涅茨曲线"是 20 世纪 50 年代诺贝尔奖获得者、经济学家库兹涅茨用来分析人均收入水平与分配公平程度之间关系的一种学说。研究表明，收入不均现象随着经济增长先升后降，呈现倒 U 型曲线关系。后常被用于研究环境与收入的关系，即随着收入增加，各类污染物排放先增加，达峰之后再逐步下降，也就是"环境库兹涅茨"曲线。

❷ 资料来源：GCP, Global Carbon Budget 2018, 2018. https://www.globalcarbonproject. org.

❸ 资料来源：Emergency Events Data base, The Human Cost of Natural Disasters, 2015.

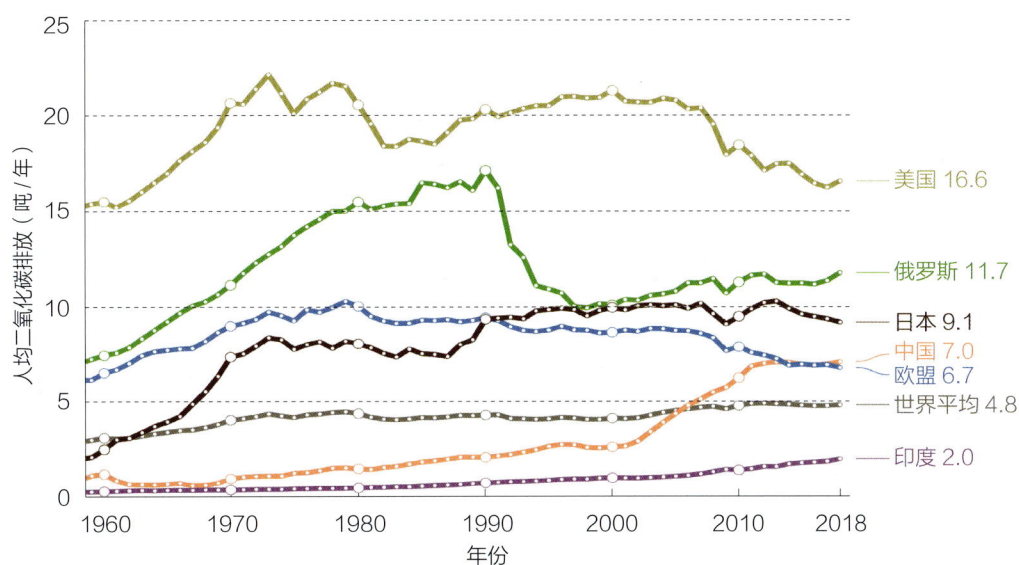

图 4.4　主要排放大国人均二氧化碳排放 ❶

4.3.3　难于技术集成

跨行业、跨领域、跨环节的技术协同难。目前，现行的解决方案多集中在市场机制、技术应用、单个行业等分散领域，缺乏统一协调的机制和手段，形成从目标到规划、行动、机制、技术的系统治理体系。低碳发展涉及电力、交通、建筑、工业等部门以及土地和林业碳汇等多个领域，各领域和部门的减排难度不同，又存在相互影响，各行业、领域、环节技术间因特性、发展历史、市场特性等因素，不同程度地存在不良竞争、协同效率差等问题，单打独斗、缺乏整体规划，携手协同难度大。

各类低碳、零碳、负碳技术系统集成难。低碳技术体系涉及可再生能源及新能源、二氧化碳捕获与封存、生物质加碳捕集负排放技术等领域，不同低碳技术的技术特性、应用领域、边际成本和减排潜力存在较大差异，整合集成难度复杂，且实施载体各异、集成方式多样，集成个性化特征强、集成效果不确定性大，缺乏统一集成平台和媒介，集成难以推广和深化发展。对各类技术进行综合集成，根据各国现实情况因地制宜地推广、应用难度大。

---

❶ 资料来源：GCP, Global Carbon Budget 2019, 2019. http://www.globalcarbonproject.org.

4.4 推动共同行动难

破解全球危机的关键在于全球共同行动。由于问题复杂交织、参与主体多元、协调机制分散，全球面临维护多边治理难、兼顾各方诉求难、推动共同行动难的挑战 ❶。

4.4.1 利益诉求多元

全球气候环境治理是以主权国家为主、多个利益相关方共同参与的国际合作模式。主权国家政府是主要参与方和治理主体，以《联合国气候变化框架公约》为核心参与气候谈判。各国和各利益主体往往在参与气候环境行动中倾向于"搭便车"，发达国家和发展中国家应对气候环境危机的成本与收益、权利与责任不匹配，传统化石能源和低碳清洁能源为代表的主体利益诉求不一致，导致全球凝聚共识难，促成共同行动难 ❷。

4.4.2 治理领域广泛

气候治理议题多、难度大。温室气体减排是应对气候变化的关键，但各国自主贡献减排目标远未达到《巴黎协定》目标所要求的减排任务。适应气候变化是各国应对气候变化、促进可持续发展的重要关切，但各国尤其是发展中国家普遍存在"发展赤字"和"适应赤字"。资金是落实应对气候变化行动的基础保障，但目前发达国家出资进展裹足不前，远低于每年 1000 亿美元的原定资金目标。技术转移和推广应用是减排、适应行动落地实施的重要内容，但公约下免费转让技术的机制使得技术合作机制名存实亡。透明度机制和能力建设在推进过程中都面临各种困难 ❸。

---

❶ 资料来源：生态环境部，中国应对气候变化的政策与行动 2019 年度报告，2019。
❷ 资料来源：邹骥，论全球气候治理，北京：中国计划出版社，2015。
❸ 资料来源：全球能源互联网发展合作组织，全球能源互联网促进《巴黎协定》实施行动计划，2019。

环境治理复杂交织。环境治理包括大气、土地、淡水、固体废弃物、森林、海洋、粮食、生物多样性等多个领域。单一部门或领域治理问题往往引发一系列重大环境问题。化石能源利用在引发全球气候变化的同时造成严重空气污染。煤油气开采加剧水土流失，化石能源生产加剧水资源消耗和污染，煤炭开发利用产生大量固体废弃物，气候变化和酸雨严重破坏森林资源，石油污染和热污染威胁海洋生态安全、破坏生物多样性等[1]。此外，气候环境问题还涉及各国能源、经济、社会、技术、投资、政治等方方面面，各种因素相互交织、相互影响，加剧解决气候环境危机难度。

4.4.3 缺少协调机制

治理体系约束力不足。气候变化问题的全球性决定了多边参与的全球气候治理模式。《联合国气候变化框架公约》确立了各国共同应对气候变化问题的政治框架和以公约为主体的治理平台，但缺乏足够的法律约束力。《巴黎协定》"自下而上"的模式集成最大公约数下的各国减排意愿[2]，但各国国情、发展阶段、资源禀赋、技术能力等不同，导致现有的框架与机制难以统筹各方的利益诉求。需要各种公约外机制加以补充，不断推动开放、包容、公平、共赢的治理体系建设，形成综合、协调、高效的全球气候治理制度框架。

缺乏全球治理平台。全球危机涉及领域广泛，应对各类危机的治理平台和框架处于碎片化、分散化状态。仅环境领域就有超过 1300 多个多边国际环境条约和3000 多个具体治理机制[3]，如《蒙特利尔议定书》《保护臭氧层维也纳公约》《联合国防治荒漠化公约》《生物多样性公约》等。化石能源利用是造成气候环境危机的根源，能源治理对应对气候危机、生态环境危机、产业发展、贫困健康等多个领域的全球治理具有"一通百通"的作用，需要以全球能源治理为抓手，在全球和各国建立跨领域的统筹协调治理平台、治理框架与协调机制，从而有效应对全球各类重大系统性危机。

---

[1] 资料来源：全球能源互联网发展合作组织，全球能源互联网促进全球环境治理行动计划，2019。
[2] 资料来源：罗伯特·基欧汉，戴维·维克托，刘昌义，气候变化的制度丛结，国外理论动态，2013（2）：100-112。
[3] 资料来源：国际环境公约数据库，https://iea.uoregon.edu/。

背景 18

全球气候治理体系

全球气候治理的参与方包括主权国家政府、政府间国际组织和非国家行为主体三类。主权国家政府是主要参与方和治理主体，以《联合国气候变化框架公约》为核心。政府间国际组织的功能是协调各国利益。非国家行为主体包括与应对气候变化相关的非政府组织（NGOs）、社会团体等。

全球气候治理分为公约机制和公约外机制。公约机制，即《联合国气候变化框架公约》机制，形成了主权国家政府为主体、公约秘书处为协调，以气候谈判为主要方式手段的治理体系。公约外机制指各参与方为推动公约谈判，在公约体系外开展的活动与实践。公约外机制包括各类政治性机制、技术性机制和经济性机制。政治性的公约外机制，主要包括联合国气候峰会、千年发展目标论坛、二十国集团、七国集团、亚太经合组织会议等。技术性的公约外机制，包括国际民用航空组织、国际海事组织，以及联合国秘书长气候变化融资高级咨询组等合作机制。这些机制针对公约谈判中的具体问题开展专题研究和讨论，以促进公约下相关问题的谈判进程。经济性的公约外机制，包括与气候变化相关的贸易机制，与生产活动和国内外市场拓展相关的生产标准制定等公约外磋商机制。公约外机制形式多样，手段灵活，能够对公约机制起到良好的辅助作用。

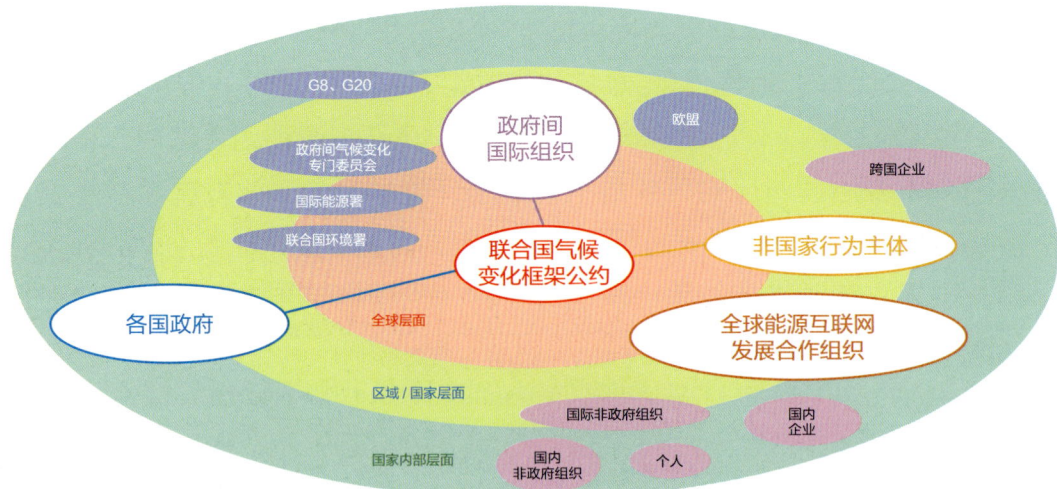

图1　全球气候治理体系 ❶

---

❶ 资料来源：Wang M, Kang W, Chen Z, et al., Global Energy Interconnection: an Innovative Solution for Implementing the Paris Agreement — the Significance and Pathway of Integrating GEI into Global Climate Governance, Global Energy Interconnection, 2018, 1(4): 467-476.

气候环境危机的本质是发展危机。只有转变发展方式，走绿色低碳的创新之路，彻底摆脱对化石能源和碳密集型产业的依赖，才能从根本上化解危机。能源清洁转型是解决气候环境危机的根本出路，以"两个替代"为实现途径，以能源互联为前提和平台，回答应对危机出路"在哪里"的问题，为全球在气候环境危机中"转危为机"提供治本良方。

5.1 清洁转型

一系列气象观测和科学研究已经表明，工业革命以来，人类大量燃烧和使用化石能源是造成气候环境危机的根源。清洁转型就是牢牢抓住能源这个牛鼻子，大力发展低碳能源，使人类彻底摆脱对化石能源的依赖，从源头上消除各类温室气体和污染物排放，避免气候环境灾难，实现人类可持续发展。

5.1.1 能源排放

全球能源相关温室气体排放总量及占比呈现"双增长"趋势。1990—2015 年，能源有关温室气体排放增加了 126 亿吨二氧化碳当量，增长超过 40%。与之相比，工业过程、农业等其他温室气体排放来源累积增加 27 亿吨二氧化碳当量。能源相关温室气体排放占比持续增长，2015 年，能源相关温室气体排放占总温室气体排放量的比重达到74%，相比 1990 年增长了 4 个百分点[1]，早已成为全球温室气体排放的主要贡献者。

---

[1] 资料来源：IEA, CO$_2$ Emissions from Fuel Combustion Highlights 2019, 2019.

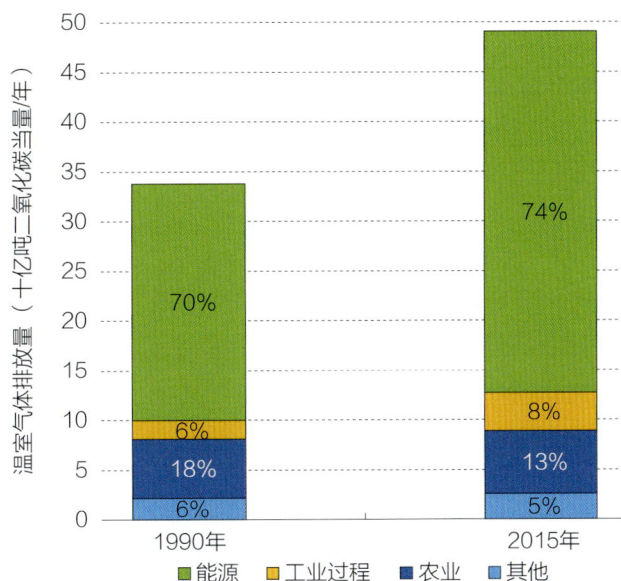

图 5.1　全球人类活动相关温室气体排放 ❶

二氧化碳是能源相关温室气体排放的主体。2015 年能源相关温室气体排放中，90% 为二氧化碳，9% 为甲烷，1% 为一氧化二氮 ❷。能源燃烧释放的二氧化碳占人类活动二氧化碳排放的 80% 以上。不考虑作用于全社会的综合影响，仅大幅降低甚至根除能源活动全环节的二氧化碳排放，将至少降低温室气体总排放量的三分之二以上。抓住能源部门二氧化碳排放，尤其是化石能源燃烧排放，就抓住了问题的"命脉"。

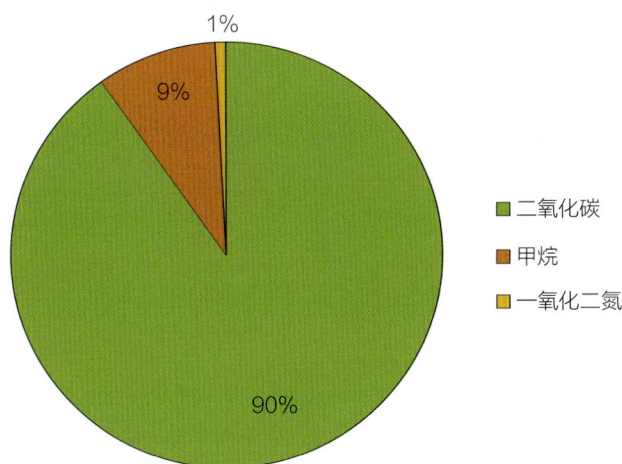

图 5.2　2015 年能源相关温室气体排放 ❸

❶❷ 资料来源：IEA, CO$_2$ Emissions from Fuel Combustion Highlights 2019, 2019. IEA 版权所有；在本书引用时由全球能源互联网发展合作组织进行了修改。

❸ 资料来源：IEA, CO$_2$ Emissions from Fuel Combustion Highlights 2018, 2018. IEA 版权所有；在本书引用时由全球能源互联网发展合作组织进行了修改。

全球二氧化碳排放 90% 集中在亚洲、欧洲和北美洲，欧洲和北美洲的二氧化碳排放量已经达峰。1990—2017 年，**亚洲**二氧化碳排放量增长两倍，2017 年达 175 亿吨，占全球排放总量的 55%，居各洲首位。**欧洲**二氧化碳排放量呈下降趋势，1990—2017 年，欧洲二氧化碳排放量从 73 亿吨下降到 55 亿吨，占全世界二氧化碳排放总量的比例从 37% 下降到 17.3%。**北美洲**二氧化碳排放量已于 2007 年左右达峰，2017 年二氧化碳排放量为 58 亿吨，占全世界总量的 18.7%。**中南美洲**碳排放总量不大，但呈持续增长态势，2017 年，中南美洲二氧化碳排放量约为 12 亿吨，占全世界总量的 3.8%。**非洲**二氧化碳排放量逐年上升，从 1990 年的 5.3 亿吨增长到 2017 年的 12 亿吨。**大洋洲**二氧化碳排放总量小，2017 年二氧化碳排放总量为 4.3 亿吨，占全球总量的 1.4%。总体来看，1990—2017 年，全球二氧化碳排放总量从 205 亿吨 / 年增长到 315 亿吨 / 年，年均增速 1.7%，全球仍均面临较大二氧化碳减排压力。

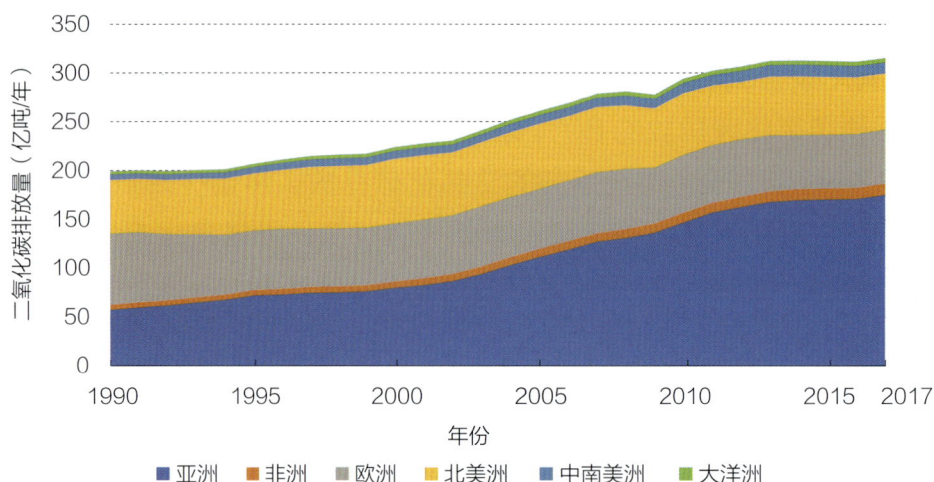

图 5.3 1990—2017 年各洲化石能源燃烧产生的二氧化碳

5.1.2 减排机理

人类活动排放的温室气体是导致近 50 年来全球变暖的主要原因，来自人类活动的二氧化碳排放一直在增加。二氧化碳排放是人类经济社会活动的综合反映，受人口增长、经济增长、能源活动、能源结构、产业结构、城镇化发展等众多因素影响。确定最有效、最根本的减排途径，可以通过对历史以来所有人类活动的二氧化碳排放数据进行相关性分析，总结二氧化碳排放发展规律，提出有效降低二氧化碳排放的策略。

背景 19

Kaya 恒等式碳排放分解及应用 ❶

Kaya 恒等式最早是由日本教授茅阳一（Yoichi Kaya）在1989年提出，他用简单的数学公式将碳排放与经济、能源和人口等因素相联系，是用于分析碳排放驱动因素的主流分析方法。同时，Kaya 恒等式是 IPCC 排放情景分析的基础，为当前评估温室气体排放和可能的应对策略提供支撑。二氧化碳排放分解的 Kaya 恒等式如下：

$$CO_2 = \frac{CO_2}{E} \times \frac{E}{GDP} \times \frac{GDP}{P} \times P$$

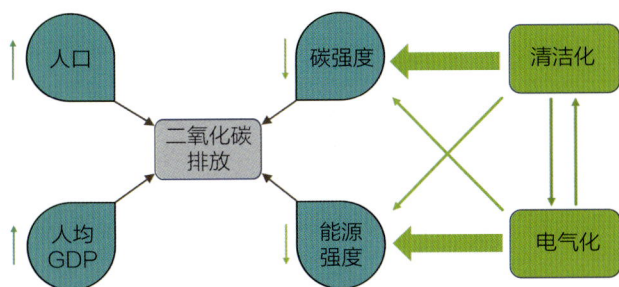

图1 能源相关二氧化碳减排机理框架图

式中：CO_2 为能源相关二氧化碳的总排放量；E 为一次能源消费总量；GDP 为经济总产值；P 为人口总量；CO_2/E 表示碳强度；E/GDP 表示能源强度；GDP/P 表示人均 GDP。

考虑能源使用全环节排放，可以将二氧化碳排放等效为能源消费侧化石能源消费碳排放和电力、热力能源生产侧化石能源碳排放的总和，等效计算如下：

二氧化碳排放 = 能源消费侧二氧化碳排放 + 电力/热力部门二氧化碳排放
= ［终端能源消费总量 ×（1- 电气化率）］× 排放因子
+ 电热生产能源总量 ×［（1- 清洁化率）× 排放因子］

通过上式可以看出，电气化率越大，终端能源消费总量越低，从而降低能源强度；清洁化率越高，等效排放因子越低，从而降低能源碳排放强度。能源结构电气化和清洁化是降低能源部门碳排放的主要途径。

---

❶ 资料来源：Zheng X Q, Lu Y L, Yuan J J, et al., Drivers of Change in China's Energy-Related CO_2 Emissions, Proceedings of the National Academy of Sciences, 2020, 117(1):29-36.

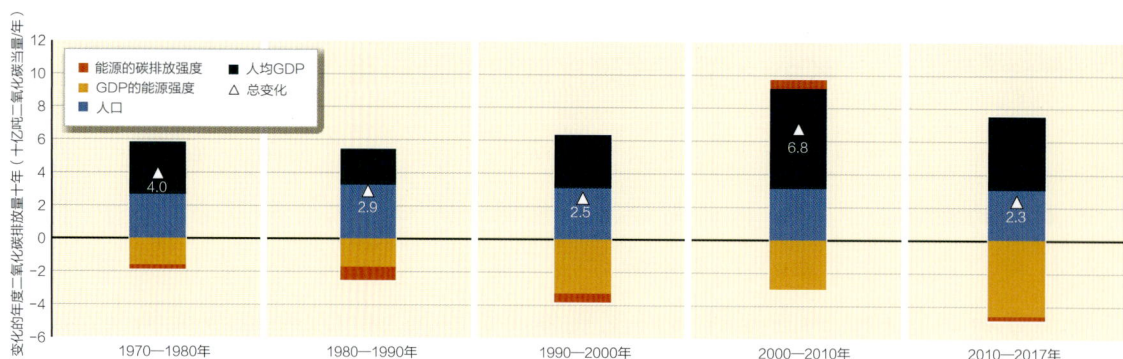

图 5.4　全球化石能源二氧化碳排放总量驱动因素分解图 ❶

1　人口与经济增长

人口和经济增长是导致二氧化碳排放增长的主要因素。1970—2017 年，全球人口总数由 37 亿人增长到 75 亿人，城市化率从 36% 增长到 55%，全球经济总量从 19 万亿美元增长到 80 万亿美元，增长了 3.2 倍 ❷。人口增长和 GDP 增长分别驱动二氧化碳排放增加约 148 亿吨和 200 亿吨，碳排放增长贡献率分别高达 80%、106%。数据统计表明，人均 GDP 越高国家，人均碳排放量也越大，经济发展必然带来碳排放增长。

未来，追求更加高质量和更繁荣的生活，实现人类的生存发展是全世界人民的最根本的权力，特别是广大发展中、欠发达国家地区的人民。预计到 21 世纪下半叶，全球人口总数将继续增长至 94 万亿，分别为 1970 年和 2010 年的 2.5 倍和 1.3 倍。到 2050 年和 2100 年，全球经济总量将分别增长到 2010 年的 3.4 倍和 5.8 倍。限制人口、限制经济发展不是减排和化解危机的应有之义，让全世界人民共享全球发展成果、摆脱危机的致命威胁，是全球减排不能忽视的核心关切。未来经济和人口的增长仍是驱动能源消费和二氧化碳排放增长的重要因素。

---

❶ 资料来源：修改自 Figure 1.7 from Victor D.G., D. Zhou, E.H.M. Ahmed, P.K. Dadhich, J.G.J. Olivier, H-H. Rogner, K. Sheikho, and M. Yamaguchi, 2014: Introductory Chapter. In: Climate Change 2014: Mitigation of Climate Change. Contribution of Working Group III to the Fifth Assessment Report of the Intergovernmental Panel on Climate Change [Edenhofer, O., R. Pichs-Madruga, Y. Sokona, E. Farahani, S. Kadner, K. Seyboth, A. Adler, I. Baum, S. Brunner, P. Eickemeier, B. Kriemann, J. Savolainen, S. Schlömer, C. von Stechow, T. Zwickel and J.C. Minx (eds.)]. Cambridge University Press, Cambridge, United Kingdom and New York, NY, USA。

❷ 资料来源：世界银行数据库，2020。

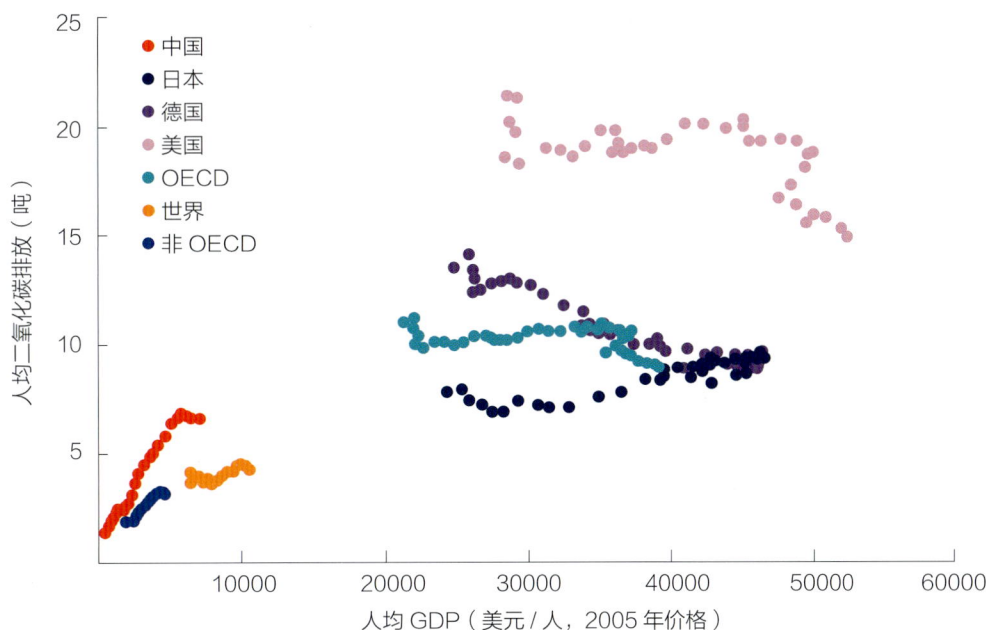

图 5.5　全球及重点国家经济发展与人均碳排放关系 ❶

2　能源强度与碳强度

能源强度降低是近年来二氧化碳排放下降的主要原因之一。 能源强度是一次能源消费总量与经济总量的比值。1990—2017 年，全球一次能源消费总量由 87.7 亿吨标准油增长至 139.7 亿吨标准油，增长 60%；相比之下，经济总量由 37.9 万亿美元增长至 80.4 万亿美元，增长超过 110%，能源强度逐年下降，由 0.23 吨标准油 / 千美元下降至 0.17 吨标准油 / 千美元，下降约 1/4。能源强度持续下降，单位 GDP 能耗得到一定控制，能效不断提升抑制了全球碳排放总量的增长。然而，我们也应该看到，在欧洲、美国等发达国家碳排放已达峰的环境下，大量发展中国家仍需要足够能源消费支撑经济发展。能源消费总量控制必将对经济发展起到限制作用，着眼未来，能源品种与结构调整，逐步构建绿色低碳的经济产业体系成为发展中国家的重要工作。

---

❶ 资料来源：Zheng X Q, Lu Y L, Yuan J J, et al., Drivers of Change in China's Energy-Related CO$_2$ Emissions, Proceedings of the National Academy of Sciences, 2020, 117(1): 29-36.

能源碳排放强度下降的空间尚未充分释放，未来潜力大。能源碳排放强度是二氧化碳排放量与一次能源消费总量的比值。1990—2017 年，全球二氧化碳排放量由 205 亿吨增长至 328 亿吨，增长约 60%，与此同时，一次能源消费也增长了 60%，导致能源碳排放强度基本没有变化，2000—2010 年间甚至略有上涨。总体来看，1990—2017 年间能源碳强度对二氧化碳减排作用不明显，累计减排约 14 亿吨二氧化碳，减排贡献不足 8%，主要原因是当今能源消费仍主要靠化石能源供应，清洁能源占比较低，2017 年清洁能源消费占一次能源消费的比重仅为 19%。如果一次能源中清洁能源占比达到 70%，即使全球能源消费总量增加 1 倍，能源碳排放强度相比当前仍可下降 63%。

3 清洁化与电气化

清洁化和电气化是实现二氧化碳排放下降的最主要途径。能源强度和碳强度都是减排效果的综合反映，其根本途径在于能源结构的调整。**从消费侧看**，电气化提升在终端用能侧降低碳基能源使用，可以降低能源消费总量和能源消费侧二氧化碳排放。**从供应侧看**，清洁化发展在能源供给侧推广使用低碳或零碳能源，可以降低能源生产过程二氧化碳排放。2017 年，全球电气化水平为 19%，清洁能源在一次能源消费中占比也仅为 19%。未来，清洁化和电气化发展仍有很大提升空间。以工业部门碳排放量为例，随着电气化水平提高和更多可再生能源的全方位利用，2030 年化石能源消费相比 2015 年可减少 15%，电气化率增长 9 个百分点。2015—2030 年工业部门碳强度将下降 28%，2015—2030 年，可再生能源的直接利用增长 125%。工业部门电气化和清洁化将驱动二氧化碳排放减少 19 亿吨。碳强度下降驱动二氧化碳排放下降 36 亿吨，成为未来碳减排最大驱动因素 ❶ 。

---

❶ 资料来源：Zhang S N, Yang F, Liu C Y, et al., Study on Global Industrialization and Industry Emission to Achieve the 2℃ Goal based on MESSAGE Model and LMDI Approach, Energies, 2020, 13(4), 825.

清洁化和电气化发展规模和速度决定能否把握和化解气候环境危机的"窗口期"。
国际可再生能源署（International Renewable Energy Agency，IRENA）研究表明，为满足 1.5℃温控目标，可再生能源占终端能源消费比重的年增长率还需提高6倍[1]，到2050年，可再生能源占比需要提高至66%，年均增长需要达到 1.5 个百分点。应对全球危机迫在眉睫，按照当前清洁能源的发展速度和发展规模，远没有达到解决气候环境危机的要求。如何在较短时间内实现清洁能源、电气化水平的快速发展和提升，将是破解气候环境危机必须要把握的最后机会。

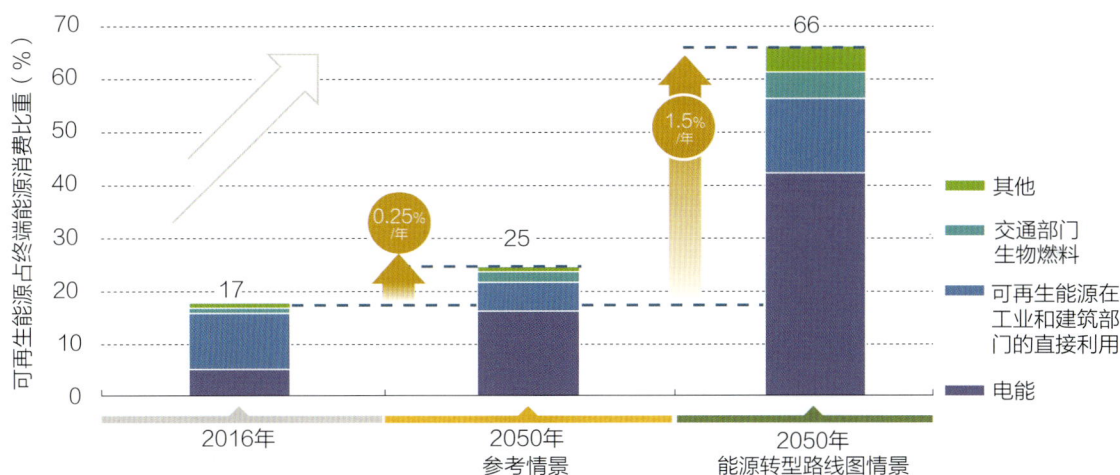

图 5.6　2016—2050 年可再生能源终端占比[1]

---

[1] 资料来源：IRENA, Global Energy Transformation: A Roadmap to 2050, 2019. 版权归 IRENA 所有(©IRENA)。

5.2 两个替代

实施清洁替代和电能替代，加快能源结构从化石能源为主向清洁能源为主的根本转变是全球能源转型变革的大方向和大趋势，是决战气候环境危机的"最强武器"。加快"两个替代"的全球实施，将全面提升清洁转型的发展质量和速度，这是实现未来世界可持续发展的必由之路。

5.2.1 解决思路

气候环境危机的症结是化石能源的使用和巨大的高碳发展惯性。因此，**破解危机必须要牢牢抓住能源这个牛鼻子，以清洁替代和电能替代为重点，加快推动全球能源清洁转型，建立绿色低碳、清洁高效的现代能源体系**，彻底摆脱人类对化石能源的依赖，从源头上消除各类温室气体和污染物排放，避免气候环境灾难，实现人类可持续发展。

破解危机的实现途径是"两个替代、一个提高、一个回归、一个转化"。

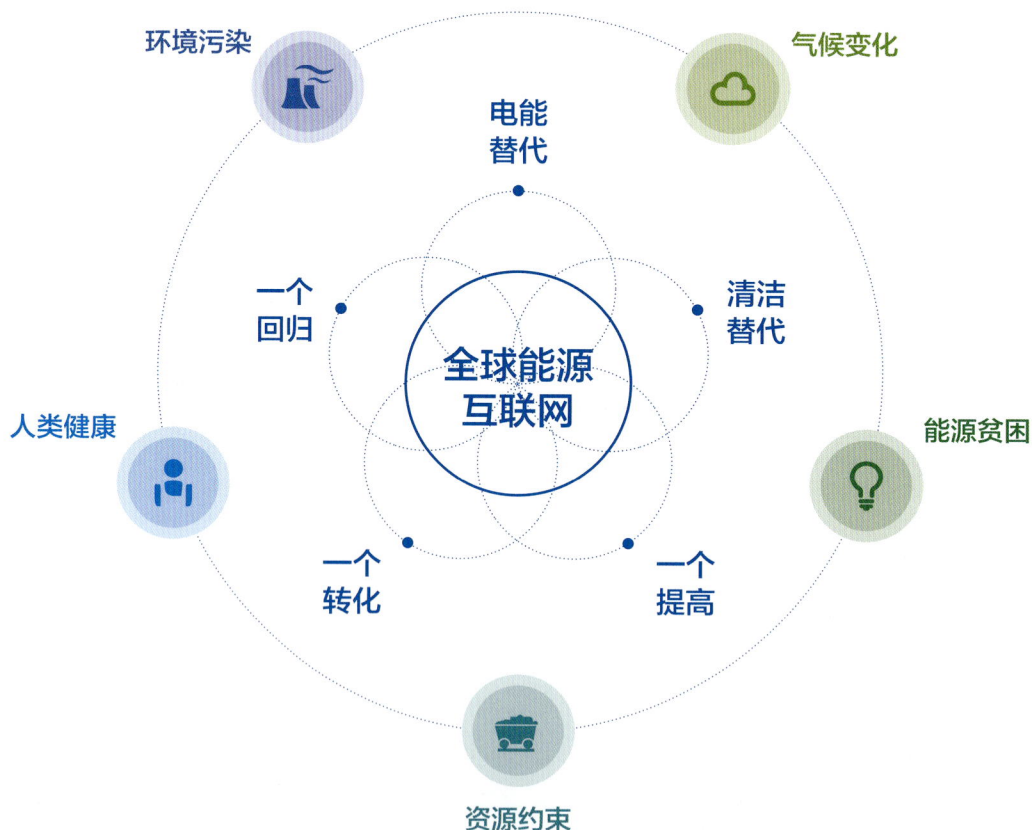

图 5.7　全球能源互联网发展理念

清洁替代 ▶ 主要指能源供应侧以太阳能、风能、水能等清洁能源替代化石能源，加快形成清洁能源为主导的能源供应结构。清洁能源的大发展，不但可以大幅减少因化石能源燃烧带来的温室气体和污染物排放，创造显著的环境和健康效益，而且可以发挥清洁能源边际成本低的优势，显著降低经济发展成本，加快形成以清洁能源为基础的产业体系，实现经济社会清洁可持续发展。

电能替代 ▶ 主要指能源消费侧以电代煤、以电代油、以电代气、以电代初级生物质能，摆脱化石能源依赖，实现现代能源普及。能源具有多元属性，随着电制氢、电制氨等电化学技术发展，电能可通过多种方式实现各类有机物合成和原材料生产，进一步实现清洁电力对化石能源终端利用的深度替代。

一个提高 ▶ 即提升能源利用效率和电气化水平，促进节约用能，降低能源强度。电能是高效、清洁的二次能源，提高能效最有效的途径就是大力推进电气化。高度电气化的能源系统将有力支撑以信息、智能产业为特征的信息社会形态。

一个回归 ▶ 即化石能源回归其基本属性，主要作为工业原料和材料使用，发挥更大作用。化石能源的回归过程与清洁能源发展相辅相成，按照经济价值规律，以更加科学的方式循环、集约利用化石能源，将逐步形成生态和谐的循环经济发展模式，最大化实现资源价值，解决物质资源枯竭的挑战。

一个转化 ▶ 主要指通过电力将二氧化碳、水等物质转化为氢气、甲烷、甲醇等燃料和原材料，从更深层次化解人类社会赖以生存的资源约束，开拓经济增长的广阔空间，满足人类永续发展需求。

5.2.2 清洁替代

清洁替代的发展重点主要包括两个方面：发电及制热部门以清洁能源替代传统化石能源发电制热；太阳能、地热能、生物质等清洁能源在终端环节直接开发利用。

1 发展重点

发电部门清洁替代，是指在发电和供热部门以清洁能源发电替代煤炭、天然气及石油发电和供热。当前全球发电部门所用燃料以化石能源为主，2016 年全球化石能源发电占总发电量比重为 65%。化石能源发电又以煤炭和天然气发电为主，煤炭发电占比为 39%，天然气发电占比为 23%。2016 年电力和供热部门约排放二氧化碳 130 亿吨，二氧化硫 2600 万吨，氮氧化物 1600 万吨，细颗粒污染物 180 万吨，二氧化碳和二氧化硫约占能源部门排放总量的 40% 和 33%。未来清洁主导的电力供应格局减排潜力巨大。

终端部门清洁替代，是指在能源终端消费部门直接利用清洁能源替代化石能源使用。2016 年，全球终端部门消费化石能源 91 亿吨标准煤，占终端能源消费总量的 67%，其中煤炭、石油、天然气分别占 11%、41% 和 15%。随着清洁能源成本逐年下降，清洁能源直接用于终端部门的应用场景更加丰富。太阳能直接利用主要以制热、集热形式为终端提供热需求，集中应用在工业低温制热和建筑部门热水、取暖等需求。现代生物质能广泛应用于工业、交通、建筑部门，现代生物质能广泛应用于工业部门中高温制热需求，生物液体燃料、生物质燃气广泛应用于各类交通工具，现代生物质能用于为建筑部门提供热源。

2 重要意义

清洁替代是新一轮能源革命的重要方向，是清洁转型的核心举措。近年来清洁能源发展迅速，2000—2019 年，全球清洁能源发电装机容量从 7.5 亿千瓦增长到 25 亿千瓦，年均增长率 6.2%；全球风电、太阳能发电装机容量年均增长率分别达到 20%、40%，非水可再生能源发电量占比从 1.8% 提高至 9%[1]。在

---

[1] 资料来源：IRENA. https://www.irena.org/Statistics/View-Data-by-Topic/Capacity-and-Generation/Statistics-Time-Series.

丹麦、德国等发达国家，清洁能源发电已经成为支柱性电源。2016年全球清洁能源发电占比为35%。2018年陆上风电和光伏发电的平均度电成本为5.6、8.5美分／千瓦时，将分别在2020、2025年左右实现上网侧平价，2050年有望降至2.5、2美分／千瓦时，大幅低于化石发电成本 ❶。随着全球清洁能源发电成本持续下降，未来必将成为主导电源。

清洁替代是落实《巴黎协定》温控目标、应对气候环境危机的根本途径。能源清洁转型和经济社会清洁发展的核心是大力发展清洁能源，替代传统化石能源发电。研究表明，要实现《巴黎协定》2℃目标和1.5℃目标，全球清洁能源占一次能源比重需要大幅提升。2℃目标下，2050年全球清洁能源占一次能源比重需要达到44%～65% ❷。与实现2℃目标相比，1.5℃目标要求能源系统更高程度的清洁化 ❸。清洁替代是人类从源头破解气候环境危机而做出的重大战略选择。

5.2.3　电能替代

电能替代的发展重点包括四个方面，以电代煤、以电代油、以电代气、以电代薪。随着电气化进程加快，电能将在终端能源消费中扮演日益重要的角色，并最终成为最主要的终端能源品种，实现更加清洁、便捷、安全的能源利用。

1 发展重点

以电代煤，是指在能源消费终端用清洁电能替代直接燃烧的煤炭，显著减轻碳排放和环境污染。煤炭燃烧带来大量的二氧化硫、氮氧化物以及烟尘等污染物排放，形成以煤烟型为主的大气污染。2018年，全球约有64%的煤炭用于发电，其他煤炭利用包括直接燃烧和以原料使用 ❹。由此排放二氧化碳94亿吨，二氧化硫2500万吨，氮氧化物1100万吨，细颗粒物180万吨。目前，电采暖、热泵、电窑炉、电炊具等已经具备较为成熟的技术基础，具备以电代煤的实施条件。

---

❶ 资料来源：IEA, World Energy Statistics, 2018.

❷ 资料来源：IEA, World Energy Outlook 2019, 2019. IRENA, Global Renewables Outlook (2020 edition), 2020. Det Norske Veritas and Germanischer Lloyd. Energy Transition Outlook 2019, 2019.

❸ 资料来源：IPCC, Global Warming of 1.5℃, 2018.

❹ 资料来源：IEA. https://www.iea.org/reports/global-energy-review-2020/coal.

以电代油，主要是指在电动汽车、轨道交通、港口岸电、居民取暖、农业生产等领域用电能替代燃油。以交通领域为例，全球交通系统消耗了全球约 1/3 的能源，并且以石油资源为主，在形成对石油高度依赖的同时，也释放了大量的机动车尾气，成为空气污染的主要来源之一。通过电动汽车、电气化铁路、港口岸电等以电代油技术的广泛应用，在节能的基础上替代石油能源，是世界交通运输业能源使用的共同方向。

以电代气，主要是在建筑部门以电能替代天然气，包括商业、居民生活领域电炊事替代燃气灶，电热水器、热泵替代燃气热水器供热等，以及在发电、工业和交通等领域以电能替代天然气。从经济性看，天然气价格呈上涨趋势，而清洁电价呈下降趋势，天然气成本将超过电能成本。从污染物排放角度看，清洁电力零碳无污染物排放，而天然气燃烧会有较高的二氧化碳排放和部分二氧化硫、氮氧化物排放。

以电代薪，主要是在广大发展中国家，尤其是农村地区以电替代薪柴等传统生物质能源。当前全球还有约 30 亿人使用木柴等传统生物质能源进行烹饪、取暖、照明，造成室内空气污染和烟尘环境，导致每年超过 400 万人因固体燃料产生的空气污染而过早死亡。能源不足导致劳动低效，撒哈拉以南地区女性每天为收集薪柴平均花费 1.4 ~ 5 小时[1]。电能在便利性、安全性和清洁性方面远优于传统薪柴，是引领社会现代化发展的"铺路石"。

2 重要意义

实施电能替代是提升电气化水平的核心内容。 从电力发展趋势看，电能在终端能源消费中的比重呈现明显的上升趋势，经济越发达，整个社会的电气化水平越高。1971—2017 年，电能在世界终端能源消费中的比重从 8.8% 增长到 18.9%。发达国家电能占终端能源消费的比重均在 20% 以上。分部门来看，商业和服务业电气化水平最高，提升速度最快；交通部门电气化水平最低，提升速度最慢。2017 年，全球商业和服务业电气化水平占比约 50.8%，交通领域电气化水平占比仅 1.1%。

---

[1] 资料来源：国际能源署，能源与空气污染，2017。

电能替代是实现能源消费高效化的基本趋势。电能的终端利用效率最高，可以达到 90% 以上，使用便捷，可以实现各种形式能源的相互转换。提高电能在终端能源消费中的比重，推进工业、交通、商业和城乡居民生活等各领域的电能替代，不仅能够提高能源利用效率，还能增加经济产出，提高社会整体能效。数据表明，电能的经济效率是石油的 3.2 倍，煤炭的 17.3 倍，即 1 吨标准煤当量的电能创造的经济价值与 3.2 吨标准煤当量的石油，17.3 吨标准煤当量的煤炭创造的经济价值相当 [1]。

实施电能替代是实现能源转型和清洁发展的必然要求，是解决气候环境危机的有效途径。电能替代是实施清洁替代的必然结果，也是构建以电为中心的新型能源体系的必然要求。电能是清洁、零污染的能源。产生与 1 千瓦时电能相同的热量，原煤会排放约 330 克二氧化碳、5.3 克二氧化硫和 1.6 克氮氧化物。未来，随着清洁能源的发展，电能替代的环保优势将进一步显现。高度电气化是实现 2℃目标和 1.5℃目标的基本前提。研究显示，要实现《巴黎协定》温控目标，2050 年电能占终端能源消费占比需要达到 50% 以上，其中建筑部门电气化水平需要提高到 75% 左右 [2]。

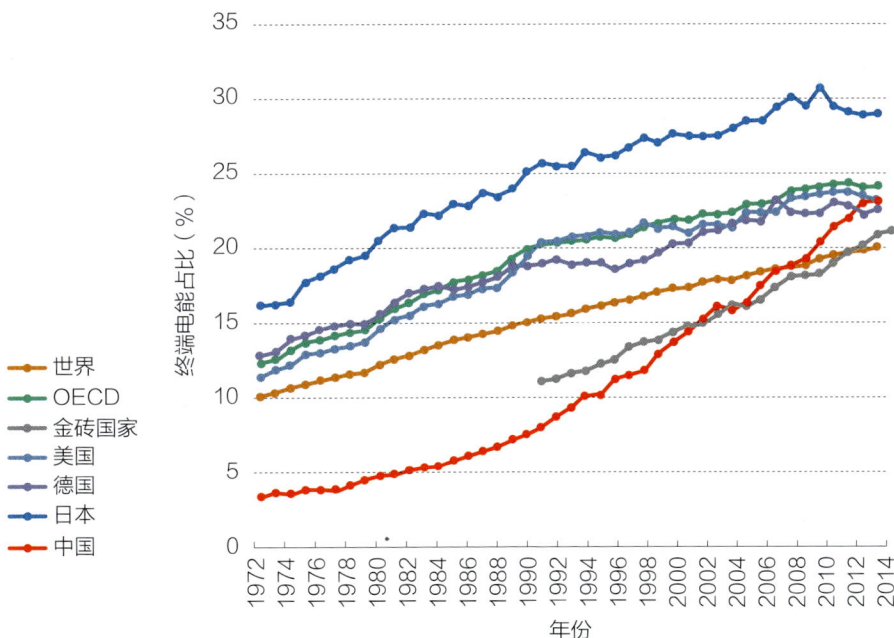

图 5.8　世界主要国家终端电能占比对比

[1] 资料来源：刘振亚，全球能源互联网，2015，北京：中国电力出版社。
[2] 资料来源：IPCC, Global Warming of 1.5℃, 2018.

5.3 能源互联

能源系统是一个高度复杂、综合、集成的巨系统。加快实施"两个替代"，推动能源绿色低碳转型，是对整个能源系统的重塑和变革，能源网络的互联互通是实现这一过程的前提和基础。这既由清洁能源自身特点、资源禀赋决定，又遵循网络型基础设施发展的客观规律。互联技术是对全球能源发展格局最具影响的关键技术，特高压输电的历史性突破正在使得清洁能源全球优化配置和高质量发展这一能源转型的大趋势加速到来。

5.3.1 清洁发展的客观需要

随着近年来清洁能源在全球范围内的快速发展，清洁能源在发电能源中的占比不断提高，电网的关键作用和创新发展越来越受到重视。清洁主导、电为中心、互联互通已成为未来能源系统的核心特征，三者相辅相成、缺一不可。

1 **清洁能源转化利用**

清洁能源转化为电能才能高效利用。世界范围内水风光等清洁能源资源丰富，然而以风能和太阳能为代表的清洁能源普遍具有波动性和不确定性，随风速和光照强度的实时变化，风电和光伏的出力时刻发生波动，且并不能对其进行准确预测。与传统的化石能源利用相比，水能、太阳能、风能等清洁能源还不易储存，总体能量密度低，如果不合理转化，难以直接满足人类生产生活各类用能需求。电能作为最清洁、高效、使用便捷的二次能源，为清洁能源的转化利用创造了条件。很多国际能源机构已经将"清洁能源的利用"直接等价为"电能的使用"，如国际能源署（International Energy Agency，IEA）、英国石油公司（British Petroleum，BP）等机构将经过开发转化后的风电、太阳能发电、水电等作为一次能源进行能源统计。

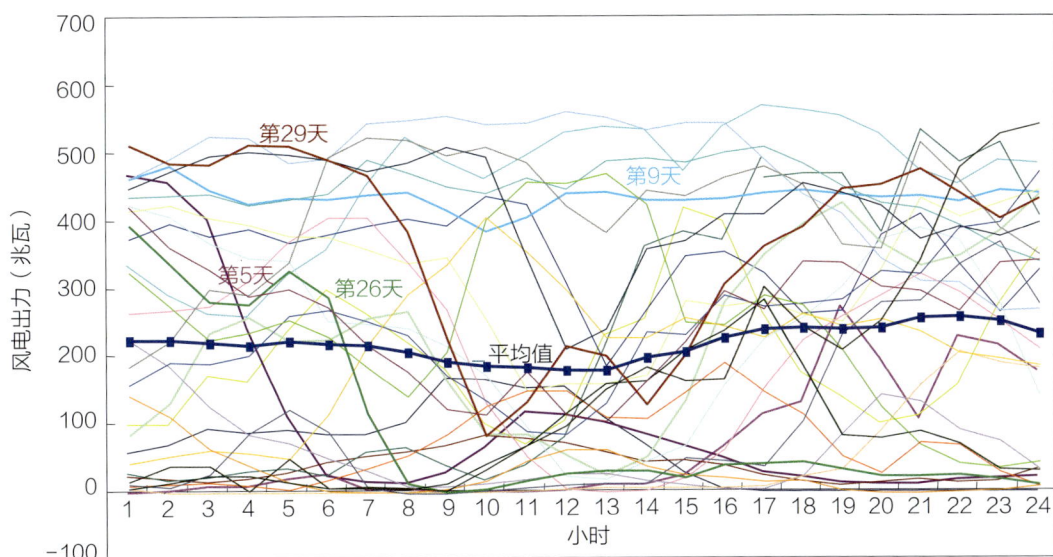

图5.9 加利福尼亚 Techachapi 风电场 2005 年 4 月中 29 天的每小时风电出力 ❶

清洁能源发电具有波动性、随机性和间歇性，只有利用电网的灵活调节能力才能充分利用。 由于风能、太阳能往往依赖于多变的天气情况，如风速、光照强度等，其功率输出不可避免地具有波动性和间歇性。这意味着，风电、光伏发电出力难以保持一个稳定的水平，呈现出较强的波动性，并且这种波动因为难以准确预测而具有很强的不确定性。在一天内，风电出力波动很大，极端情况下，可能在 0%～100% 范围内变化。光伏出力主要受阳光强度、角度影响，光照强的时候出力大，光照弱的时候出力小甚至为零。因此，实现清洁发电与用户用电的实时平衡和匹配，电网的调节池作用至关重要。电网灵活性成为制约清洁能源发展的关键因素之一。通过电网互联，利用清洁能源的多能互补特性，扩大各类电源的灵活调节范围，降低清洁能源并网的调节要求，并实现灵活性资源的广域共享，促进清洁能源大规模高质量发展。

---

❶ 资料来源: Hawkins D, Rothleder M. Evolving Role of Wind Forecasting in Market Operation at the CAISO, 2006 IEEE PES Power Systems Conference and Exposition, 2006: 234-238.

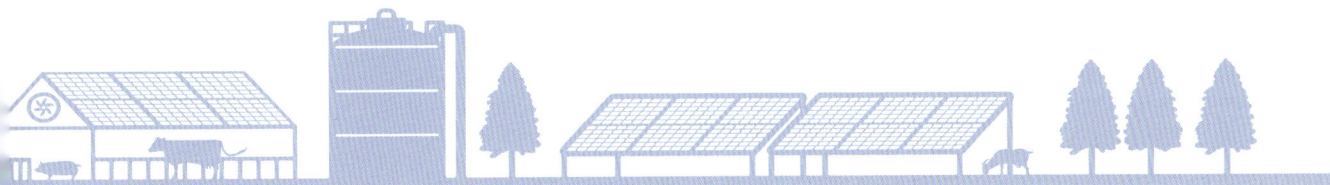

案例 4　智利电网互联促进太阳能发展

智利北部太阳能资源丰富，而负荷中心位于中部圣地亚哥经济带，由于北部区域电网 SING 和中部区域电网 SIC 之间电网互联程度较低，导致北部区域内的太阳能发电无法充分在两个区域内消纳利用。

2010 年来，智利风电太阳能装机规模不断攀升，清洁电力无处消纳导致北部市场电价偏低，中部市场电价偏高。两大区域市场电价差额不断扩大，至 2015 年 11 月，区域电网 SIC 中的平均

节点电价一度高达 SING 中的 1.6 倍。与此同时，智利国内弃风弃光现象愈演愈烈，2017 年国内月弃风弃光率分别高达约 15% 和 29%。区域电力市场间巨大的电价差异和全国范围内严重的弃风弃光严重影响了智利国内投资开发清洁能源的积极性，抑制了清洁能源的发展。

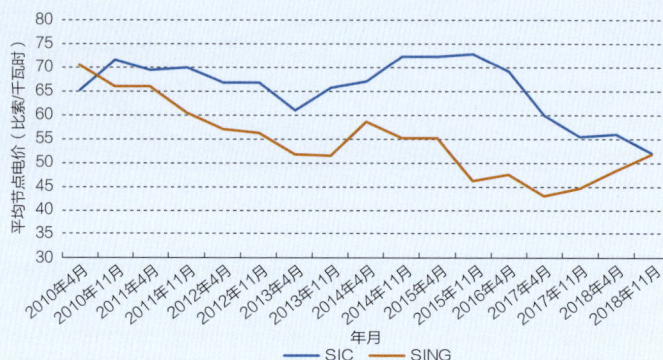

图 1　智利区域电网 SIC、SING 平均节点电价 ❶

直到 2019 年两条连接这两个区域电网的跨区联络线相继投运，区域电网 SING 和 SIC 形成统一互联电网 SEN，这些阻碍智利清洁能源发展的问题才有所缓解，两个区域电力市场的平均节点电价趋于统一，国内弃风弃光率大幅下降，北部地区的太阳能发电得到快速发展。

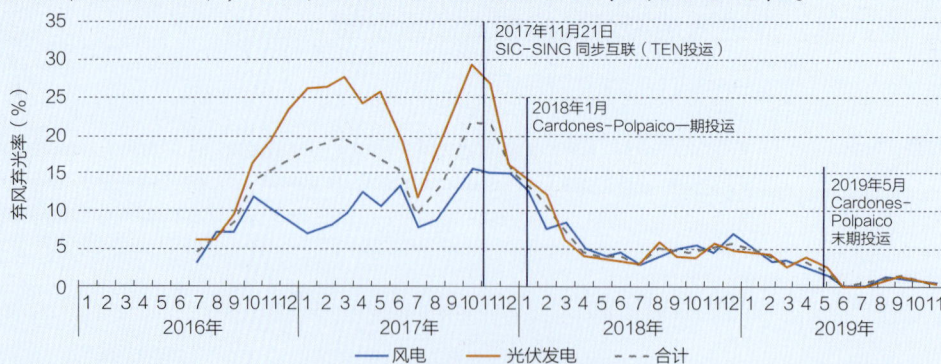

图 2　智利弃风弃光率 ❷

❶ 资料来源：智力能源部国家能源委员会。
❷ 资料来源：Antuko，SIC 与 SING 互联，2019。

2　全球资源优化配置

清洁能源资源分布不均、远离负荷中心。 全球范围内清洁能源资源分布不均衡，各大洲的清洁能源资源禀赋各异。其中，46% 的水能资源聚集在亚洲，32% 和 40% 的风能和太阳能聚集在非洲 ❶，亚欧非大陆 85% 的清洁能源资源主要集中在从北非经中亚到俄罗斯远东、与赤道成约 45° 角的能源带上，与欧洲、北美、东北亚、东南亚、南部非洲等地区负荷中心相距数百到数千千米。在各大洲内，主要清洁能源资源富集区域也往往与负荷中心呈逆向分布，二者间距离可达数百到数千千米，比如中国北部的风能基地与中国东部负荷中心，美国西南部的太阳能基地与美国东西海岸负荷中心。

欧亚大陆 85% 的清洁能源资源集中于 45° 能源带 距负荷中心数百到数千千米

北美清洁能源距负荷中心超过 1000 千米

💧 水电基地
🌀 风电基地
☀️ 太阳能发电基地
🏢 负荷中心

图 5.10　全球清洁能源资源与负荷中心呈逆向分布示意图

互联电网搭建清洁能源优化配置的大平台。 水能、风能和太阳能等可再生能源资源具有很高的地理位置依赖性，适合大规模开发的可再生能源资源一般都分布在远离城市用能中心的河谷、高原和沙漠等地区，且无法像化石能源一样储存运输，需就地转化为电能、远距离输送、大范围配置。只有将大型清洁能源基地与负荷中心的远距离、大容量互联，才能实现清洁能源大范围优化配置。

5.3　能源互联

---

❶ 资料来源：刘振亚，全球能源互联网，北京：中国电力出版社，2015。

3 互联电网互补互济

互补是指由多个出力特性无相关性的风能、太阳能发电设施形成出力互补。风电、光伏发电具有波动性和不确定性，但不同地区的清洁能源资源特性存在互补性，可通过大范围电网互联加以利用。

清洁能源实现跨时空季节差互补。 由于南北半球的季节差异，通过跨国跨洲电网互联，能够有效解决清洁能源基地电力外送问题，获得互补效益。北美洲和南美洲之间气候条件相差较大，季节性负荷有很强的互补性。水在流，风在吹，太阳在走，不同区域不同种类电源间互补特性潜力巨大。例如，南美洲各流域水量年内分布不均，丰枯比多为 5：1、4：1，阿根廷中南部河流、乌拉圭河等河流与亚马孙右岸支流、圣弗朗西斯科河、巴拉那河干流等河流的丰枯特性存在明显差异，考虑资源特性和资源量，通过各类电源互联，充分利用跨流域互补特性，整体丰枯比可降低至 5：2。

清洁能源实现跨时空时间差互补。 各大洲间存在时间差，通过跨国跨洲电网互联，可以实现各大洲电力负荷特性曲线互补，进行跨洲峰谷调节和全球范围的可再生能源优化配置、消纳，提高各大洲发电设备的利用率、降低系统备用容量。以欧洲、北美洲、亚洲互联为例。北美洲电网横跨西 4 区至西 10 区，东北亚电网横跨东 7 区至东 9 区，欧洲同步互联网横跨中时区至东 2 区。联网后将形成日内各时段负荷分布均衡的状态，峰谷负荷差由三个区域电网的 25%～40% 降低到 10% 以内。

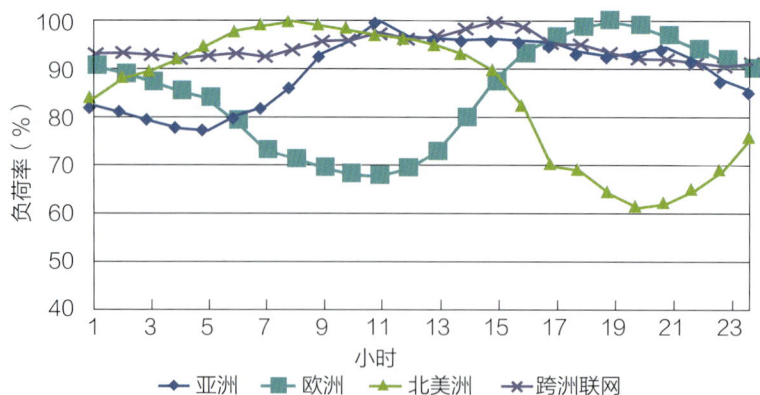

图 5.11　欧洲、北美洲和亚洲负荷曲线互补关系示意图 [1]

---

[1] 资料来源：刘振亚，全球能源互联网，北京：中国电力出版社，2015。

远距离电网互联实现清洁能源跨时空互补。以美洲（北美洲，中美洲和南美洲）为例，光伏基地出力的相关性会随基地间距离的增大呈指数衰减，两个光伏基地出力的期望解耦距离在 1123 千米（日间出力）到 3117 千米（月间出力）之间[1]，也就是说，太阳能资源的日间、月间互补特性在资源间距大于 1123 千米和3117 千米时才开始凸显。在欧洲，风能资源特性的相关系数随基地距离增大同样呈近似指数衰减，在相距 2000～3000 千米左右时降至 0。要充分利用清洁能源资源跨时空互补特性，平滑清洁能源基地出力的波动性，提高清洁能源的整体利用效率和经济性，必须以大范围电网互联的形式构建广域清洁能源资源优化配置平台，对具有多能互补潜力的清洁能源资源进行统一优化配置。

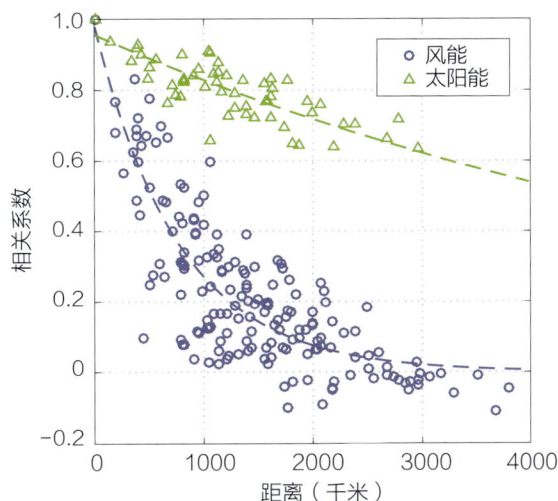

图 5.12　欧洲国家风能和太阳能出力相关系数随距离的变化曲线 [2]

4　清洁发展全面提速

统筹集中式清洁能源基地开发和分布式电源应用是实现清洁大发展的关键。化解危机的窗口期有限，清洁发展速度、规模必须全面提速。从需求分布看，未来全球大部分人口将集中在城市地区，未来能源需求将以城市大规模、集中式需求为主。优选清洁能源资源条件好地区，实现全球清洁能源规模化开发和外送，能够有效降低电力供应成本，获取规模经济效益。通过将清洁能源资源优势转化为经济优势，驱动清洁能源产业高速健康发展。

---

[1] 资料来源：Inter-American Development Bank, Contribution of Variable Renewable Energy to Increase Energy Security in Latin America, 2017.

[2] 资料来源：Buttler A, Dinkel F, Franz S, et al., Variability of Wind and Solar Power-An Assessment of the Current Situation in the European Union Based on the Year 2014, Energy, 2016, 106: 147-161.

背景20 分布式发电与集中式开发经济性分析

受技术进步、规模化经济、供应链竞争激烈等因素的推动，在过去十年间，可再生能源发电成本下降幅度大，趋势明显。根据国际可再生能源机构（IRENA）的可再生能源发电成本报告，自2010年以来，集中式光伏发电（PV）和聚光热发电（CSP）、陆上风电和海上风电的度电成本较2019年分别下降了82%、47%、39%和29%。

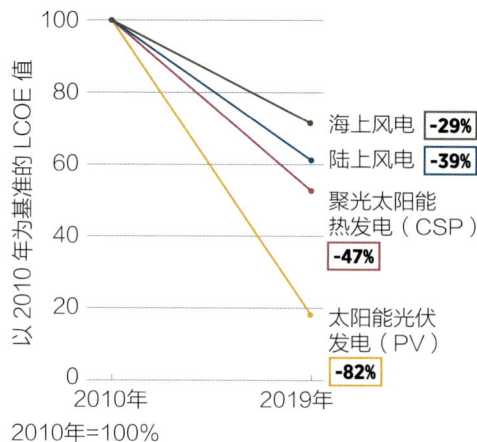

图中标注：海上风电 **-29%**；陆上风电 **-39%**；聚光太阳能热发电（CSP）**-47%**；太阳能光伏发电（PV）**-82%**；2010年=100%

图1 2010—2019年全球可再生能源发电成本趋势 [1]

以光伏发电为例，分析集中式与分布式开发的经济性。2010—2019年，由于电池板价格和系统配套费用的降低（电池板价格降幅达90%），集中式光伏发电成本从0.378美元/千瓦时降至0.068美元/千瓦时。这些因素使集中式光伏发电的总装机成本从4702美元/千瓦降至995美元/千瓦，下降了约80%。对于分布式光伏发电，如居民屋顶光伏、工商业屋顶光伏等，根据市场不同，其装机成本为1750~2950美元/千瓦[2]，远高于集中式发电装机成本。

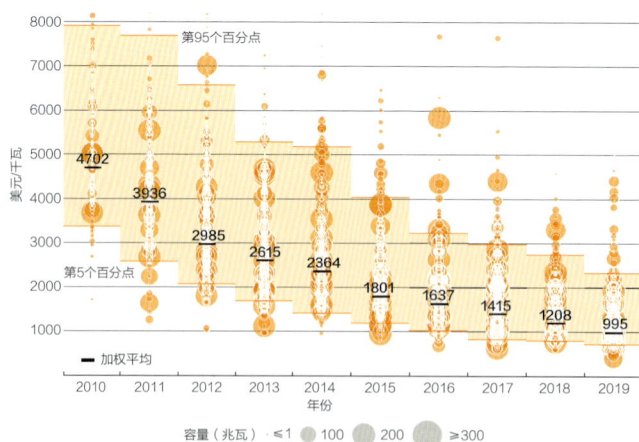

图中数据：4702、3936、2985、2615、2364、1801、1637、1415、1208、995（加权平均，单位美元/千瓦，2010—2019年）

图2 2010—2019年全球集中式光伏发电投资成本 [3]

[1][3] 资料来源：IRENA, Renewable Power Generation Costs in 2019, 2019. 版权归IRENA所有（©IRENA）。
[2] 资料来源：LAZARD, Levelized Cost of Energy Analysis, 2019.

电网互联为清洁能源提供消纳市场，推动清洁能源高效规模化发展。 由于清洁能源资源地理位置依赖性强，且最优质的清洁能源资源往往与负荷中心呈逆向分布，如果没有配套的电力外送通道将其与规模相匹配的消纳市场互联，不仅会限制优质清洁能源的规模化开发，抬高清洁电力的开发利用成本，也可能因为清洁电力无法消纳而造成弃风弃光，白白浪费优质的清洁能源资源。电网互联可为清洁能源规模化开发利用提供更广阔的消纳市场，大幅提高清洁能源开发利用效率和经济性。

5.3.2 网络互联的必然趋势

随着清洁能源加快发展，电网将日益成为未来能源网络的主体。电网与信息网、交通网、油气管网等都是网络型基础设施，具有跨地区垂直体系和网络覆盖特征，其发展历程、特点和规律存在很多共性，体现了网络互联发展的客观规律。经过 100 多年的发展，信息网、交通网和油气管网已经形成了跨国、跨洲覆盖全球的复杂网络。

1 信息网发展历程与趋势

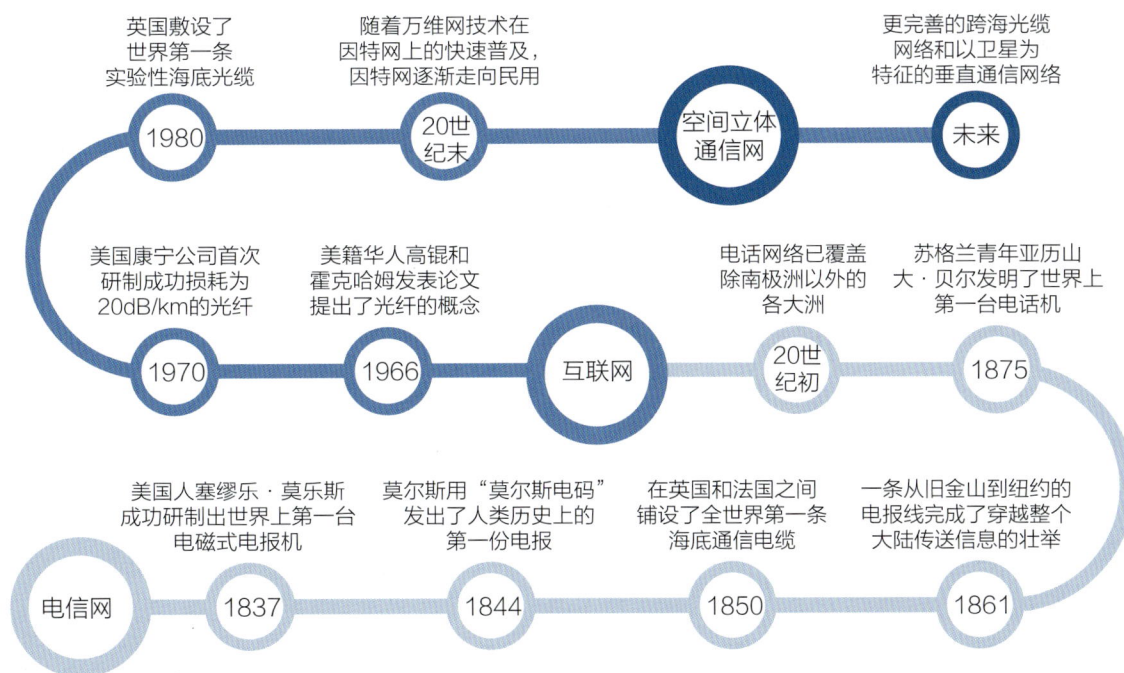

图 5.13 信息网发展历程

信息是社会系统进行有组织活动的纽带，信息的高效传输是人类社会发展的基本需求。信息网是信息传输的主要载体，由电缆、光纤或者其他电磁系统等传输方式构成，旨在传送、发射和接收标识、文字、图像、声音或其他信息。信息通信的互联互通经历了电报、电缆、电话、光纤通信等一系列技术阶段，逐渐形成全球信息网络。目前全球通过 250 多条海底光缆、700 多颗通信卫星实现了信息网互联，全球互联网用户超过 30 亿，平均一个网民每个月传输信息 10G 以上，光纤传输速率已超过 40G/s。信息网发展历程可分为电信网、互联网、空间立体通信网三个阶段。

第一阶段：电信网阶段

从 19 世纪中叶到 20 世纪 80 年代末，通信互联网发展相对缓慢，主要通过通信同轴电缆的形式实现电信网络互联，以国内和短距离互联为主。

电报网络形成。 1837 年，美国人塞缪乐·莫乐斯成功研制出世界上第一台电磁式电报机，可将信息转换成电脉冲传向目的地，再还原为初始信息。1844 年 5 月 24 日，莫尔斯用"莫尔斯电码"发出了人类历史上的第一份电报，从而实现了长途电报通信，给人类社会的生产生活带来了翻天覆地的影响。1850 年在英国和法国之间铺设了全世界第一条海底通信电缆，成为跨海信息输送的一个重要里程碑。1852 年，大不列颠及爱尔兰被电缆连接在一起。1861 年，一条从旧金山到纽约的电报线完成了穿越整个大陆传送信息的壮举。在此之后，全球的通信电缆迅速发展。

电话网络形成。 1875 年，苏格兰青年亚历山大·贝尔发明了世界上第一台电话机，并于 1878 年在相距 300 千米的波士顿和纽约之间成功进行了首次长途电话实验，后来成立了著名的贝尔电话公司。20 世纪初，电话网络已覆盖除南极洲以外的各大洲，电信行业从此开始快速发展。进入 20 世纪后半叶，随着计算机的发展和互联网的出现，更大容量、更远距离的信息交流需求越来越迫切。原有通信电缆网络虽然可以支持数字业务，但是在通信距离、速率及质量上限制较大，有待发展更高效、更优质的信息传输方式。

第二阶段：互联网阶段

在需求的推动下，光纤通信的诞生成为通信史上的又一次重要革命，光纤通信以更大的容量和更高的效率推动通信联通进入了快速发展阶段，逐步形成了目前大规模跨国洲际互联的全球信息网络。

全球光缆通信网络。1966 年，美籍华人高锟和霍克哈姆发表论文提出了光纤的概念。1970 年，美国康宁公司首次研制成功损耗为 20 分贝 / 千米的光纤，光纤通信时代由此展开。1980 年，英国敷设了世界第一条实验性海底光缆。1988 年，在美国与英国、法国之间敷设了世界第一条跨洋海底光缆系统，全长 6700 千米。相比于陆地光缆，海底光缆不需要占用土地资源、减少了主权纠纷，成了全世界范围内跨国最主要的远距离数据传输方式。至此，海底光缆在洲际海缆领域正式取代同轴电缆，通信互联正式进入海底光缆时代。全球约 95% 以上的国际信息通信流量都是通过海底光缆进行传输，截至目前，全球在运海底通信光缆有接近 300 条，总长度超过 120 万千米，实现了除南极洲之外的六个大洲的连接。

因特网成为全世界最大的通信网络。光纤通信促进了因特网的发展，极大加速了信息的传播。因特网起源于美国国防部高级研究计划局于 1968 年主持研制、用于支持军事研究的计算机实验网——阿帕网。1983 年，阿帕网分裂为两部分：一部分继续用于军事目的，另一部分形成了因特网的雏形。90 年代初期，随着万维网技术在因特网上的快速普及，因特网逐渐走向民用。由于万维网良好的界面大幅简化了因特网的操作难度，用户的数量和网络信息量急剧增加。如今因特网已深入到人们生产生活的各个方面，成了继电报、电话发明以来人类通信方式的又一次革命，极大地推动了全球生产效率的提升。

第三阶段：空间立体通信阶段

全球化进程加快以及对遥感、导航、航天等垂直通信需求的增加，将促进构建更大规模、更加完善的地空一体的立体通信网络。

更完善的跨海光缆网络。随着全球信息沟通的需求增长和跨国公司迅速扩张，人们通过信息对等交换来缩小区域差异、促进经济发展、加强全球合作的需求将愈发迫切，作为主要国际通信基础设施的海底光缆发展也必将迎来新的机遇，跨国跨洲通信网络将持续完善。随着全球数字经济的深入推广，大数据时代的到来，国际互联网流量将持续增长，数据中心互联及互联网带宽需求将作为海底光缆建设最新的驱动力。

卫星通信拓展垂直通信网络。随着遥感、导航、航天等垂直通信需求的增加，卫星通信在通信产业中的应用占比逐渐提升，有望成为新的通信互联主导方式。卫星通信因其特殊的应用场景、独一无二的覆盖优势，已经持续发展了半个多世纪。由于其技术本身的特点，其覆盖范围的广泛和全面程度超过通信电缆、光缆通信手段。未来卫星通信将重点发展大容量、高速率的高通量卫星和低轨宽带星座，从而降低应用成本，拓宽互联网应用市场，通过技术的不断变革和持续创新提升应用范围，紧跟通信和信息业务发展的潮流，预计将在通信市场上占有更大份额。

2 交通网发展历程与趋势

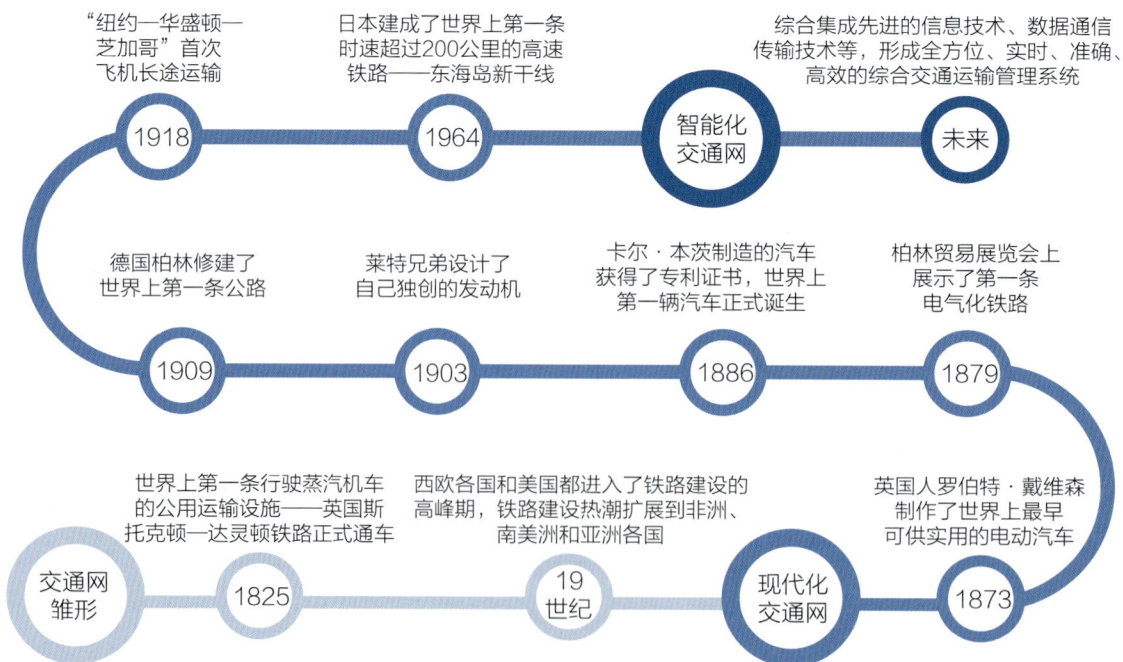

"纽约—华盛顿—芝加哥"首次飞机长途运输

日本建成了世界上第一条时速超过200公里的高速铁路——东海岛新干线

综合集成先进的信息技术、数据通信传输技术等，形成全方位、实时、准确、高效的综合交通运输管理系统

1918　　1964　　智能化交通网　　未来

德国柏林修建了世界上第一条公路

莱特兄弟设计了自己独创的发动机

卡尔·本茨制造的汽车获得了专利证书，世界上第一辆汽车正式诞生

柏林贸易展览会上展示了第一条电气化铁路

1909　　1903　　1886　　1879

世界上第一条行驶蒸汽机车的公用运输设施——英国斯托克顿—达灵顿铁路正式通车

西欧各国和美国都进入了铁路建设的高峰期，铁路建设热潮扩展到非洲、南美洲和亚洲各国

英国人罗伯特·戴维森制作了世界上最早可供实用的电动汽车

交通网雏形　　1825　　19世纪　　现代化交通网　　1873

图 5.14　交通网发展历程

交通运输能够解决资源配置不均衡问题，是规模经济发展的基础。交通网是人员和物质传输的主要载体，交通网的发展与演变体现在交通工具创新及其配套基础设施建设，逐渐形成海陆空综合交通网络。目前全球有38万千米高速公路、137万千米铁路、3.6万千米高铁运营里程，铁路最高运营速度超过350千米/小时，全球铁路货运量于2007年达到峰值（7380百万吨千米），全球航空客运量2015年达到34.4亿人次，形成了综合交通网络。交通网发展历程可分为雏形阶段、现代化交通网和智能化交通网三个阶段。

第一阶段：交通网雏形阶段

蒸汽动力的应用，根本改变了以自然力驱动的交通运输技术，直接催生了蒸汽机车、轮船的发明，带动了铁路的出现和港口的升级，促进了铁路和水上交通网的形成。

铁路网初步形成。1825年，世界上第一条行驶蒸汽机车的公用运输设施——英国斯托克顿—达灵顿铁路正式通车，成为近代铁路运输业的开端。由于铁路具备迅速、便利、经济等优点，19世纪的西欧各国和美国都进入了铁路建设的高峰期，在英、美、法、德、俄等国迅速形成了全国性铁路网。19世纪后半叶，铁路建设热潮已经扩展到非洲、南美洲和亚洲各国。

水上交通运输网络开始形成。蒸汽轮船大幅提升了水上交通运输效率，充足的动力推动水上长途客运、货运的快速发展。同时，英、美等国斥巨资大规模整治航道、开凿运河、连通水网、兴建港口，使得沿用数千年的天然水道和港口等水运基础设施第一次得到改善。随着航道、港口等沿岸配套设施的逐步完善，以船舶为主要运输工具，以港口或港站为运输基地，以海洋、河流和湖泊等水域为运输活动范围的、较为完善的水上交通运输网络开始形成。

第二阶段：现代化交通网阶段

内燃机技术催生了汽车、飞机等新的交通工具和交通方式，电气化交通技术促进了交通工具的变革与升级，交通基础设施不断升级，公路、铁路、航空、水运等现代交通网络基本形成。

海陆空综合交通网形成。 1886 年，卡尔·本茨制造的汽车获得了专利证书，世界上第一辆汽车正式诞生。汽车工业的蓬勃发展促使公路运输在运输业中跃至主导地位，从 1909 年德国柏林修建的世界上第一条公路，到如今多个国家已建成比较发达的公路网，全球公路总长度约 6500 万千米[1]。同时，世界多国的铁路网骨架逐渐形成，铁路的客运和货运周转量逐渐稳定，大宗商品的长途陆上运输得到了有力保障。1903 年，莱特兄弟设计了自己独创的发动机，并将该发动机安装于自己制造的飞行器上，完成了人类历史上首次有动力的飞行，从此开启了人类飞行的新篇章。从 1918 年"纽约—华盛顿—芝加哥"首次飞机长途运输的出现，到 20 世纪 60 年代后期，航空运输进入了现代化的全球航空运输时代。进入 21 世纪后，世界航线越来越密集，专业化机场和航站楼蓬勃发展，航空已经成为重要的出行方式。随着交通工具和基础设施发展丰富，全球范围内由不同类型交通方式构成的交通网络逐步成型，极大地拓展了人流和物流的运输范围，促进了全球经济合理布局、协调发展，极大提高了生产效率。

电气化成为公路和铁路交通网的显著特征。 电动汽车比汽油发动机汽车更早被发明出来。1834 年，安德森发明了不可充电的蓄电池电动汽车；1873 年，英国人罗伯特·戴维森制作了世界上最早可供实用的电动汽车；1894 年，美国成立了莫里斯＆萨罗姆电动客车与货车公司，推出了电动运输车。但直到 21 世纪，越来越多的人开始选择电动汽车作为家用出行方式，充电桩等配套设施正在逐步完善，电动汽车才得到快速发展。电气化铁路是当代重要铁路类型。1879 年 5 月，柏林贸易展览会上展示了第一条电气化铁路。1964 年，日本建成了世界上第一条时速超过 200 千米的高速铁路——东海岛新干线。如今，现代电气化高速铁路主要包括日本新干线系统、法国 TGV 系统、德国 ICE 系统、中国高铁等，全球投入运营的高速铁路超 3 万千米，主要分布在中国、日本、法国、德国等十数个国家和地区。

---

[1] 资料来源：https://en.wikipedia.org/wiki/List_of_countries_by_road_network_size.

第三阶段：空间立体通信阶段

交通系统正在集成先进的信息技术、数据通信传输技术、电子传感技术、控制技术及计算机技术，形成大范围、全方位、实时、准确、高效的综合交通运输管理系统。陆路方面，自动驾驶、电动汽车、高铁等交通技术的发展将使陆路交通网更加安全、节能、高效。航空方面，智能化综合交通运输管理系统将实现航线优化、起降运行可靠性提高、机场作业以及客货运输信息服务一体化的安全、准时、高效的客货运输系统。水运方面，在船舶航行、管理、维护保养、货物运输等方面实现智能化管理，推动水运更加安全、环保、经济和可靠。

3 能源网发展历程与趋势

❶ 油气管网

油气管网是原油、成品油、天然气输送管道及相关储存设施、港口接卸设施等组成的基础设施网络，是油气上下游❶衔接协调发展的关键环节❷。全球范围内油气资源分布不均，油气管网是解决当前油气供需不平衡的主要手段，对油气资源配置有重要意义。据统计❸，目前全球各类在营运油气管道超过3800条，总长度已接近240万千米。其中，天然气、原油、成品油管道长度占比分别为60%，24%和16%，在建管道数量约50个，长度超过1万千米。回顾油气管网发展历程，主要可以分为早期管道、现代油气管道和大口径、长距离油气管道三个阶段。

---

❶ 跨国油气产业链整体运作包括三个环节：上游环节，指资源国境内油气田的勘探、开发和生产；中游环节，指从资源国油气田至油气需求国（或涉及区域的过境输送供应）的管道建设与运营；下游环节，指油气在需求国境内的销售与炼化。
❷ 资料来源：国家发展改革委、国家能源局，中长期油气管网规划，2017。
❸ 资料来源：马钢，白瑞，全球油气管道分布及发展展望，焊管，2018，41（3）：6-11。

第一阶段：早期木管向铁管发展阶段

1859 年，第一个油田诞生，最早石油采用木桶运输，每桶运费高达 2.5～5 美元。随着运量需求增加，生产商开始铺设运输几千米长的熟铁管，日输油量大大增加，每桶运费下降到 1 美元。1879 年，美国第一条长输管道建成，全长 145 千米，年输油能力达 50 万吨，此后长途输油管道大量建造。1821 年，美国纽约州开始用中空木头连接起来的管子输送天然气。1843 年铁管发明，1891 年所罗门·德莱赛发明了用橡胶密封的管道连接器，解决了天然气高压输送漏气问题，并建成了一条 4 千米的试验管道。1900 年，美国已初步形成了输气管网，有 17 个州用上了天然气。

第二阶段：现代油气管道阶段

二战带动了冶金技术、焊接技术和管材轧制的发展，促使现代油气管道诞生。为了满足战时需求，美国在二战期间建设了一条从得克萨斯州朗维尤至纽约州费城的输油管道，管径 610 毫米、全长 2155 千米，是当时世界上口径最大的原油和成品油管道，标志着现代油气管道的开端。1931 年，美国建成两条现代天然气管道的原型，到 1933 年，美国已经建成约 26.2 万千米输气管道。

第三阶段：大口径、长距离油气管道阶段

20 世纪 50 年代起，全球油气田大发现，石油消费量快速上升，无缝钢管技术取得突破，推动油气管道向更大口径、更长距离发展。1973 年建成的德鲁兹巴输油管道分为两线，一线长 4412 千米，管径 1220 毫米，从俄罗斯通往德国，年输油能力 7000 万吨，另一线长 5500 千米，管径 1050 毫米，年输油能力 5000 万吨，输往捷克和匈牙利。20 世纪 70 年代起，长距离、大输量的海底天然气管道开始建造。1981 年建成的阿尔及利亚—意大利输气管道，管径 1220 毫米，总长 2506 千米，年输气量 125 亿立方米，穿越地中海水深 608 米。跨国油气管道促进了资源方与需求方的对接，实现了大规模、长距离油气资源输送。未来油气管道长度将持续增加，最终在全球范围内形成完善的管道网络。

❷ 电网

电力系统中各种电压的变电所及输配电线路组成的整体，称为电网。它包含变电、输电、配电三个单元。电网的任务是输送与分配电能，改变电压。目前全球电网规模不断扩大，部分区域已实现互联大电网。交直流电网电压等级不断提高，中国已建成世界上最高电压等级 ±1100 千伏的直流输电工程。世界电网发展总体可划分为小型电网、互联大电网和坚强智能电网三个阶段。

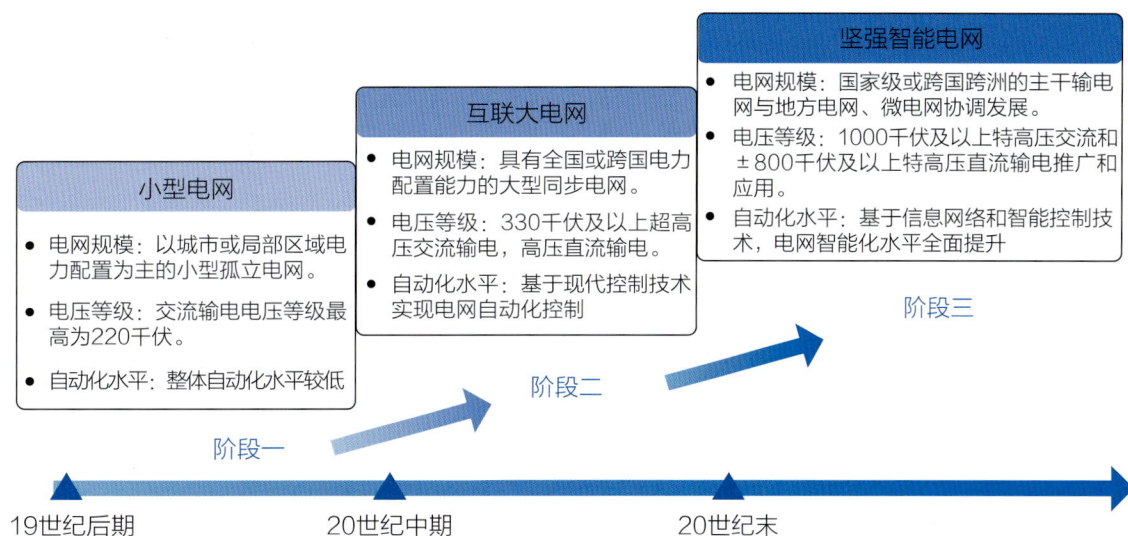

坚强智能电网
- 电网规模：国家级或跨国跨洲的主干输电网与地方电网、微电网协调发展。
- 电压等级：1000千伏及以上特高压交流和±800千伏及以上特高压直流输电推广和应用。
- 自动化水平：基于信息网络和智能控制技术，电网智能化水平全面提升

互联大电网
- 电网规模：具有全国或跨国电力配置能力的大型同步电网。
- 电压等级：330千伏及以上超高压交流输电，高压直流输电。
- 自动化水平：基于现代控制技术实现电网自动化控制

小型电网
- 电网规模：以城市或局部区域电力配置为主的小型孤立电网。
- 电压等级：交流输电电压等级最高为220千伏。
- 自动化水平：整体自动化水平较低

阶段三

阶段二

阶段一

19世纪后期　　　　20世纪中期　　　　20世纪末

图 5.15　电网发展的三个阶段 ❶

5.3　能源互联

第一阶段：小型电网阶段

19 世纪后期到 20 世纪中期，电力工业经过数十年的发展，形成了以交流发电和输配电技术为主导的电网，电压等级在 220 千伏及以下，电网规模以城市电网、孤立电网和小型电网为主。这一阶段发电机组容量较小、装机规模较少，电网电压等级低、互联范围小，不同电网之间联系很弱。

---

❶ 资料来源：刘振亚，全球能源互联网，北京：中国电力出版社，2015。

第二阶段：互联大电网阶段

20 世纪中期以来，电网规模不断扩大，形成了北美互联电网、欧洲互联电网、俄罗斯—波罗的海电网等跨国互联大电网，建立了 330 千伏及以上的超高压交直流输电系统。截至 2013 年年底，世界 220 千伏及以上输电线路总长约 250 万千米，变电容量约 120 亿千伏安。这一阶段发电机组容量和装机规模不断提升，电网电压等级提高、电网联系增强，跨大区、跨国电网不断出现，电网逐步向具有全国或跨国电力配置能力的大型同步电网发展。

第三阶段：坚强智能电网阶段

进入 21 世纪，随着信息通信、现代控制、特高压输电等先进技术和可再生能源的迅猛发展，世界电网进入了智能电网发展的新阶段。电网规模进一步扩大，国家级或跨国跨洲的主干输电网与地方电网、微电网协调发展。电压等级进一步提高，特高压输电技术得到推广应用。随着跨国电网建设和大电网互联，国家之间电力交换规模越来越大。2017 年，OECD 国家电力进口、出口量分别达到 4861 亿、4968 亿千瓦时。2000—2017 年，OECD 国家电力进口、出口呈上升趋势，分别增长 36.7%、40.1%。

世界电网呈现出电压等级由低到高、联网规模由小到大、自动化水平由弱到强的发展规律。电压等级提升： 电网输电损耗与线路电流平方成正比，在输送同样功率的情况下，提高电网电压，减小线路电流，是实现电力远距离、大容量、低损耗输送的有效途径。1891 年，德国最早建设的交流输电线路电压为 13.8 千伏，2009 年，中国第一条商用特高压交流线路电压提高至 1000 千伏。**联网规模扩大：** 19 世纪末至 20 世纪中期，电网规模很小，仅在局部实现电力平衡，随着接入电网的发电装机容量不断增长，要求电网提高资源配置能力、扩大输电范围。1000 千伏特高压交流输电工程已经将传输距离提升到 2000～5000 千米，具备更大范围调配能源资源的能力。**自动化程度增强：** 电网发展初期，整体自动化程度较低，电网故障经常导致停电，随着信息技术的发展，现代电力系统已成为集成计算机、控制、通信、电力装备及电力电子装置的统一体，电网安全稳定水平大幅提升。

案例 5　中国电网发展历程

1949 年以前，中国电力工业发展缓慢，输电线路建设迟缓。输电电压按具体工程决定，因而，电压等级繁多。1949 年新中国成立后，按电网发展统一电压等级，逐渐形成合理的电压等级系列。1952 年，中国以自己的技术建设了 110 千伏输电线路，逐渐形成京津唐 110 千伏输电网。1954 年，建成丰满—李石寨 220 千伏输电线，1972 年，建成 330 千伏刘家峡—天水—关中输电线路，1981 年，建成 500 千伏姚孟—双河—武昌凤凰山输电线路，1989 年，建成 ±500 千伏葛洲坝—上海直高压直流输电线路，2005 年 9 月，中国第一个 750 千伏输变电示范工程（兰州东—青海官亭）正式建成投运。

进入 21 世纪，中国为了保障能源资源的大范围优化配置，大力推进特高压交直流输电技术研究和工程建设，中国特高压技术取得重大突破，先后于 2009 年建成了晋东南—南阳—荆门 1000 千伏特高压交流试验示范工程，2010 年建成向家坝—上海 ±800 千伏特高压直流示范工程。截至 2019 年年底，中国已建成"十交十四直"24 个特高压工程，在建"四交四直"8 个特高压工程，已投运和正在建设的特高压线路长度达到 3.8万千米，变电（换流）容量超过 4.5 亿千伏安（千瓦），跨区输电能力超过 1.5 亿千瓦，成为中国西电东送、北电南供的清洁能源大通道。

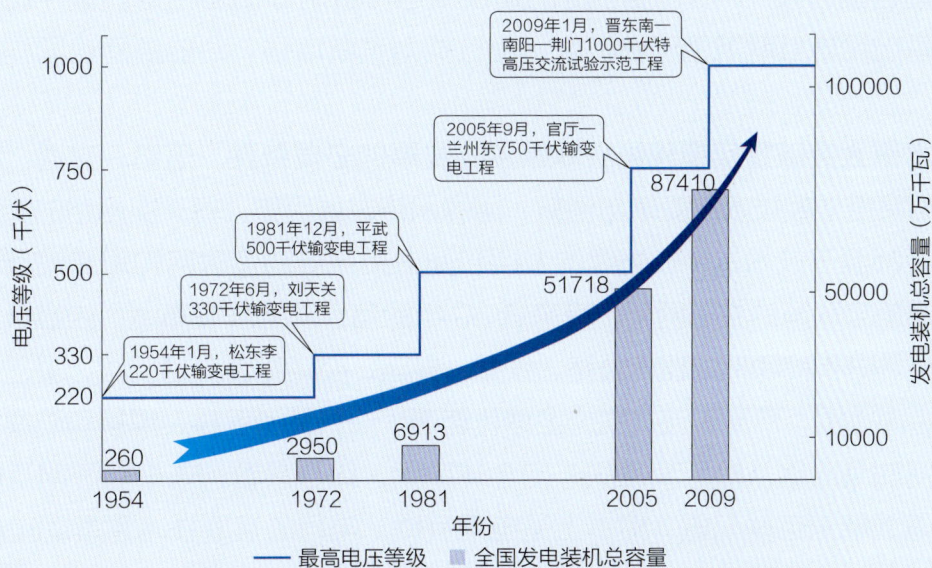

图 1　新中国成立以来中国电网电压等级发展情况

4 网络互联的规律

资源高效配置需求是网络互联的根本驱动力。通信互联方面，信息作为一种资源，在古代主要以声光为载体传输配置，有传输距离短、可靠性差、速度慢、保密性低、信息量少等缺点。随着全球经济和社会协作的发展，人们需要构建不同地区、国家甚至洲际间的信息高效流动大通道，以进行实时的沟通、协作和决策，该需求驱动电缆、光纤等通信网络核心技术的变革，从而推动更高效、更规模化的通信网络成型。交通互联方面，以往的人力/畜力运输越来越不能满足城市化和规模经济的发展需求，人们对交通运输的通达性和便捷性的要求越来越高，驱使交通运输和基础设施建设技术革新，形成覆盖全球的海陆空综合交通网络，以更好地发挥交通网促进资源分配、保障物资运输、协调区域发展的功能。能源互联方面，全球范围内油气资源、清洁能源分布不均，用能负荷中心对实时高效的能源供应需求促使能源网络形成，促进能源互补互济、高效配置。

网络经济规律决定网络规模扩大和配置能力增强。网络经济具有明显的边际效益递增特性。随着网络规模扩大，接入网络的单元增加，整个网络能够不断获得更多收益，而需要增加的成本非常有限。以信息网为例，其成本主要包括网络建设成本、信息传递成本、信息收集处理制作成本。建成一个信息网络后，前两部分成本已经基本固定，随着入网人数增加，平均成本将越来越低，效益越来越大。对于油气管网来说，管径为 914 毫米的油气管道比管径为 304 毫米的管道输送能力大 17 倍，但相应的建设和运行费用却相差不多。这种规律驱使网络型基础设施互联范围不断扩大，配置能力不断增强，对能源网也同样适用。

关键技术重大突破是实现网络互联跨越式发展的必要条件。信息、交通、能源网络互联都高度依赖技术的变革与创新，回顾网络发展历史，每一次网络的突破性发展和提高都源于技术进步。光缆的发明和商业投用推动信息网实现跨洲互联，形成全球通信互联网的主干网架，带来近 30 年的信息网络发展高潮；内燃机、交通电气化技术进步推动形成现代公路、铁路、航运、空运综合交通网络，覆盖远中近程不同距离范围，带动人流、物流全球化连通；油气管道管材、焊接和防腐技术突破，促使油气网络从短距离互联走向全球联网。综合来看，未来能源网互联关键是实现清洁能源互联配置，根本上是电网互联。电网的互联技术是推动电网互联范围和规模扩大的关键，一直以来全球能源电力领域不约而同地关注联网技术的创新发展，这将对未来电网整体形态乃至全球能源系统发展格局产生根本性影响。

案例 6　海底电力电缆的经济性发展规律

海底电力电缆是用绝缘材料包裹的导线，敷设在海底水下，用于传输大功率电能，是实现大规模海上清洁能源开发、跨海电网互联最关键的环节。截至 2019 年年底，全球电网输送规模超过 30 亿千瓦，其中海缆工程输送容量约 2600 万千瓦，占比不到 1%，具有巨大的发展空间。

海缆的造价随着电压等级和导体截面的提升而增加。经过分析大量海缆本体造价数据，相同截面积、同一种绝缘条件下，直流电压每增加一个量级（100 千伏），海缆造价增加约 10%。而对于相同电压水平、同一种绝缘海缆，海缆导体截面每增加 500 平方毫米，海缆本体价格增加约 15%。

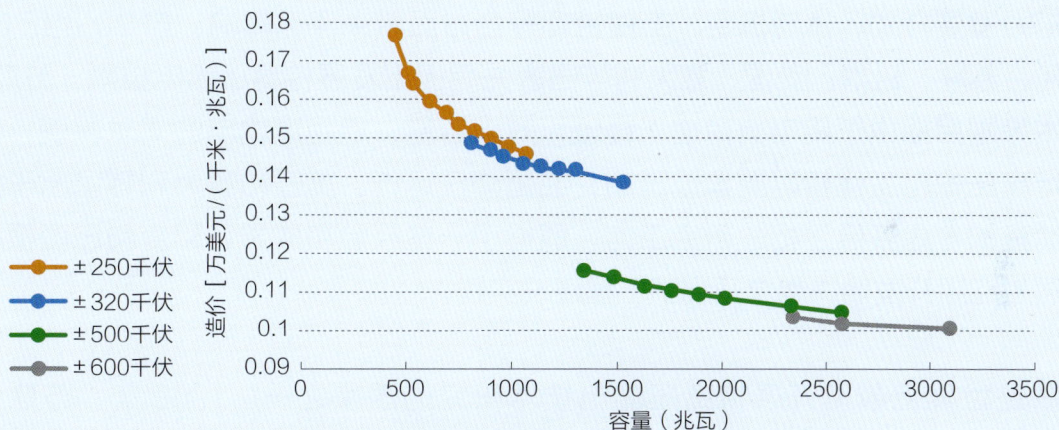

图 1　直流海缆单位容量综合造价规律

海缆单位容量造价随着电压等级和容量的提升呈下降趋势。在高压和超高压等级范围内，相同电压等级条件下，导体截面积越大，通流容量越大，单位长度海缆造价越高，但单位容量造价越低。这是由于大截面海缆的材料消耗、人力物力花费具有集成效益，单位容量用料更少、施工成本更低。部分电压等级海缆单位容量造价水平及趋势如图 1 所示。总体上，高电压、大容量直流海缆相比于低电压、小容量直流海缆更经济。

5.3.3 特高压的关键作用

实现全球能源网络的互联,成熟的先进输电技术是关键。特高压输电技术是指交流电压等级 1000 千伏及以上、直流电压等级 ±800 千伏及以上的输电技术,具有输送容量大、距离远、效率高、损耗低和稳定性高等特点,可实现大型能源基地远距离外送,并构筑坚强电网的骨干网架,是实现大范围清洁能源优化配置的重要途径。

1 特高压是世界能源电力技术巅峰

为了满足经济发展带来的用电需求持续增长,解决资源禀赋与负荷需求不匹配等普遍问题,世界很多国家对远距离输电技术高度重视,寄希望于更高电压等级输电技术的突破。特高压技术作为当前世界电网技术的制高点,既是对电网理论、输电关键技术、设备制造、国际标准等各个领域全方位的创新,又对能源电力发展方式、体制机制、工程管理等各方面带来深远影响。自 20 世纪 60 年代,苏联、日本、美国、意大利等国家先后提出发展特高压输电技术。苏联、日本等国后期由于用电负荷增长缓慢,对大容量、远距离输电的需求减弱,导致特高压输电工程暂时搁置或延期,或是降压运行。美国和意大利等国出于技术储备的考虑开展了相关研究工作,取得了一些经验和成果。印度和巴西根据可再生能源开发输送需求开展了工程建设实践。

苏联是世界上最早开展特高压输电技术研究的国家之一。1960 年,苏联组织动力电气化部技术总局等多家研究机构进行特高压输电的基础研究。1973 年开始,苏联在白利帕斯变电站建设了长 1.17 千米的特高压三相试验线段。1978 年开始建设从伊塔特到新库涅茨克长 270 千米的工业试验线路,以及拥有 3×1200 千伏、10～12 安串级试验变压器和 1000 千伏冲击发生器的特高压试验基地。1981 年开始动工建设了 5 段特高压线路,总长度达 2344 千米。1985 年 8 月,建成投运了 1150 千伏埃基巴斯图兹—科克契塔夫线路。进入 20 世纪 90 年代后,由于苏联解体和需求下降等因素,该工程一直降压运行。苏联还建设了从埃基巴斯图兹到坦波夫的 ±750 千伏、600 万千瓦直流输电工程,但工程未完成就搁浅。

日本于 1972 年启动了特高压输电技术的研究开发计划，日本电力中央研究所、东京电力公司和 NGK 绝缘子公司开展了特高压输电技术研究。以日本电力中央研究所为核心，完成赤诚、盐原等特高压试验研究基地的建设，在赤诚试验基地对电晕噪声、无线电干扰、风噪声、电晕损失及对生态环境的影响进行了实测研究。在盐原试验场进行了杆塔空气间隙和绝缘子串的试验研究。1988 年日本开始建设计划向东京送电的 1000 千伏特高压输电线路，线路全长 426 千米，一直降压运行。

美国于 20 世纪 60 年代后半期就开展了特高压输电技术的研究，通过一系列的研究和试验，证明了特高压输电技术的可行性。1974 年，美国电力公司和通用电力公司在匹茨菲尔德的特高压输电技术研究试验站进行可听噪声、无线电干扰、电晕损失和其他环境效应的实测。美国电力研究院于 1974 年建设了 1000～1500 千伏三相试验线段，通过试验运行获得了电磁环境、铁塔安装试验、变压器设计等方面的经验成果。1976 年，美国邦纳维尔电力局在莱昂斯试验场和莫洛试验线段上进行特高压输电线路机械结构、电晕、生态环境、操作和雷电冲击绝缘等研究。为了满足经济和能源发展的需求，美国更加关注电力网络基础架构的升级更新，在《2030 电网规划》（Grid2030）计划中提出了美国全国联网的设想。

意大利电力公司在确立了 1000 千伏的研究计划后，从 1971 年开始在试验站和试验室进行特高压输电技术的研究与技术开发。萨瓦雷托试验场 1000 千伏试验设施包括 1 千米长的试验线段和 40 米的试验笼组成的电晕、电磁环境试验设备，在此开展了操作和雷电过电压试验、绝缘特性试验的研究。1984 年，意大利开始在萨瓦雷托试验站建设 3 千米的特高压输电架空试验线路，1995 年 10 月建成，建成后进行了两年的全压运行试验，取得了一定的运行经验。

印度于 2007 年开始 1200 千伏的特高压交流研究工作，2011 年 9 月开工建设 1200 千伏特高压交流户外试验站及试验线路，并规划建设 6 回特高压交流线路。同时，印度将发展 ±800 千伏特高压直流输电列入其"十二五"（2012—2017 年）电网规划，计划通过建设两个 ±800 千伏特高压直流工程，将东北部水电资源输送到西部，将东部、中部火电输送到北部，两个工程的线路长度分别为 1728 千米和 3700 千米。其中，2011 年 3 月开工建设印度比斯瓦纳特恰里亚利—阿格拉 ±800 千伏特高压直流线路。该工程额定功率 600 万千瓦，线路长度 1728 千米，已于 2015 年投运。印度还开展了 1200 千伏特高压直流输电的研究，2012 年 12 月投运了 Bina 试验站，建设了 2 千米的实验线路。未来随着印度东部和中部火电，以及东北部水电的进一步开发与外送，需要建设更多的特高压工程。

巴西发展特高压的主要动因是开发国内水电资源，其水电资源主要集中在北部亚马孙河及其支流，负荷中心位于东南部地区，水电基地与负荷中心距离跨度达到 1000～2500 千米，水电外送需要依托特高压大容量、远距离的输电技术优势。2014 年 2 月，中国国家电网公司与巴西电力公司组成的联营体中标巴西美丽山 ±800 千伏特高压直流输电线路项目。该工程从巴西欣古河送至埃斯特雷图，线路长度 2092 千米，是美洲第一条 ±800 千伏特高压直流输电线路，已于 2017 年年底投运，该特高压直流输电线路项目的二期工程将于 2020 年内投运。

2　特高压实现全球能源互联

中国在攻克了过电压与绝缘配合、电磁环境控制、特高压雷电防护、特高压交直流混合大电网安全控制等一系列世界技术难题的基础上，建立起特高压输电技术和装备体系，建成了以特高压为骨干网架的坚强智能电网。理论和实践表明，特高压技术的发展和应用，能够满足未来全球各大清洁能源基地与负荷中心之间的远距离电力输送需求，使得电力在上千千米范围内的经济输送成为可能，为全球清洁能源优化配置提供了坚强可靠的技术保障。

❶ 特高压技术创新

改革开放以来，中国经济快速发展带动能源电力需求不断增长，加剧了中国能源资源和能源消费逆向分布的矛盾，能源电力大规模、远距离输送需求迫切。1986 年，中国开展了特高压交流输电的前期论证和可行性研究。2004 年，组织开展特高压交流输电工程关键技术的研究，形成技术框架。2009 年，中国国家电网公司投运晋东南—南阳—荆门 1000 千伏特高压交流输电工程，输电能力达到 500 万千瓦，是世界首条实现商业运营的特高压输电线路。2010 年，建成投运四川向家坝—上海 ±800 千伏特高压直流输电工程，这是世界首个特高压直流输电工程。2014 年，建成投运哈密南—郑州特高压直流工程，这是世界上第一个大型火电、风电基地电力打捆送出的特高压直流输电工程，输送能力达 800 万千瓦。2016 年，开工建设准东—华东（皖南）±1100 千伏特高压直流输电工程，这是世界上电压等级最高、输送容量最大、输送距离最远、技术水平最先进的特高压输电工程，已于 2019 年投运。

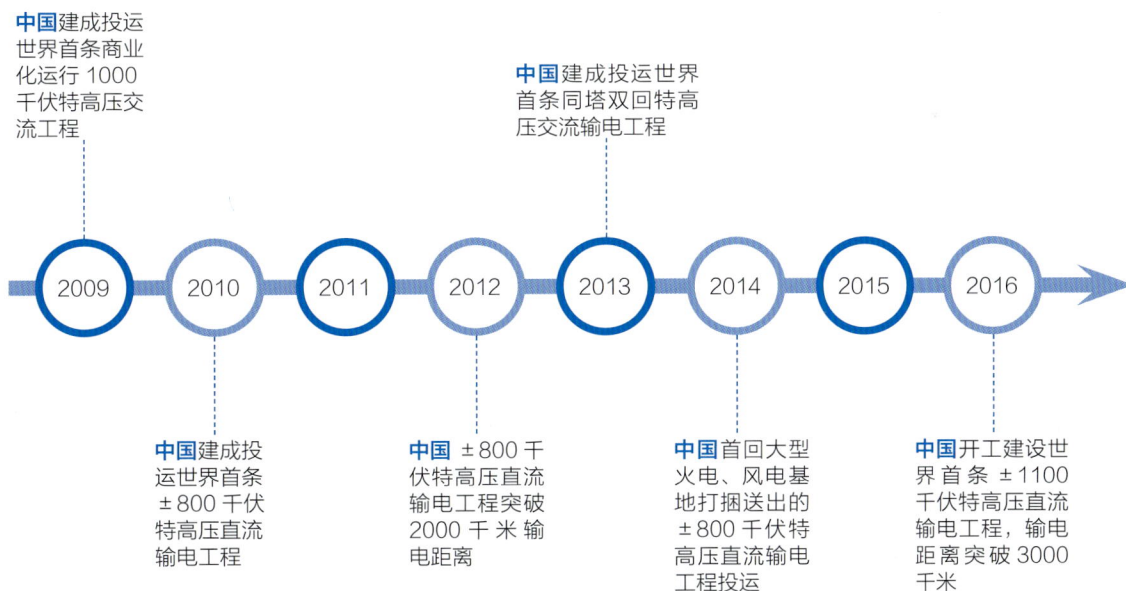

中国建成投运世界首条商业化运行 1000 千伏特高压交流工程

中国建成投运世界首条同塔双回特高压交流输电工程

| 2009 | 2010 | 2011 | 2012 | 2013 | 2014 | 2015 | 2016 |

中国建成投运世界首条 ±800 千伏特高压直流输电工程

中国 ±800 千伏特高压直流输电工程突破 2000 千米输电距离

中国首回大型火电、风电基地打捆送出的 ±800 千伏特高压直流输电工程投运

中国开工建设世界首条 ±1100 千伏特高压直流输电工程，输电距离突破 3000 千米

图 5.16　中国特高压工程建设历程图 ❶

❶ 资料来源：刘振亚，全球能源互联网，北京：中国电力出版社，2015。

5.3　能源互联

特高压交流技术在系统电压控制、潜供电流抑制、外绝缘配合、电磁环境控制、设备研发、试验检测等方面实现了世界输电技术的重大创新和跨越式发展。系统电压控制方面，通过采取过电压幅值控制、保护联动跳闸、高性能避雷器、合闸电阻、地线优化、无功控制等措施，实现对工频过电压、操作过电压、雷电过电压和系统运行过电压的控制。潜供电流控制方面，通过在特高压电抗器中性点装设小电抗元件，有效抑制潜供电流，提高线路单相重合成功率，确保电力系统供电可靠性。外绝缘配合方面，通过深度抑制操作过电压水平、采用复合绝缘子和套管、模拟高海拔绝缘特性等措施，解决外绝缘尺度大幅增加、绝缘耐受电压能力随污秽度和海拔增加显著下降等难题，在保障安全基础上显著提升系统的经济性。电磁环境控制方面，形成复杂多导体系统工频电场模型仿真、导线布置优化、金具电晕控制等一系列技术和措施，有效降低噪声和无线电干扰影响。设备研发方面，全套特高压交流设备，包括变压器、开关、电抗器、串补等四十余种，大量采用新设计、新结构、新材料、新工艺，经过严格试验检验和运行考验，代表着国际高压设备制造的最高水平。试验检测方面，攻克高电压、强电流、复杂环境模拟、实时数字仿真等关键技术难题，建立功能齐全、额定参数高、技术水平先进的特高压交流试验平台，形成完备的试验研究体系，为支撑特高压发展和电力科技持续创新奠定了技术基础。

图 5.17　1000 千伏特高压交流变压器

特高压直流技术在过电压与绝缘配合、外绝缘配置、电磁环境与噪声控制、直流系统设计、设备研发等关键技术方面取得全面突破。**过电压与绝缘配合方面，**合理布置避雷器、优化避雷器参数、平波电抗器平均分散布置等解决过电压问题的技术方案。**外绝缘配置方面，**通过试验研究获得了输电线路长空气间隙放电特性、真型电极空气间隙放电特性及其海拔修正系数、绝缘子污闪特性和冰闪特性及其海拔修正系数等，成功应用于特高压直流工程外绝缘配置。**电磁环境与噪声控制方面，**确定导线型式、导线最小高度和最小走廊宽度，得到了各电磁环境因子的横向分布及变化规律，提出电磁环境最优的极导线布置方式、换流站布置优化方案，有效降低了工程对周围环境的影响。**直流系统设计方面，**研究一整套特高压直流系统额定电压、额定电流和输送功率等关键参数，实现成套设计和系统集成。**设备研发方面，**世界电压等级最高、容量最大的 ±800 千伏特高压直流输电换流变压器，采用先进的调压绕组连接方式，解决局部放电控制、漏磁通、谐波及温升控制等难题。特高压直流输电换流阀的绝缘结构设计难题已经攻克。

图 5.18　±800 千伏特高压直流输电线路和杆塔

❷ 特高压功能强大

特高压输电半径覆盖全球。特高压技术具备输电容量大、安全性高、覆盖范围广的显著优势，±800 千伏、±1100 千伏特高压输电距离分别达 4000、6000 千米以上。考虑全球主要的清洁能源资源基地与负荷中心之间的距离，如格陵兰岛向欧洲、美国东部送电分别达 4200、3400 千米，亚欧洲际输电高达 5200 千米，中东向印度输电为 3000 千米，这意味着 6000 千米范围内基本能够实现从全球主要清洁能源基地到负荷中心的完全覆盖。

特高压输电造价水平低。清洁能源资源富集地区多为经济欠发达地区，如果同时考虑投资水平差（1000 美元 / 千瓦）和利用小时差（1000 小时），两端发电成本差可达 0.05~0.15 美元 / 千瓦时。对于 ±1100 千伏特高压直流输电工程，采用国际通用造价水平，则通道利用小时在 4000~6000 小时区间，6000 千米的输电费需求约 0.048~0.065 美元 / 千瓦时，低于两端发电成本差。

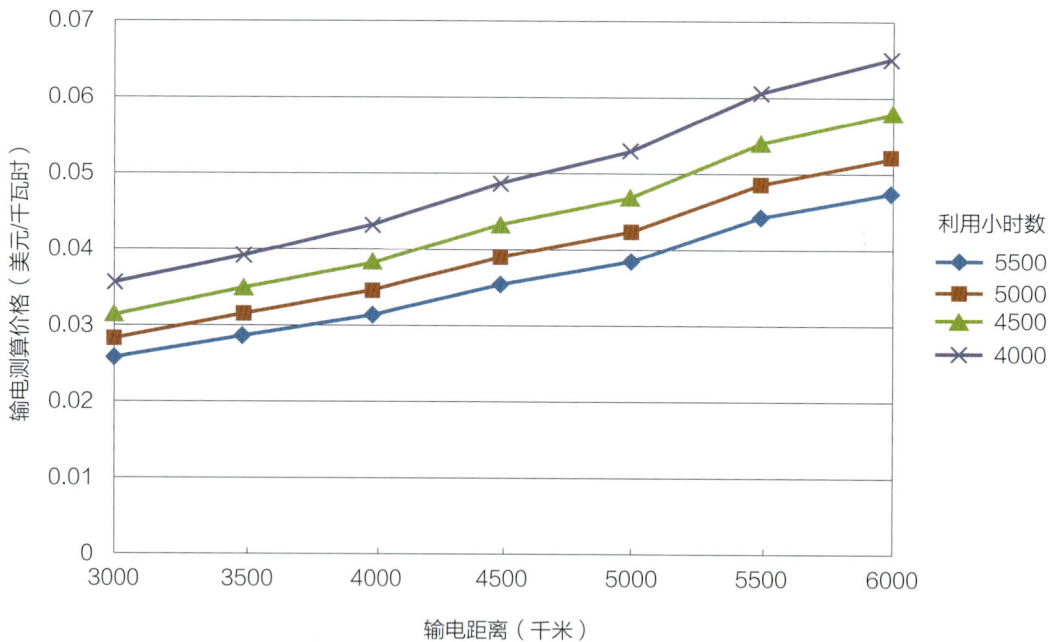

图 5.19　不同通道利用小时下的输电经济距离与输电造价水平

特高压通道利用小时高。对于 ±1100 千伏特高压直流输电工程，仅送出风电方式下，考虑千万千瓦级风电基地同时率取 0.6，基地风电利用小时分别按 2500、3000 小时考虑，输电通道利用小时可达 4170、5000 小时。千万千瓦级太阳能发电基地的同时率按 0.8 考虑，基地发电利用小时按 2200 小时考虑，则通道利用小时约 2750 小时。全球太阳能资源富集地区大多同时也拥有丰富的风能资源，如北非地区、蒙古、中亚地区、美国中西部地区等，可采用联合开发、联合外送方式以提高通道利用小时，进一步提高输电经济性。

特高压经济输电距离长。对于 ±1100 千伏特高压直流输电，在不计跨国关税的情况下，考虑国外较高的线路与换流站投资造价水平，送、受端之间开发成本差达到 0.042 美元 / 千瓦时，经济输电距离可到 5000 千米；开发成本差达到 0.052 美元 / 千瓦时，经济输电距离可达 6000 千米。可以看出，在清洁能源资源富集地区，特高压通道利用小时高、投资水平低，开发成本足以支撑远距离经济输电需求，能够覆盖各大洲负荷中心地区。

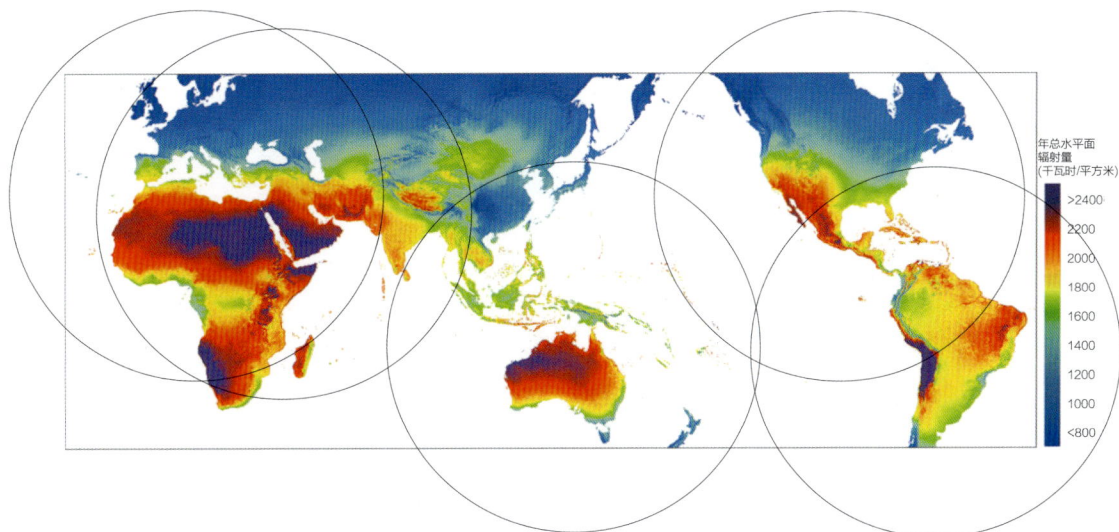

图 5.20　太阳能基地 6000 千米覆盖范围示意图

案例7　特高压与清洁发展——中国实践

中国能源资源和负荷需求呈逆向分布，需要进行能源的大容量、远距离输送。中国70%以上的能源需求集中在中东部，但可用能源资源远离需求中心，76%的煤炭集中在北部和西北部，80%的水能资源集中在西南部，绝大部分风能和太阳能也集中在西部和北部，供需相距1000～4000千米，逆向分布矛盾十分突出。发展特高压满足中国西部和北部能源基地电力的大规模外送，保证电力增长需要，改变煤电过度集中在东部的不合理布局，实现能源运输方式多元化，从根本上解决煤电运力紧张难题。

图1　中国能源资源和负荷需求呈逆向分布

特高压骨干网架在保障能源供给、优化资源配置、能源应急保障中发挥了重要作用。2019年，中国20条特高压线路年输送电量达4485亿千瓦时，占东中部用电总需求的9.2%。2017年，中国上海年受入电量780亿千瓦时，占其用电量的54%，有效解决上海用电紧张、环境污染等问题。中国四川跨省最大外送能力超过3000万千瓦，全年外送电量超过一个三峡水电站年发电量，累计外送电量已超过1万亿千瓦时，其中锦苏直流、宾金直流工程年输送电量均已超过300亿千瓦时，有力促进了四川水电大规模高效开发。在抗击新冠肺炎疫情中，2020年2—4月，中国西部、北部依托特高压电网累计向华中送电超过150亿千瓦时，有力保障了中国湖北等地区用能需求。

图2　特高压 ±800 千伏锦苏直流线路锦屏站 ❶

"西电东送""北电南供"格局未来进一步凸显，需加快特高压骨干网架建设。中国西部北部地区分布80%的水能、风能、太阳能资源，但2019年发电量占比仅42%。预计到2035、2050年，中国西部北部发电量将达 6.1 万亿、8.0 万亿千瓦时，占总发电量比重提升至53%和56%。跨国跨区跨省电力流总规模达 6.3 亿、8.9 亿千瓦。2050 年，中国东中部受电规模达到 5.3 亿千瓦，占其负荷需求的 34%。"十三五"末建成"十二交十六直"特高压工程，形成华北、华东两个特高压交流电网，华北与华中通过特高压交流联网。"十四五"期间建成白鹤滩水电送出、陕北—武汉、雅中—江西、金上—湖北等特高压直流输电工程，满足中国西部电源基地送出；中国东部加快形成"三华"特高压同步电网，西部加快形成川渝特高压交流主网架。

图3　白鹤滩水电站 ❷

❶ 资料来源：国网江苏省电力有限公司，http://www.js.sgcc.com.cn/html/main/col9/2020-05/05/20200505143831608184044_1.html。

❷ 资料来源：中国长江三峡集团有限公司，https://www.ctg.com.cn/sxjt/xwzx55/ttxw15/726054/index.html。

总之，随着清洁能源大规模开发和高效利用，电网作为清洁发展网络平台的关键作用将更加凸显。特高压输电技术具有容量大、距离远、损耗低、经济性好等优势，使得全球清洁能源基地与主要负荷中心都可以高效、安全连接。未来全球电网将从相对松散弱小的就近互联即"手拉手"互联，向大型清洁能源基地到负荷中心的远距离、大容量互联即"心连心"互联发展，成为全球绿色低碳智能基础设施的最重要组成部分。

能源网、信息网、交通网就像人的"血管系统""神经系统"和"四肢系统"。在光纤、卫星等核心通信互联技术以及高速铁路、航空航海等关键交通技术的突破下，全球信息网和交通网都已实现互联。与信息网、交通网相比，能源网的互联明显滞后。随着特高压技术的突破，能源配置范围由小到大、配置能力由弱到强、配置效率由低到高，全球的"血管系统"也一定能够建成，这就是全球能源互联网。

全球能源互联网"转危为机" 6

2020

全球能源互联网是清洁能源在全球范围大规模开发、输送和使用的重要平台，将加快推动"两个替代"，形成清洁主导、电为中心、互联互通的全球能源发展新格局。全球能源互联网方案包括能源生产、能源消费、能源互联、碳减排多个维度的行动路线图，系统回答破解危机"怎么做"，为全人类"转危为机"提供切实可行的解决方案。当前，全球能源互联网技术可行、经济性好、资源有保障、互联有基础、政治有共识，快速发展条件已经具备。

6.1　基本理念

6.1.1　基本要素

全球能源互联网是以特高压电网为骨干网架，以输送清洁能源为主导，全球互联泛在的坚强智能电网，是覆盖全球、光速传输、清洁低碳、智能友好的现代能源网络，实质是"智能电网 + 特高压电网 + 清洁能源"。

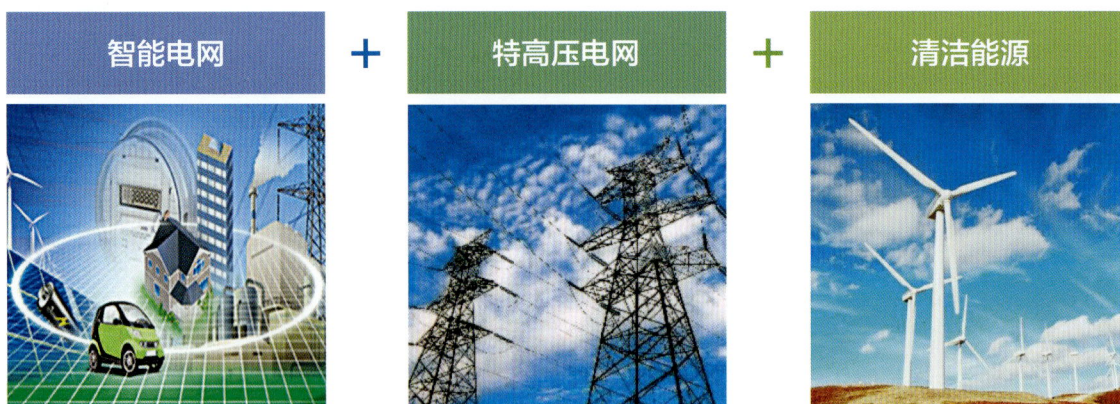

智能电网　＋　特高压电网　＋　清洁能源

图 6.1　全球能源互联网基本要素示意图

智能电网是基础

智能电网将先进信息、控制、智能技术与电网深度融合，促进各类集中式、分布式清洁能源并网和消纳，满足各类智能用电设备接入和互动服务等需求，实现源、网、荷、储协同发展和多能互补，保障电力系统灵活高效运行。

特高压电网是关键

特高压电网由 1000 千伏交流及以上和 ±800 千伏及以上直流系统构成，具有输电距离远、容量大、效率高、损耗低、占地省、安全性好等显著优势，能够实现数千千米、千万千瓦级电力输送和跨国跨洲电网互联，实现全球各大清洁能源基地和用电中心全覆盖、全连通，是全球能源互联网的骨干网架。

清洁能源是根本

清洁能源主要包括水能、风能、太阳能、海洋能、生物质能等，就地转化为电能是清洁能源最主要、最高效、最便捷的利用方式。全球主要流域水能、北极风能和赤道太阳能，以及各国集中式和分布式清洁能源将成为主导能源，是实现绿色低碳发展的根本保证。

6.1.2 重要特征

全球能源互联网是全新的全球能源配置平台，具备网架坚强、广泛互联、高度智能、开放互动等四个重要特征。

1 网架坚强

网架坚强是构建全球能源互联网的重要前提。坚强的网架是实现资源全球配置的基础。只有形成坚强可靠的跨国跨洲互联网架，才能实现全球能源的广泛互联和大范围配置。各国电网规划科学、结构合理、安全可靠、运行灵活，才能适应风电、光伏发电、分布式电源大规模接入和消纳。

2 广泛互联

广泛互联是全球能源互联网的基本形态。全球能源互联网的广泛互联带来了全球能源资源及相关公共服务资源的高效开发和广泛配置。洲际骨干网架、洲内跨国网架、各国家电网、地区电网、配电网、微电网协调发展、紧密衔接，可以构成广泛覆盖的电力资源配置体系。

3 高度智能

高度智能是全球能源互联网的关键支撑。各类电源、负荷实现可灵活接入和确保网络安全稳定运行。通过广泛使用信息网络、广域测量、高速传感、高性能计算、智能控制等技术，实现各层网架和各个环节的高度智能化运行，自动预判、识别大多数故障和风险，具备故障自愈功能；通过信息实时交互支撑整个网络中各种要素的自由流动，真正实现能源在各区域之间的高效配置。

4 开放互动

开放互动是全球能源互联网的基本要求。构建全球能源互联网，需要各国的相互配合、密切合作。全球能源互联网的运营也要对世界各国公平、无歧视开放。充分发挥电网的网络市场功能，构建开放统一、竞争有序的组织运行体系，促进用户与各类用电设备广泛交互、与电网双向互动，能源流在用户、供应商之间双向流动，实现全球能源互联网中各利益相关方的协同和交互。

6.1.3 系统构成

全球能源互联网包括清洁主导的能源生产系统、互联互通的能源配置系统、电为中心的能源使用系统。 随着化石能源退出历史舞台，将逐步全面替代煤炭、石油、天然气系统，成为未来全球能源系统的主体。

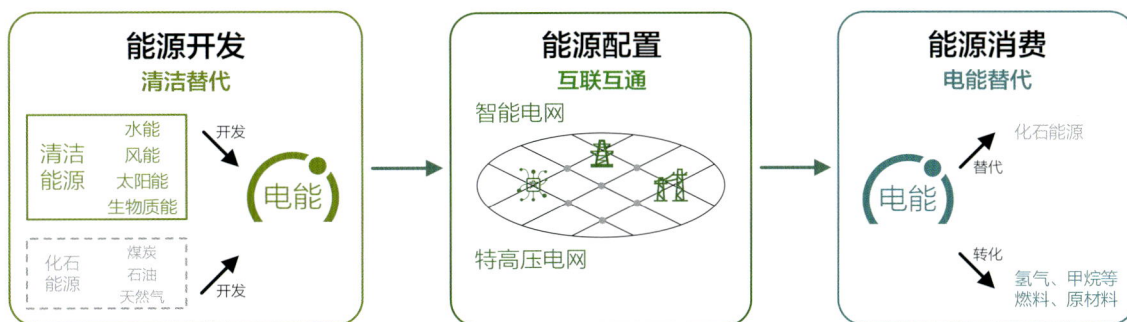

图 6.2   全球能源互联网系统构成示意图

能源开发环节：清洁主导的能源生产系统

将各类清洁能源和化石能源，通过集中式、分布式等多种方式开发转化为电能，融入汇集至电网。同时，通过实施"清洁替代"，以水能、太阳能、风能等清洁能源替代化石能源，尽早实现清洁能源全面超越化石能源，成为主导能源。

能源配置环节：互联互通的全球传输网络

利用特高压先进输电技术构建全球骨干网架，发挥输电距离远、容量大、效率高、损耗低、占地省、安全性好等显著优势，为全球电力系统安全稳定运行提供坚强保障；由协同、互联的区域和国家互联电网构成区域能源互联网，满足各地区清洁能源开发、使用需求。

能源消费环节：电为中心的能源使用系统

智能电网为各类用户、设备和系统提供灵活可靠、经济便捷的清洁电力，促进形成以电力为核心，电、冷、热、气、动力等多种用能形式高效互补、集成转化的新型能源使用系统。随着电制氢、电制氨等电化学技术发展，电能还能通过多种方式实现有机物合成和原材料生产，氢、氨等将成为深度电能替代的重要形式。未来，电能将基本满足人类对能源的各种需求，化石能源将回归其基本属性，主要作为工业原料和材料使用，为经济社会发展创造更大价值。

6.2 系统方案

系统方案是对未来经济社会活动的综合展望与描述，国际组织和研究机构通常基于全球数据，采用情景分析等方法对未来图景进行展望。全球能源互联网发展路线图基于全球能源互联网理念，以破解危机、可持续发展、实现《巴黎协定》等为目标，运用全球综合评估模型框架模拟评估全球经济、气候、能源、电力、环境五大系统，并统筹考虑全球及各区域资源分布、能源供需、能源传输、减排潜力差异，提出全球及各区域的能源生产、能源消费、能源互联、碳减排行动路线图。

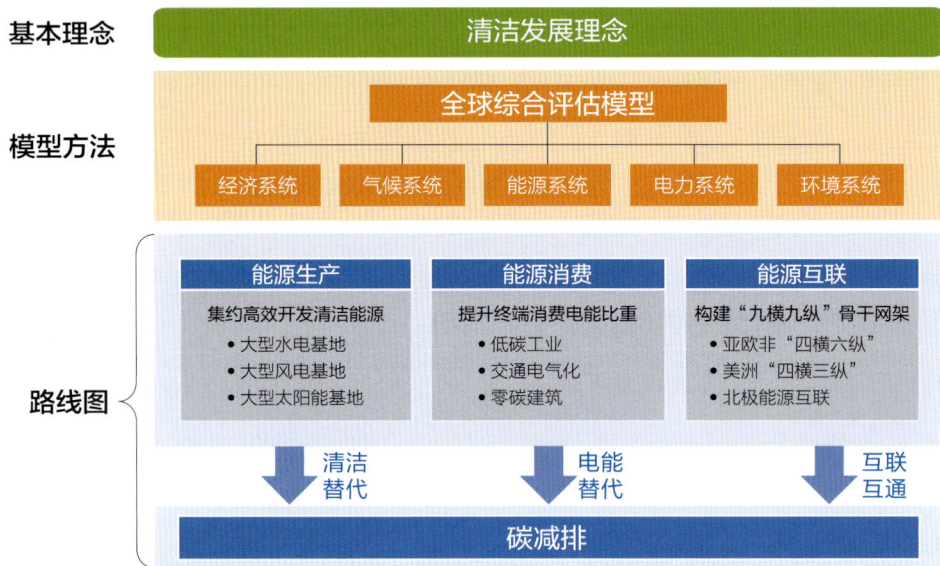

图 6.3　全球能源互联网化解气候环境危机总体框架

6.2.1　方法框架

1　全球综合评估模型

全球综合评估模型是对全球性重大问题和发展目标进行多维评估、方案优化、情景展望的整体框架。综合评估模型不但能够设定联合国可持续发展目标、人类发展目标、《巴黎协定》温控目标、生态环境安全、减贫和人类健康等全球多个目标，还能对经济、人口、技术、气候、环境、资源等约束条件进行刻画，通过建立以能源系统和电力系统为核心，综合集成经济贸易系统、气候系统、资源环境系统的系统分析框架，实现对符合全球目标、技术可行、经济高效的全球系统方案的求解、评估与分析。

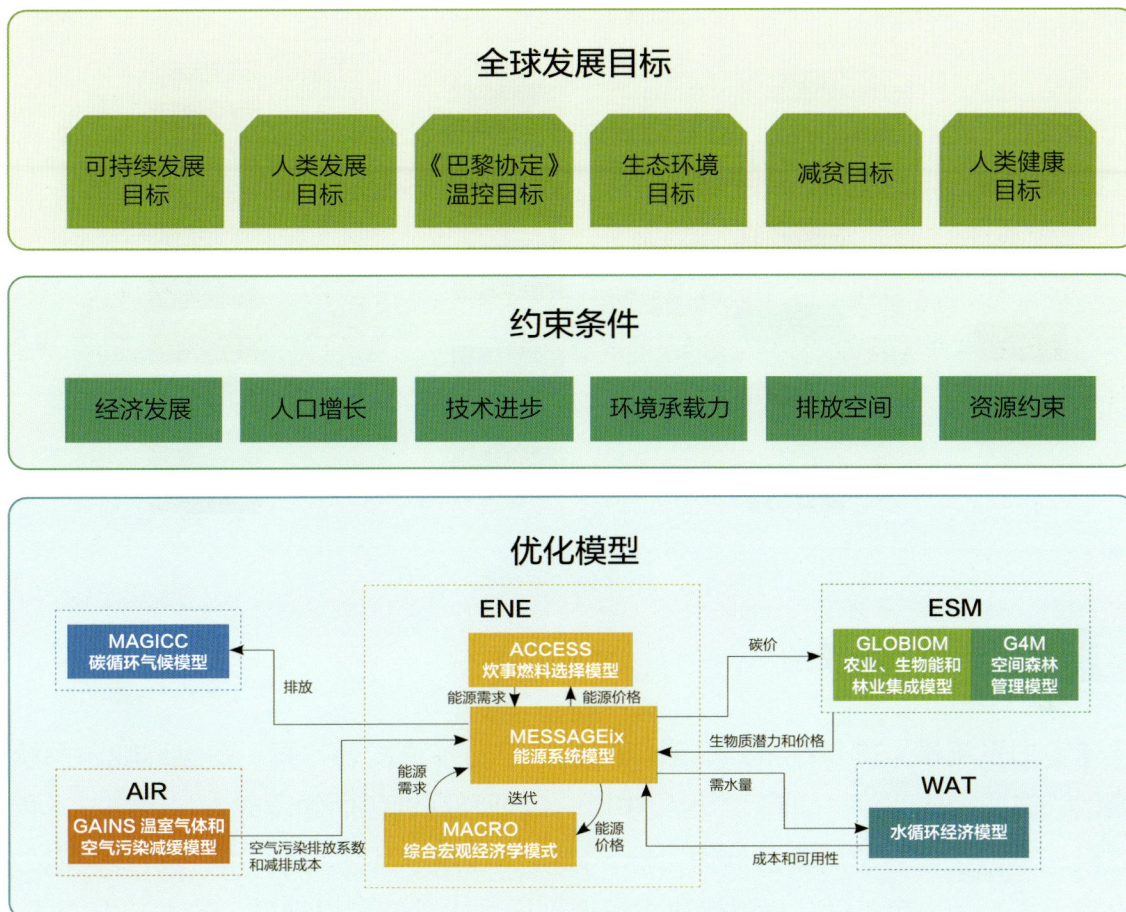

图 6.4   基于全球发展目标的综合评估模型框架图

2   全球能源系统模型

全球能源系统模型提供能源系统和减排路径的最优方案，是全球综合评估模型的核心。以满足供能需求和成本最小为目标，以气候变化、资源潜力、能源供需平衡、生产能力和能源系统存量变化为约束条件，综合考虑资源开采、中间转换、终端用能各个环节，优选工业、交通、建筑部门用能技术，刻画跨国、跨洲电力贸易格局，形成全能源系统技术组合方案，提供全球能源系统转型路线图，实现运用全球能源互联网理念对全球能源系统的优化设计。

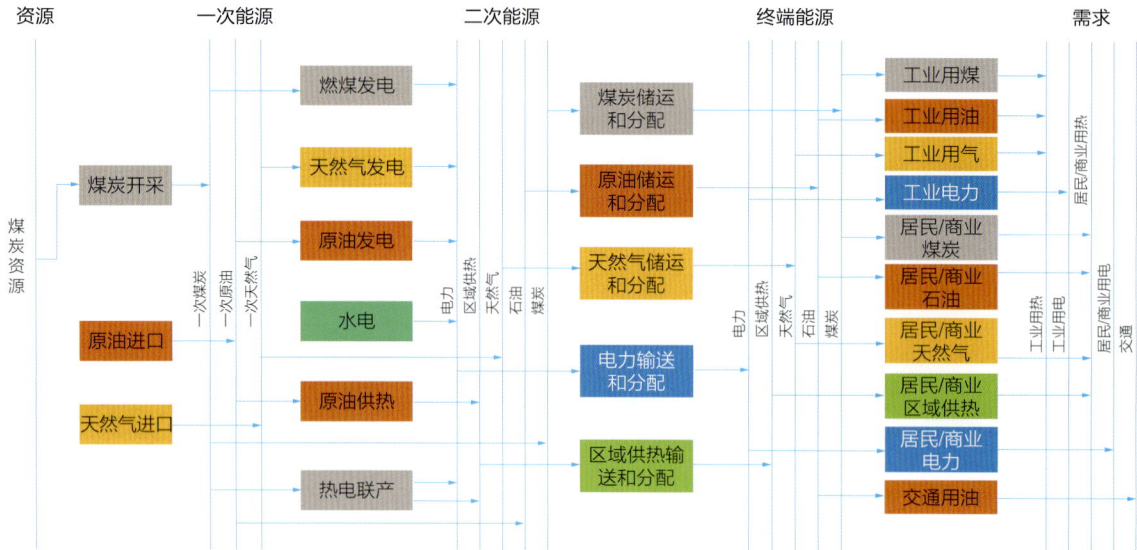

图 6.5　全球能源系统框架图 [1]

3　全球电力系统模型

全球电力系统模型提供经济效益最佳的全球电力系统发展方案，是全球能源系统模型的重要组成部分。面向 21 世纪中叶，以规划期内包括建设成本、运维成本和燃料成本等全社会总成本最低为目标，以能源政策、环境约束、能源资源、电力电量平衡等为约束条件，通过优化求解得到规划水平年装机规模、各类装机构成、开发时序、装机成本等，实现全球能源互联网理念对全球电力系统的优化设计。

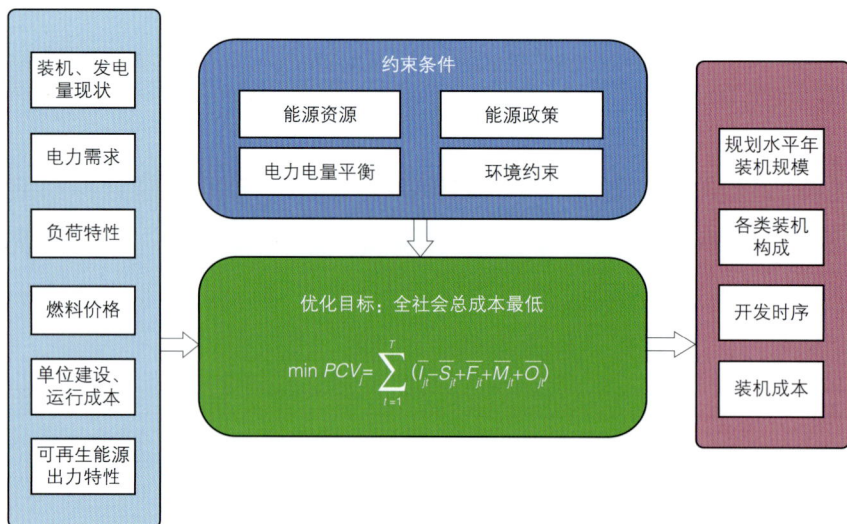

图 6.6　全球电力系统模型框架图 [2]

---

[1] 资料来源：全球能源互联网发展合作组织、国际应用系统分析研究所、世界气象组织，全球能源互联网应对气候变化研究报告，北京：中国电力出版社，2019。

[2] 资料来源：全球能源互联网发展合作组织，全球能源互联网研究与展望，北京：中国电力出版社，2019。

6.2.2 能源生产路线图

能源生产主要包括能源资源的开采、加工和转换过程[1]。能源生产路线图是立足当前全球能源生产系统的发展实际,以化解气候环境危机为导向,对全球能源生产系统清洁化转型的路径、关键举措进行的量化分析和发展展望。

1 发展路径

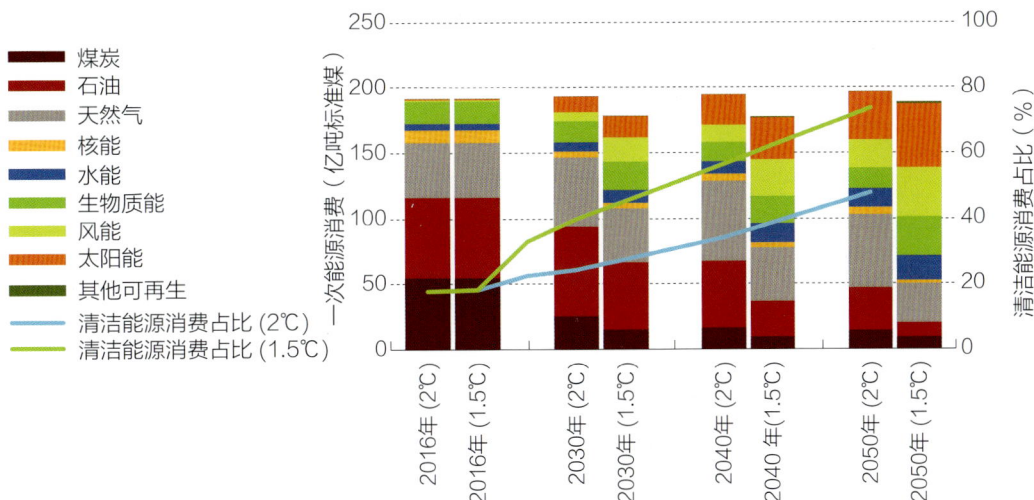

图例:
- 煤炭
- 石油
- 天然气
- 核能
- 水能
- 生物质能
- 风能
- 太阳能
- 其他可再生
- 清洁能源消费占比 (2℃)
- 清洁能源消费占比 (1.5℃)

纵轴(左):一次能源消费(亿吨标准煤)
纵轴(右):清洁能源消费占比(%)

横轴:2016年 (2℃)、2016年 (1.5℃)、2030年 (2℃)、2030年 (1.5℃)、2040年 (2℃)、2040 年(1.5℃)、2050年 (2℃)、2050年 (1.5℃)

图 6.7   全球能源供应清洁化路线图[2]

能源生产从以化石能源为主向以清洁能源为主转变。2000—2016 年,全球能源生产总量从 143 亿增长到 196 亿吨标准煤,年均增长 2.0%,化石能源占比维持在 80% 左右[3]。全球电力装机总量持续增长,从 2000 年的 35 亿千瓦增长至 2016 年的 65 亿千瓦,风电、太阳能发电装机容量分别增长 25、483 倍,占新增电力需求一半以上。

---

[1] 按照联合国欧洲经济委员会的定义,煤炭、石油、天然气、铀矿等的开采,以及水能的开发,叫作开采;煤炭、石油、油页岩、天然气和铀矿的精选、处理和炼制,叫作加工;焦炭、型煤、煤气、合成液体和气体燃料、电力和热能的生产,叫作转换。

[2] 资料来源:全球能源互联网发展合作组织、国际应用系统分析研究所、世界气象组织,全球能源互联网应对气候变化研究报告,北京:中国电力出版社,2019。

[3] 资料来源:全球能源互联网发展合作组织,全球能源互联网研究与展望,北京:中国电力出版社,2019。

6.2 系统方案

- **预计到 2035 年，** 全球一次化石能源消费总量自 2025 年左右达峰后开始下降，清洁能源消费总量开始超过化石能源，清洁能源快速成为主导能源。全球装机容量达到 163 亿千瓦，清洁能源装机容量占比为 73%，其中风电 23%，太阳能发电 30%，水电 14%[1]。

- **预计到 2050 年，** 清洁能源占一次能源比重达到 74%，相比 2018 年增长 3 倍。全球装机容量达到 260 亿千瓦，清洁能源装机容量占比为 84%，其中风电 26%，太阳能发电 42%，水电 11%[2]。

2 关键举措

综合考虑资源禀赋、开发条件、技术经济、投入产出等因素，通过清洁能源资源集中式与分布式协同开发，实现全球清洁能源资源大规模开发和高效利用，形成数十个全球大型水电、风电和太阳能基地[3]。

❶ 水电基地

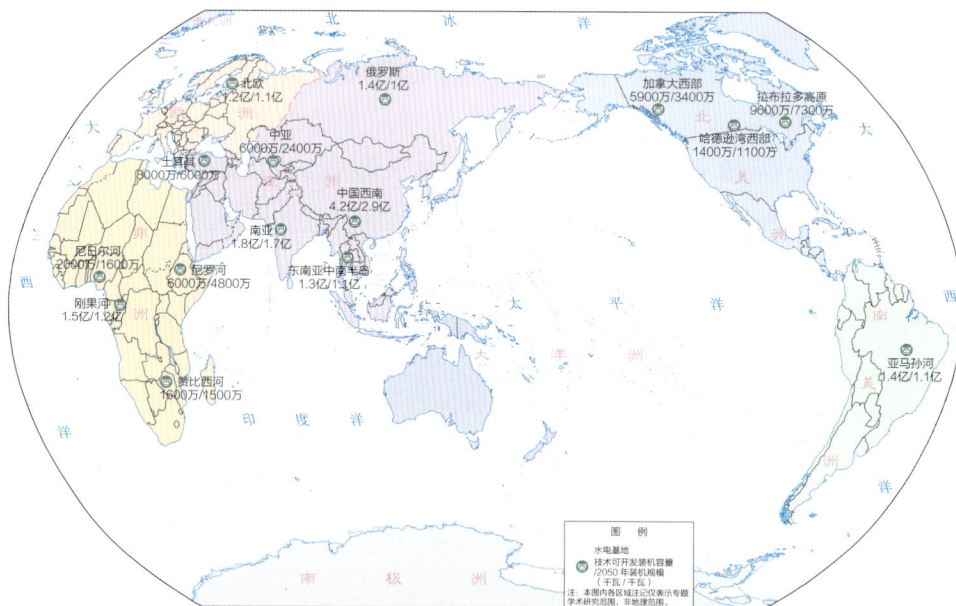

图 6.8　全球大型水电基地布局示意图

---

[1][2][3] 资料来源：全球能源互联网发展合作组织，全球能源互联网研究与展望，北京：中国电力出版社，2019。

积极稳妥发展水电，加快发展抽水蓄能电站。水能技术发展最为成熟、经济性最高，全球水能资源超过 100 亿千瓦。水电总体开发程度不高，存在较大开发空间。2016 年，水电总装机容量为 12.2 亿千瓦，占全球电力总装机容量的比重为 19%。带水库的水电站灵活调节性能好，可以支撑风能、太阳能等波动性、不确定性可再生能源大规模开发利用。

综合考虑全球水能资源和负荷中心分布，对主要大型水电基地开发时序进行规划，全球开发大型水电基地共 15 个，2035 年前，总装机容量达到 8.8 亿千瓦；2050 年前，总装机容量达到 13 亿千瓦。具备大规模开发条件的水电基地主要分布在中国西南金沙江、雅鲁藏布江等流域，东南亚湄公河、伊洛瓦底江流域，非洲刚果河和尼罗河流域，南美洲亚马孙河流域，北欧挪威、瑞典等国。

表 6.1　全球大型水电基地开发情况（规划）

地区	大型水电基地	技术可开发装机容量（万千瓦）	2035 年前装机容量（万千瓦）	2050 年前装机容量（万千瓦）	2050 年开发比例（%）
亚洲	俄罗斯水电基地	14000	5800	10000	72
	中国西南水电基地	42000	21200	29200	70
	中亚水电基地	6000	1800	2400	40
	东南亚中南半岛水电基地	12640	7500	11000	85
	南亚水电基地	18150	11000	17000	94
欧洲	北欧基地	12000	9250	10600	88
	土耳其水电基地	8000	3000	6000	75
非洲	刚果河水电基地	15000	4000	11500	77
	尼罗河水电基地	6000	3000	4800	80
	赞比西河水电基地	1600	1000	1500	94
	尼日尔河水电基地	2000	1000	1600	80
北美洲	加拿大西部水电基地	5900	2700	3400	57
	哈德逊湾西部水电基地	1400	1000	1100	77
	拉布拉多高原水电基地	9600	6100	7300	76
中南美洲	亚马孙河水电基地	14000	9400	11400	81
全球大型水电基地合计		168290	87750	128800	76

❷ 风电基地

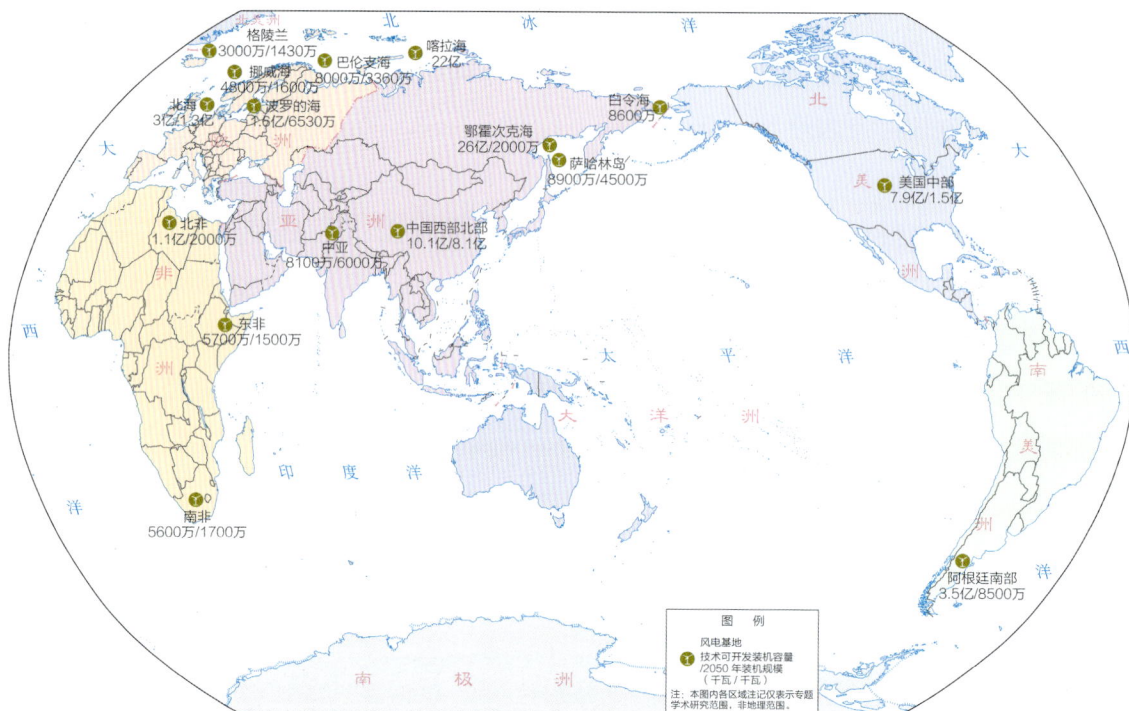

图 6.9　全球大型风电基地布局示意图

大力发展风力发电，集中式与分布式并举。世界各国大力支持和发展风电，风能技术快速进步，风电已进入大规模发展阶段，呈加速发展趋势。2000—2016年，风电装机占比从 1% 增至 7%，总装机容量达 4.6 亿千瓦。结合气候地理特征，以及开发便利程度，可再生能源将以太阳能、风能为主体。风电适宜以集中式和分布式相结合方式开发，充分利用戈壁荒漠、极地地区及深度适宜的海域，减少对自然环境干扰。

综合考虑全球风能资源和负荷中心分布，对主要大型风电基地开发时序进行规划，全球开发大型风电基地共 16 个，预计 2035 年前总装机容量 9 亿千瓦；2050 年前总装机容量 14.9 亿千瓦。具备大规模开发条件的风电基地主要分布在北极格陵兰岛、萨哈林岛（库页岛）、鄂霍次克海等地区，以及中国西部北部、欧洲北海、美国中部和阿根廷南部等地区。

表 6.2　全球大型风电基地开发情况（规划）

地区	大型风电基地	平均风速（米／秒）	技术可开发装机容量（万千瓦）	2035 年前装机容量（万千瓦）	2050 年前装机容量（万千瓦）
亚洲	鄂霍次克海风电基地	6～7	260000	500	2000
	萨哈林岛（库页岛）风电基地	6～7	8900	2500	4500
	中亚风电基地	6～8	8100	2600	6000
	中国西部北部风电基地	6～8	101000	57700	81100
欧洲	北海基地	10～12	30000	7800	13300
	波罗的海基地	8～10	16300	4500	6530
	挪威海基地	10～12	4800	500	1600
	格陵兰基地	11～13	3000	1200	1430
	巴伦支海基地	8～10	8000	1200	3360
非洲	北部非洲风电基地	7～9	10900	1000	2000
	东部非洲风电基地	7～9	5700	400	1500
	南部非洲风电基地	7～9	5600	700	1700
北美洲	美国中部风电基地	8～10	79000	6700	15200
中南美洲	阿根廷南部风电基地	8～12	35100	4000	8500
全球大型风电基地合计		—	576400	91500	148720

❸ 太阳能基地

加快发展太阳能发电，高效开发全球优质资源。太阳能发电技术不断创新，光伏发电和光热发电成本快速下降，太阳能发电增长迅速。2000—2016 年，太阳能装机占比从 1% 增至 6%，总装机容量达到 2.9 亿千瓦。充分考虑气候地理特征，以及开发便利程度，太阳能发电适宜以集中式和分布式相结合方式开发，充分利用沙漠、戈壁等环境恶劣地区，减少绿地和城市及其周边高附加值土地占用，乃至改善生态环境，中国库布齐沙漠光伏工程为全球提供了很好的案例。

综合考虑全球太阳能资源和负荷中心分布，对主要大型太阳能基地开发时序进行规划，全球开发大型太阳能基地共 9 个，预计 2035 年前总装机容量 17.1 亿千瓦，2050 年前总装机容量达到 38.2 亿千瓦。具备大规模开发条件的太阳能发电基地主要分布在北部非洲、南部非洲、西亚、中亚、中国西部、美国西部、墨西哥、智利和澳大利亚北部等资源富集区域。

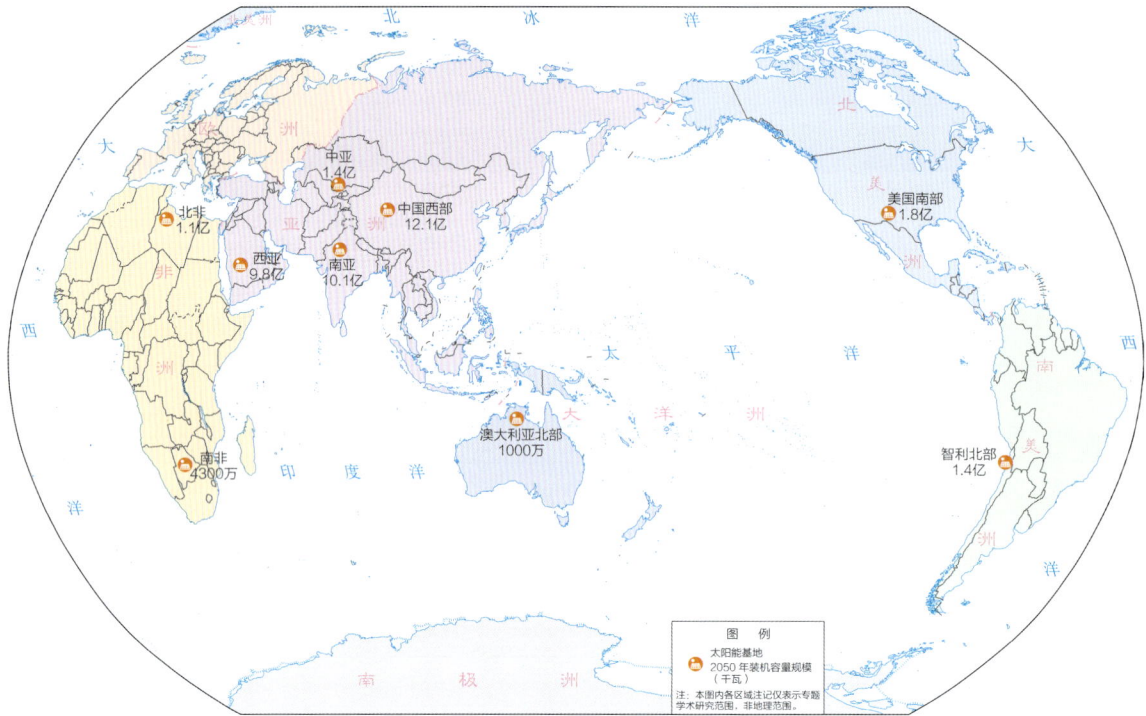

图 6.10　全球大型太阳能基地布局示意图

表 6.3　全球大型太阳能基地开发情况（规划）

地区	大型太阳能基地	年总水平面辐射量（千瓦时/平方米）	技术可开发装机容量（万千瓦）	2035 年前装机容量（万千瓦）	2050 年前装机容量（万千瓦）
亚洲	中国西部太阳能基地	1800～2000	15.7	5.5	12.1
	中亚太阳能基地	1500～1900	2.4	0.6	1.4
	西亚太阳能基地	2000～2200	15.3	4.9	9.8
	南亚太阳能基地	1700～2000	13.7	4	10.1
非洲	北部非洲太阳能基地	2200～2400	12	0.53	1.1
	南部非洲太阳能基地	1800～2200	3.6	0.18	0.43
北美洲	美国南部太阳能基地	2000～2200	8.7	0.91	1.77
中南美洲	智利北部太阳能基地	2300～2400	22	0.43	1.43
大洋洲	北部基地	2100～2200	1	0.06	0.1
全球大型太阳能电基地合计		—	94.4	17.1	38.2

6.2.3 能源消费路线图

能源消费主要包括生产和生活消耗的各种能源。能源消费路线图是立足当前全球终端能源利用的实际情况，结合能源使用电气化的发展趋势，对提升终端各部门电气化路径以及加快各种电能替代和零碳技术推广应用的途径进行分析展望。

1 发展路径

能源消费从以化石能源为主向以电为中心转变。2000—2016 年，全球终端能源消费总量从 101 亿吨增长到 137 亿吨标煤，年均增长 1.9%，化石能源消费比重从 2000 年的 68.1% 降至 2016 年的 66.8%，电能占终端能源消费比重达到 19%[1]，较 1971 年提高 10 个百分点以上。未来电力将成为终端能源消费的主要载体，全球电气化水平持续提升。

- **预计到 2035 年，**全球终端化石能源消费总量逐年下降，煤炭、石油、天然气消费逐步达峰或进入平台期，终端化石能源消费占比约为 55%。

- **到 2050 年，**终端能源消费总量为 143 亿吨标准煤，化石能源占终端能源消费比重为 15%，全球用电量增至 70 万亿千瓦时，占终端能源消费比重达到 65% 左右。

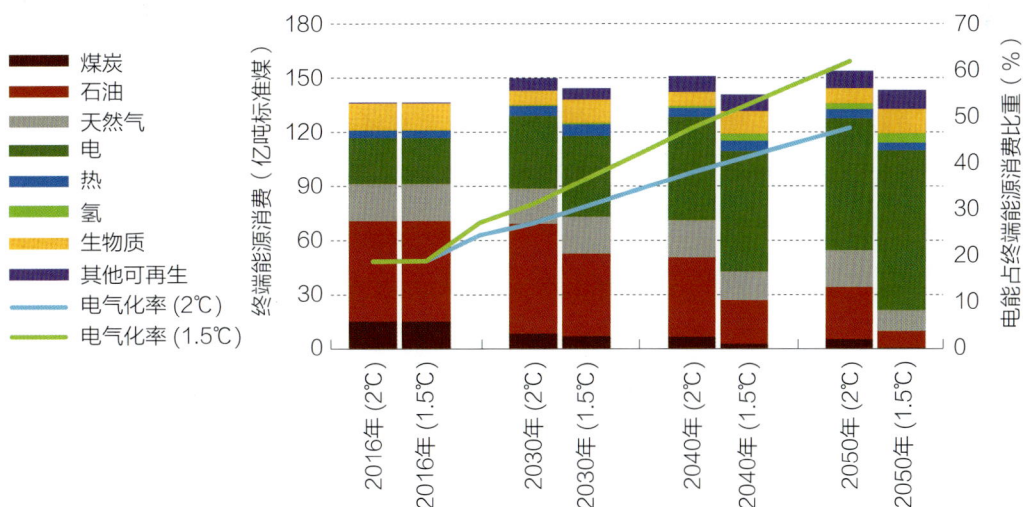

图 6.11　全球能源消费电气化路线图 [2]

---

[1] 资料来源：全球能源互联网发展合作组织，全球能源互联网研究与展望，北京：中国电力出版社，2019。

[2] 资料来源：全球能源互联网发展合作组织、国际应用系统分析研究所、世界气象组织，全球能源互联网应对气候变化研究报告，北京：中国电力出版社，2019。

2 关键举措

综合分析各个产业部门，特别是先进制造、智慧产业、信息通信部门的用能需求变化，运用清洁能源直接利用、电能替代、能效提升等创新技术，不断提升终端能源消费中电能比重，促进形成低碳工业、电气化交通、零碳建筑三大终端能源消费体系。

❶ 工业用能低碳化

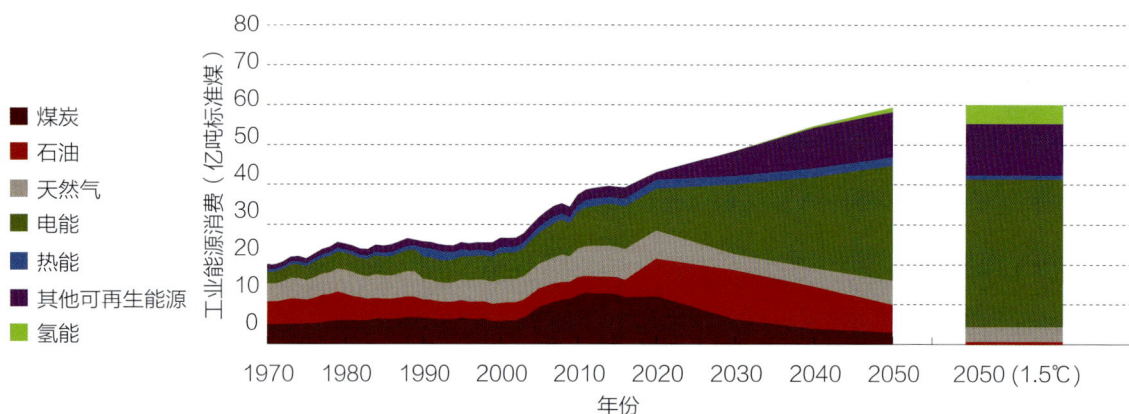

图例：
- 煤炭
- 石油
- 天然气
- 电能
- 热能
- 其他可再生能源
- 氢能

纵轴：工业能源消费（亿吨标准煤）

横轴：年份 1970 1980 1990 2000 2010 2020 2030 2040 2050　2050（1.5℃）

图 6.12　全球工业部门能源消费展望分析

潜力分析：当前工业部门能源消费以化石能源为主，但各行业特别是能源密集型行业电气化提升空间大。2016 年工业部门能源消费总量为 39.3 亿吨标准煤，占全球终端能源消费比重为 29%。其中，煤炭、石油、天然气消费总量占工业部门终端能源消费比重为 61%，电能消费占比为 28%。当前全球工业部门电能消费占比相较全球先进水平低 10 个百分点，其中钢铁、化工、有色金属、非金属矿物等能源密集型行业的电能消费占比相对于全球先进水平有 10 个百分点的提升空间；交通设备、食品与烟草、纺织与皮革行业有 30 个百分点的提升空间；造纸与印刷行业有近 50 个百分点的提升空间。

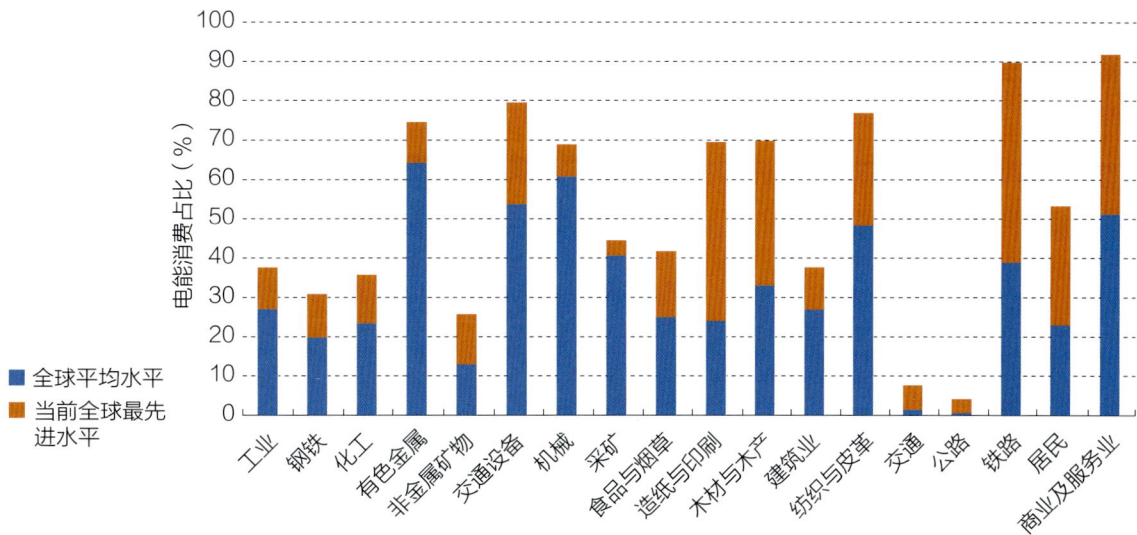

图 6.13　全球终端电能替代潜力

实现途径： 工业部门用能低碳化主要通过电能替代和清洁能源直接利用技术实现。在钢铁、化工、造纸与印刷等能源密集型行业通过电锅炉替代燃煤锅炉以及电加热炉替代燃煤、燃油加热炉等，可显著减少煤炭、石油等化石能源使用。电能还能通过多种方式实现有机物合成和原材料生产，氢、氨等将作为深度电能替代的重要形式，比如在有色金属行业氢气能够替代碳作为还原剂用于金属冶炼。伴随太阳能应用技术日益成熟，太阳能直接利用还能以制热、集热形式为工业低温制热提供热需求，进一步促进工业低碳化发展。此外，优化高耗能生产工艺，推广数字化、智能化设备应用，能够促进工业部门节能提效。

预期目标： 伴随非洲、亚洲工业化进程加快及中南美洲再工业化发展，预计到2050年，工业部门能源消费相比2016年增长55%，达到61亿吨标准煤，占终端能源消费比重达到40%，超过建筑部门成为终端第一大能源消费部门。工业部门电能消费占比达到48%，电能消费总量相比2016年增长约15亿吨标准煤。

6.2　系统方案

背景 21

氢能利用与清洁发电制氢

氢能正在工业部门加快应用。氢能具有能量密度大、无碳排放、资源蕴藏丰富的优点。全球氢产量从 1975 年的 1820 万吨增长到 2018 年的 7390 万吨，增长了三倍多。目前工业部门对氢能的需求占主导地位，氢已在工业部门实现规模化应用。钢铁生产中氢气可以用于还原铁工艺；化学品生产中，氢气是氨和甲醇生产的重要原料；炼油方面，氢气主要用于去除原油中的杂质和提升重质原油。其中炼油用氢约占 33%、氨生产约占 27%、甲醇生产约占 11%。

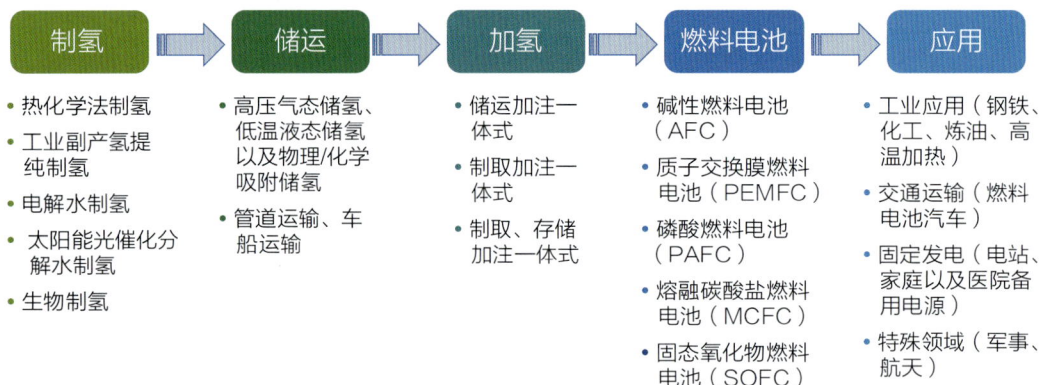

制氢	储运	加氢	燃料电池	应用
• 热化学法制氢 • 工业副产氢提纯制氢 • 电解水制氢 • 太阳能光催化分解水制氢 • 生物制氢	• 高压气态储氢、低温液态储氢以及物理/化学吸附储氢 • 管道运输、车船运输	• 储运加注一体式 • 制取加注一体式 • 制取、存储加注一体式	• 碱性燃料电池（AFC） • 质子交换膜燃料电池（PEMFC） • 磷酸燃料电池（PAFC） • 熔融碳酸盐燃料电池（MCFC） • 固态氧化物燃料电池（SOFC）	• 工业应用（钢铁、化工、炼油、高温加热） • 交通运输（燃料电池汽车） • 固定发电（电站、家庭以及医院备用电源） • 特殊领域（军事、航天）

图 1　氢能产业链概况

氢气按照生产来源分为"灰氢""蓝氢"和"绿氢"三类。灰氢是指通过化石能源制备氢气。目前，96% 的氢气来自化石燃料，通过蒸汽甲烷重整或煤气化技术制取氢气。该过程制造的氢气成本较低，但是碳强度最高，因而社会接受度最低。蓝氢是指利用蒸汽甲烷重整技术或煤气化加上碳捕捉和贮存（CCS）制氢，蓝氢碳强度较低，但成本昂贵，社会接受度较高。绿氢是指使用可再生能源发电，通过电解水制备氢气，绿氢制备过程实现二氧化碳零排放，但目前成本较高。绿氢的社会接受度最高，被认为是未来主流的制氢方式。

绿氢是未来氢能生产的主要方向。未来随着氢能需求增长，清洁能源发电成本的降低，以及高效率电解水制氢技术的成熟，可再生能源电解水将成为主流制氢方式。2020 年 2 月荷兰石油巨头壳牌公司宣布启动欧洲最大的绿氢项目 NortH2，计划到 2040 年在区域达成 10 吉瓦海上风电装机、年产 80 万吨绿色氢气的目标。瑞典也宣布开展"北欧氢气走廊"项目，提供无排放氢气运输解决方案。

❷ 交通用能电气化

潜力分析： 当前交通部门用能结构以化石能源特别是石油为主，电动汽车增速快、市场占有率低，交通部门电气化发展潜力大。2016年交通部门能源消费总量为39.2亿吨标准煤，略低于工业部门消费总量，占全球终端能源消费的比重为28%。其中，煤炭、石油、天然气消费总量占交通部门终端能源消费的比重为96%，电能消费占比仅为1%。当前，全球电动汽车发展迅速，2010—2015年，全球电动汽车保有量年均增长率超过100%，是传统燃油汽车增速的20倍[1]。2019年全球电动汽车销量超过210万辆，总保有量达到720万辆，占全球汽车总量的1%。与全球先进水平相比，电动汽车、氢燃料电池汽车、电气化铁路发展均具有显著提升空间，其中电气化铁路的电能消费占比相对于全球先进水平有高达50个百分点的提升空间。

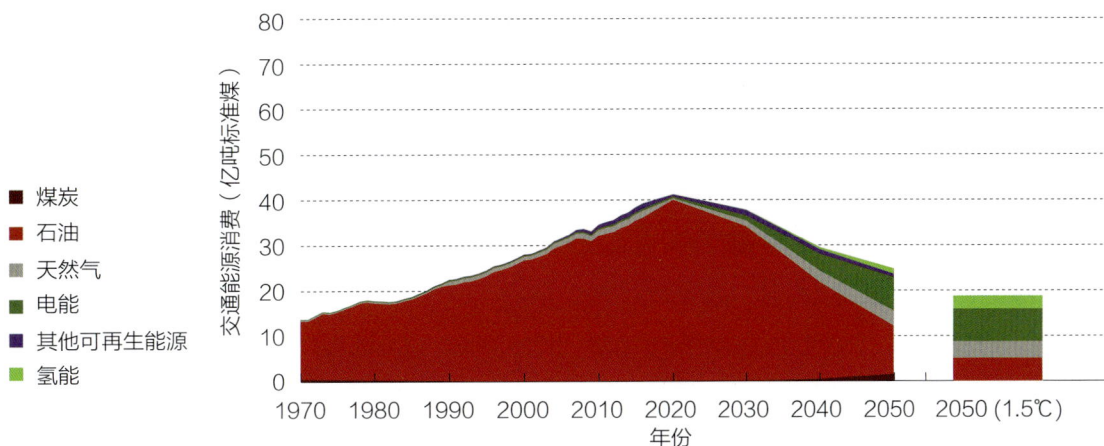

■ 煤炭
■ 石油
■ 天然气
■ 电能
■ 其他可再生能源
■ 氢能

图6.14　全球交通部门能源消费展望分析

---

[1] 资料来源：国网能源研究院，全球能源分析与展望2016，2016。

实现途径： 电动汽车及氢燃料电池汽车是交通部门实现电气化的主要方式。全球电动汽车发展正处于高速增长阶段，中国、美国、欧洲、日本等世界主要国家和地区已经将电动汽车作为主要战略方向。全球多国已陆续出台禁售燃油汽车时间表，预计未来电动汽车数量将继续保持高速增长。电动汽车和氢燃料电池汽车技术日益成熟，按照 2040 年新售轻型车全部为电动汽车考虑，2050 年全球电动汽车保有量占比将达到65%[1]。与电动汽车相比，氢燃料电池汽车的优势为高载重、长续航和加氢快，因此适用于对续航里程要求高、频繁往来于固定站点的大型客车和高载重货车领域；氢燃料电池汽车还具有低温适应性强的特点，在极寒冷地区发展空间大。预计到 2050 年，陆路交通工具中氢燃料电池汽车的渗透率达到 15% 以上。随技术日益成熟，2040 年新售重型车全部为氢燃料电池汽车；2050 年全球氢燃料电池汽车突破 3.4 亿辆，保有量占比超过15%。

预期目标： 伴随全球人口稳步增长、技术不断进步，预计 2050 年交通部门能源消费总量达到 23 亿吨标准煤，占终端能源消费总量比重为 15%，交通部门能源消费总量预计 2020 年左右达峰，随后逐年下降。随着陆路、铁路、港口等电气化交通水平提升，电能消费占比由 2016 年的 1% 提高到 2050 年的 32%，2050 年之后电能替代石油成为交通部门的主导能源。

---

[1] 资料来源：全球能源互联网发展合作组织、国际应用系统分析研究所、世界气象组织，全球能源互联网应对气候变化研究报告，北京：中国电力出版社，2019。

背景 22

全球电动汽车发展

电动汽车发展迅速，规模大幅增长。电动汽车指以车载电源为动力，以电动机驱动行驶的车辆，主要包括纯电动汽车（BEV）和插电式混合动力汽车（PHEV）。目前电动汽车发展迅速，2019 年全球电动汽车销量超过 210 万辆，同比增长 6%，占汽车总销量的 2.6%。近五年来，电动汽车保有量年均增长率高达 60%，2019 年电动汽车保有量突破 720 万辆，在汽车总保有量中的占比已达 1%。中国电动汽车保有量占全球总量的 47%。共有 9 个国家拥有 10 万辆以上电动汽车，超过 20 个国家的电动汽车市场渗透率突破 1%。

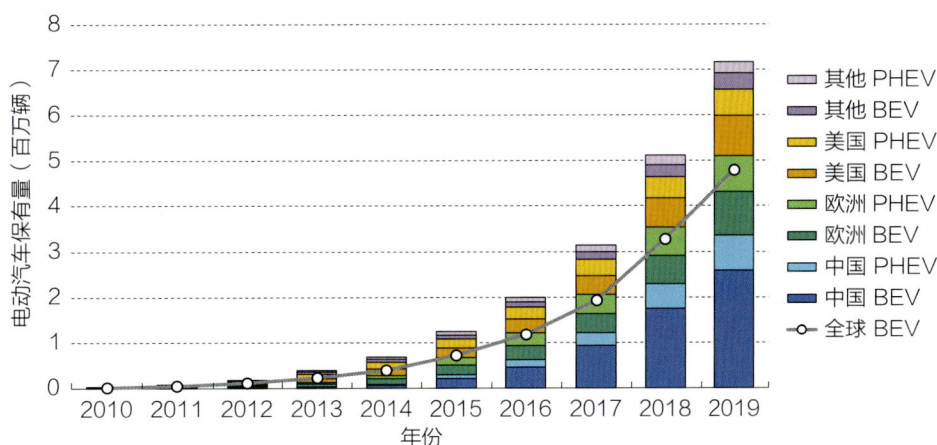

图 1   2010—2019 年全球电动汽车保有量❶

动力电池技术进步，成本不断下降。动力电池是电动汽车的关键核心技术。电动汽车动力电池容量呈现持续增加趋势。2019 年电动汽车动力电池的平均容量为 44 千瓦时，国际能源署预测，2030 年电池容量将增加到 70～80 千瓦时，相应的续航里程将延长到 350～400 千米。电动汽车的电池成本显著下降。2019 年，动力电池平均价格为 156 美元/千瓦时，相比 2010 年的 1100 美元/千瓦时下降超过 85%。未来电动汽车将不断发展，动力电池容量和使用寿命提升，续航里程增加，成本下降，实现快速、安全、智能化充电。在各国政府的支持下，电动汽车将成为未来主导车型，带来巨大用电需求。

---

❶ 资料来源：IEA, Global EV Outlook 2020, 2020. IEA 版权所有；在本书引用时由全球能源互联网发展合作组织进行了修改。

❸ 建筑用能零碳化

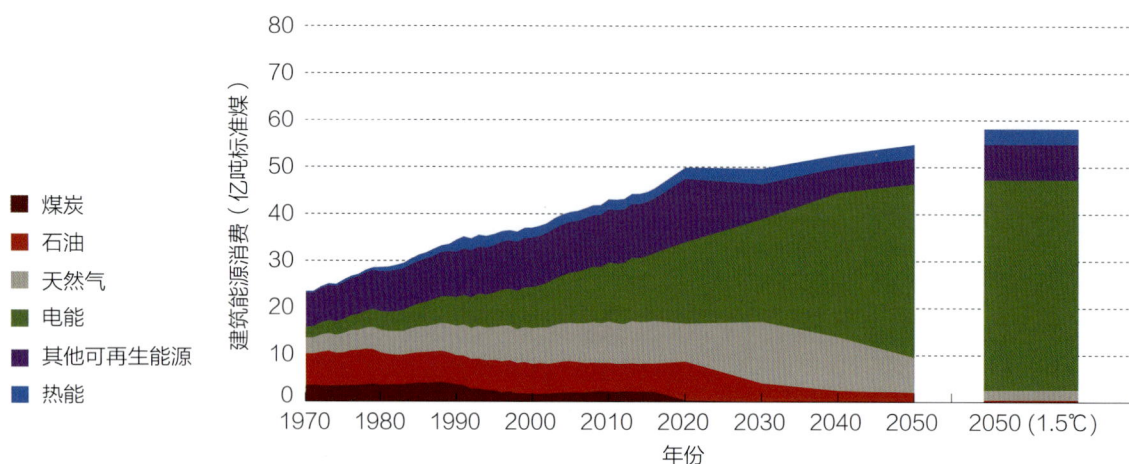

图 6.15　全球建筑部门能源消费展望分析

潜力分析： 当前建筑部门用能结构多样，化石能源与电能消费占比接近，电气化水平提升空间大。2016 年建筑部门能源消费总量为 405 亿吨标准煤，占全球终端能源消费的比重为 30%。其中，煤炭、石油、天然气消费总量占建筑部门终端能源消费的比重为 36%，电能消费占比为 31%。建筑部门居民行业的电能消费占比有 20 个百分点的提升空间，商业与服务业约有 50 个百分点的提升空间。截至 2015 年，全球仍有 38% 的居民无法使用清洁炊事技术，约 25 亿人依赖于传统生物质燃料进行炊事活动。

实现途径： 电炊事、电制热、电采暖、热泵应用是建筑部门用能零碳化的主要方向。欠发达地区电力供应能力提升及现代化、智能化生活推广，发达地区智能家居、数字化生活、智慧城市发展成为居民、商业及服务业电能替代的主要推动力。此外，通过太阳能在建筑部门的规模化应用，空间制热、制冷设备能效提升及建筑改造等，建筑部门耗能能够得到有效控制并逐渐向零耗能建筑发展。

预期目标： 伴随全球城镇化建设、人口规模增长，预计到 2050 年，建筑部门能源消费相比 2016 年增长率超过 20%，达到 56 亿吨标准煤，终端能源消费占比超过 1/3，仅次于工业部门能源消费。2050 年建筑部门电能消费占比达到 67%，电能消费增长至 30 万亿千瓦时，相比 2016 年增长 1.5 倍。

背景 23

热泵技术应用

热泵是一种将低温热源的热能转移到高温热源的装置，用以实现制冷和供暖。目前，热泵在日本、欧洲等国家和地区受到广泛关注。

热泵技术相较其他主流电采暖技术，具有高能效比、低运行成本、零碳排放等突出优势。热泵并非直接将电能转化为热能，而是通过压缩机做功实现热能的转移。在热源与供热端温差不大的情况下，热泵能效比通常可以达到200%以上。新建热泵的初始投资比新建燃煤锅炉

图 1　热泵工作原理示意图

高30%～80%，但节省了空调安装费用，在具备煤改电补贴及峰谷优惠电价政策的情况下，热泵相比燃煤以外的其他供热方式具有较好的经济性，适用于满足新增供热需求（如新建小区）和替代分散式供热（如农村煤改电）。

热泵技术在居民及公共服务的空间加热领域有较大的推广潜力。当前，尽管多数国家仍以燃煤／燃气作为供热的主要方式，热泵在供热领域中占比较低，但热泵技术处于高速发展的上升阶段，已得到各国政府广泛关注。2019年全球热泵数量约3800万套[1]。欧洲热泵技术发展较快，2017年累计使用数量已达到1000万套，耗电量593亿千瓦时，主要应用在居民供热领域。日本注重节能和环保，2015年采用热泵和电锅炉进行供热所消耗的电量约50亿千瓦时，其中热泵主要采用水源热泵，广泛应用于住宅、公共设施的供热领域。中国热泵技术应用以水源热泵为主，占总热泵使用量54%以上。2014年，热泵应用面积达到3.6亿平方米。

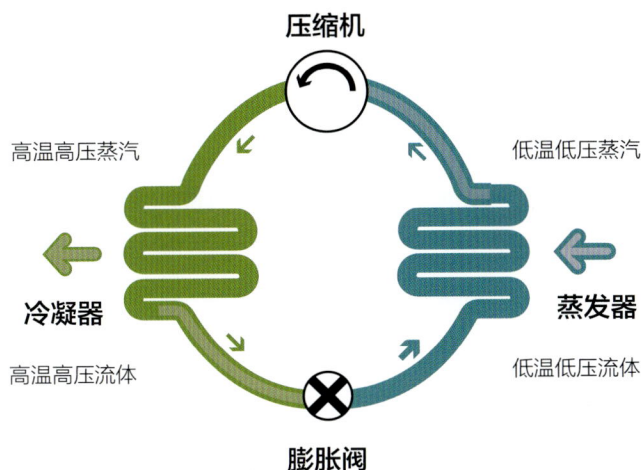

---

[1] 资料来源：IRENA, Global Renewables Outlook (2020 edition), 2020.

6.2.4　能源互联路线图

能源配置主要指连接能源生产与能源消费的输配系统。能源互联路线图是根据当前全球能源配置网络的发展实际，结合能源配置互联化、电气化的发展趋势与必然要求，对加快构建全球能源互联网骨干网架，有序实现清洁能源跨国、跨区、跨洲优化配置进行的分析展望。

1　发展路径

能源配置从当前的局部平衡向跨国跨洲、全球化配置转变。统筹考虑各洲资源禀赋和需求分布、多能互补和大范围互济、本地开发和远距离受电，总体按照国内互联、洲内互联、全球互联有序推进。

- **到 2035 年，**按照先易后难的次序，基本实现各大洲洲内电网互联和亚欧非跨洲联网。跨国互联电网快速发展，实现各国不同区域、不同季节、不同时段、不同类型电力资源的互补共济，提高能源系统效率和经济性。

- **到 2050 年，**建成亚欧非和美洲主要联网通道，在此基础上，建设北极能源通道，形成"九横九纵"全球联网格局。各洲、各国电网实现互联互通，跨洲间的多类型电力资源互补、利用时差的跨洲电力互济效益更加显著，全球能源互联网全面建成，成为全球清洁能源优化配置平台。

第三阶段（2050年）：全球互联

第二阶段（2035年）：洲内互联

第一阶段（2025年）：国内互联

图 6.16　全球能源互联路线图

2 关键举措

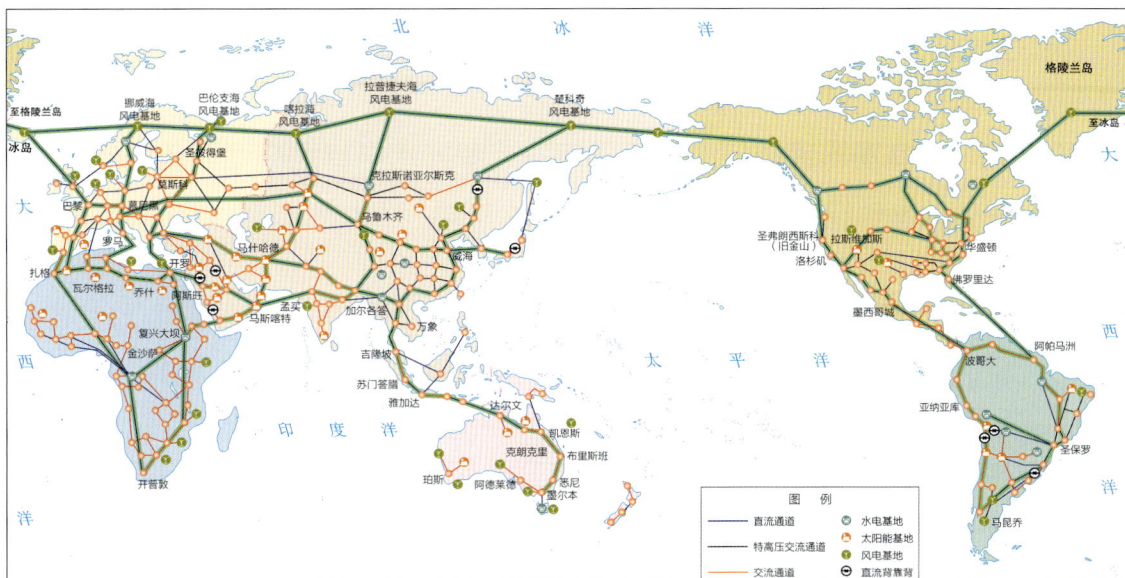

图 6.17　全球能源互联网骨干网架总体格局示意图❶

以超/特高压输电、柔性输电和海底电缆等先进技术为支撑，连接大型清洁能源基地和主要电力消费中心，构建全球能源互联网"九横九纵"骨干网架，形成全球清洁电力输送战略大通道。"九横九纵"骨干网架包括亚欧非"四横六纵"互联通道、美洲"四横三纵"互联通道和北极能源互联通道。

第一横：北极能源互联通道，从北欧挪威，经俄罗斯，跨越白令海峡连接美国阿拉斯加，长度 1.2 万千米，横跨 19 个时区，实现北半球 80% 电力系统互联，以集约化方式实现大洲间的大规模电力互济。

第二横：亚欧北横通道，连接中国、中亚哈萨克斯坦、欧洲德国和法国等国，将中亚清洁能源通过特高压分别输送至欧洲和中国，依托中国特高压交流同步电网，转送至东北亚，实现跨洲互济，长度 1 万千米。

第三横：亚欧南横通道，连接东南亚、南亚、西亚和欧洲南部，实现西亚的太阳能通过特高压直流向欧洲东南部和南亚负荷中心送电，及东南亚和中国水电向南亚输送，长度 9000 千米。

---

❶ 资料来源：全球能源互联网发展合作组织，全球能源互联网研究与展望，北京：中国电力出版社，2019。

第四横：亚非北横通道， 连接南亚、西亚太阳能基地及非洲北部五国，实现西亚太阳能送电埃及，并向西通过 1000 千伏交流延伸至摩洛哥，长度 9500 千米。

第五横：亚非南横通道， 连接刚果河、尼罗河水电基地和西亚太阳能基地，实现非洲水电和西亚太阳能互补互济，长度 6000 千米。

第六横：北美北横通道， 连接加拿大东西部电网，提高东西部电力交换能力，承接北极风电，向加拿大东部负荷中心送电，长度 4500 千米。

第七横：北美南横通道， 汇集美国西部太阳能、中部风电及密西西比河水电，送至东部纽约、华盛顿和西部负荷中心，长度 5000 千米。

第八横：南美北横通道， 连接南美北部哥伦比亚、委内瑞拉、圭亚那、法属圭亚那、苏里南、巴西等国家，增强电网互联和电力交换能力，长度 3500 千米。

第九横：南美南横通道， 汇集亚马孙河流域秘鲁、玻利维亚水电和智利太阳能基地电力，向巴西东南部负荷中心送电，长度 3000 千米。

第一纵：欧非西纵通道， 由冰岛经英国、法国、西班牙、摩洛哥、西部非洲至南部非洲，向北通过格陵兰岛与西半球互联。将格陵兰岛、北海风电送至欧洲大陆，将刚果河水电送至北部非洲、南部非洲，并与北部非洲太阳能联合送电欧洲大陆，长度 1.5 万千米。

第二纵：欧非中纵通道， 连接北极风电、北欧水电基地和北部非洲太阳能基地，经德国、法国、奥地利、意大利等国家纵贯欧洲大陆，向南连接至突尼斯，长度 4500 千米。

第三纵：欧非东纵通道， 由巴伦支海岸经俄罗斯、波罗的海、乌克兰、巴尔干半岛、塞浦路斯、埃及、东部非洲至南部非洲。将北极、波罗的海风电送至欧洲，将尼罗河水电送至北部非洲、南部非洲，与埃及太阳能、风能联合送电欧洲，长度 1.4 万千米。

第四纵：亚洲西纵通道，连接中亚、西亚太阳能基地与俄罗斯西伯利亚水电基地，依托中亚同步电网实现多能源汇集，未来向北延伸至喀拉海风电基地，长度 5500 千米。

第五纵：亚洲中纵通道，连接俄罗斯水电基地、中国西北风电和太阳能基地及西南水电基地，通过特高压直流向南亚负荷中心送电，长度 6500 千米。

第六纵：亚洲东纵通道，依托中国特高压电网、东南亚特高压电网，联通俄罗斯、中国、东北亚、东南亚，将俄罗斯远东、中国及东南亚等清洁能源基地电力输送至负荷中心，实现丰枯互济，承接北极风电，并向南延伸至澳大利亚，长度 1.9 万千米。

第七纵：美洲西纵通道，承接北极风电，围绕加拿大温哥华、美国西海岸、墨西哥构建特高压交流同步电网，实现加拿大水电、美国、墨西哥西部太阳能、风电的高效利用，并通过特高压直流经中美洲与南美北部电网互联，向南延伸至智利，实现北美太阳能与南美水电互补调节，长度 1.5 万千米。

第八纵：美洲中纵通道，北起加拿大曼尼托巴，经美国中部北达科他州，至得克萨斯州形成特高压交流纵向主干通道，向南进一步通过直流联网延伸至墨西哥城，汇集北部加拿大水电、中部美国风电，实现南北多能互补和清洁能源大范围配置，长度 4000 千米。

第九纵：美洲东纵通道，由加拿大魁北克、美国东海岸延伸至佛罗里达，形成特高压交流纵向主干通道，承接北部加拿大水电和美国西部太阳能、中部风电，并跨海经古巴等加勒比国家与南美北部电网互联，向南进一步延伸至阿根廷，实现南北多能互补和清洁能源大范围配置，未来承接格陵兰岛风电，长度约 1.6 万千米。

案例 8　特高压骨干网架促进清洁能源互补高效利用

全球水、风、光清洁能源通过特高压先进输电技术实现跨时空互补特性，在时间尺度上可减少季节性装机容量，在空间尺度上改善地区电源结构不平衡。

以巴西水能、阿根廷风能和智利太阳能资源特性为例，巴西大多数水能资源高峰期为 12 月—次年 5 月，低谷期为 6—11 月；阿根廷风能资源高峰期为 4—10 月，低谷期为 11 月—次年 3 月；智利太阳能资源高峰期为 10 月—次年 3 月，低谷期为 5—9 月；三者的月度波动之间存在较为明显的互补性。考虑水、风、光互补效益进行折算后，巴西、阿根廷和智利清洁能源资源的整体特性可以得到改善，高峰期与低谷期出力之比可由水能的 10：2 降低至整体的 10：7。

北非、西亚太阳能辐照强度是欧洲的 2 倍左右，光伏发电成本为 1.5~1.8 美分 / 千瓦时，送电至欧洲西班牙、法国、德国、意大利等负荷中心，输电费用为 1.0~3.8 美分 / 千瓦时，平均落地价差优势 1~2 美分。欧洲主力电源为风电，呈现冬大夏小出力特性，与北非、西亚的太阳能特性互补作用明显。中亚向欧洲送电，实现亚欧联网，利用时区差获得错峰效益。初步测算，亚欧联网规模达 800 万千瓦时，可获 1600 万千瓦错峰容量效益。跨时空多能互补互济后，能够提高清洁能源利用效率，实现清洁能源的大规模、大范围优化配置。

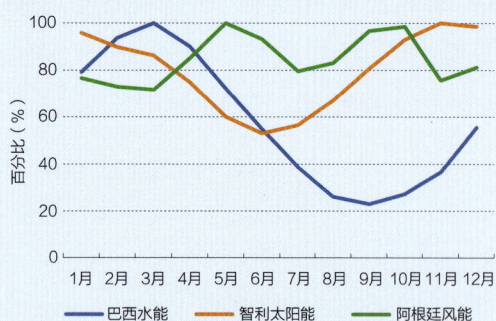

图 1　巴西水能、阿根廷风能和智利太阳能年变化规律

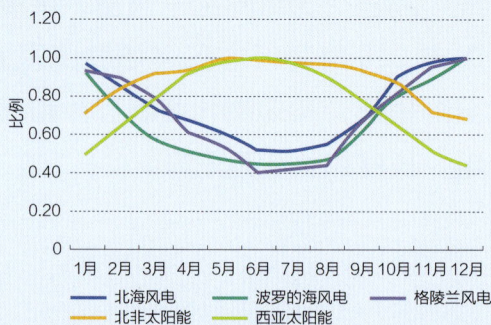

图 2　欧洲海上风电与北非、西亚太阳能特性示意图

6.2.5　碳减排路线图

碳排放主要包括发电、交通、建筑和工业等能源部门和工业工程、农林畜牧等非能源部门的排放。碳减排路线图是以减少能源系统碳排放为核心，在能源生产环节实施清洁替代、在能源消费环节实施电能替代，大幅减少化石能源燃烧带来的二氧化碳排放，协同带动全社会实现碳中和。

1　实现路径

当前全球碳排放仍保持增长态势。在过去十年中，温室气体排放量以每年 1.5% 的速度增长。2018 年，全球温室气体排放量达到了 553 亿吨二氧化碳当量，再创历史新高[1]。化石能源利用相关的二氧化碳排放在温室气体结构中占主导地位，化石能源利用相关的二氧化碳排放约占二氧化碳总排放量的 85%，约占温室气体总排放量的 66%[2]。

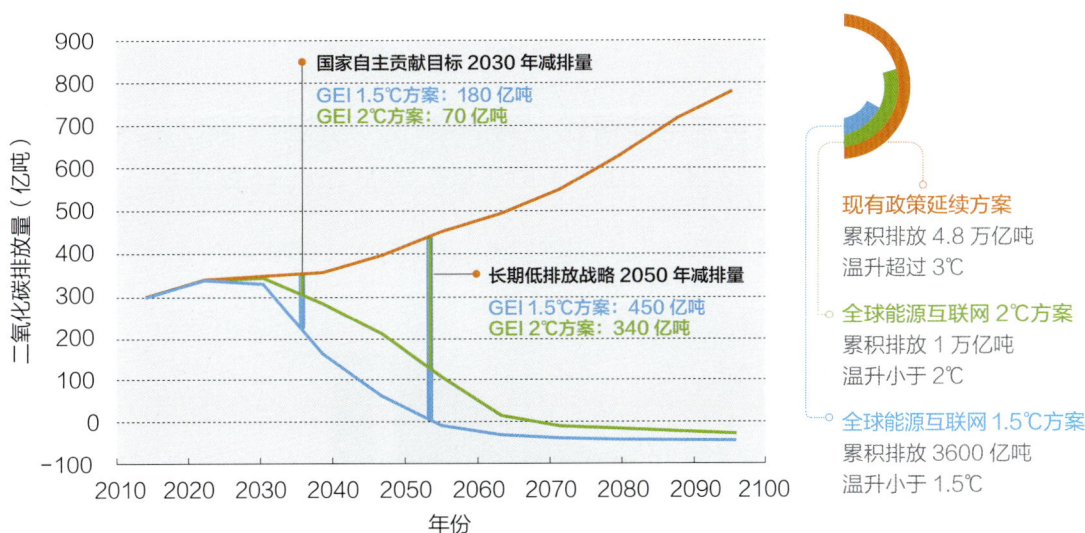

图 6.18　全球能源互联网碳排放路线图 [3]

能源系统减排对实现全社会碳中和发挥关键作用。各行业部门减排难度不一，能源和电力系统要率先实现净零排放并提供负排放，协同带动全社会实现碳中和，实现 2℃和 1.5℃温控目标。碳减排路线图总体包括三个方面。

---

[1]　资料来源：UNEP，Emission Gap Report 2019, 2019.

[2]　资料来源：IEA, CO_2 Emissions from Fuel Combustion Highlights 2016, 2016.

[3]　资料来源：全球能源互联网发展合作组织、国际应用系统分析研究所、世界气象组织，全球能源互联网应对气候变化研究报告，北京：中国电力出版社，2019。

- **尽早达峰尽早净零。** 2℃目标下，能源系统二氧化碳排放量 2025 年左右实现排放达峰、2065 年左右实现净零排放。1.5℃目标下，能源系统二氧化碳排放量 2025 年前实现排放达峰、2050 年左右实现净零排放。

- **确保实现温控目标。** 2℃目标下，2018—2100 年能源系统累积二氧化碳排放量约为 1 万亿吨，累积净负排放 1300 亿吨。1.5℃目标下，碳排放空间仅为 2℃目标的 1/3 至 1/2，2018—2100 年能源系统累积二氧化碳排放量约为 3600 亿吨，累积净负排放 1500 亿吨。

- **增强各国减排力度。** 到 2030 年，2℃目标和 1.5℃目标下，全球能源系统二氧化碳排放量分别为 280 亿吨、170 亿吨，分别比当前各国的自主贡献目标多减排 70 亿吨、180 亿吨。到 2050 年，2℃目标下全球能源系统二氧化碳排放 110 亿吨，1.5℃目标下达到净零排放，能够比现有政策延续方案 [1] 分别多减排 340 亿吨、450 亿吨。

2 减排成效

全球能源互联网通过综合实施电能替代、清洁替代、跨国跨洲电力传输和交易、碳捕集与封存和负排放等技术，大幅减少能源系统及全社会碳排放，确保实现《巴黎协定》温控目标。

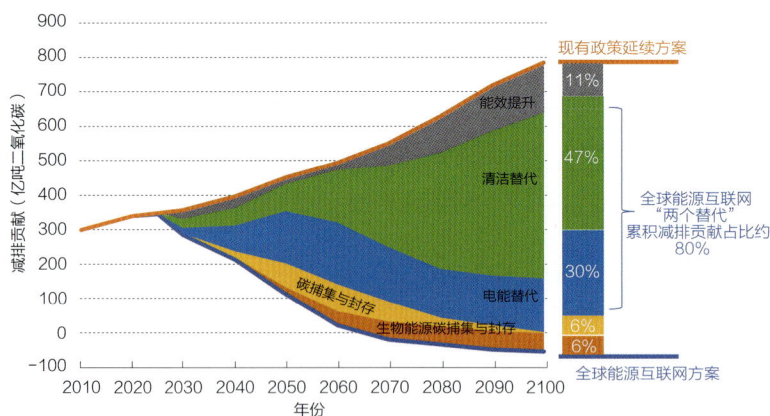

图 6.19 全球能源互联网减排成效分析 [2]

---

[1] 本报告中的现有政策延续方案基于 IIASA 的国家现有政策情景（简称"NPi 情景"），引自文献：McCollum D L, Wilson C, Bevione M, et al., Interaction of Consumer Preferences and Climate Policies in the Global Transition to Low-carbon Vehicles, Nature Energy, 2018, 3(8): 664-673。

[2] 资料来源：Zhou Y B, Chen X, Tan X, et al., Mechanism of CO₂ Emission Reduction by Global Energy Interconnection, Global Energy Interconnection, 2018, 1(4): 409-419.

清洁替代控制碳排放源头。全球能源互联网能够发挥清洁能源基地化开发的网络经济和规模优势，大幅提升清洁电力的经济性和安全性，到 21 世纪末，实施清洁替代能够累积减排二氧化碳 1.8 万亿吨，累积减排贡献 47%。

电能替代促进跨行业减排。全球能源互联网能够发挥电能作为清洁、低碳、高效的二次能源的优势，加速推动工业、建筑、交通等主要部门的用能结构从以化石能源为主向以电为主转变，提高能源使用效率、降低能源强度，大幅降低化石能源在终端部门的燃烧排放。通过电能替代大幅提升终端电气化水平，到 2050 年，实现电能占终端能源消费比例提高 1.3 倍，工业、交通、建筑部门电能消费比例（不含制氢电量）分别达 48%、32%、67%。到 21 世纪末，实施电能替代能够累积减排二氧化碳 1.1 万亿吨，累积减排贡献 30%。

互联互通降低减排成本。通过互联互通实现电网大范围配置，能够进一步发挥清洁能源时区差、季节差、资源差、价格差优势，优化以清洁能源发电为核心的全球碳减排资源配置，促进和推动"两个替代"实施。到 2050 年，全球能源互联网方案能够实现跨国、跨洲电力传输 6.6 亿千瓦。

碳捕集与封存作为有益补充。化石能源利用过程中通过配置碳捕集与封存（CCS）实现低碳排放。电力部门中作为调峰电源用的化石能源发电配置 CCS 降低电力部门碳排放。氢能生产环节配置 CCS 实现化石能源利用脱碳。生物质利用过程中配置 CCS 为能源系统提供一定量负排放是实现净零排放的重要技术，包括电力部门的生物质发电、生物燃料生产及生物质制氢环节。到 2050 年 CCS 二氧化碳捕集 100 亿吨，其中生物质碳移除（BECCS）捕集量约为 40 亿吨。

6.3 五大发展基础

构建全球能源互联网，符合世界能源清洁化、电气化、网络化的发展规律，技术可行、经济性好、资源有保障、互联有基础、政治有共识，加快发展的条件已经具备。

6.3.1 思想基础

绿色低碳的发展共识初步形成。面对气候环境危机，全球已有 197 个国家签署了《巴黎协定》，在推动能源转型、促进低碳发展、应对气候变化等方面开展了积极实践。欧盟出台《欧洲绿色新政》，提出 2050 年前实现碳中和目标，德国计划到 2050 年国内清洁能源占总发电量比重达到 80%。全球 30 余个国家先后出台退煤政策，西班牙计划 2020 年前淘汰煤电，奥地利、意大利、英国和法国计划 2025 年前关闭全部燃煤电站，丹麦、芬兰、荷兰、葡萄牙 2030 年前停止煤电，英国和加拿大成立弃用煤电联盟，倡议欧盟和 OECD 国家 2030 年前、其他国家 2050 年前停止使用煤电，已有 33 个国家加入。世界各国先后公布禁售燃油车时间表，挪威、荷兰宣布 2025 年，印度、德国宣布 2030 年，英国、法国宣布 2040 年后禁售燃油汽车，清洁发展的理念得到越来越多的国家认可。

表 6.4　世界各国 / 地区承诺淘汰煤电时间表

国家	比利时	西班牙	新西兰	法国	意大利	奥地利
时间	2016 年	2019 年	2022 年	2023 年	2025 年	2025 年
国家	英国	爱尔兰	以色列	希腊	荷兰	芬兰
时间	2025 年	2025 年	2025 年	2028 年	2030 年	2030 年
国家	瑞典	葡萄牙	丹麦	匈牙利	瑞士	卢森堡
时间	2030 年	2030 年	2030 年	2030 年	2030 年	2030 年
国家	安哥拉	埃塞俄比亚	哥斯达黎加	智利	墨西哥	德国
时间	2030 年	2030 年	2030 年	2030 年	2030 年	2038 年
地区	美国加利福尼亚州	美国马塞诸塞州	美国俄勒冈州	美国纽约州	美国康涅狄格州	美国华盛顿州
时间	2014 年	2017 年	2020 年	2020 年	2021 年	2025 年

表 6.5　国家／地区公布禁售燃油车时间表

国家	荷兰	挪威	印度	德国	法国	英国
时间	2025 年	2025 年	2030 年	2030 年	2040 年	2040 年

全球能源互联网凝聚各方共识。全球能源互联网在推动能源转型、促进气候和环境治理等方面的重要作用得到了各国政府、企业、机构、高校的广泛认可，已纳入"一带一路"建设和联合国"2030 年议程"，促进《巴黎协定》实施，推动全球环境治理，解决无电、贫困、健康问题等工作框架，写入第五十四届西非国家经济共同体首脑峰会、第九届清洁能源部长级会议、中阿合作论坛第八届部长级会议等成果文件。联合国秘书长古特雷斯表示，全球能源互联网是实现人类可持续发展的核心和实现全球包容性增长的关键，对实现联合国"2030 议程"和《巴黎协定》目标至关重要，敦促各国加强行动。

表 6.6　全球能源互联网纳入全球多个领域工作框架

2017 年 5 月	"一带一路"国际合作高峰论坛期间，与联合国经社部、联合国亚太经社委、非盟、阿盟、海合会电网管理局签署合作备忘录，纳入高峰论坛 5 大类 76 大项成果清单
2017 年 11 月	与联合国经社部共同举办全球能源互联网高级别研讨会和午餐会，发布《全球能源互联网落实联合国 2030 年可持续发展议程行动计划》，联合国秘书长古特雷斯、副秘书长刘振民、副秘书长兼办公厅主任维奥蒂等高级官员出席会议并发表致辞
2018 年 5 月	丹麦哥本哈根和瑞典马尔默清洁能源部长级会议期间，全球和区域能源互联网倡议纳入会议成果文件
2018 年 12 月	与联合国气候变化框架公约秘书处等机构，在联合国气候变化框架公约第 24 次缔约方会议（COP24）期间举办系列活动，发布《全球能源互联网促进〈巴黎协定〉实施行动计划》
2019 年 3 月	在第四届联合国环境大会上发布《全球能源互联网促进全球环境治理行动计划》，全球能源互联网纳入联合国全球环境治理工作框架
2019 年 5 月	与联合国高代办共同举办加强最不发达国家能源供给与融资国际会议，发布《全球能源互联网解决无电、贫困、健康问题行动计划》，全球能源互联网写入会议成果文件

背景 24 《欧盟绿色新政》与碳中和目标[1]

2019 年 12 月 11 日，欧盟委员会发布了《欧洲绿色新政》（以下简称"新政"），提出欧洲将在 2050 年前成为全球首个碳中和大洲。新政是欧洲针对碳中和目标实施方案的纲领性文件。新政提出欧盟未来在能源、工业、建筑、交通、农业、生态、环境七大领域的绿色低碳发展路径。

提供清洁、可负担的和安全的能源。一是优先考虑能源清洁与效率。新政倡导电力部门发展以可再生能源为基础，逐步淘汰煤炭和完成天然气脱碳。欧盟各成员国需提交或修订能源和气候计划，欧盟委员会将评估这些计划是否有足够的减排雄心，并继续确保严格执行相关法案。二是保障欧盟的能源供应安全，确保欧洲能源市场完全一体化和数字化。三是将于 2020 年制定指导方针，协助成员国解决能源贫困等问题。

发展清洁、循环工业。新政支持并加速工业向可持续模式下的包容性增长转型。一是欧盟委员会将通过《循环经济行动计划》，推出"可持续产品"等政策，指导并推动欧盟循环产品市场的发展。二是强调数字化在循环工业经济中的重要性。

发展节能环保的建筑业。欧盟委员会将执行有关建筑物能源性能的立法，并启动研究将建筑制造产生的排放纳入欧洲排放交易的可能性。新政提出建筑翻修倡议，为建筑工程各方及地方政府打造开放平台。

加速向可持续与智能交通转变。欧盟委员会将在 2020 年通过可持续和智能交通战略、相关标准和立法，加大可持续替代燃料的生产和部署，提出更严格的内燃机车空气污染物排放标准，提高运输系统效率，降低交通部门排放。

构建公平、健康、环保农业体系，提出"从农场到餐桌"战略，为制定更可持续的食品政策奠定基础。**保护生态系统和恢复生物多样性，**提出保护生物多样性的全球目标，倡导制定有助于保护和恢复欧洲自然资本的政策，制定森林战略，以"基于自然的解决方案"高效发展植树造林和森林保护与恢复。**建立零污染环境，**提出"空气、水和土壤零污染行动计划"。

---

[1] 资料来源：European Commission, A European Green Deal, 2019. https://ec.europa.eu/info/strategy/priorities-2019-2024/european-green-deal_en.

6.3.2　资源基础

1　全球清洁能源总量丰富

全球水能、风能、太阳能、核能、海洋能、生物质能等清洁能源资源充足，开发潜力巨大。

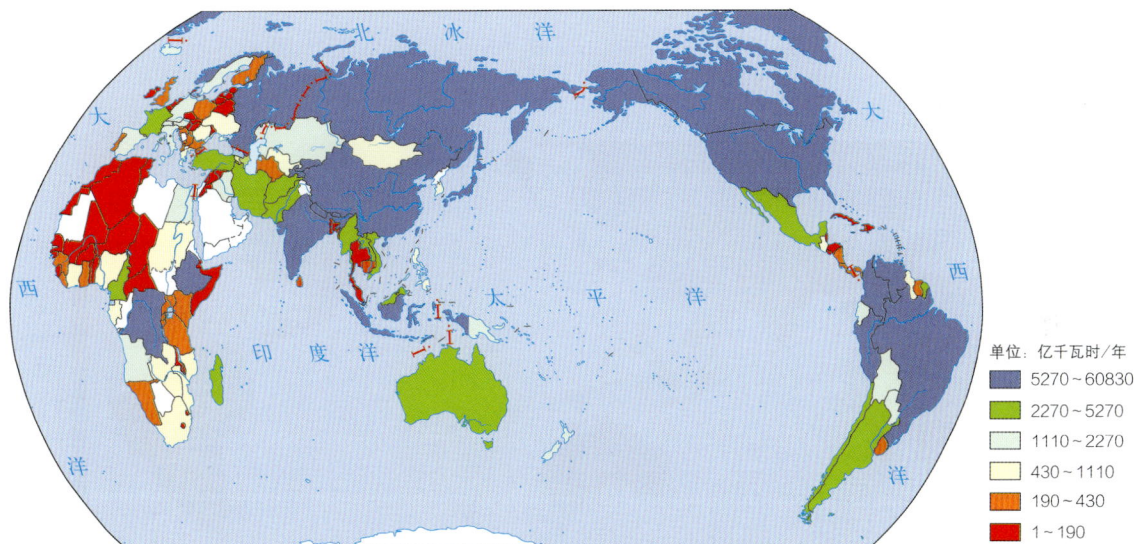

图6.20　全球水能资源分布示意图

水能：根据世界能源理事会统计，全球水能资源理论蕴藏量约为39万亿千瓦时/年，主要分布在亚洲、非洲和南美洲等地区。中国、巴西、印度、俄罗斯、印度尼西亚是全球水能理论蕴藏量排名前五的国家，水能资源总量分别达到6.1万亿、3.0万亿、2.6万亿、2.3万亿、2.2万亿千瓦时/年。

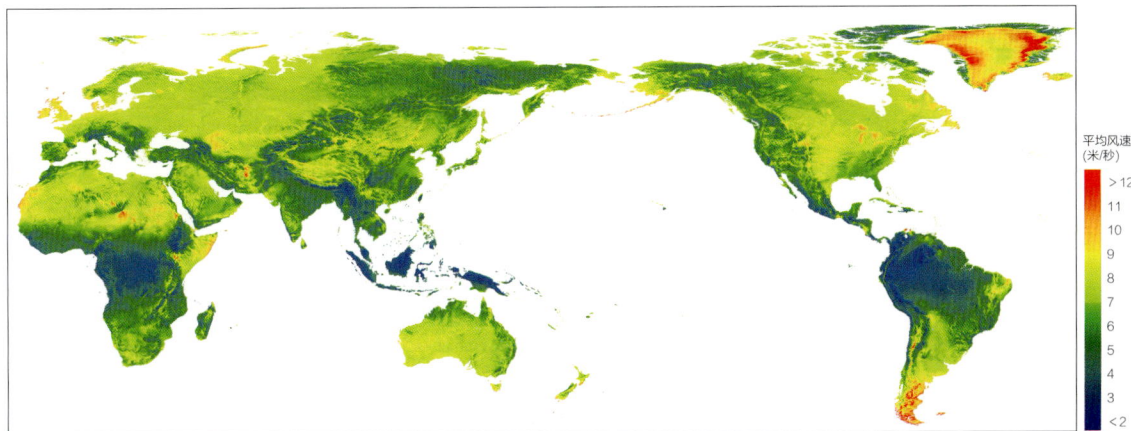

图6.21　全球风能资源分布示意图

风能： 全球风能资源理论蕴藏量约为 2000 万亿千瓦时／年，非洲、亚洲、北美洲、南美洲、欧洲和大洋洲分别占全球风能总量的 32%、25%、20%、10%、8% 和 5%。

太阳能： 太阳一年辐射到地表的能量约 116 万亿吨标准煤，相当于 2017 年世界一次能源消费总量（193 亿吨标准煤）的 6000 倍，远超全球化石能源资源储量。此外，全球核能、海洋能、生物质能等资源广泛分布，与水能、风能、太阳能一起构成了总量丰富、体系完备的全球清洁能源资源宝库。

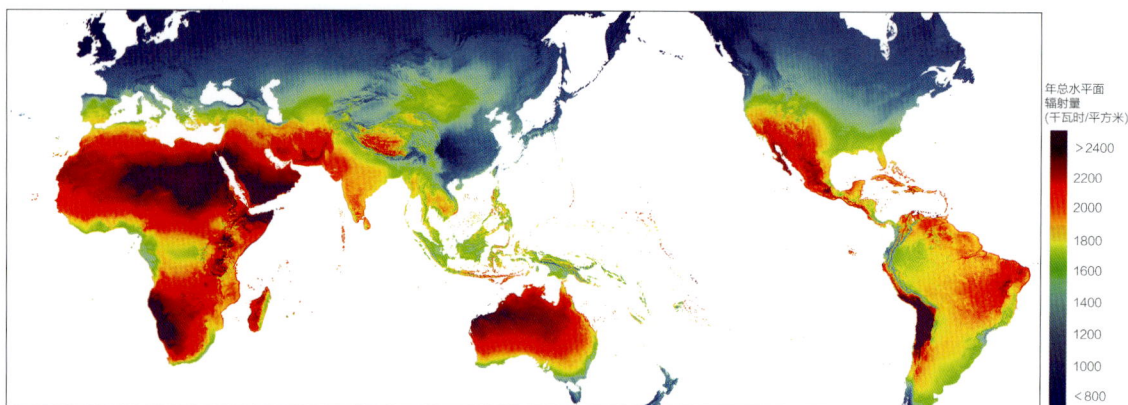

图 6.22　全球太阳能资源分布示意图

2 全球清洁能源资源优质

清洁能源在各大洲广泛分布。特别在北极地区、赤道沿线地区，风能和太阳能资源十分丰富。

北极地区：（"一极"）风能资源尤为突出，平均风能密度超过 400 瓦／平方米，设备年利用小时数超过 4000 小时，主要集中在格陵兰岛、挪威海、巴伦支海、喀拉海、白令海峡等地。中国"三北"地区、美国东部沿海、魁北克北部，巴西高原、安第斯山脉、欧洲北海等区域风能资源丰富，平均风速达到 7 米／秒以上。

赤道地区：（"一道"）是全球太阳能资源最富集的地区，撒哈拉沙漠辐照强度超过 2200 千瓦时／平方米，1 平方米面积每年吸收的太阳能相当于 2 桶石油，开发撒哈拉沙漠 7.7% 面积的太阳能（相当于边长 830 千米的正方形区域），就可满足未来全球用电需求。北非、中东、澳大利亚北部、北美洲西部和南美洲西部地区的太阳能资源非常丰富，年辐照强度均超过 2000 千瓦时 / 平方米。

表 6.7　全球太阳能资源富集地区

地区		富集地区	年辐照强度（千瓦时 / 平方米）
亚洲	中东	以色列、约旦、沙特、阿联酋	2000～2700
	中国西部	新疆、内蒙古、西藏、甘肃、青海	1500～2150
欧洲	南欧	葡萄牙、西班牙、意大利、希腊、土耳其	1600～2100
北美洲	美国西南部	加州、堪萨斯、科罗拉多、俄克拉荷马、得克萨斯、犹他、新墨西哥、内华达、亚利桑那	2100～2500
南美洲	秘鲁、智利	阿塔卡玛沙漠	2000～2500
非洲	北非	撒哈拉沙漠及以北地区	2000～2700
	东非	埃塞俄比亚、苏丹、肯尼亚等国家和地区	1900～2800
大洋洲	澳大利亚	北部地区	1800～2500

6.3.3　技术基础

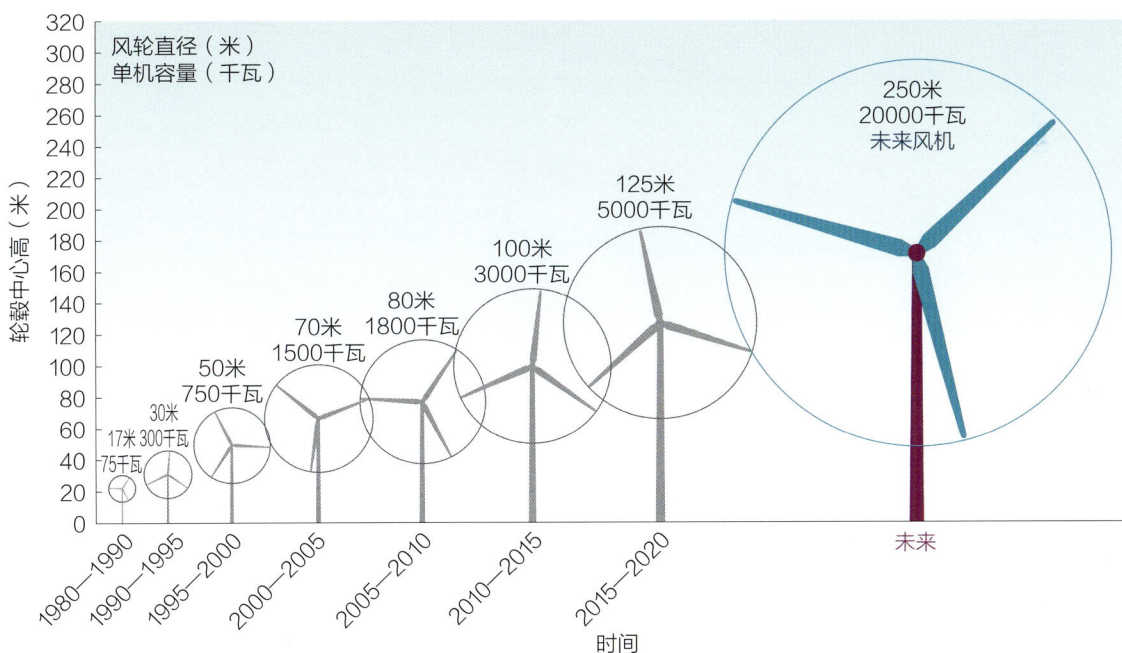

图 6.23　全球风力发电机组大型化发展趋势 ❶

---

❶ 资料来源：IEA, Wind Energy Technology Roadmap (2013 edition)，2013. IEA 版权所有；在本书引用时由全球能源互联网发展合作组织进行了修改。

清洁能源发电技术不断进步。风力发电方面，风电机组单机容量持续提高。从 2009 年到 2017 年，全球风电机组的平均单机容量从 1.6 兆瓦增加至 2.5 兆瓦，提高了 50% 以上。截至 2019 年年底，陆上风电最大单机容量已达 4.5 兆瓦，海上风电最大单机容量已达 9.5 兆瓦。该 9.5 兆瓦风机叶片长度为 80 米，轮毂高度 105 米，创造了 24 小时内单机发电量 216 兆瓦时的世界纪录。随着叶片分段式设计和连接技术取得突破，预计 2025 年前后，风机叶片长度可达 120 米，单机容量将达到 12 兆瓦。**光伏发电方面，**光伏电池转化效率持续提高，目前商用电池效率已达到 20% 以上，且每年以 1 到 1.5 个百分点的速度提高。目前单晶硅、多晶硅电池实验室最高转换效率达 25.7% 和 22.3%，商业化运行的单晶硅、多晶硅电池组件转换效率达 21% 和 19.8%。随着晶硅电池结构的进一步优化，预计 2025 年前后，钝化发射级和背表面电池（PERC）电池组件效率将达到 22% 左右，具有本征非晶层的异质结电池（HIT）电池组件效率将达到 25% 左右，有望成为新一代高效主流电池。

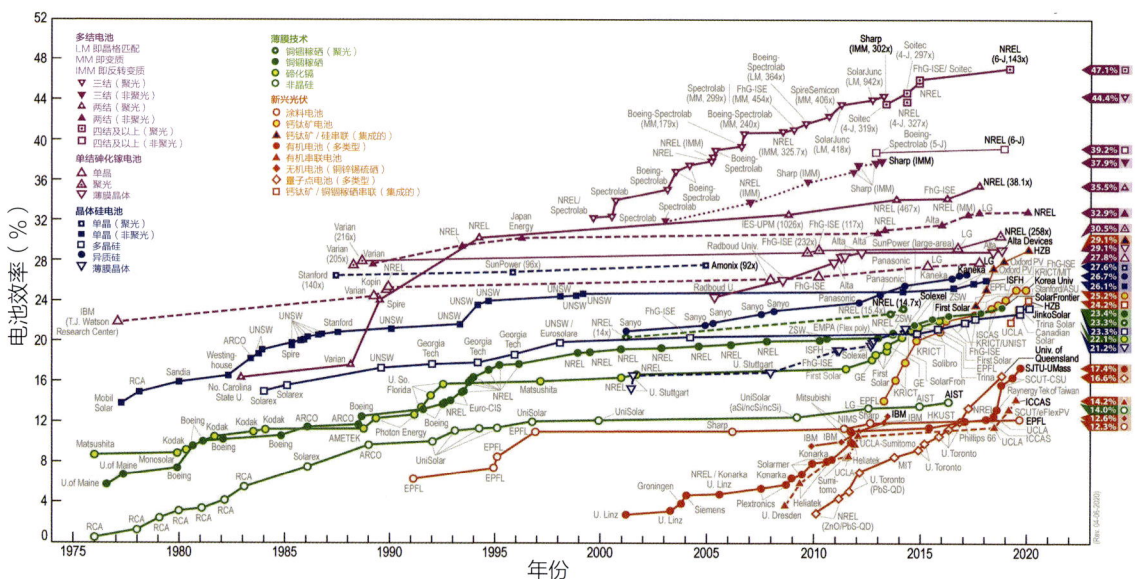

图 6.24　全球太阳能光伏发电效率发展趋势 ❶

---

❶ 资料来源：National Renewable Energy Laboratory.

特高压技术全球推广。2009 年 1 月，中国建成世界首个商业运行的特高压交流工程；2010 年 7 月建成世界首个特高压直流工程。截至 2019 年年底，中国已建成"十交十四直"24 个特高压工程，在建"四交四直"8 个特高压工程，已投运和正在建设的特高压线路长度达到 3.8 万千米、变电（换流）容量超过 4.5 亿千伏安（千瓦），跨区输电能力超过 1.5 亿千瓦，成为中国西电东送、北电南供的清洁能源大通道。特高压技术在印度和巴西等国成功应用，2015 年 9 月，印度比斯瓦纳特—阿格拉特高压直流建成投运；2017 年年底，巴西美丽山水电 ±800 千伏特高压直流输电一期工程建成投运，二期工程将于 2020 年内投运。特高压在全球范围加快应用，验证了特高压输电的先进性、安全性、经济性和环境友好性，为加快世界能源转型和可持续发展提供了成熟技术和系统方案。

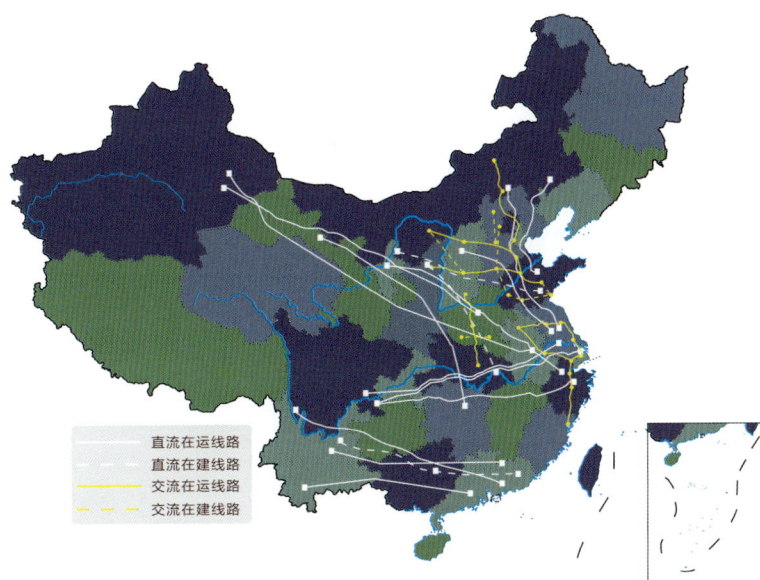

图 6.25　中国特高压联网示意图

案例 9　特高压技术在巴西成功应用

巴西地域辽阔，80% 用电负荷集中在东南部发达地区，而发电资源则集中分布在北部亚马孙河流域，供需分布极不平衡。特高压直流输电技术具有占用线路走廊少、单位容量造价低、输电距离长、输送容量大、损耗小的优势，可以解决美丽山水电长距离输送难题。

2014 年 2 月，中国国家电网和巴西国家电力公司联合中标美丽山水电特高压直流输电工程。2017 年 12 月，巴西美丽山水电 ±800 千伏特高压直流输电一期工程提前完工并投入运营。项目线路全长 2084 千米，输送容量 400 万千瓦，可满足 2200 万人口全年用电需求。

2019 年 8 月，巴西美丽山特高压直流输电二期工程完成系统调试。工程额定电压为 ±800 千伏、额定输送功率 400 万千瓦，线路全长 2518 千米，是巴西规模最大的输电工程，预计 2020 年建成投运。

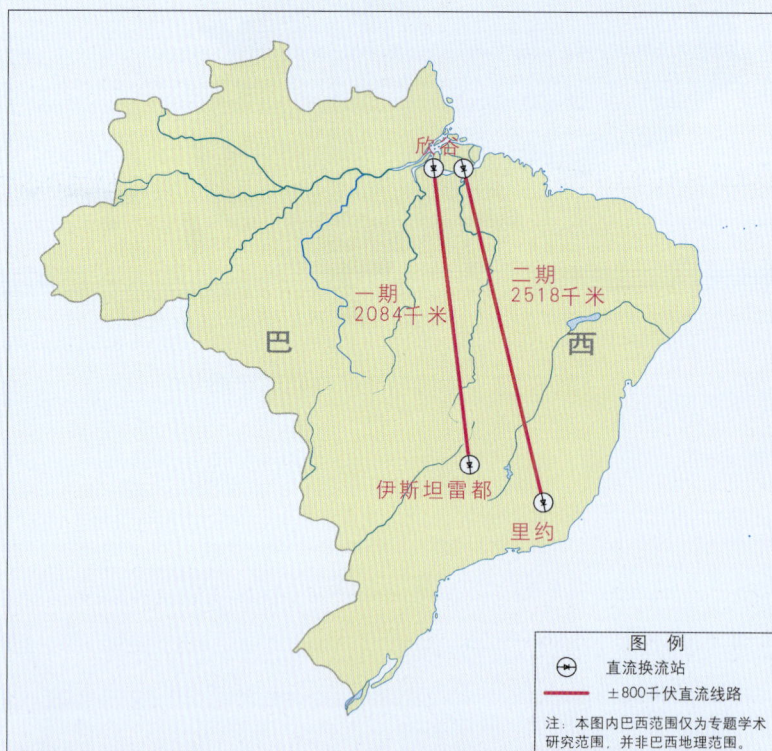

图 1　巴西美丽山水电 ±800 千伏特高压直流输电工程示意图

智能电网技术广泛应用。中国已建成投运了国家风光储输示范工程等一批世界领先的创新项目；广泛应用互联网、大数据、云计算等先进技术，扩展了电网业务领域，提升电力服务质量；累计安装智能电能表超过 5 亿只，实现用电信息全面自动采集；接入公共和私人充电桩累计达到 80 万个，形成全球覆盖范围最广、技术水平最高的智慧车联网平台。欧洲、美国、日本等地区和国家把智能电网作为能源发展战略重点，制订规划和行动路线，加大投入，在分布式电源、电动汽车、储能装置等方面不断取得重要突破。

6.3.4 经济基础

1 清洁能源成本快速下降

近年来，随着技术进步和产业规模提升，光伏和陆上风电的成本快速下降，竞争力已经接近化石能源。

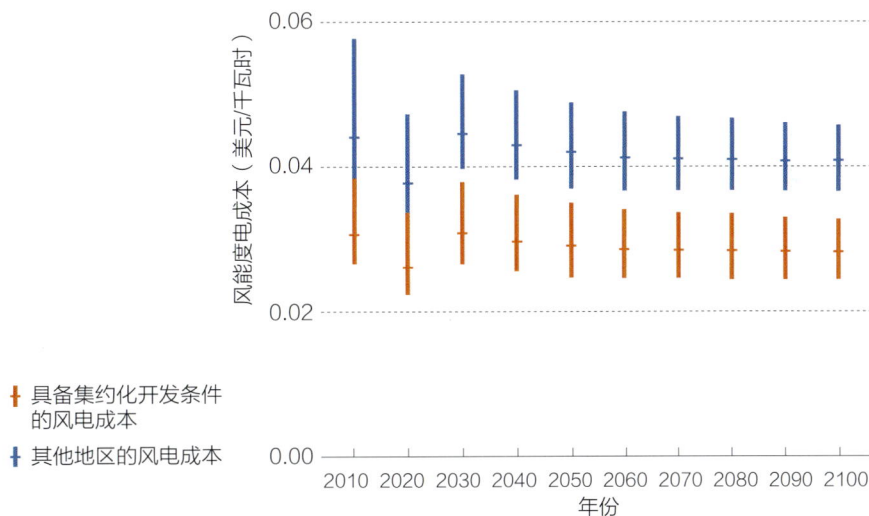

图 6.26 全球风电度电成本发展趋势

风电：单机容量提升和装机成本下降促进全球风电成本显著降低。2018 年投产的陆上风电项目平均度电成本为 5.6 美分 / 千瓦时，相比 2010 年降低 35%。2018 年投产的海上风电平均度电成本为 12.7 美分 / 千瓦时，相比 2010 年降低 20%。预计 2050 年陆上和海上风电成本分别有望降至 2.5、5.5 美分 / 千瓦时左右。

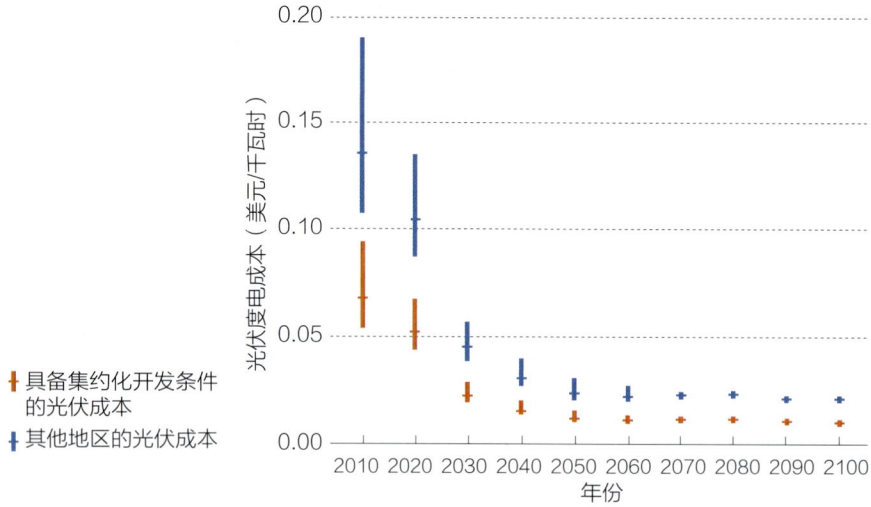

图 6.27　全球光伏发电度电成本发展趋势

光伏发电： 成本下降显著，加快成为最有经济竞争力的发电电源。2018 年投产的光伏发电度电成本为 8.5 美分 / 千瓦时，相比 2010 年下降 77%。预计 2050 年光伏度电成本有望降至 2 美分 / 千瓦时左右。

光热发电： 开发经验和供应链日益成熟，成本降低空间较大。2010 年以来，光热发电度电成本从 34 美分 / 千瓦时降至 18.5 美分 / 千瓦时，下降约 50%。预计 2050 年光热度电成本有望降至 5 美分 / 千瓦时左右。

2 跨国跨洲联网效益显著

全球能源互联网可以实现跨国跨洲电力互补互济，统筹不同地区的资源差、时区差、季节差、电价差，减少备用容量，提高全系统的经济性和运行效率。中、德两国相差 8 个时区，两端负荷互补特性显著。跨洲联网通道的建设，将充分利用亚欧大陆中部的清洁能源资源，在一天、一年中由两大负荷中心交替使用，两端负荷中心的峰谷差率可下降 7% 以上。非洲刚果河下游水电外送至德国经济效益显著，大英加水电站发电成本 3 美分 / 千瓦时，通过特高压直流输送至德国，落地电价比当地工业电价、居民电价低 7、17 美分 / 千瓦时。

6.3.5 互联互通基础

全球电网发展历经 130 多年，经历了从传统电网到现代电网，从孤立电网到大型互联电网的跨越发展。目前，全球已形成欧洲大陆、北美地区、俄罗斯—波罗的海等跨国互联大电网。海湾地区、南美、东南亚、非洲等地区也在积极推进跨国联网。从世界范围看，跨国、跨州电网互联的范围正在扩大，规模正在提升，全球电网互联的格局正在加速形成。

欧洲： 20 世纪初，欧洲各国加快建设国内电网，瑞士与法国、意大利建成欧洲最早的跨国互联线路，邻国电力贸易开始出现。到 20 世纪末，欧洲主要国家 220 千伏及以上输电网已经达到一定规模，部分国家的交流电压提升至 400（380）千伏，欧洲五大同步电网的格局逐步形成。21 世纪以来，在清洁能源战略驱动下，欧洲电网的电压等级进一步提高、互联规模进一步扩大。目前，欧洲已经建成全球最大的跨国互联电网，由欧洲大陆、北欧、波罗的海、英国、爱尔兰电网 5 个跨国互联同步电网组成，覆盖 32 个国家，装机容量达到 10.07 亿千瓦，用电量达到 3.27 万亿千瓦时，跨国联络线超过 340 条，交换电量占总用电量的 13%，各国资源互补互济，清洁发展成效显著。

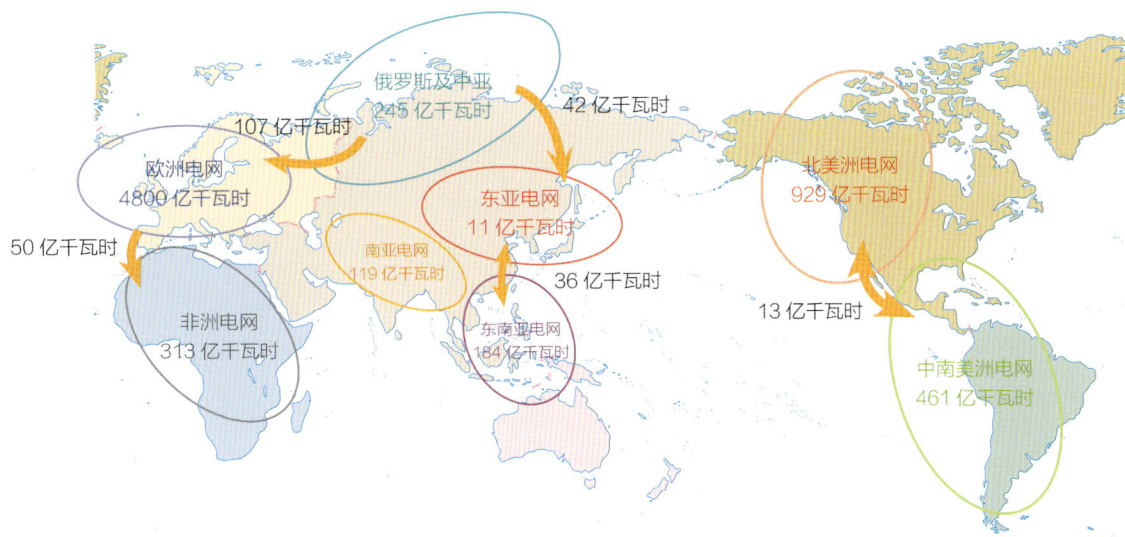

图 6.28 2016 年全球跨洲跨国电力交易示意图 ❶

---

❶ 资料来源：全球能源互联网发展合作组织，全球能源互联网发展与展望 2017，2017。

北美洲： 20 世纪初期，为满足工业和经济发展需求，北美各孤立系统开始互联并且规模不断扩大。至 20 世纪 60 年代末，除阿拉斯加和夏威夷州外，美国本土 48 个州和加拿大南部几乎所有的电力公司接入了大电网。20 世纪 80 年代，随着供电区域扩大、电力负荷增加、发电机组容量增大和输电电压等级升高，系统之间互联规模不断扩大。目前，美国与加拿大间已建成 230 千伏及以上联网线路 25 回，包括世界首条 ±450 千伏多端直流线路（加拿大魁北克省—美国马萨诸塞州）。北美地区形成了由美国东部电网、西部电网、得州电网和加拿大魁北克电网四大同步电网，总覆盖面积达到 1140 万平方千米，运营范围覆盖 4.8 亿人口，年跨国交换电量超过 600 亿千瓦时。

海湾地区： 海湾地区沙特、科威特、巴林、卡塔尔、阿联酋和阿曼等六国已实现跨国互联，互联电网总长度超过 1100 千米、交换容量超过 500 万千瓦。近期，海湾国家合作委员会电网管理局、埃塞俄比亚政府以及全球能源互联网发展合作组织等有关各方，积极推进埃塞俄比亚—海湾地区联网项目，促进东非水电与西亚太阳能发电互补互济，实现清洁能源大范围优化配置。

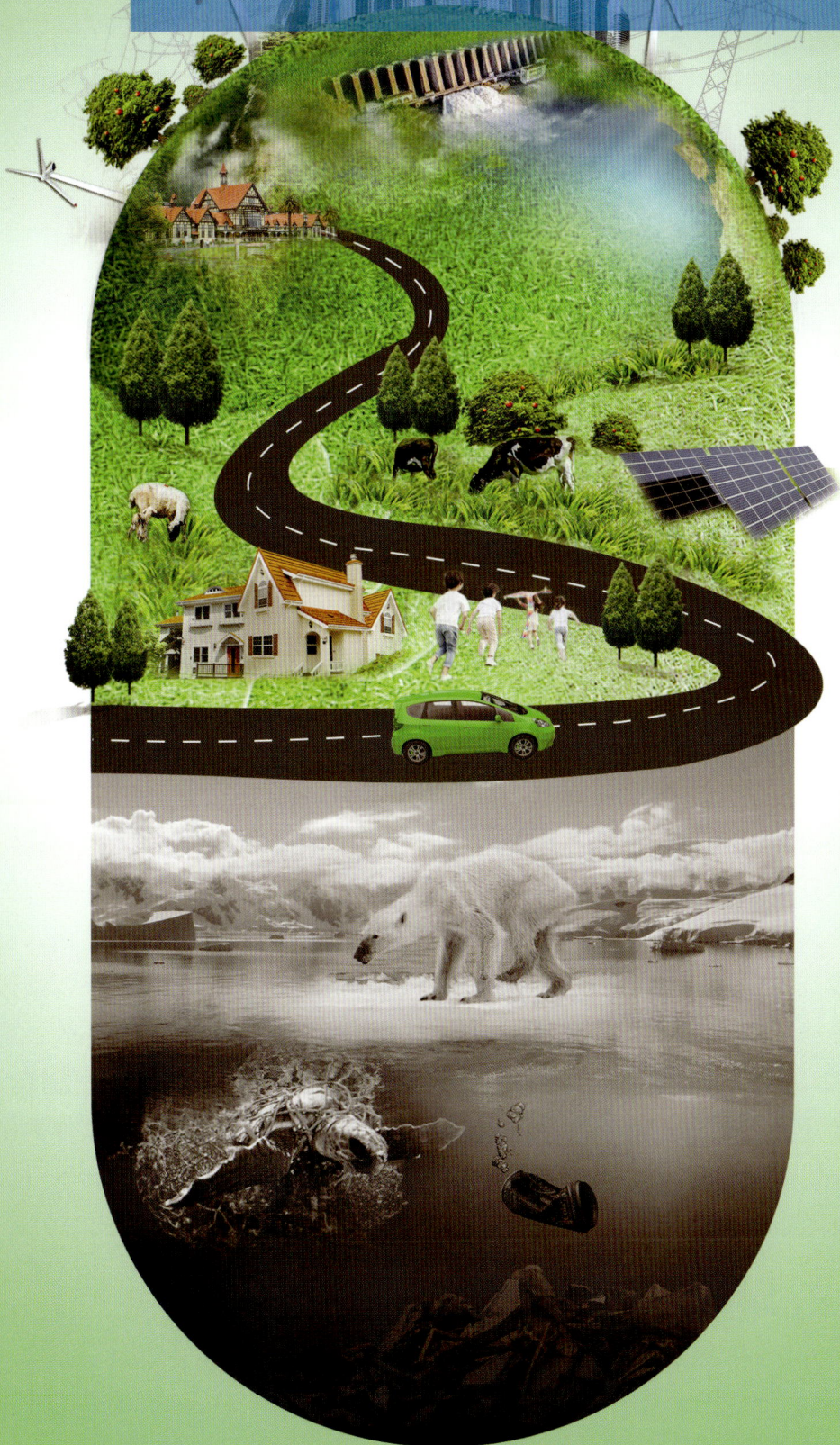

全球能源互联网以永续发展的先进思想为内涵，具有理念领先、技术先进、经济高效、系统全面的全方位优势，通过构建覆盖全球、光速传输、清洁低碳、智能友好的现代能源网络，为各国各地区资源开发、产业协同、生态环境、社会共赢、资金融通提供行之有效的发展方式，为联合国、区域和各国推进战略目标提供有效载体，促进全球共同行动。

7.1 永续发展的先进思想

全球能源互联网的思想内涵是绿色低碳、创新发展、自然和谐、命运共同的永续发展思想。全球能源互联网的思想根脉源于对社会进步总趋势的准确把握，对可持续发展动力源泉的深入思考，对人与自然关系的根本揭示，对人类永续发展方向的全面谋划，蕴含着深邃的战略思维、全局思维、创新思维、辩证思维，提供了破解全球危机、促进开放合作、实现共同繁荣、增进人类福祉的道路选择，为更高质量、更有效率、更加公平、更可持续发展指引了方向。

1 绿色低碳方向

绿色低碳是符合世界发展潮流、着眼地球长远未来的发展理念和增长模式。维护能源资源安全、应对气候变化、保护生态环境是全球面临的共同挑战，关乎人民福祉，关乎人类未来。坚持走绿色、低碳、循环、可持续发展之路，促进经济发展模式从低成本要素投入、高生态环境代价的粗放模式向生产要素投入少、资源环境成本低的集约模式转变，能源资源利用从低效率、高排放、高污染发展方式，向高效、绿色、安全转型，是加快能源变革转型的必然选择，积极应对气候变化的根本任务，建设生态文明的战略路径。绿色低碳发展作为能源发展的重大战略和加快经济社会发展方式转变的重大机遇，为以能源转型升级促进经济社会转型升级提供了重要指引。

全球能源互联网以绿色低碳为战略方向，顺应能源系统以清洁能源和电力为核心进行变革转型的大趋势，打造清洁能源全球化生产、配置和使用的现代能源体系，推动能源生产消费格局发生根本转变，促进全球能源结构调整、布局优化和效率提升。全球能源互联网关于绿色低碳的思想内涵，彰显了着眼于突破资源环境约束，以更少的碳排放代价实现人类社会更大的进步，以清洁和绿色方式满足经济社会发展和人民美好生活用能需要的战略选择。

2 创新发展道路

创新发展是可持续发展的核心动力，是面对新矛盾、寻找新思路、开创新未来的必由之路。当今世界，"黑天鹅"频飞、"灰犀牛"乱撞，各类危机层出不穷，要推动人类彻底摆脱风险，破解多重矛盾叠加困境，真正走上可持续发展之路，只能向创新要动力。面对大范围流行疾病、战争冲突、金融危机、气候环境灾难、资源紧张等重大挑战，只有依靠创新，才能从根本上解决发展不平衡、不协调、不可持续问题，才能破解发展动力不足、发展方式粗放、资源环境约束趋紧等困局，为转变发展方式、改善生态环境、提高发展质量和效益开拓广阔空间，为推动整个人类社会向前发展提供重要力量。

全球能源互联网以创新发展为动力源泉，以能源发展理念创新、技术创新、模式创新、机制创新实现发展方式新突破，为身处时代危机的人类社会激活发展新动力。全球能源互联网本身就是着眼于全人类可持续发展，立足能源电力、放眼经济社会环境的全方位重大战略创新，是面对新的现实挑战、抓住发展根本矛盾的系统创新方案。全球能源互联网关于创新发展的思想内涵，彰显了着眼于寻找破解危机的动力源泉，以能源电力创新发展支撑经济社会发展速度、规模、结构、质量和效益迈上更高层次的发展道路。

7.1 永续发展的先进思想

3 自然和谐思想

自然和谐是人与自然相融互促的发展方式，是尊崇自然、珍爱地球的人类文明发展范式。自然是人类生存之本、发展之基。人类可以利用自然、改造自然，但归根结底是自然的一部分，必须呵护自然，不能凌驾于自然之上。历史上的危机清晰地告诉我们，当人与自然和谐相处，自觉保护生态环境，能动地适应、有效地利用、合理地改造自然时，将得到加倍的回报；当人们破坏性、盲目性、掠夺性地向自然索取时，将得到无情的惩罚。应对迫在眉睫的气候环境危机，必须要以人与自然和谐相处为目标，呵护全人类共同的地球家园，才能实现世界的可持续发展和人的全面发展。

全球能源互联网以自然和谐为价值追求，依托能源清洁发展纽带，从根本上找到应对气候环境危机之道，转变粗放不可持续的发展方式对生态环境的巨大破坏，应对气候变化引发的近在咫尺的现实威胁；以清洁发展为核心开拓生产繁荣、生活富裕、生态良好的文明发展道路，共同建设清洁美丽的世界。全球能源互联网关于自然和谐的思想内涵，彰显了着眼于构筑尊崇自然、和谐共生的永续发展方式和生活方式，以能源清洁发展为子孙后代留下蓝天碧海、绿水青山，为人类赢得光明未来的基本遵循。

4 命运共同理念

命运共同是全人类合作共赢的价值理念，是着眼世界各国人民共同福祉，携手应对挑战、共享发展繁荣的道路选择。人类只有一个地球，各国共处一个世界。在全球化背景下，今天的世界早已成为你中有我、我中有你的地球村，人类已经成为安危与共、守望相助的命运共同体。气候环境危机是全球性的挑战、全人类的敌人，面对层出不穷、传导联动的风险挑战，没有人能够置身事外，没有哪个国家能够独自应对。世界越是遭遇艰难困苦，人类越发需要风雨同舟，命运共同理念也越显紧迫和必要。需要坚定信心、齐心协力、团结应对，凝聚起全面加强各方合作、寻求人类最大公约数的强大合力。

全球能源互联网以命运共同理念为根本指引，以胸怀世界的站位和格局，寻求以能源互联互通为载体，打造利益共同体、责任共同体和命运共同体，超越社会制度、历史文化和发展阶段的不同，塑造以合作共赢为核心的新型国际能源合作关系，共同保护和建设人类赖以生存的美好地球家园。全球能源互联网关于命运共同的思想内涵，彰显了着眼于人类文明发展进步，以能源可持续发展为世界各国共同应对气候环境风险挑战开出"治本良方"，携手为世界全体人民谋幸福、为人类进步事业奋斗的根本原则。

总之，全球能源互联网蕴含的思想理念，根本上是以人类永续发展为目标，是顺应时代潮流、实现共同发展的重大倡议和郑重宣示，饱含了积极推动构建新能源体系、创新开拓新发展道路的坚定信念和务实行动，展现了维护地球生态安全、为人类前途命运奋斗的崇高使命和责任担当，回答了如何应对全人类共同危机的未来之问。这一思想摒弃了传统能源发展的老套路，建立了清洁化、电气化、互联化能源发展的新道路；改变了以资源消耗换经济、以环境破坏换发展的老思维，打造了协同创新、绿色发展的新模式；超越了你输我赢、赢者通吃的老观念，实践了互惠互利、合作共赢的新理念。面对当今世界百年未有之大变局，气候环境前所未有之大危机，需要将全球能源互联网的永续发展理念转化为切实行动，为人类文明进步实现新的飞跃提供有力支撑。

7.2　先进高效的综合方案

全球能源互联网代表世界能源领域最先进的技术方向。通过构建广域互联的大电网和电—碳大市场，优化配置资源差、时区差、季节差、电价差，实现全球最优质、最低廉的清洁能源以光速传输配置到全球各地。

7.2.1　技术先进

全球能源互联网综合集成清洁发电、特高压输电、储能、智能用电、电制氢等能源领域最先进技术，并与大数据、物联网、人工智能、区块链等最新信息智能技术深度融合，实现清洁电力的全球覆盖、瞬时平衡和优化配置。

1 特高压技术功能强大

特高压输电技术是全球能源电力大范围互联互通和优化配置的关键。 特高压电网由 1000 千伏交流和 ±800 千伏、±1100 千伏直流系统构成，具有输电距离远、容量大、效率高、损耗低、占地少、安全性好等显著优势，能够实现数千千米、千万千瓦级电力输送和跨国、跨洲电网互联。特高压输电技术为实现更大范围内的能源资源优化配置提供了有效技术手段。

图 7.1　特高压输电技术主要特点

案例 10　准东—皖南 ±1100 千伏特高压直流输电工程

准东—皖南工程是目前世界上电压等级最高、输送容量最大、输电距离最远、技术水平最先进的直流输电工程。该工程于 2015 年 12 月 28 日核准，2019 年 9 月 26 日投运。工程起点位于新疆昌吉回族自治州，终点位于安徽宣城，经新疆、甘肃、宁夏、陕西、河南、安徽 6 省（自治区），输送容量 1200 万千瓦，线路全长 3324 千米。工程实现了直流电压、输送容量、交流网侧电压的全面提升，经济输电距离达 3000～5000 千米。

工程可有效缓解华东地区中长期电力供需矛盾，使华东地区每年减少燃煤约 3800 万吨。同时，工程可有力促进西部、北部能源基地开发与外送，扩大清洁能源消纳范围，促进新疆当地资源优势转化为经济优势，助力新疆长治久安和经济社会发展。±1100 千伏、1200 万千瓦的超大容量、超远距离、超低损耗特高压直流输电，对有序推进中国国内互联、洲内互联、洲际互联，构建全球能源互联网，具有重大示范意义。

图 1　±1100 千伏古泉换流站

特高压柔性直流输电技术促进大规模清洁能源并网和输送。柔性直流输电技术通常指基于电力电子器件电压源换流器直流输电技术，是实现光伏发电、风电等清洁能源友好并网的重要技术路线，对于保障清洁能源广泛接入、输送及消纳，提升电网运行灵活性和可靠性具有重要意义。随着全球大规模清洁能源的并网和输送需求不断增长，特高压柔直技术也将持续向更高电压等级、更大输送容量、更远输送距离方向创新发展。

特高压海底电缆技术实现大容量、长距离跨海输电。目前海底电缆最高技术水平可达 ±700 千伏、单极 140 万千瓦级，主流工程应用的技术路线为浸渍纸绝缘和固体挤包绝缘，海底电缆技术已在苏格兰—英格兰—威尔士、挪威—荷兰等跨国跨区域联网输电工程中落地实践。随着全球大型清洁能源基地的开发和区域电网互联的发展，特高压海底电缆技术具有高电压等级、低输电损耗、大输送容量、远距离输送等优势，将在构建能源系统跨海输电、联网中发挥更加关键的作用。

2 零碳技术综合集成

全球能源互联网提供技术集成、系统综合、包容性强的零碳技术体系。包括清洁替代、电能替代、互联互通、能效提升、碳捕集与封存、森林碳汇 6 大领域 29 类零碳技术体系，能够实现气候环境治理从单一技术推广到综合解决方案的跨越。

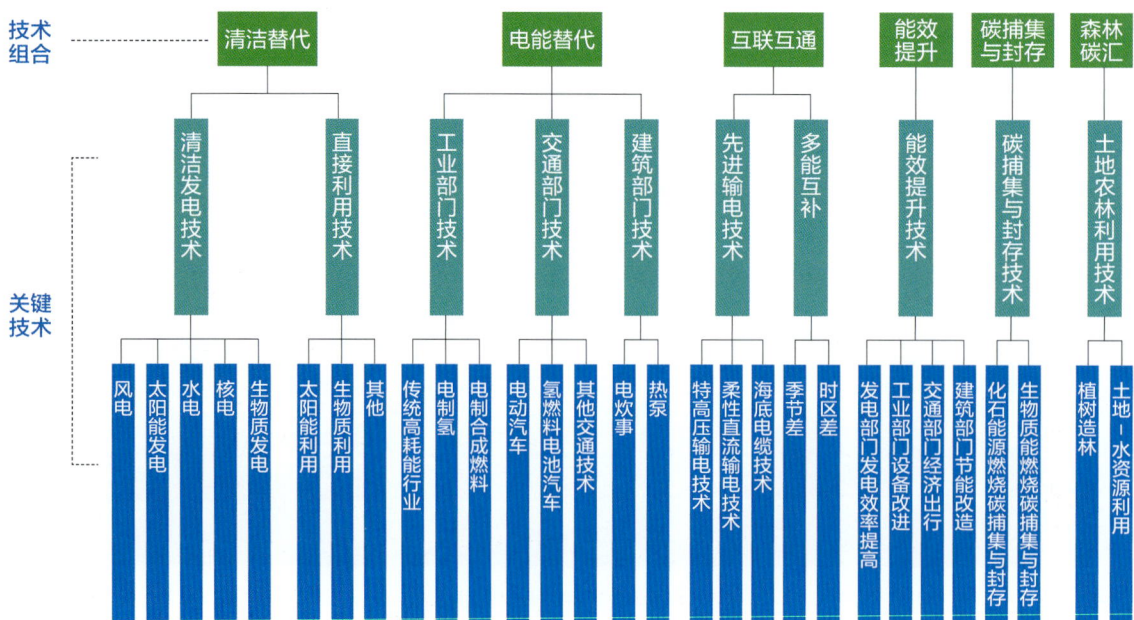

图 7.2　全球能源互联网零碳技术体系

清洁替代技术体系

包括发电部门以清洁能源替代传统化石能源发电及清洁能源在终端部门的直接利用。

电能替代技术体系

包括工业部门传统高耗能行业电能替代、电制氢、电制合成燃料，交通部门电动汽车、氢燃料电池汽车、其他交通技术，建筑部门电炊事、热泵等技术，促进终端能源消费结构逐渐向电为中心发展。

互联互通技术体系

包括特高压输电技术、柔性直流输电技术、海底电缆技术等，通过这些先进输电技术实现清洁能源多能互补和优化配置。

能效提升技术体系

包括发电部门发电效率提高、工业部门工业设备改进、交通部门燃油标准提升、建筑节能改造等方面。

碳捕集与封存技术体系

包括化石能源燃烧碳捕集与封存及生物质能燃烧碳捕集与封存等。

森林碳汇技术体系

包括通过植树造林和土地—水资源利用等方式增加碳汇。

3 清洁能源高效可靠供应

全球能源互联网确保高比例可再生能源安全可靠供应。供应侧积极实施煤电机组灵活性改造，推动煤电由基荷电源转变为调节电源，为清洁能源提供支撑，加快储能电站建设，采用风光储输联合运行模式，平滑新能源出力波动，参与调峰调频。需求侧开发基于人工智能及大数据分析的负荷响应策略，将电力需求转移到可再生能源丰富时段，降低峰值负荷、平缓净负荷曲线。配置侧统筹考虑清洁能源资源品种间、地域间的互补特性，以及时间差和季节差明显的特性，使全球水、风、光清洁能源通过特高压先进输电技术实现跨时空互补，水风光整体出力更加平稳，在时间尺度上可减少季节性装机容量，在空间尺度上可改善地区电源结构不平衡。

7.2 先进高效的综合方案

全球能源互联网实现清洁能源大规模、高比例发展。 全球能源互联网能够实现2050年全球电力生产超过70万亿千瓦时，清洁能源发电量占比达90%以上，跨洲电力流超过8亿千瓦，远高于其他方案。IEA提出的可持续发展情景[1]中，2016—2040年，一次能源清洁占比从19%增至40%，终端电气化率从19%增至28%，清洁能源发电量占比增至80%。IRENA提出的能源转型路线图情景[2]中，到2050年，可再生能源在一次能源供应中的占比增至65%，终端电能占比增至49%，可再生能源发电量占比增至86%。挪威船级社（Det Norske Veritas and Germanischer Lloyd，DNV GL）预测[3]2050年一次能源中的非化石能源占比增至44%，终端电能占比增至40%，可再生能源发电量占比增至63%。

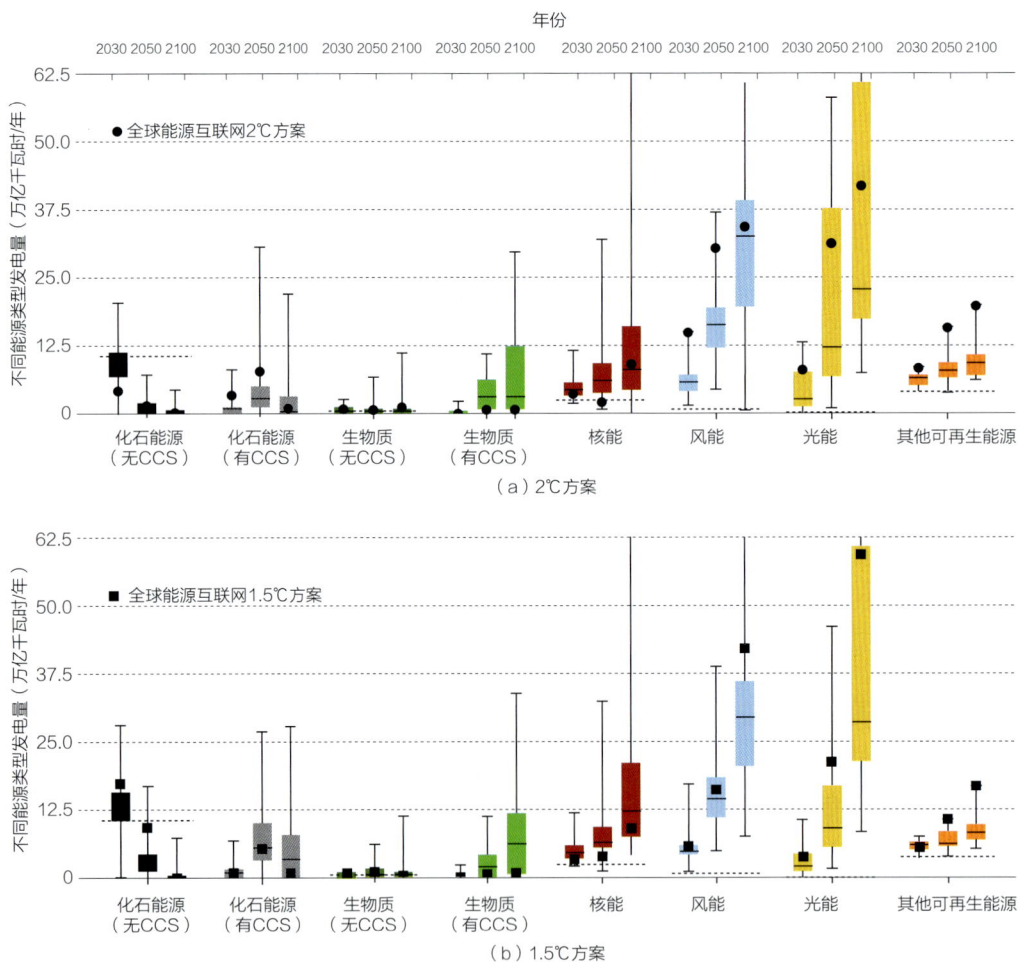

图7.3 全球能源互联网方案与全球主流方案的发电结构比较

[1] 资料来源：IEA, World Energy Outlook 2019, 2019.
[2] 资料来源：IRENA, Global Renewables Outlook (2020 edition), 2020.
[3] 资料来源：Det Norske Veritas and Germanischer Lloyd, Energy Transition Outlook 2019, 2019.

案例 11　中国青海省实现连续 15 日由 100% 清洁能源供电

青海省位于中国西部、青藏高原东北部，是长江、黄河和澜沧江的发源地，水电资源丰富，太阳能、风能资源得天独厚。2019 年 6 月 9 日 0:00 至 23 日 24:00，青海省连续 15 天、360 小时全部使用清洁能源供电，为全球提供 100% 清洁能源供电的成功案例。

通过水、风、光，多能互补协调控制，提升可再生能源电力品质，保障 100% 清洁能源供电。在这 15 天里，青海省累计用电量 28.39 亿千瓦时，全部由清洁能源供电。其中，水电 18.54 亿千瓦时，非水可再生能源 9.85 亿千瓦时，分别占省内总用电量的 65.3% 和 34.7%。此外，为平衡电力电量，还增加青海黄河上游龙羊峡水光互补电站的出力，实现青海省内 335 家新能源企业和 1 个共享储能电站共同参与共享储能市场化交易。

同时，通过坚强互联电网向省外汇集送出清洁能源，支撑清洁能源并网消纳，保障全清洁能源供电顺利实施。在这 15 天里，青海省累计外送电量 10.68 亿千瓦时，主要送至华东、华北、华中及西北地区，涵盖山东、河南、陕西、上海等 8 个省（区）市。2018 年 11 月开工建设的青海—河南 ±800 千伏特高压直流工程是世界首条专为清洁能源外送而建设的输电大通道，也是为支撑青海新能源大规模开发规划建设的第一条特高压输电工程。

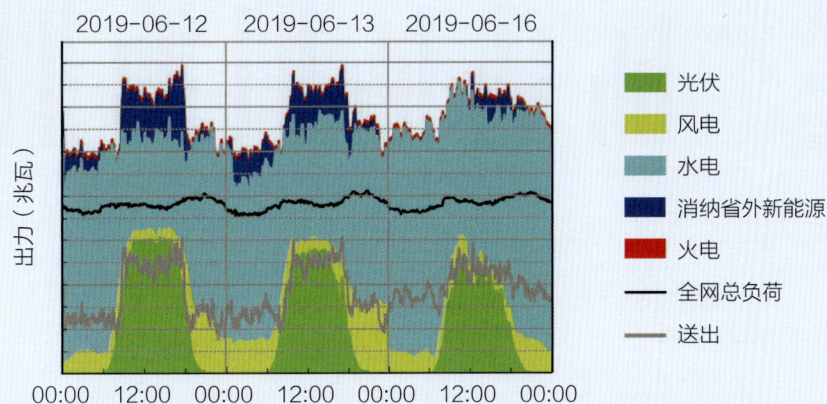

图 1　青海 100% 清洁能源供电期间电力组成 ❶

---

❶ 资料来源：董凌，李延和，刘锋，等，区域全清洁能源供电的发展路径与实践——以青海省为例，全球能源互联网，2020，3（4）：385-392。

7.2.2 经济高效

全球能源互联网通过集约开发和优化配置全球优质可再生能源，能够以较低的能源系统投资实现《巴黎协定》温控目标，引导绿色投资流向，降低全球减排成本，促进实现全球经济增长与碳排放解耦。

1 投资效率高

全球能源互联网的总投资低于其他实现《巴黎协定》目标的全球方案。2016—2050年全球能源互联网的能源系统累计投资为 78 万亿~92 万亿美元，年均投资 2.2 万亿~2.6 万亿美元，GDP 占比不超过 2%。IEA 提出的可持续发展情景侧重于能效提升，根据其预测[1]，2019—2040 年能源系统总投资为 71 万亿美元，年均投资 3.2 万亿美元。IRENA 预测，2016—2050 年能源转型路线图情景[2]下能源系统总投资为 110 万亿美元，比全球能源互联网总投资高 40%~50%。全球能源互联网的投资需求远低于控制能源消费总量、碳捕集主导、核能主导等全球其他减排方案。

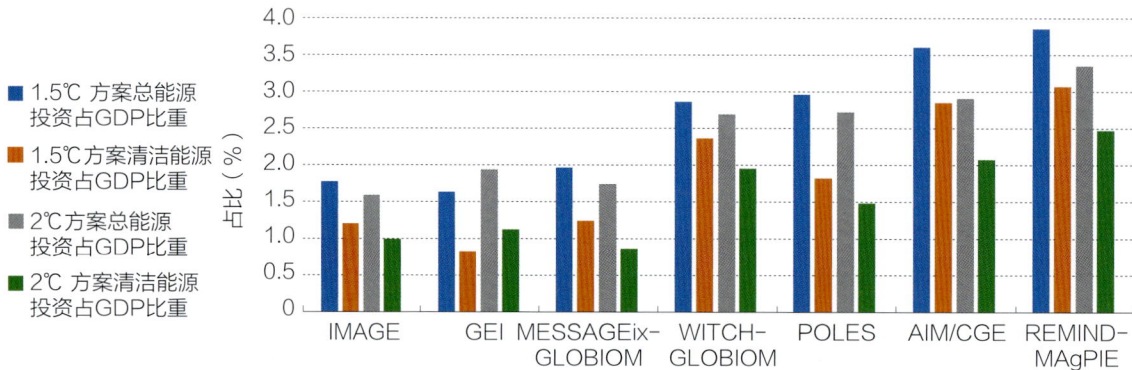

图 7.4 全球能源互联网能源投资与全球主流方案能源投资比较

---

[1] 资料来源：IEA, World Energy Outlook 2019, 2019.
[2] 资料来源：IRENA, Global Renewable Outlook (2020 edition), 2020.

全球能源互联网促进能源投资加速流向清洁低碳领域。 到 2050 年全球能源互联网投资中低碳清洁能源比重提升至 77%～85%，可再生能源发电投资为 19 万亿～27 万亿美元，占总投资的 24%～29%，相比其他减排方案具有绿色低碳全方位带动作用。2019 年，能源系统投资中清洁能源占比仅为 16.7%[1]。IEA 预测[2]，在可持续发展情景下，2019—2040 年能源系统投资中清洁能源比重占 42%；可再生能源发电投资 13 万亿美元，占总投资的 18%。IRENA 预测，2016—2050 年能源转型路线图情景[3]下低碳清洁能源比重占 83%；可再生能源发电投资为 22 万亿美元，占总投资的 20%。

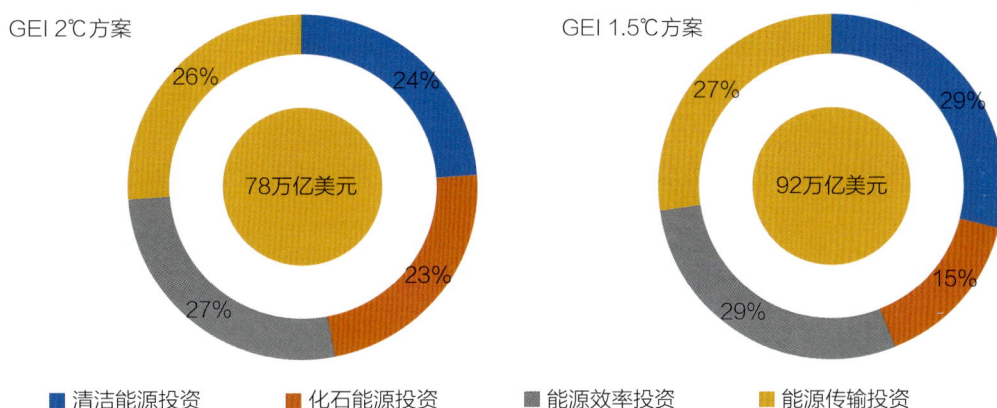

GEI 2℃方案
26%　24%
78万亿美元
27%　23%

GEI 1.5℃方案
27%　29%
92万亿美元
29%　15%

■ 清洁能源投资　　■ 化石能源投资　　■ 能源效率投资　　■ 能源传输投资

图 7.5　全球能源互联网能源投资占比分布

2 减排成本低

碳价即边际减排成本，是指每多减排一单位的二氧化碳全社会所要付出的成本，用来反映碳减排对整个经济社会产生的资金需求。全球能源互联网实现《巴黎协定》2℃目标的全社会边际减排成本即贴现后的碳价仅为 15 美元/吨二氧化碳当量，远低于全球其他方案。全球能源互联网实现 1.5℃目标的全社会边际减排成本即贴现后的碳价也处于全球主流方案中较低的水平。IEA 可持续发展情景下[4]，2040 年碳价将达到 125～140 美元/吨二氧化碳水平。DNV GL[5]估计，要实现《巴黎协定》目标，2050 年全球碳价将达到 25～60 美元/吨二氧化碳水平。

[1] 资料来源：IEA, World Energy Investment 2020, 2020.
[2][4] 资料来源：IEA, World Energy Outlook 2019, 2019.
[3] 资料来源：IRENA, Global Renewable Outlook (2020 edition), 2020.
[5] 资料来源：DNV GL, Energy Transition Outlook 2019, 2019.

7.2 先进高效的综合方案

全球能源互联网通过建立一个大规模、跨区域的全球清洁电力传输和交易网络，能够优化全球减排资源配置，在满足更高水平能源需求的同时，应用较低水平的生物质碳捕集与封存技术等高成本减排技术，使得全社会碳减排成本大幅度下降。

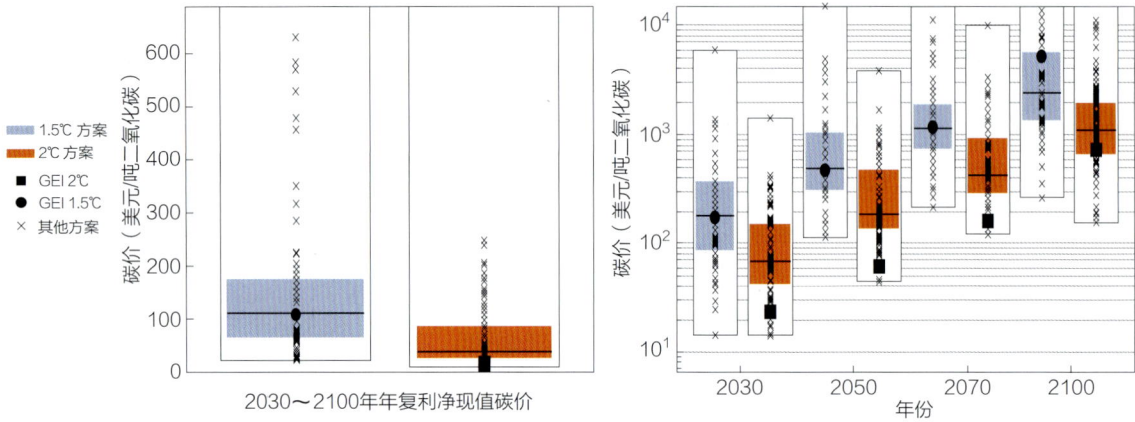

图 7.6 全球能源互联网边际减排成本（碳价）与全球主流方案的比较

3 减排效果好

全球能源互联网促进经济增长与碳排放解耦。通过促进清洁能源大规模开发、输送和使用，以可靠、充足的能源电力支持各国经济和社会发展，相比其他主流方案，具有较高的电力消费总量和电气化水平。2010—2100 年人均能源消费稳定在 2.2 吨标准煤以上；相比 2010 年，2050 年人均用电量翻一番，经济总量增长 1.5 倍，但碳排放仅为 2010 年水平的 1/3，碳排放强度下降超过 90%，人类生存权和发展权得到有效保障，经济发展逐步脱碳化，从根本上实现可持续发展目标。

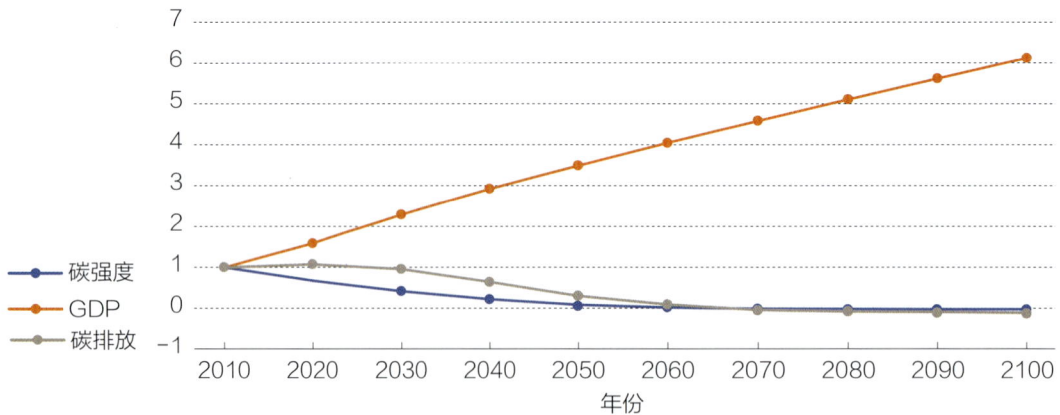

图 7.7 全球能源互联网促进经济发展与碳排放解耦

7.3　行之有效的发展方式

全球能源互联网提供一揽子可操作、可复制、可推广的发展方式，包括高效集约协同的能源发展模式、电—矿—冶—工—贸产业联动模式、电—水—土—林—汇生态修复模式、普惠共享的清洁电力普及模式和创新协同的电—碳市场模式，能够实际解决各国清洁能源供需匹配、低碳工业体系建设、生态修复保护、无电人口、贫困健康、健全资金市场等重大问题。

7.3.1　集约高效的清洁发展模式

1　发展模式

集约高效的清洁发展模式，即全球能源互联网利用大电网和大市场将清洁资源与能源需求联动，在加快电网覆盖和延伸的基础上，以大基地、大互联、点对点、心连心的方式直接输送清洁能源到负荷中心，通过区域和全球市场在更大范围内消纳清洁能源，从而实现清洁能源的全球优化配置，保障电网安全稳定运行，提高清洁能源发展的速度和质量。

大基地 ▶ 综合考虑资源禀赋、开发条件、技术经济、投入产出等因素，优选清洁能源资源优越地区开发大型水电、风电和太阳能基地，实现全球清洁能源资源高效利用，产生规模经济效益。

大电网 ▶ 发挥特高压输电强大输送配置能力，构建全球清洁电网大通道，实现清洁能源大规模并网外送和全球消纳，为高比例可再生能源安全可靠运行提供坚强保障。

大市场 ▶ 在国家、区域电力市场基础上有序构建全球电力市场，发挥市场在能源配置中核心作用，促进资源富集地区资源优势转化为经济优势，促进负荷中心获得优质、低廉的清洁电力。

案例12 刚果河流域水电集约开发与外送

刚果河水能资源丰富，开发潜力巨大，干流下游落差集中，水能最为富集，适宜集中式大规模开发。刚果河水能资源理论蕴藏量为2.5万亿千瓦时／年，其中52%集中在刚果河干流，左岸、右岸支流分别占比29%、19%。是非洲水能资源最为集中的地段，理论蕴藏量约8500亿千瓦时／年。目前刚果河已建成水电装机容量286万千瓦，开发程度不足2%。综合考虑河流地形、水文特性等因素，评估刚果河总技术可开发量约为1.5亿千瓦，重点开发刚果河干流上游和下游，左岸支流卢阿拉巴河、开赛河及右岸乌班吉河和桑加河。

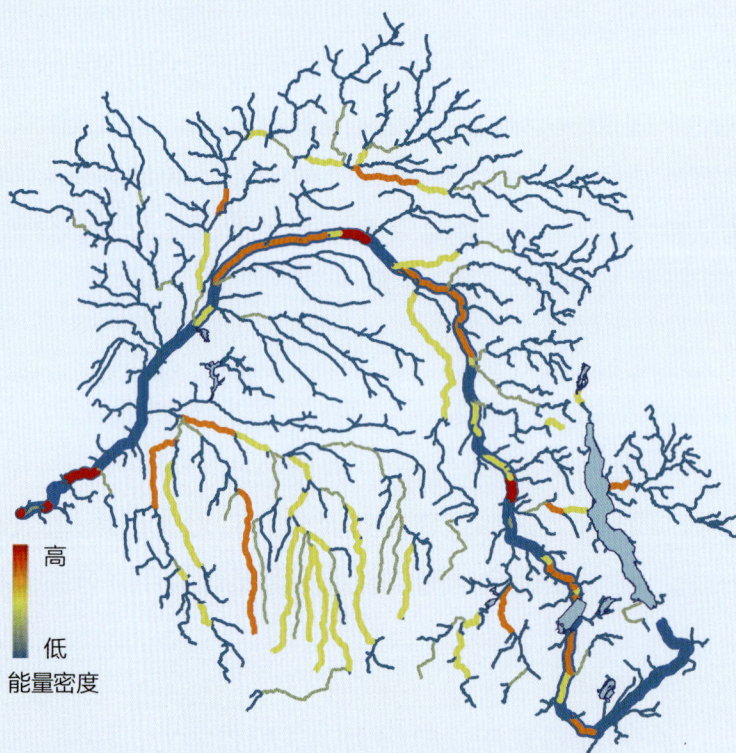

图1 刚果河流域干支流水能资源分布示意图

刚果河下游水电按皮奥卡、大英加、马塔迪三个梯级统一规划，协同开发，规划总装机容量为1.05亿～1.1亿千瓦。总年均发电量为6600亿～6900亿千瓦时，水量利用率达到99%。考虑工程建设经济性，应优先开发大英加工程，后续逐次开发上游皮奥卡、下游马塔迪梯级电站。

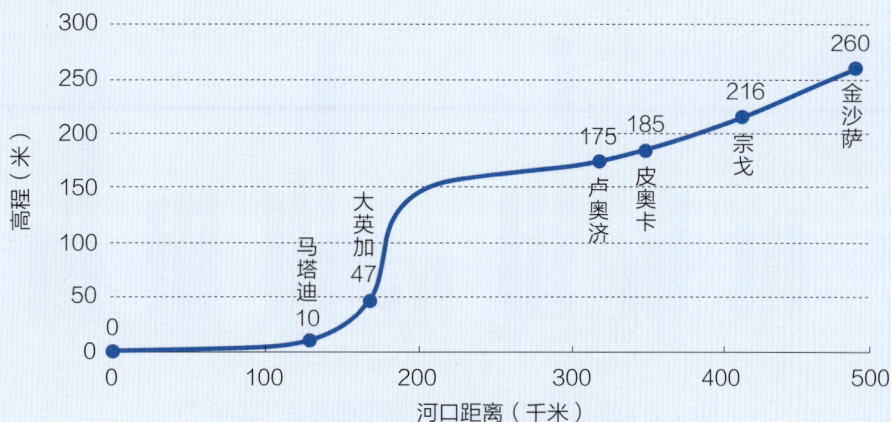

图2 刚果河下游河段纵剖面图

考虑输电距离、规模及电网互联需要，区内及邻近国家主要通过765/400千伏交流电网和超高压直流受电。刚果河下游水电跨区主要采用超/特高压直流技术，直接送电非洲其他区域矿产冶炼、加工等大负荷中心，2060年前建成11回超/特高压，其中送电西部非洲5回、送电南部非洲2回、送电东部非洲2回、送电北部非洲2回。

加快刚果河水电集约开发及外送，综合效益显著。经济方面，以清洁和绿色方式满足非洲经济社会发展的能源电力需求，实现清洁永续可靠的能源电力供应，有力带动电力、采矿、冶炼、加工、国际贸易等产业发展，每年可为非洲节约电费超过200亿美元；社会方面，助力消除无电人口问题，有效降低能源生产和使用带来的污染，累计带动就业岗位超过1500万个；环境方面，每年减少二氧化碳排放5.5亿吨，开采、加工、运输、存储、燃烧化石能源等过程中的空气、地下水污染、地质和生态破坏日益减轻。

2 模式效果

• **促进清洁发电成本持续快速下降。**通过集约开发、并网外送模式，可以实现全球最优质资源的高效开发，从而促进清洁能源发展成本快速下降。到2050年，预计陆上和海上风电成本分别有望降至2.6和5.5美分/千瓦时左右，光伏和光热发电成本分别有望降至1.5和5.3美分/千瓦时左右，非洲等区域大型水电成本优势突出，低至3美分左右。

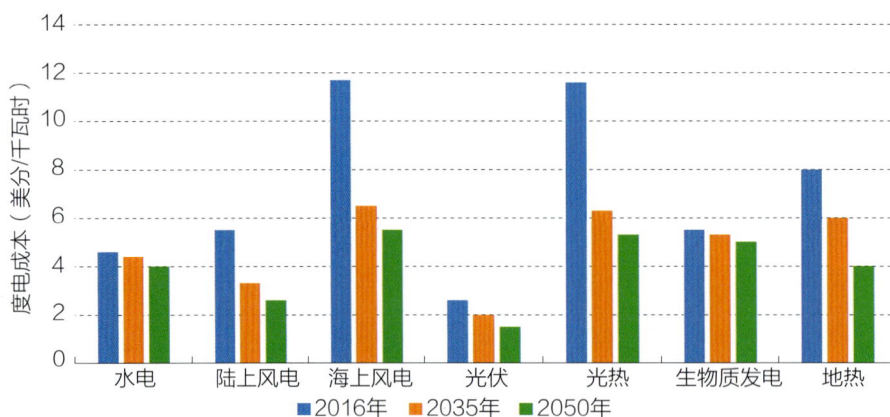

图 7.8　全球清洁能源发电度电成本变化趋势 ❶

● **实现全球清洁能源开发规模和速度双提升。** 依托全球能源互联网推动全球清洁能源的高效开发，能够发挥清洁能源的成本优势，加快对煤炭、天然气等化石能源发电的替代，将全球清洁能源开发规模提高 3 倍，清洁能源消费年均增速提高 4 倍。

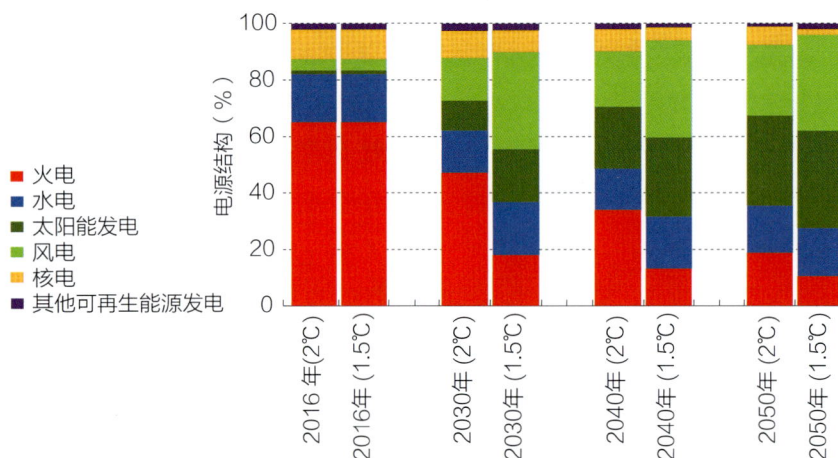

图 7.9　全球能源互联网全球发电电源结构

● **创造多能互补、时空互济联网效益。** 全球能源互联网可以利用不同类型可再生能源特性差异，实现水电、风电、太阳能等多种能源协调运行，并通过电网互联互通，有效突破清洁能源富集地区当地消纳能力有限的制约，将消纳范围扩大至全球，从根本上解决弃风、弃光等问题，最大限度提高资源利用效率。同时，可以利用不同区域负荷特性差异，实现跨时区补偿、跨季节调节，大幅减少全球总装机规模，在全球范围内促进电力资源更便捷、更高效配置。

---

❶ 历史数据引自世界能源理事会（World Energy Council，WEC）、国际可再生能源署。

7.3.2 电—矿—冶—工—贸产业联动模式

1 发展模式

电—矿—冶—工—贸即整合非洲等区域的清洁能源和矿产资源优势，打造电力、采矿、冶金、工业、贸易协同发展的产业链，以充足经济的清洁电力保障矿山、冶金基地、各类工业园建设和生产，推动贸易出口由初级产品向高附加值产品转变，形成"投资—开发—生产—出口—再投资"良性循环。电—矿—冶—工—贸是联动考虑能源开发、经济发展和工业园建设的新型发展模式，通过清洁能源大规模开发，利用先进技术输送清洁电力到高能耗产业园区，实现全产业链的低碳化发展。电—矿—冶—工—贸全面提升非洲等区域的经济发展质量、规模和效益，推动高耗能产业清洁低碳项目落地，助力发展中国家走出一条绿色低碳发展新道路。

图 7.10　全球能源互联网电—矿—冶—工—贸联动发展模式

电 **以清洁电力开发为基础**

依托区域资源禀赋，大力开发清洁能源，建设一批大型清洁能源基地，加强跨国跨区特高压/超高压输电通道和本地电网建设，提供充足可靠能源电力供应。

矿 **以矿产资源开发为重点**

在矿产资源富足而加工条件缺乏地区，加快转变单纯依靠原矿产品出口为高附加值产品出口，加快引进先进生产设备和先进生产组织方式，有效提高产业价值。

冶 **以冶金产业为龙头**

利用原材料获取便利性，形成集中有效的专业化产业部门，利用规模优势提升矿冶企业的国际竞争力，形成采矿、冶炼、深加工一体化发展格局，带动全产业链发展。

工 **以工业链为载体**

以能矿企业为突破口，以工业链建设为主要抓手，发展包括前端研发设计，中上游采选冶，下游加工等生产配套，形成生产要素与产业集聚，发挥工业链的集约优势，加快形成现代工业体系。

贸 **以国际贸易为驱动**

利用贸易手段优化配置，加快区域一体化进程，加快融入全球产业链和价值链，提高出口创汇能力。

2　模式效果

- **破解能源电力短缺困局。**实现大型水电、太阳能发电、风电基地有序开发、清洁能源与电网协调发展，全面提升电力普及率，大幅降低用电成本，以清洁和绿色方式满足非洲等区域能源电力需求，为矿山、冶金基地和工业园区提供充足的电力保障，从源头解决"工业缺电力""电力缺市场"等问题 ❶。

- **破解重大项目资金问题。**通过发电、输电、用电多方签订合约，形成收益共享、风险共担、相互支持的利益共同体，依托项目内生价值、企业资本金和信用，向银行、财团、社会资本等融资，有效降低风险，解决资金、市场问题，化解政府担保压力，保障项目实施。充分利用国际资本市场，形成资金来源广泛、投资方式灵活的多元投融资体系，从实施上解决"项目缺资金"的问题 ❷。

- **推动工业产业联动发展。**结合非洲等区域丰富的资源优势、劳动力优势和广阔市场空间，延长矿业开采的产业链，根本改变过去各自为战、缺乏统筹的发展方式，着力解决产业结构不健全、产业链条短、抗风险能力弱的问题，实现电力、矿业、制造业等多领域产业联动，夯实非洲等区域现代工业发展基础。

- **促进区域各国协同发展。**以不同国家在资源禀赋、地理区位、经济结构等方面的互补优势为依托，发挥政府组织协调和政策引导作用，促进资源整合，培育大产业、大市场，加强跨国、跨领域合作，实现纵向产业大联动，横向国家大协同，让各国共同受益，使各国人民共享发展成果，缩小贫富差距，根本解决经济发展失衡和贫困问题，实现非洲等区域协同发展、共同繁荣。

---

❶ 资料来源：全球能源互联网发展合作组织，非洲"电—矿—冶—工—贸"联动发展新模式，2019。

❷ 资料来源：全球能源互联网发展合作组织，构建非洲能源互联网 促进水能资源开发 实现"电—矿—冶—工—贸"联动发展，2019。

案例13 西非电—矿—冶—工—贸联动发展模式

发挥西非地区资源优势和区位优势，打造电—矿—冶—工—贸发展模式示范区。西非地区拥有全球超过60%的铝土矿、8%的铁矿石、25%的锰矿资源，各国政府努力推动将资源优势转化为经济优势。几内亚、

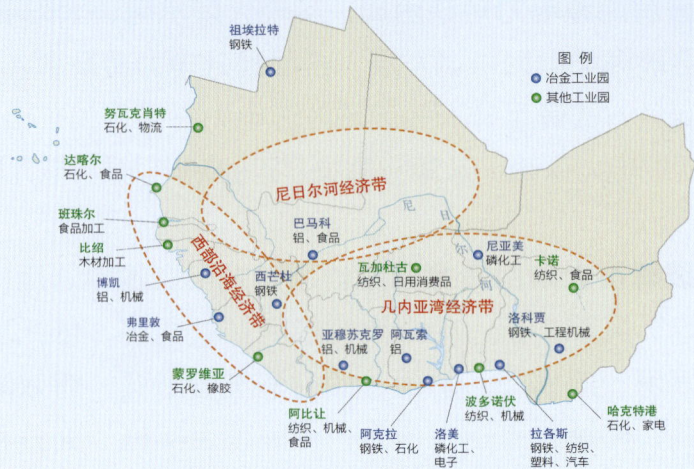

图1　西非产业规划与经济带示意图

刚果（布）等国家政府积极推动实施电—矿—冶—工—贸发展模式，研究形成一揽子实施方案。

统筹制定三大经济带规划。以矿产开发和冶炼为基础，以工业园区为助力，打造几内亚湾、西部沿海和尼日尔河三大经济带。**几内亚湾经济带：**重点发展钢铁、铝、黄金、石化、机械、汽车、纺织等产业，树立非洲现代工业新标杆。**西部沿海经济带：**重点发展铝、钢铁、物流、金融、食品加工、电子商务，发挥港口区位优势，形成轻重工业协同、传统与新兴产业并举的发展态势。**尼日尔河经济带：**发挥尼日尔河黄金水道优势，开发磷矿、黄金、铀等资源，发展化工、纺织、食品加工、文化旅游等产业，打造内陆发展示范区。

综合布局矿冶产业和工业园。重点发展铝、钢铁和锰矿加工产业，带动下游建筑、家电、交通等产业发展。到2050年，氧化铝、电解铝产量分别达到5600万吨、1200万吨，钢铁产量1.5亿吨，电解锰产量30万吨。重点在几内亚桑格雷吉、博凯、弗里亚，加纳阿瓦索、尼纳欣等地建设铝加工产业园，在采矿地就地发展氧化铝厂、电解铝厂，减少物流运输成本。在几内亚宁巴山、西芒杜，尼日利亚科济矿区、埃杜矿区等地建设钢铁冶炼工业园区，大力发展钢铁厂配套服务业和钢铁深加工产业。

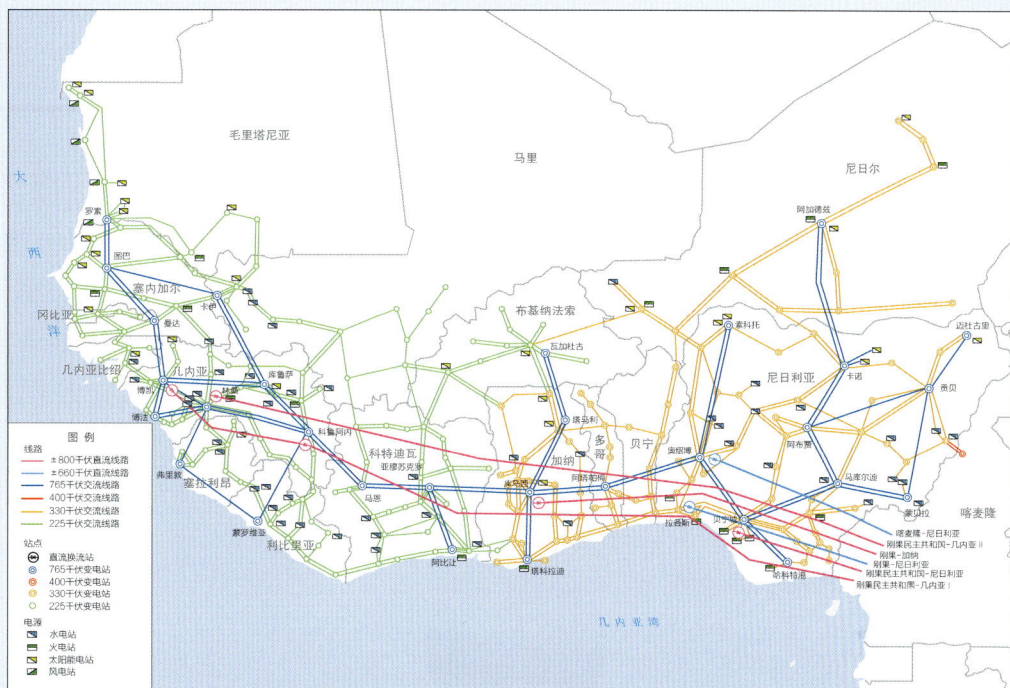

图2 2050年西部非洲电网互联示意图

规划实施区域能源互联网方案。 优先开发尼日尔河、塞内加尔河、沃尔特河等流域水电，逐步开发尼日利亚、尼日尔、毛里塔尼亚等国大型太阳能基地；加快建设西非统一互联电网，跨区受入中部非洲刚果河、萨纳加河水电，实现水、风、光互补互济，满足区域电—矿—冶—工—贸联动发展电力需求；预计2035年，西部非洲用电量达4940亿千瓦时，装机容量1.3亿千瓦，2050年西部非洲用电量达到9910亿千瓦时，装机容量2.5亿千瓦。

综合效益显著。 电—矿—冶—工—贸产业联动发展将推动产业优化升级、拉动经济增长、促进社会进步、改善生态环境。2050年，非洲电解铝、钢铁等冶炼加工业总产值将超过4800亿美元，电解铝、铝型材、不锈钢等制成品出口总额将超过1000亿美元；全面解决无电人口用电问题，清洁能源开发、电力生产、电网建设、新型材料、矿产冶金、装备制造、信息技术等产业累计创造就业岗位超过1亿个；每年减少排放二氧化碳27亿吨、二氧化硫940万吨、氮氧化物1000万吨、细颗粒物200万吨，节约水资源265亿吨，提高土地资源价值13亿美元。

7.3.3　电—水—土—林—汇生态修复模式

1　发展模式

电—水—土—林—汇生态修复模式，是利用清洁电力淡化海水，增加生物质和植树造林发展所需的淡水资源，促进生态修复、增加森林碳汇的发展模式。在风光资源丰富、沿海缺水区域推动以清洁能源发电为供能方式的海水（咸水）淡化工程，解决植树造林和生物质能源发展的水资源缺口，通过基于自然的解决方案增加森林碳汇，加快实现全社会净零排放，促进生态修复和环境治理。

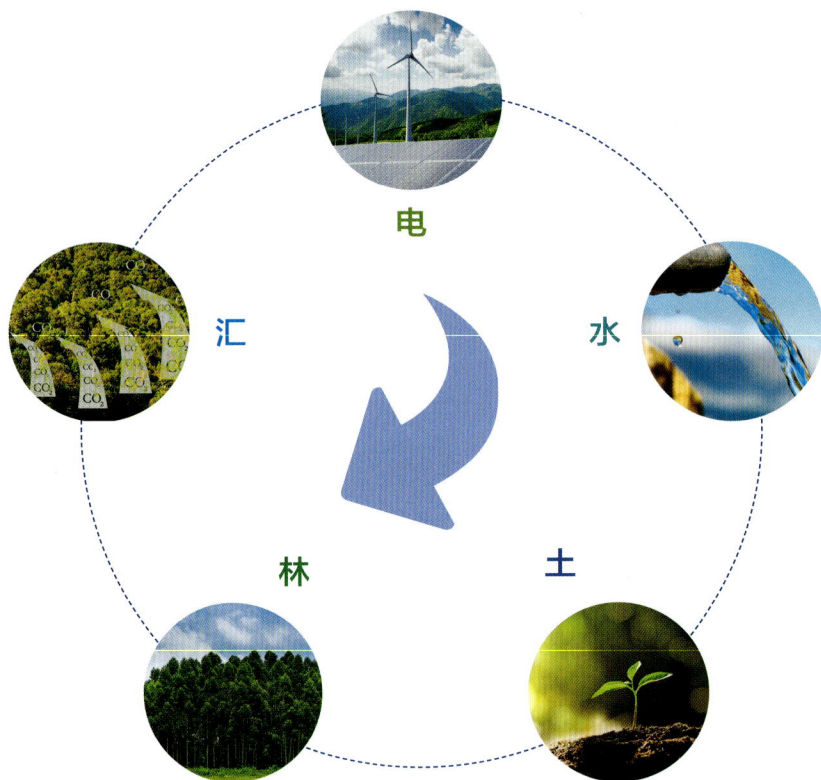

图 7.11　全球能源互联网电—水—土—林—汇生态修复发展模式

电

以开发清洁电力为基础

在沿海风光资源丰富的地区大力开发清洁能源，建设一批大型清洁能源基地，加强跨国跨区特高压／超高压输电通道和本地电网建设，提供充足可靠的清洁电力供应。

水

以增加水资源供应为重点

研发推广海水淡化与清洁发电耦合系统，采用海水淡化技术增加沿海缺水地区的淡水资源供应，降低海水淡化成本，保障生产生活用水，探索多种途径高效利用水资源。

土

以优化土地利用为载体

通过保护、修复和改进土地管理等基于自然的解决路径，增加全球森林、湿地、草原和农业用地等生态系统的碳储存能力。

林

以促进林业发展为手段

采用植树造林、合理轮伐、森林管理、植被恢复等方法，多种途径促进林业发展、加速林业生长、扩大林业面积，提升林业整体固碳潜力。

汇

以增加碳汇为核心

充分利用植物光合作用吸收大气中的二氧化碳，并将其固定在植被与土壤中，降低大气中二氧化碳浓度，减缓全球气候变暖。

案例 14　清洁能源海水淡化全球快速发展

海水淡化是可持续提供淡水资源的有效方式。海水淡化是将海水里面的溶解性矿物质盐分、有机物、细菌和病毒以及固体分离出来从而获得淡水的过程。截至 2017 年年底，全球已有 160 多个国家和地区在利用海水淡化技术，已建成和在建的海水淡化工厂接近 2 万个，合计淡化产能约为 1.04 亿吨 / 日 [1]。

清洁能源海水淡化耦合系统在多国规模化发展。海水淡化是能量密集型产业，用能成本约占总成本的 40%，随着清洁能源发电成本快速下降，清洁能源海水淡化项目在多国开展实践。挪威 Utsira 岛的风能反渗透海水淡化装置，最大产水量可达 1440 吨 / 日；希腊的太阳能反渗透海水淡化工程也已经建成，日产水量 130 吨 / 日；2015 年，西班牙能源集团科夫拉和阿联酋 UTICO 公司决定联合投资近 2 亿美元建设太阳能海水淡化厂，正式投产后该项目每天将生产约 10 万吨淡水；中国江苏大丰建设了非并网风电海水淡化示范工程，规划规模 1 万吨 / 日。此外，印度和日本、俄罗斯等国也纷纷开展了清洁能源海水淡化项目。

德国著名风电公司 Enercon 进行了基于风力发电的海水淡化研究，设计并生产出以反渗透海水淡化技术为基础的新型可变负荷运行的风电海水淡化装置，成功地解决了因风电不稳定而需独立为海水淡化系统供电的限制，该系统已经在挪威进行了运行测试。将抽水蓄能和风力发电机结合起来，不仅能大量存储风电，稳定地给负荷供电，提高系统的稳定性，而且节能环保。风能脱盐系统作为沿海地区最常见的可再生脱盐设备之一，使其对环境造成的影响减少了 75%。根据 Shahabi.M.P 等人的评估，可再生能源海水淡化厂具有巨大的环境效益，可再生能源海水淡化厂与传统电网供电方案相比，能够实现温室气体减排 90%[2]。

---

[1] 资料来源：前瞻产业研究院，2018 年全球海水淡化产业竞争格局分析，反渗透法为国际海水淡化主流技术，http://news.inggreen.com/49940.html。

[2] 资料来源：Shahabi M P, McHugh A, Anda M, et al., Environmental Life Cycle Assessment of Seawater Reverse Osmosis Desalination Plant Powered by Renewable Energy, Renewable Energy, 2014, 67: 53-58.

清洁能源与海水淡化耦合具有综合效益。供水方面，能够增加沿海缺水地区淡水来源，促进苦咸水、中水等资源变废为宝，提高全球淡水供应总量。经济方面，随着清洁能源发电成本快速下降，海水淡化成本进一步下降并逐步接近市政供水成本，有力支撑工业产业与市政服务业发展。基础设施发展方面，大电网的发展为大范围利用清洁能源实现海水淡化提供了平台，海水淡化等大型可调节负荷也将为清洁能源大范围消纳提供新市场。

图 1　海水淡化工程

2　模式效果

● **促进全球水资源和碳汇供应。** 全球能源互联网通过大规模开发利用清洁能源发电，利用清洁电力淡化海水，提供充足的淡水资源。再通过淡水支持大规模植树造林和速生林生长，通过森林碳汇和生物质能源碳捕集的方式提供负排放，从而支撑全社会实现净零排放。2050 年，全球能源互联网 2℃方案将实现森林碳汇捕集二氧化碳 14 亿吨，全球能源互联网 1.5℃方案将实现森林碳汇捕集二氧化碳 20 亿吨。

● **促进能源与自然和谐发展。**全球能源互联网提供清洁能源与生态修复相结合的发展模式，在开发利用清洁能源的同时能够有效缓解水资源紧缺危机、综合优化土地资源利用、大幅度减缓温室气体排放，扩大森林、湿地、草原和农业用地等生态系统的碳储存能力，推动形成绿色发展的生产生活方式，真正实现人与自然和谐共处。这一模式对于广大沿海缺水干旱地区都具有推广和普及价值。

7.3.4　普惠共享的电力普及模式

1　发展模式

普惠共享的清洁电力普及模式，即按照大电网重点解决城市和产业集中区域的无电问题、局域配电网和微电网重点解决偏远地区和小岛屿国家用电分散问题的思路，为发展中国家，特别是小岛屿国家提供充足清洁电力，降低用能成本，提高经济收入，解决无电人口和贫困人口问题，增强减缓和适应气候变化的能力。主要包括建设集中式能源基地、统筹分布式能源开发、推动电网互联互通、智能电网建设四大措施。

图 7.12　全球能源互联网清洁电力普及模式

建设集中式能源基地

无电人口集聚的非洲、南亚、中南美等地区拥有丰富的水能、风能、太阳能等清洁能源资源，在资源较好的地区建设大型发电基地，可有力支撑本国及周边国家能源可持续发展需求，是解决无电问题的主要途径。

统筹分布式能源开发

亚洲、北美洲、南美洲等人口密度大、城市垃圾富集地区发展生物质能等分布式能源系统；考虑到占地、资源条件等因素，分散开发风电、太阳能发电并与储能和其他发电系统一起组成分布式能源系统，为偏远地区和海岛提供电力供应。

推动电网互联互通

促进全球骨干网架与区域电网协调发展，利用大电网延伸带来的高可靠性、大规模、低成本绿色电力，促进贫困无电地区经济和产业发展，构建以清洁电力为基础的工业体系，着眼长远解决能源贫困问题。

加快智能电网建设

满足各类分布式电源接入、多元化用电设备需求。针对贫困无电地区基础设施落后的实际情况，因地制宜发展以电为中心，冷、热、动力等多种能源互补利用的综合能源系统，逐步提高电器设备普及率，促进生活质量和水平有序提高。

7.3 行之有效的发展方式

案例 15　中国光伏扶贫的发展情况

近年来，中国鼓励在光照资源条件较好的贫困地区开展光伏扶贫。2014年，中国启动光伏扶贫工作，到 2019 年年底，光伏扶贫累计帮扶贫困户数目达 418 万，光伏扶贫规模达 2649 万千瓦。

光伏扶贫主要通过两种模式推动。一是投资建设村级光伏电站、光伏农业大棚、地面光伏电站等集中式电站，贫困户可通过入股分红、务工就业等形式获利。以郓城县侯咽集镇协鑫光伏农业产业园为例，贫困户可拿到三份收入：土地流转每亩 1000 元至 1200 元收入，光伏电站发电盈利每年 3000 元扶贫收入，参与光伏电站种养产业务工每月 2000 元收入。二是推广分布式光伏，贫困户可以通过出租屋顶或院落空地等产权资源来增收。以河北省邯郸市魏县西野马村为例，贫困户通过出租闲置屋顶安装太阳能发电板，每年可获得收益 3000 元。贫困户还可以自己使用通过太阳能发出的电能，并将多余的电量卖给电力公司，实现"自发自用、多余上网"。

图 1　山地光伏

光伏扶贫受益面广、收益期长，增强了贫困人口的参与感和获得感。以一个 300 千瓦的村级电站的发电量为例，每年收益可达 20 万元人民币以上，且在产品质量合格、运维管理有保障的理想状态下，能够实现长达 20 余年的稳定收益。中国还将继续扩大光伏扶贫的范围，预计到 2020 年年底，将实现 200 万贫困用户户均增收 3000 元以上的目标。

中国确立了以村级光伏电站为主推模式的基本思路，建立和完善了光伏扶贫的顶层设计，建成了一批光伏扶贫电站。光伏扶贫为贫困地区脱贫攻坚培育了新产业，为壮大贫困村集体经济开辟了新路径，为解决贫困人口稳定脱贫提供了新手段。

2　模式效果

- **解决"用得上电"问题。** 应用和推广全球能源互联网清洁电力普及模式，将贫困地区的资源优势转化为经济优势，为最不发达国家提供更为公平、包容的发展机会。预计 2030 年，全球无电人口将下降至 5 亿人以下，非洲电力普及率达 80%，无电人口下降至 3.4 亿；全球人均用电量达 4300 千瓦时 / 年，较 2016 年增长 40% 以上。预计 2050 年，全球电力普及率达 98% 以上，基本解决无电人口用电问题。

- **解决"用得起电"问题。** 预计 2030 年，用电成本下降至 5.8 美分 / 千瓦时，较 2015 年下降约 1/4；2050 年，全球平均度电成本将比目前降低 2.8 美分 / 千瓦时左右，每年减少用电成本 1.8 万亿美元左右。全球能源互联网助力实现"人人享有可持续能源"目标，让广大发展中国家用上清洁、低廉、可靠的电力。

7.3　行之有效的发展方式

- **助力解决贫困健康问题。**通过发展普惠共享的清洁电力普及模式解决全球无电问题，能够促进经济结构转型，提高生产率，破解能源资源对经济发展的瓶颈约束；形成良性发展的生态圈，使人类拥有更洁净的空气、水和食物，更可靠的社会保障，享有更好的医疗卫生服务、更适宜的居住条件、更优美的自然环境，提升健康水平。

7.3.5 创新协同的电—碳市场模式

1 发展模式

电—碳市场将电能和碳排放权相结合形成电—碳产品，产品价格由电能价格与电能生产产生的碳排放价格共同构成，并将原有电力市场和碳市场的管理机构、参与主体、交易产品、市场机制等要素进行深度融合，形成国家、区域／次区域、全球多层级交易市场。

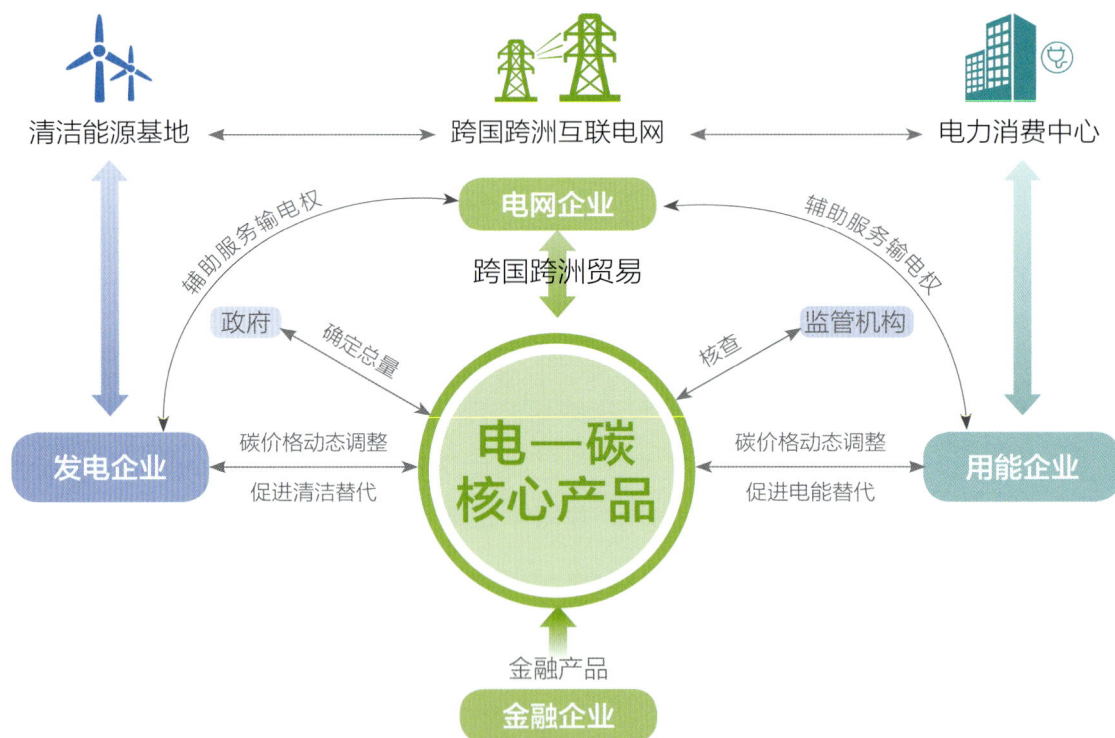

图 7.13 电—碳市场设计方案示意图

发电侧	政府根据全球应对气候变化的总体目标,共同制定全球碳排放额度,但不分配给具体企业。根据企业排放需求、清洁替代需求等因素,动态形成碳价格。发电企业出售电—碳产品时,同时完成电能交易和碳排放交易,通过碳价格的动态调整提升清洁能源的市场竞争力,促进清洁替代。
用能侧	建立电力与工业、建筑、交通等领域用能行业的关联机制,根据电能替代需求等因素,动态形成碳价格。用能企业能源采购时自动承担碳排放成本,形成清洁电能对化石能源的价格优势;同时,通过用能补贴等措施引导终端用户积极改善用能偏好,激励用能侧电能替代和电气化发展。
输配侧	电网企业在全球范围推动跨国跨洲电网互联互通,以此作为电—碳产品输配流通的物理依托。各国政府协商制定共同减排的合作机制,以跨国跨洲电碳贸易,促进优质、低价清洁能源全球大规模开发、大范围配置、高比例使用。
金融机构	开发丰富的电—碳金融产品,提供电—碳金融期货、期权、远期合约等衍生品交易,为交易各方提供避险工具,并向市场提供资产管理与咨询服务,增强市场活力。全球电—碳银行统筹管理电—碳资金收益,投资清洁能源开发、电网互联等绿色低碳项目。监管机构对电—碳市场秩序、交易合规性和机构运作进行有效监管,维持市场秩序,系统防范各类市场风险发生。

案例 16　全球电—碳市场总体方案

全球电—碳市场以实现清洁低碳可持续发展为核心目标，采用"国家—区域/次区域—全球"三级市场架构；市场参与主体包括决策机构、交易机构、运行协调机构、监管机构、金融管理机构等建设与管理主体，以及能源企业、用能企业等交易主体；市场交易产品包括电—碳产品、辅助服务等实物类产品、输电容量等权证类产品、金融衍生品、数据和咨询等服务类产品；市场关键机制包括电—碳交易机制、输电容量交易机制、辅助服务交易机制、电—碳金融交易机制和区域协同合作机制。

图1　全球电—碳市场总体方案

随着各国各区域经济发展、社会进步和电网互联发展，全球电碳联合市场建设能够有序推进，从现阶段到21世纪中叶逐步开展国内市场、区域市场、跨洲市场建设，到2050年形成"国家—区域—跨洲"的分层市场架构，最终构建完成全球统一电碳联合市场。

国家电—碳市场, 各国构建国家统一电—碳市场,在近中期,各国国家市场根据现阶段本国市场交易与运行方式,采用不同的市场交易与电力系统运行模式。在远期,各国逐渐形成统一的市场交易与电力系统运行模式,与区域市场和全球市场相协调。国家电—碳市场采用一体化交易模式,国内相关交易主体直接在国家统一市场中进行竞价交易,实现国内电力与碳排放权资源优化配置。国家电力系统运行模式采用统一运行模式或联合运行模式。统一运行模式下,国内各级电力系统运行协调机构具有上下级关系,下级运行协调机构服从上级运行协调机构调度,由国家电力调度机构编制该国电网运行规则,对本国电网调度运行直接下达指令。联合运行模式下,各级电力系统运行协调机构相互配合,保障系统稳定高效运行。

区域 / 次区域电—碳市场, 根据跨国电网网架、市场体制机制、国际合作条件以及政治经济等影响因素的差异,形成东亚及东南亚、南亚、中亚、欧洲、西亚与北非、撒哈拉以南非洲、北美、中南美、大洋洲九个区域 / 次区域市场。区域 / 次区域电—碳市场采用一体化交易模式,交易主体可统一参与区域市场集中竞价并完成出清,实现区域内电力与碳排放权资源优化配置;市场主体既可以参与国家电—碳市场交易,也可以直接参与所在区域的电—碳市场交易。电力系统运行采用联合运行模式,各区域电网运行协调机构不具体负责电网运行调度管理,仅组织各国运行协调机构协商制定统一的调度运行规则,在优先保障自身电力运行安全的前提下,协商配合,实现更大范围内电网联合运行。

全球电—碳市场, 随着电碳交易范围扩大和各区域电网互联建设不断推进,发展跨洲电碳联合市场。全球电—碳市场采用分级交易模式,在各区域内电—碳交易基础上,由各区域交易机构之间协调,开展跨区域的电—碳交易,实现电力与碳排放权资源全球优化配置。电力系统运行采用联合运行模式,由各区域明确各自调度运行管辖权限,优先保障自身电力运行安全并协调配合。

2 模式效果

- **创新气候资金机制。**加强电力市场和碳市场相互联系，能够降低减排成本，推动清洁发展，为应对气候变化提供重要资金保障。电—碳市场通过扩大市场覆盖范围和管控行业，每年产生 1 万亿美元的减排资金收益。通过设立清洁发展引导基金，带动超过 2 万亿美元私人资本参与清洁投资。2050 年，全球绿色低碳投资规模将达 3.1 万亿美元，解决清洁发展和应对气候变化资金缺口问题。

- **发挥市场配置作用。**市场是气候与能源资源配置的最高效手段，当前各国电力市场与碳市场各自独立运行，存在市场作用发挥不充分、管理成本高、覆盖范围有限等问题。通过构建全球电碳市场机制，以气候与能源协同治理为方向，加强电力市场和碳市场的深度融合，能够以市场机制将全球碳减排与清洁发展目标相结合，细化为可落实、可核算的能源清洁替代和电能替代任务，充分发挥市场对降低减排成本、促进资源配置的全方位价值。

7.4 全球共赢的合作平台

全球能源互联网为破解危机、促进共同行动提供丰富公共产品和创新治理机制，能够有效对接联合国重要工作框架、服务区域战略发展，促进各国政策协同、合作共赢。按照自上而下、自下而上相结合的方式，形成一整套从联合国发展目标，到全球总体规划、区域综合规划，再到各国重大项目和落地实施的全面对接体系。

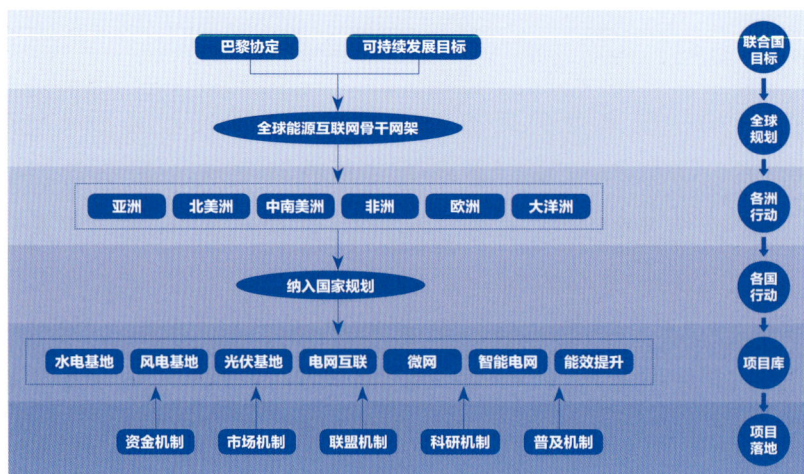

图 7.14 全球能源互联网治理体系与合作平台

7.4.1 全面支撑联合国工作框架

全球能源互联网全面对接联合国"2030年议程"、《巴黎协定》、全球环境治理、无电贫困健康等全球性工作框架，助力联合国重大任务和战略目标实施。

对接联合国"2030议程"：《全球能源互联网落实联合国2030年可持续发展议程行动计划》研究提出全球能源互联网促进可持续发展的全球行动方案和实施路线图，全面对接17项可持续发展目标，助力"2030议程"目标实现。

对接《巴黎协定》：《全球能源互联网促进〈巴黎协定〉实施行动计划》和《全球能源互联网应对气候变化研究报告》研究提出全球能源互联网实现《巴黎协定》2℃和1.5℃温控目标的综合技术方案和各洲行动路线图，全面对接减排、适应、资金、技术、能力建设、透明度六大领域，为落实《巴黎协定》提供技术可行、经济性好、可操作、可推广的全球共赢方案。

图 7.15　全球能源互联网全面对接《巴黎协定》总体框架

对接全球环境治理：《全球能源互联网促进全球环境治理行动计划》研究提出全球能源互联网促进解决空气污染、土地荒漠化、水资源紧缺等九大环境问题的系统方案，通过实施清洁开发、电网互联、电力普及、电能替代等领域重点行动和创新模式，为解决全球重大环境问题提供极佳工具。

对接无电、贫困、健康问题：《全球能源互联网解决无电、贫困、健康问题行动计划》研究提出全球能源互联网电力普及和减贫综合方案，将清洁能源优势转化为经济优势，促进广大发展中国家享有清洁、经济、高效的可持续能源，助力全球包容性增长和共同繁荣。

7.4.2 有力落实区域发展目标

全球能源互联网针对各大洲经济、社会、环境发展形势与挑战，充分考虑各大洲相关发展战略规划和政策，因地制宜提出全球能源互联网及各大洲能源互联网规划方案，协助各大洲及区域开展务实、高效、共赢的减排行动，提供创新思路和行之有效的行动方案。

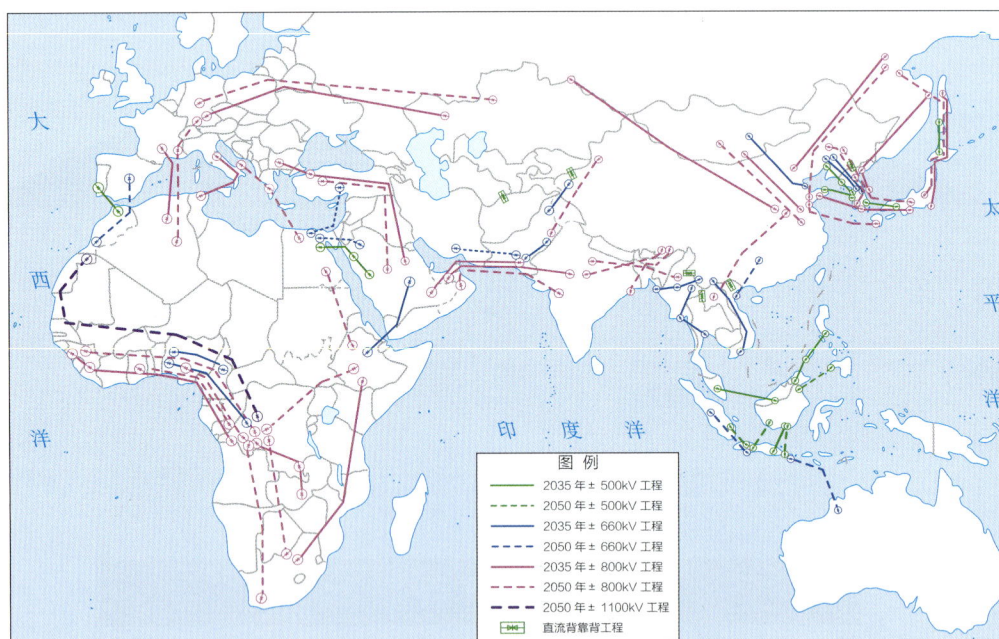

图 7.16　2050 年亚洲、非洲、欧洲等区域重点互联互通工程示意图 ❶

---

❶ 资料来源：全球能源互联网发展合作组织，"一带一路"国家能源互联网研究报告，2019。

对接各洲规划:《全球以及各大洲能源互联网研究与展望("1+6")系列报告》,研究提出全球电网骨干网架、各大洲能源互联网构建思路和关键措施。各洲能源互联网行动计划与各区域能源电力发展目标有机衔接,帮助区域各国加速清洁能源开发,提高能源可及性和可持续发展能力,得到包括非盟、阿盟、东盟等广大区域组织的积极支持和响应。

对接"一带一路":《"一带一路"国家能源互联网研究报告》《全球能源互联网落实"一带一路"发展报告》,研究提出建设包括新亚欧大陆桥、中蒙俄及东北亚、中国—中亚—西亚等七大电力走廊,共 67 个重点项目的"一带一路"国家能源互联网方案。相关成果有力促进了"一带一路"沿线国家、国际组织和相关各方的深入合作,形成的 10 多项合作协议纳入"一带一路"高峰论坛重要成果,成为推动基础设施互联互通的重要内容。

对接非洲 2063 可持续发展议程:《非洲能源互联网研究》《刚果河水电开发与外送研究》《非洲电—矿—冶—工—贸联动发展新模式》等研究成果,系统提出了非洲能源转型、清洁发展、电网互联、产业联动、项目落地等方面的综合方案和创新模式。与几内亚政府共同倡议成立非洲能源互联网可持续发展联盟,为政府、企业、机构搭建政策对接、资源整合、资金筹措、项目推进的合作平台。

7.4.3　深入对接各国发展战略

针对重点国家提出能源互联网规划方案、重点项目和发展模式,助力各国统筹推进应对气候变化、环境治理、经济产业发展、能源转型等重大战略和发展任务,创新能源电力规划和政策制定机制,推动重大清洁低碳项目落地实施。

对接国家自主贡献目标:《全球能源互联网发展指数》研究提出全球能源互联网指数及国家评估排名,助力各国识别本国能源发展、减排行动与实现《巴黎协定》温控目标之间的差距,促进各国将国家自主贡献目标与本国能源互联网发展规划有机衔接,明确能源电力领域的减排潜力和行动,为更好地实现自主减排目标、提高减排力度制定切实可行的路线图。

图 7.17　全球能源互联网发展指数框架图

对接国家重点落地项目： 基于全球及各大洲能源互联网规划，综合论证实施条件、项目收益、技术方案等因素，优选清洁能源基地、电网互联、智能电网、电能替代等不同类别、超过 100 个重点项目，构成全球能源互联网项目库。其中，中韩、中缅孟、海湾国家联网、大英加水电开发等多个重大工程进入可研论证阶段。

对接国家政策机制： 针对重大清洁发展项目落地存在政策、市场、资金、技术、合作等方面难题，与各国政府和全球合作伙伴密切合作，共同搭建合作平台、完善政策体系、建立市场机制、创新商业模式、推动项目落地，保障全球范围各类示范项目和典型模式的推广实施。

各洲清洁低碳发展行动 8

亚洲
清洁低碳发展行动

		2016年	2050年
一次能源消费总量 （亿吨标准煤）		92.1	977
清洁能源占一次能源比重		15%	75%
终端电气化率		22%	68%

发展方向 构建亚洲能源互联网，实现全面协调发展

清洁发展

太阳能发电装机容量
103.6 亿千瓦

风电装机容量
51.5 亿千瓦

水电装机容量
14 亿千瓦

电网互联

"四横三纵"

跨洲电力流
6700 万千瓦

电力普及

↑ 电力普及率 **100%**

↑ 可靠性提升

全球能源互联网由各大洲能源互联网构成。随着清洁低碳发展理念深入人心，各大洲和国家经济社会发展需求日益迫切，能源电力发展条件具备，气候环境共识持续增强，各洲和各国能源互联网发展基础不断成熟。根据各大洲不同发展阶段和特征，加快在清洁能源、电网互联、电力普及、电能替代、智能电网和能效提升等领域重点发力，将为各国应对气候环境危机、加快经济社会高质量和可持续发展发挥关键作用。

8.1　亚洲清洁低碳发展行动

8.1.1　发展基础

亚洲人口众多，经济体量、能源消费总量大，经济发展迅速，未来经济发展对能源的需求将加速增长。亚洲走清洁低碳发展之路，具备经济增长优势、劳动资本优势、减排共识基础。

1 经济社会方面：人口基数大、发展势头好

2017 年亚洲人口总数达到 44 亿，约占世界总人口的 59%。主要人口大国是中国和印度，人口分别为 14.2 亿人和 13.4 亿人，两国人口占亚洲总人口的62.7%。2017 年亚洲各国 GDP 总和达 27.6 万亿美元，三分之二的亚洲发展中国家实现了经济快速增长。1990—2017 年，亚洲经济规模增长约 4.8 倍。2017 年亚洲贸易额增长 7.1%，是 2011 年以来的最高水平。充分利用亚洲经济增长优势，最大程度优化配置劳动力成本优势和人才优势，将为建设亚洲能源互联网，实现绿色低碳发展提供重要基础。

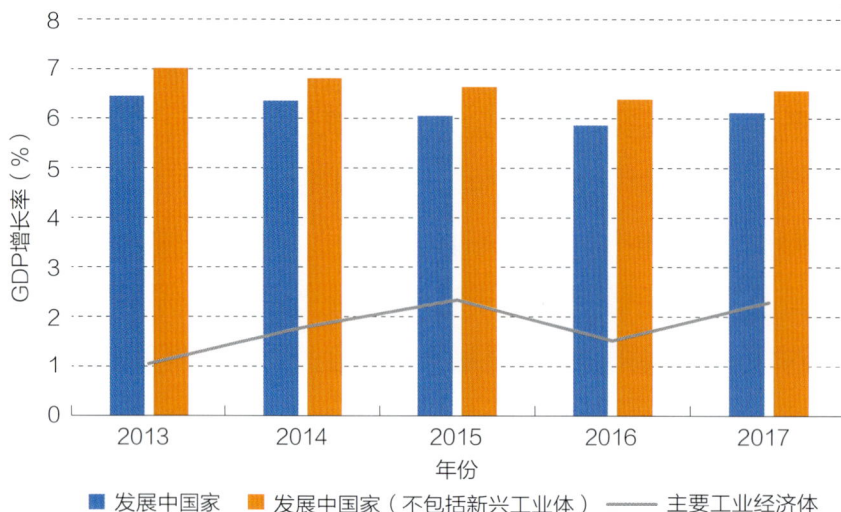

图 8.1 2013—2017 年亚洲发展中国家和主要工业经济体 GDP 增长率

2 能源电力方面：能源供需稳定增长、清洁能源资源丰富

能源需求大、增长快，供给渠道亟须拓宽。2010—2016 年，终端能源消费总量从 33.1 亿吨标准煤增长至 62.3 亿吨标准煤，年均增长 4%，占全球的比重增至 46%。2016 年，工业、交通和建筑部门的能源消费量分别为 24.1 亿、11.6 亿吨标准煤和 19.2 亿吨标准煤，占比分别为 39%、19% 和 31%。电能消费大幅增长，电能消费占终端能源消费总量比重从 14% 提高到 22%。未来经济发展将加速能源需求增长，2050 年一次能源和终端能源需求将分别达到 97.7 亿、83.7 亿吨标准煤，未来亟须拓宽能源供给渠道。

清洁能源蕴藏丰富、开发潜力大。亚洲水能、风能、太阳能和地热能等清洁能源丰富，其中水能、风能和太阳能理论蕴藏量分别占全球总量的 47%、25% 和 25%。亚洲清洁能源资源开发利用程度相对较低，水能资源开发比例约 10%，风能和太阳能资源开发比例不足万分之一，开发潜力巨大。因地制宜推动清洁能源集中式和分布式协同发展，可实现亚洲清洁能源的大规模开发和高效利用。

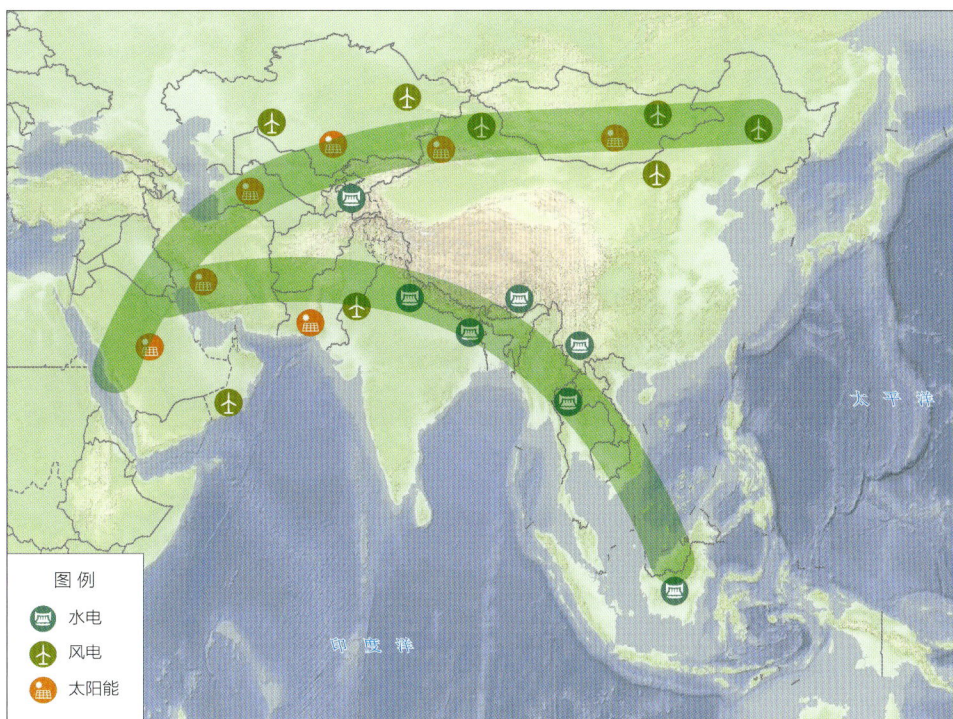

图例

🔲 水电

🔲 风电

🔲 太阳能

图 8.2 亚洲清洁能源资源分布示意图

3 气候环境方面：碳减排潜力大、各国减排共识强

2016 年，亚洲化石能源燃烧产生的二氧化碳年排放量约为 171 亿吨，占全球总排放量的 53%。二氧化碳大部分来源于煤炭燃烧，主要排放来自发电与制热部门。2016 年，煤炭、石油、天然气燃烧产生的二氧化碳排放占比分别为 62%、24% 和 14%，发电与制热部门化石能源燃烧排放的二氧化碳约占总量的 48.3%。为应对气候变化挑战，亚洲温室气体排放占比较高的国家均签署了《巴黎协定》，制定了国家自主贡献目标和中长期减排战略。中国承诺 2030 年左右实现二氧化碳排放达峰并争取尽早达峰，非化石能源在一次能源消费中的占比提高到 20%，实现碳排放强度相对 2005 年降低 60%~65%。印度承诺 2030 年前实现碳排放强度相对 2005 年降低 33%~35%。日本承诺 2030 年温室气体排放相对 2013 年减少 26%，2050 年温室气体排放量相较当前水平降低 80%，即到 2050 年实现年排放目标约 2.5 亿~2.8 亿吨二氧化碳当量。

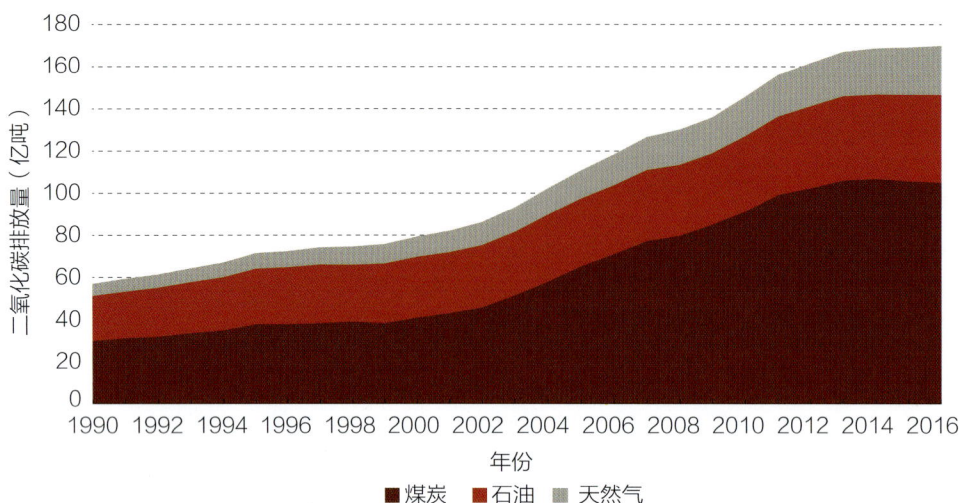

图 8.3　1990—2016 年亚洲化石能源燃烧产生的二氧化碳 ❶

8.1.2　发展思路

亚洲能源互联网建设总体思路是以低碳转型为主线，以清洁促发展、以发展促减排，加速清洁能源集约化发展和电网互联互通，将资源优势转化为经济优势，减缓气候变化、提升气候韧性，实现经济繁荣、社会进步和气候环境保护的全面协调发展。

经济社会方面，发展绿色低碳经济，以能源清洁发展推进产业绿色转型，促进绿色产业链的形成与发展，增加亚洲次区域与国家间贸易往来。

能源电力方面，加速清洁能源开发外送，建立更有利于清洁能源规模化、集约化开发和大范围互补、高效利用的机制，迅速提高清洁能源在能源供应中的比重，并持续提升电能在终端能源消费中的比重。

气候环境方面，促进可再生能源的大规模开发和电网互联互通，拓宽能源供给渠道，减缓温室气体排放，提高洲内电力普及率与气候适应性。

---

❶ 资料来源：国际能源署，化石能源燃烧 CO_2 排放，2018。

8.1.3 重点行动

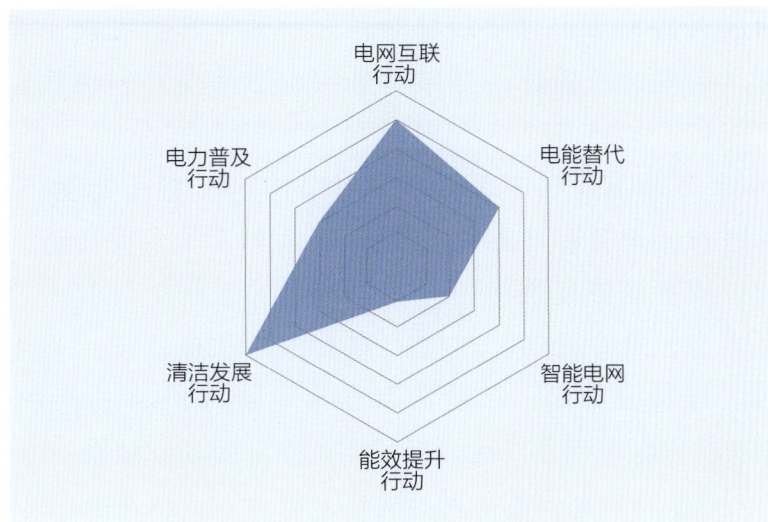

图 8.4 亚洲发展重点行动示意图

1 清洁发展

大力推动清洁能源集约高效开发，预计到 2035、2050 年清洁能源占一次能源消费比重分别达到 42%、75%，清洁能源发电装机容量分别达到 93 亿、177 亿千瓦，占电力总装机容量比重分别达到 84%、93%。

- 开发中国东北、华北和西北等地区，哈萨克斯坦中部、南部等地区风电资源。预计到 2035、2050 年，风电总装机容量分别达到 25.7 亿、51.5 亿千瓦。

- 有序开发雅鲁藏布江、印度河和恒河等流域的水能资源，到 2035、2050 年，预计水电总装机容量分别达到 10.6 亿、14 亿千瓦。

- 开发西亚、中亚、蒙古、中国西北和印度西部等地区太阳能资源，预计到 2035、2050 年，太阳能发电装机容量分别达到 51.7 亿、103.6 亿千瓦。

案例 17　沙特阿拉伯能源结构转型

沙特阿拉伯庞大的原油出口量和持续扩大的油气发电规模，导致油气资源过快消耗，引起政府关注。若维持目前以燃油发电和燃气发电为主的电源结构，2017—2035 年间将消耗沙特阿拉伯近三分之一的油气储量，到 2050 年剩余石油储量将不足现储量的 44%，天然气储量将低至 17%。同时，沙特阿拉伯面临经济结构转型及气候变化等多重压力，寻找清洁的替代能源、减少经济发展对油气出口的依赖已提上日程。沙特阿拉伯太阳能资源丰富，地广人稀，适宜大型太阳能基地建设，为能源转型提供了可行性。经济性方面，沙特阿拉伯火电成本约为 5 美分 / 千瓦时，风光发电将逐步具备竞争力。据预测，风光发电成本有望在 2020 年和 2025 年前后低于化石能源发电，光伏光热混合发电成本也将在远期具有竞争力。

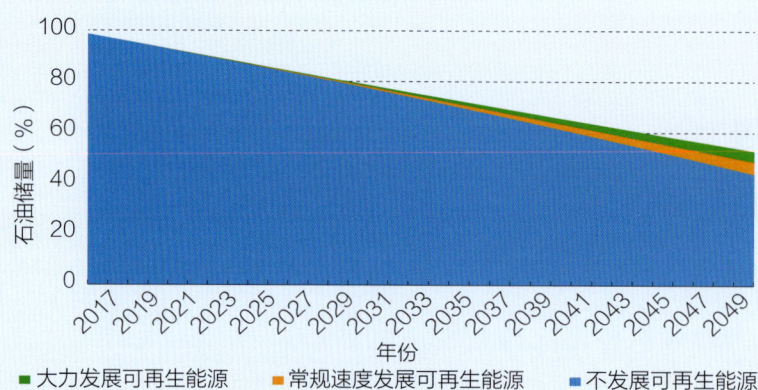

图 1　沙特阿拉伯石油储量变化趋势预测

若沙特阿拉伯以风光发电作为国内的主要电源，燃气发电用于调峰，原油主要用于出口创汇，预计 2035、2050 年清洁能源装机容量分别达到 2.7 亿、4.7 亿千瓦，火电发电量分别下降至 40%、15%，油气消耗将大大降低。在不减少原油出口的情况下，2050 年沙特阿拉伯油气储量仍至少维持现储量的 53% 和 61%。

在实现能源清洁转型后，沙特阿拉伯石油出口将持续带来可观的外汇收入。同时，丰富的太阳能资源将为其提供源源不断的清洁电力，不仅能够保证国内用电需求，还可外送其他国家。清洁能源产业将成为沙特阿拉伯经济的重要增长点，有效解决经济结构单一问题，促进其可持续发展。

2 电网互联

形成由东亚、东南亚、中亚、南亚和西亚五个区域组成的互联格局，与欧洲、非洲和大洋洲互联，形成"四横三纵"跨洲跨区互联通道。到2050年，满足亚洲73.1亿千瓦负荷需求，同时跨洲电力流6700万千瓦，并网装机规模达到191亿千瓦。

● **到2035年，**洲际互联初具规模，洲内基本形成五个区域联网格局。

跨洲：建设哈萨克斯坦—德国、沙特阿拉伯—土耳其—保加利亚和沙特阿拉伯—埃及直流工程，分别将中亚太阳能和风电、西亚阿拉伯的太阳能送至欧洲和非洲。建设埃塞俄比亚—沙特阿拉伯直流工程，将东非水电送至西亚，实现水电和太阳能的联合调节。

洲内：建设哈萨克斯坦—中国、沙特阿拉伯—巴基斯坦和阿联酋—印度直流工程，将中亚风光和西亚的太阳能送至东亚和南亚负荷中心。建设塔吉克斯坦—巴基斯坦直流工程，将中亚水电送至南亚负荷中心。建设中国—东南亚直流工程，将中国西南清洁能源送至东南亚负荷中心。建设中国—巴基斯坦直流工程，将中国西北风光送至南亚。建设俄罗斯远东—中日韩朝直流工程，将俄罗斯风电和水电送至东亚负荷中心。

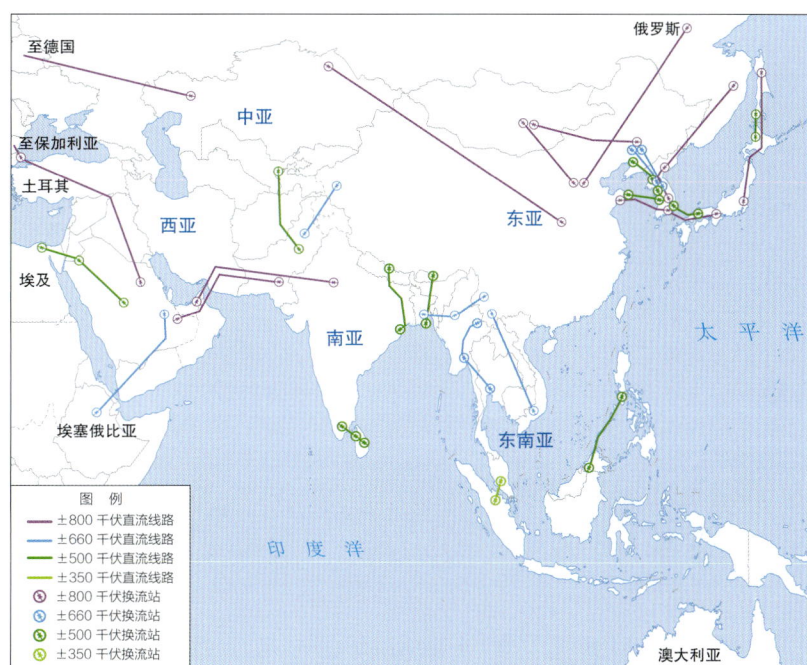

图8.5　2035年亚洲电网互联总体格局

- **到 2050 年,** 进一步加强跨洲联网通道,总体形成"四横三纵"互联通道。

跨洲: 新增沙特阿拉伯—土耳其、沙特阿拉伯—埃及和哈萨克斯坦—德国直流工程。建设澳大利亚—印度尼西亚直流工程,加强亚洲与大洋洲间的电力交换。

洲内: 建设伊朗—巴基斯坦和阿曼—印度直流工程,将西亚太阳能送至南亚负荷中心。建设缅甸—印度、中国—印度直流工程,满足印度负荷需求。建设中国—东南亚直流工程,实现电力互济。加强俄罗斯远东清洁能源基地向东亚负荷中心的送电规模。

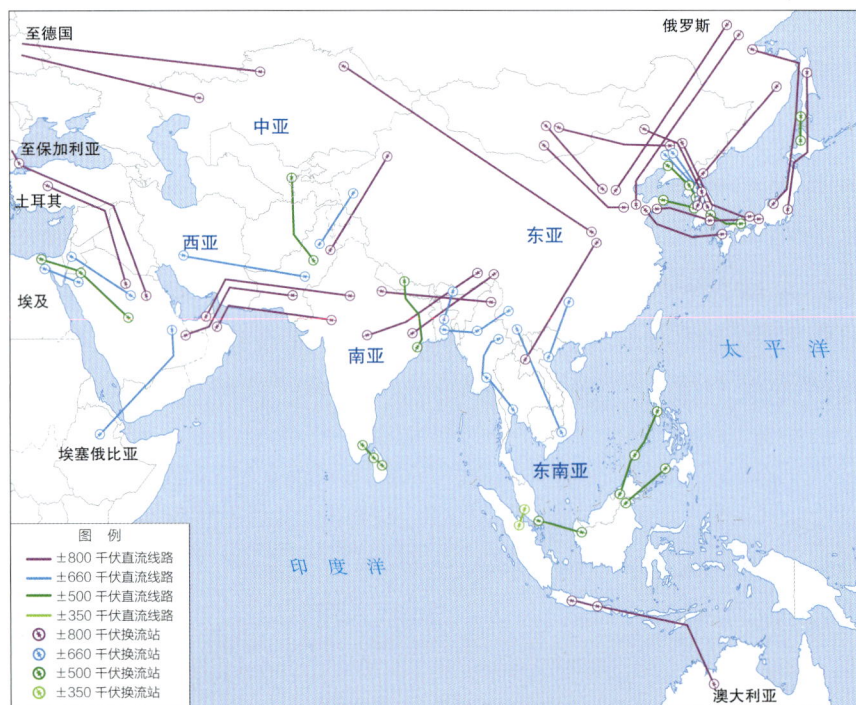

图 8.6　2050 年亚洲电网互联总体格局

3 电力普及

提高电力普及率和基础设施气候适应能力。到 2035 年,亚洲电力普及率达到 97%,无电人口下降至 1.5 亿;到 2050 年,全面解决无电人口用电问题。

- 在无电人口多的国家和地区,扩大电网供电范围,实现电力全覆盖。在电网难以覆盖的偏远与岛屿地区,建设分布式发电系统。

- 在电网薄弱的城镇地区，采取政府补贴、商业开发、资金援助、技术研发等手段，加强电力设施建设，提高供电可靠性。

4 电能替代

大力推动以电代煤、以电代油、以电代气、以电代初级生物质能，到 2035、2050 年，电能在终端能源消费占比将分别达到 45%、68% 以上。

- 加快电动汽车普及，农村地区发展低速电动车，力争到 2035、2050 年，电动汽车市场占有率分别达到 30%、90% 以上。

- 在冶炼、建材、化工等高耗能行业大力推广工业电锅炉、电窑炉，实施燃煤锅炉、燃煤（油）窑炉替代。力争到 2050 年，电锅炉等工艺的普及率超过 35%。

- 因地制宜普及清洁采暖和清洁炊事设备，改变用户用能行为，到 2050 年，居民电采暖普及率超过 50%。

5 智能电网

大力推广储能、柔性输电、智能用电技术，大幅提升电网的新能源消纳能力，到 2050 年，满足超过 177 亿千瓦清洁能源发电装机安全稳定运行要求。

- 风电、光伏发电系统的智能功率预测系统精度提高到 95% 以上，智能功率预测系统普及率提高到 90% 以上。

- 全面推广智能电表，全面实施高级量测体系，开展智能家居、智能用电服务，完善智能双向互动服务平台。到 2050 年，亚洲智能电表实现全覆盖。

- 东南亚、南亚地区升级电网调度自动化系统，采用更先进的智能监测设备，增强电网在线监测能力，实现电网对新能源发电系统的优化管理。

6 能效提升

力争到 2050 年，能效相对于 2015 年提高 30%，能源强度下降至 0.07 千克标准煤／美元，能源系统转化效率提高到 70% 以上。

● 提倡清洁能源集约化、规模化开发，开发单机十兆瓦以上风电机组和转化效率更高的光伏发电技术，提升风电、光伏基地的集约化开发规模和比例。

● 发展特高压柔性直流等先进输电技术，优化电网结构和运行方式，减少输配电损耗。

● 严控电力、钢铁等高耗能行业的能耗限额标准，不断提高节能环保新设备的普及率。

非洲
清洁低碳发展行动

		2016年	**2050年**
一次能源消费总量（亿吨标准煤）		11.2	17.7
清洁能源占一次能源比重		50%	72%
终端电气化率		9%	41%

发展方向 构建非洲能源互联网，推动绿色电气化、工业化发展

清洁发展
太阳能发电装机容量
8.2 亿千瓦

风电装机容量
3.4 亿千瓦

水电装机容量
2.8 亿千瓦

电网互联
"两横两纵"

跨洲电力流
1.7 亿千瓦

电力普及
↑ 电力普及率 **100%**

↑ 电力设施投资增加

↑ 设计标准提高

8.2 非洲清洁低碳发展行动

8.2.1 发展基础

非洲人口增速快，伴随经济发展，能源需求将加速增长，清洁能源与矿产资源丰富，电气化、工业化发展潜力巨大，区域合作与可持续发展共识强。非洲走清洁低碳发展之路，具备经济增长优势、清洁资源优势、电气化发展潜力。

1 **经济社会方面：发展潜力大、一体化进程快**

人口迅速增长、发展进入快车道。2017 年非洲人口为 12.4 亿，占全球人口的 17%。根据联合国预测，2050 年非洲人口将达到 25 亿[1]，人口增长率全球最高。青年人口占比超过全球其他区域，2030 年全球近一半劳动力人口增长将来自撒哈拉以南非洲。2050 年非洲适龄劳动人口将超过 15 亿，为工业化提供有力支撑，同时也将弥补全球老龄化所带来的劳动力短缺。2017 年非洲 GDP 总和约为 2.3 万亿美元，占全球 GDP 总量的 2.9%。21 世纪以来，非洲经济年均增速超过 4%，2009—2019 年，非洲经济总量翻了一番，是全球经济增长最快的区域。

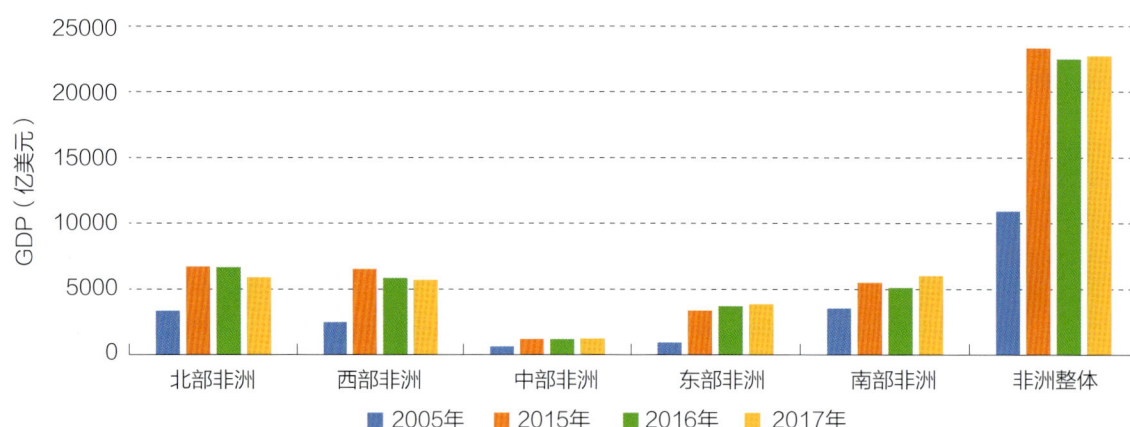

图 8.7 2005—2017 年非洲 GDP 总量

---

[1] 资料来源：联合国，世界人口预测，2019。

背景 25

非洲大陆自贸区协议

"非洲大陆自贸区"于 2018 年 3 月成立，44 个非洲国家在非盟峰会上签署了自贸区框架协议。2019 年 5 月 30 日，自贸区协定正式生效，7 月 7 日自贸区建设正式启动，除厄立特里亚外，非盟其余成员国都已签署自贸协定。非洲大陆自贸区涵盖 12.7 亿人口，经济总量超过 2.5 万亿美元，是目前全球最大的区域性自贸区。按照自贸区协议规定，未来 5 年内（最不发达国家期限为 10 年）在货物和服务贸易方面将逐步实现 90% 商品零关税。

非洲大陆自贸区有望改变非洲发展格局。一是刺激区域内贸易大幅增长。自贸区通过降低关税、消除贸易壁垒等方式，实现商品、服务、资金和人员在域内的自由流动，从而使非洲各经济体形成单一大市场，促进区域内贸易活动。二是改善非洲大陆的投资前景。以往非洲经济体呈现出四分五裂状态，与世界其他国家相比经济规模较小，投资者很难对这些小市场实行大规模投资。相比之下，单一大市场对于投资者而言则意味着巨大的商机。三是改写基础设施版图。为进一步促进非洲内部贸易、一体化和社会经济发展，非洲各国正加快建设交通、能源及信息网络，自贸区的成立无疑将极大加快这一进程。

区域合作一体化进程不断加深。 非洲基本实现了区域的和平与稳定，区域冲突降至历史最低点，积极参与国际政治体系和全球治理体系，成为国际政治舞台和世界格局中的重要参与者。一体化力量不断增强，将助力非洲经济腾飞。2018 年 3 月，非洲 44 个国家签署成立非洲大陆自由贸易区。2019 年 7 月，非盟峰会正式启动自贸区建设。除厄立特里亚外，非盟其余成员国都已签署自贸协定，未来将进一步降低关税、消除贸易壁垒，促进区域内贸易和投资发展，实现商品、服务、资金在非洲大陆的自由流动，将非洲各经济体汇集成统一的大市场。实现市场一体化，不仅能够加强非洲国家之间的经济联系，释放整个非洲大陆的经济潜力，还能提升非洲与其他经济力量平等对话的实力。

2 能源电力方面：清洁能源资源丰富、开发潜力与效益巨大

非洲水能、风能、太阳能、生物质能、地热能等多种清洁能源资源充沛，其中水能、风能、太阳能理论蕴藏量分别为 4.4 万亿、650 万亿、6 亿亿千瓦时 / 年，分别占全球的 11%、32% 和 40%[1]，但目前开发比例极低，是全球清洁能源开发潜力最大的洲。非洲丰富的清洁资源不但可以满足自身的发展需要，还可以将资源优势转化为经济优势，向欧洲等区域出口清洁能源电力。通过清洁能源基地开发与电网互联互通，提升电气化水平，能够促进非洲丰富矿产资源的开发利用。目前，矿产资源是支撑非洲资源型经济体的重要支柱，金矿、金刚石、铂族金属、铝土矿、锰矿、钴矿、铀矿等重要资源储量均居世界首位，铬矿、钒矿、钛矿、铜矿、镍矿等资源也非常丰富，亟须拓展能源电力供给渠道，发掘矿产行业发展潜力。

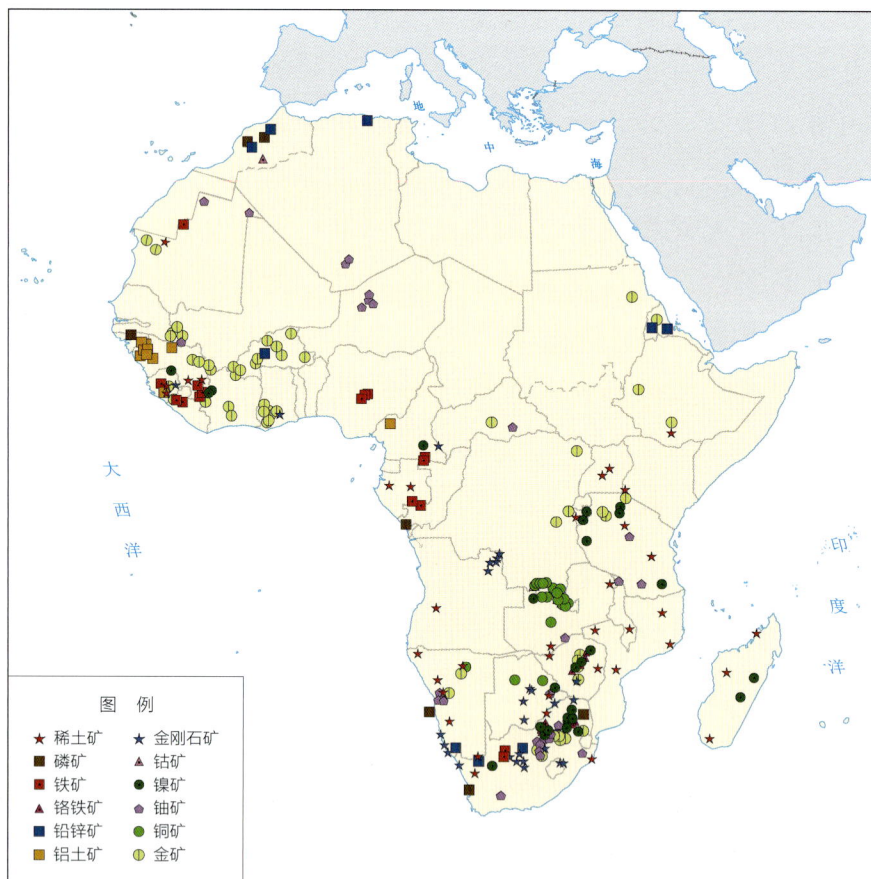

图 8.8 非洲主要矿产资源分布示意图 [2]

---

[1] 资料来源：刘振亚，全球能源互联网，北京：中国电力出版社，2015。

[2] 资料来源：中国地质调查局、中国地质科学院，中国地质，2018 年第 45 期。

3 气候环境方面：二氧化碳排放总量较小、各国积极应对

二氧化碳排放总量较小，预防气候灾害需求大。 2016 年，非洲化石能源燃烧产生的二氧化碳为 11.6 亿吨，占全世界排放总量的 3.6%。2016 年，煤炭、石油、天然气燃烧产生的二氧化碳排放占比分别为 32%、48% 和 20%，发电与制热部门、交通部门化石能源排放的二氧化碳分别约占总量的 42% 和 31%。厄尔尼诺现象引发的干旱、洪水等气候灾害导致非洲多个国家粮食产量降低，特别是非洲东部和南部，严重威胁了非洲粮食安全。仅 2017 年，气候灾害导致的粮食减产就影响了非洲 5900 万人的粮食供应。过去十年间，非洲年均受气候灾害影响人数达 1600 万人，年均经济损失达 6.7 亿美元，亟须增强气候变化适应能力。

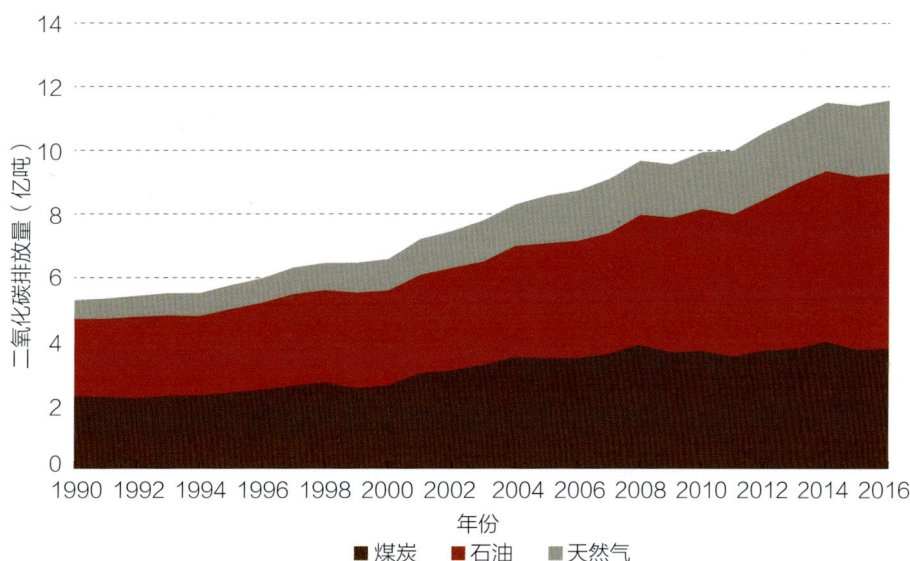

图 8.9　1990—2016 年非洲化石能源燃烧产生的二氧化碳 ❶

二氧化碳减排共识较强，各国积极应对气候变化。 非洲主要国家均签署了《巴黎协定》，制定应对气候变化自主贡献目标和中长期减排战略。南非承诺 2025—2030 年温室气体排放量维持在 3.98 亿~6.14 亿吨二氧化碳当量 / 年，提出到 2050 年降至 2.12 亿~4.28 亿吨二氧化碳当量 / 年。阿尔及利亚承诺 2030 年温室气体排放量相比政策延续情景减少 7%~22%。尼日利亚承诺 2030 年温室气体排放量相比政策延续情景减少 20%，在资金支持等条件下减排 45%。埃塞俄比亚承诺在国际社会支持的条件下，2030 年将温室气体排放量控制在 1.45 亿吨二氧化碳当量 / 年。

❶ 资料来源：国际能源署，化石能源燃烧 CO_2 排放，2018。

8.2.2　发展思路

非洲能源互联网建设总体思路是以绿色电气化与工业化为主线，加快太阳能、风能集约发展，推广电—矿—冶—工—贸联动发展模式，打造绿色低碳工业体系，实现非洲绿色电气化、工业化、一体化发展。

经济社会方面，构建电—矿—冶—工—贸联动发展模式，通过清洁电力促进工业化发展，提高生产力和自然资源的附加价值，促进区域经济一体化和区外贸易合作。

能源电力方面，强化电网基础设施，形成北部、中西部、东南部三大同步电网格局，通过建设"两横两纵"跨洲互联大通道，实现与欧洲、亚洲电网互联，促进清洁能源大范围互补互济。

气候环境方面，大力普及电力基础设施，解决无电人口用电问题，提高设施设计标准，提升设施气候韧性，增强应对气候变化适应能力。

8.2.3 重点行动

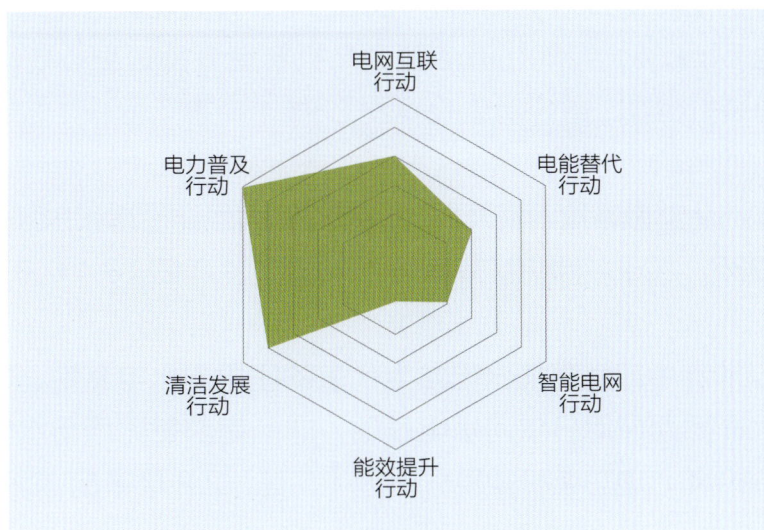

图 8.10 非洲发展重点行动示意图

1 电力普及

大力普及电力基础设施，有序解决无电人口用电问题，因地制宜提高设施适应气候变化能力。

- 制定和实施国家电气化发展路线图，在重点农村、城市开展试点工程，分阶段推广至全国，解决无电人口用电问题。到 2035 年非洲电力普及率达到 90% 以上，到 2050 年全面解决无电人口用电问题。

- 加强电力行业设施投资，重视电力行业发展，并设置约束性投资比例，通过公私合营模式吸引海外或民间投资，快速推进农村、城市输配电网基础设施建设。

- 提高电力设施设计标准，增强应对自然灾害适应能力。重点在清洁能源并网及运行控制领域等提高相关设施设计标准，增强电力系统应对突发事件的稳定性，保障清洁能源消纳。

2 清洁发展

充分利用非洲清洁资源,力争 2035、2050 年,清洁能源消费占一次能源消费的比重分别达到 56%、72%;清洁能源装机容量分别达到 5.6 亿、14.8 亿千瓦,占电力总装机容量比重分别达 68%、83%。

- 重点开发非洲北部撒哈拉沙漠及周边、南部的大西洋沿岸和东部非洲部分内陆风电基地。2035、2050 年风电总装机规模分别达 1.3 亿、3.4 亿千瓦。

- 重点开发以非洲中部大英加水电站为代表的刚果河水电基地、非洲东部尼罗河水电基地、非洲西部尼日尔河水电基地,非洲南部赞比西河水电基地等。预计 2035、2050 年水电总装机规模分别达 1.5 亿、2.8 亿千瓦。

- 重点开发非洲撒哈拉沙漠及周边,东非北部和南非西南部太阳能基地。预计 2035、2050 年太阳能发电总装机规模分别达到 2.6 亿、8.2 亿千瓦。

3 电网互联

形成北部、中部和西部、东部和南部三大同步电网格局,并通过建设"两横两纵"跨洲互联大通道,实现与欧洲、亚洲电网互联,促进清洁能源大范围互补互济。到 2050 年,满足非洲 8 亿千瓦负荷需求,跨区跨洲电力流超过 1.7 亿千瓦。

- **到 2035 年,**非洲能源互联网初具雏形。在各国及区域电网不断加强的基础上,总体形成"一横两纵"骨干网架,跨洲亚欧非实现联网。

洲内: 建设刚果(金)—几内亚、刚果(布)—加纳、埃塞俄比亚—南非、喀麦隆—尼日利亚等直流工程,分别将刚果河、尼罗河和萨纳加河水电送至西部、南部非洲负荷中心。

跨洲: 建设摩洛哥—葡萄牙、突尼斯—意大利、阿尔及利亚—法国、埃及—土耳其直流工程,将北非太阳能、风电送电欧洲;建设沙特阿拉伯—埃及、埃塞俄比亚—沙特阿拉伯直流工程,实现亚非互联。

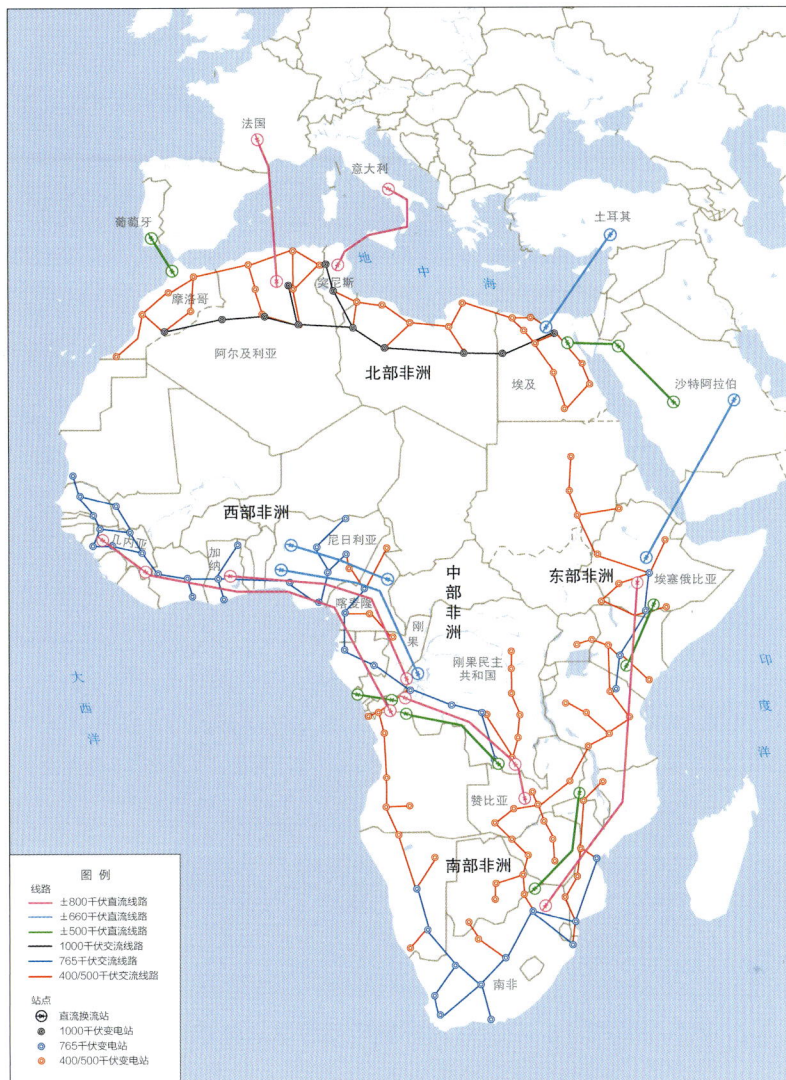

图 8.11　2035 年非洲电网互联总体格局

- **到 2050 年，**非洲基本建成坚强能源互联网。形成"两横两纵"骨干网架，跨洲亚欧非联网规模不断扩大。

洲内： 进一步加强北非 1000 千伏交流输电通道及其他区域 765/400 千伏交流主网架，北部、中西部和东南部 3 个同步电网形成坚强骨干网架，同步电网间直流联网不断加强，建设刚果（金）—南非、刚果（金）—尼日利亚，刚果（金）—摩洛哥、刚果（金）—埃塞俄比亚和埃塞俄比亚—埃及等直流工程。

跨洲： 建设摩洛哥—西班牙、阿尔及利亚—法国—德国、埃及—希腊—意大利等直流工程，非洲送电欧洲规模进一步加大。

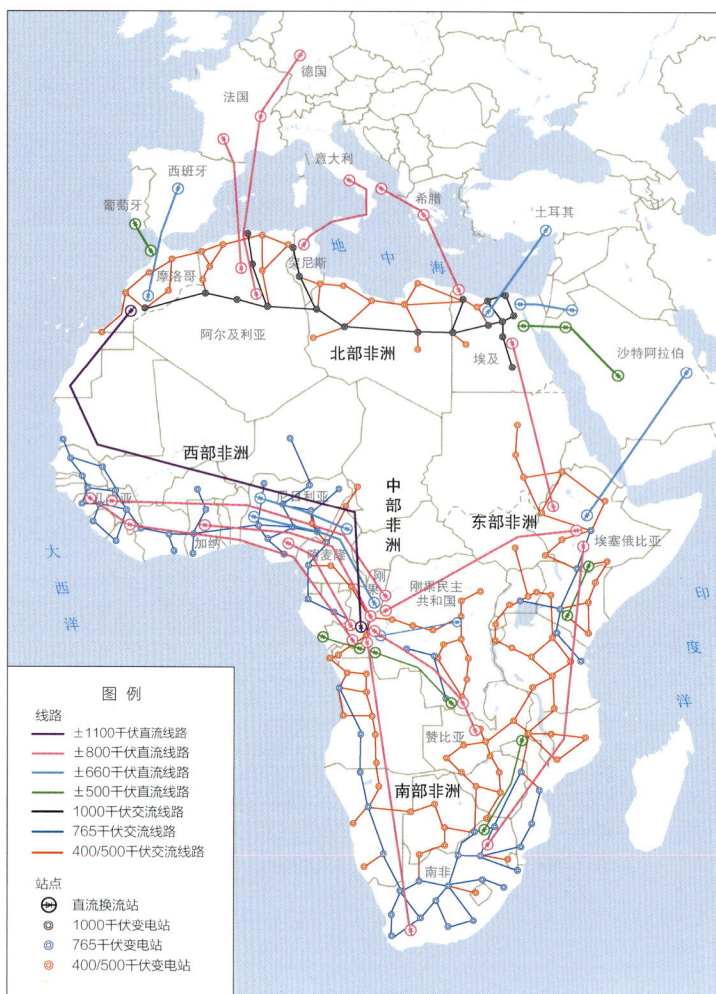

图 8.12　2050 年非洲电网互联总体格局

4　电能替代

大力发展非洲电气化，推进城镇化建设，提高电力普及率及终端能源使用效率，解决非洲商品能源利用率低、电力普及程度不足的问题。到 2035、2050 年，电能在终端能源消费占比分别提高至 26%、41%。

● 通过技术、资金援助或投融资模式等引入新型电气化设备发展采矿业、冶金业和轻工业。到 2050 年，电锅炉等工艺的技术普及率超过 50%。

● 提升电炊具、电热水器、电采暖等生活设备的普及率，以微波炉、电水壶等电炊具替代燃煤、燃气、燃秸秆炉灶，到 2035、2050 年，居民电炊事普及率分别超过 35%、55%。

- 加快电动交通普及，到 2035 年电动交通市场占有率达到 5% 以上；到 2050 年电动交通市场占有率超过 45%。

- 发展家庭电气化技术，建设集成屋顶光伏发电、储能、电动交通及其他智能用电设备的电气化智慧农村。

5 智能电网

重点提升电网运行控制和调度的智能化水平，实现各地集中式电源的优化接入和高效消纳，到 2050 年，满足非洲 14.8 亿千瓦清洁能源发电安全稳定运行要求。

- 重点建设刚果河、尼罗河、尼日尔河、赞比西河流域大型抽水蓄能及东非大裂谷沿线地热发电项目，与风光互补互济，提高电网削峰填谷能力，减少化石能源发电装机。

- 推广智能电表，通过提供双向多种费率计量，鼓励分布式新能源发展。到 2050 年，非洲智能电表实现 70% 覆盖率。

6 能效提升

加强能效政策体系建设，力争到 2050 年，实现能效相对于 2015 年提高 28% 的目标，能源强度下降至 0.1 千克标准煤 / 美元。

- 重点建设现代生物质能电厂，消除初级生物质能的低效燃烧利用，提高商品能源的比例。到 2050 年，力争实现非洲清洁发电集约化开发装机比例不低于70%。

- 发展特高压柔性直流等先进输电技术，优化配电网结构和运行方式，到 2050 年非洲电网损耗降低到 10% 以下。

- 提倡绿色用能，提高能源利用效率。

欧洲
清洁低碳
发展行动

	2016年	2050年
一次能源消费总量（亿吨标准煤）	38.2	20.3
清洁能源占一次能源比重	25%	88%
终端电气化率	19%	75%

发展方向 构建欧洲能源互联网，打造零碳经济社会

清洁发展

太阳能发电装机容量
11.4 亿千瓦

风电装机容量
19.1 亿千瓦

水电装机容量
6.3 亿千瓦

电网互联

"两横三纵"

跨洲跨区电力流
1.57 亿千瓦

能效提升

能效提高 **25%**

能源强度 **0.08** 千克标准煤／美元

电网损耗 **5%**

8.3 欧洲清洁低碳发展行动

8.3.1 发展基础

欧洲经济水平发达，高新技术产业优势突出，能源与电力需求大，各国在区域合作、清洁发展、应对气候变化挑战等方面都有极强共识。欧洲走清洁低碳发展之路，具备经济基础优势、技术创新优势、区域合作基础。

1　经济社会方面：发展基础雄厚、产业发展领先

人口平稳，经济水平发达。2017 年，欧洲各国 GDP 总和为 21.1 万亿美元，全球占比约 26.5%，人均 GDP 约 2.6 万美元。其中，欧盟经济水平在全球处于领先地位，2017 年 GDP 总量约 18.8 万亿美元，增速为 2.5%，全球占比约 23%，人均 GDP 约 3.8 万美元；产业结构以服务业为主，占 GDP 比重的74%，工业占比 25.6%、农业占比 1.4%。2017 年独联体国家 GDP 总量约2.04 万亿美元，增速为 2.2%，人均 GDP 约 7381 美元。

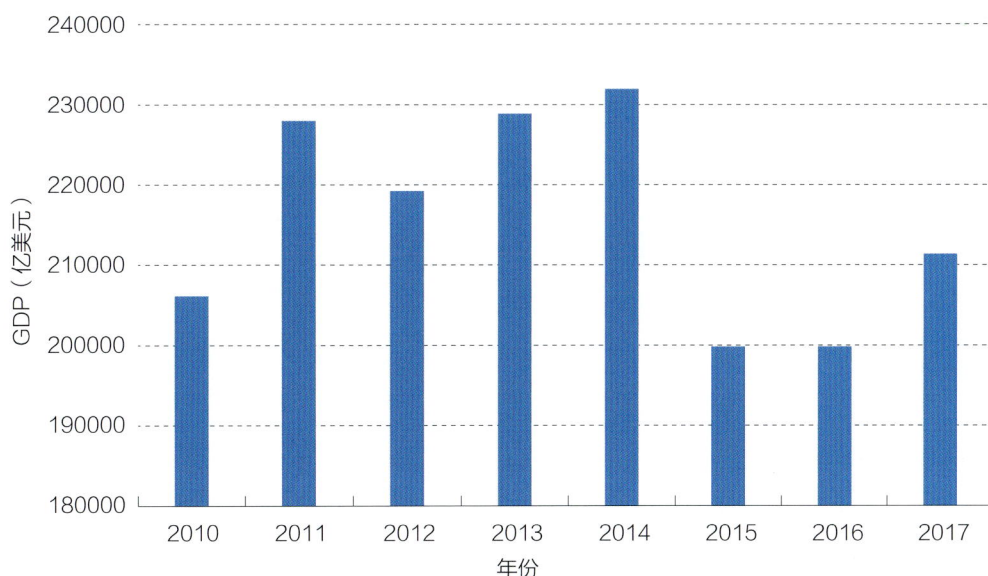

图 8.13　2010—2017 年欧洲 GDP 总量

工业发展领先，高端制造业、高新技术产业基础好。世界第一次与第二次工业革命均发源于欧洲。西欧、北欧及南欧主要国家已完成工业化进程，其中，德国、法国、英国和意大利等工业大国生产规模大，工业部门较为齐全，综合实力雄厚，其余国家则根据本国的具体条件，因地制宜发展特色工业。欧洲科技实力强大，其中欧盟科技产出约占全球的 1/3，是世界上最大的"知识生产工厂"和科研创新中心。欧洲有多个汽车、航空、制药强国，在 16 个机械装备业领域中处于世界出口领先地位。欧盟在化工、医药、航空、机动车辆、精密仪器等高端制造业拥有比较优势，机电产品在欧盟前 10 大出口产品中占据 6 席，出口额约占欧盟总出口额的 40%。

2 能源电力方面：消费需求大、电气化水平高、互联化程度高

人均能源电力消费量大，电气化水平持续提升。2016 年，欧洲一次能源消费总量为 38.2 亿吨标准煤，约占全球总量的 20%。人均能源消费约 5 吨标准煤，是全球人均水平的 1.8 倍。2017 年欧洲总用电量为 4.8 万亿千瓦时，占全球总用电量的 21%。其中 35%、25% 的电力消费分别集中在西欧、俄罗斯及周边区域。2017 年欧洲电力普及率达到 100%。欧洲年人均用电量 5885 千瓦时，约为世界平均水平的 1.9 倍。其中，冰岛年人均用电量达到 5.5 万千瓦时，居全球首位；挪威、芬兰和瑞典年人均用电量分别为 2.5 万、1.5 万和 1.4 万千瓦时。2000—2016 年欧洲电能占终端能源消费比重从 17.2% 持续提升至 19.4%，高于全球平均水平。

区域合作程度高，电网互联互通基础好。欧盟是区域一体化的典范，成立 60 多年来已有 28 个成员国，对外政策高度一致，对内采取相应的统一措施，确保地区和平、社会稳定。通过发行统一货币进而实现货币政策的相对统一，目前已有 19 个国家、约 3.38 亿人使用欧元。对内金融市场已经高度融合，统一关税实现货物在欧元区的自由流动。在电网互联方面，当前欧洲共有 36 个国家的 43 家运营商加入了欧洲输电运营商联盟，形成世界最大的跨国互联电网，其中欧洲大陆、北欧、英国及爱尔兰电网主网架为 400 千伏，波罗的海国家电网主网架为 330 千伏，相互之间通过直流互联。欧洲大陆电网通过西班牙—摩洛哥的两回 400 千伏线路与北非互联；在东部与乌克兰电网互联；在东南部与西亚电网互联。波罗的海国家电网与俄罗斯电网互联。

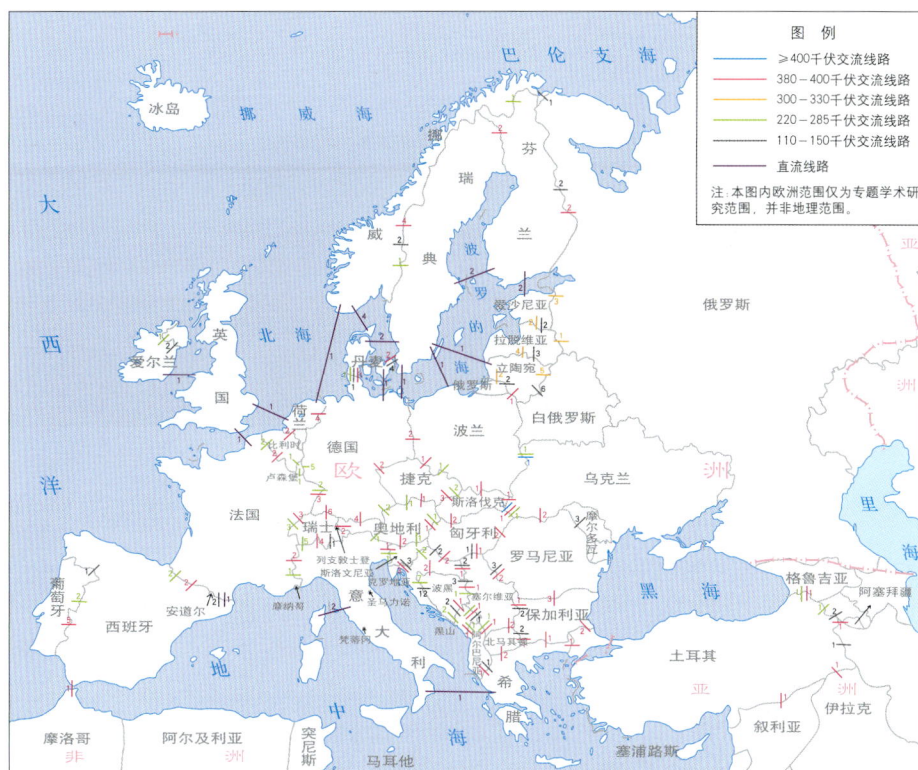

图 8.14 欧洲电网互联现状示意图

3 气候环境方面：二氧化碳排放逐年下降，各国减排共识极强

1990—2016 年，欧洲化石能源燃烧产生的二氧化碳年排放量从 73 亿吨下降到 54 亿吨，占全世界排放总量的比例从 35.6% 下降到 16.7%。其中，欧盟二氧化碳年排放量为 32 亿吨，占欧洲总量的 59.3%，俄罗斯为 14 亿吨，占欧洲总量的 26.7%。为应对气候变化挑战，欧洲主要国家均签署了《巴黎协定》，制定应对气候变化自主贡献目标和中长期减排战略。欧盟承诺 2030 年温室气体排放量相比 1990 年至少减少 40%。英国、法国、芬兰、瑞典、丹麦等多个欧盟国家提出将于 2050 年前实现碳中和的长期减排目标，芬兰提出 2035 年实现净零排放。俄罗斯、乌克兰分别承诺 2030 年温室气体排放量相比 1990 年减少 25%～30% 和 40%。瑞士承诺 2030、2050 年温室气体排放分别比 1990 年减少 50% 和 75%～80%。挪威承诺到 2030 年温室气体相较 1990 年减排 40%，到 2050 年实现低碳社会目标。

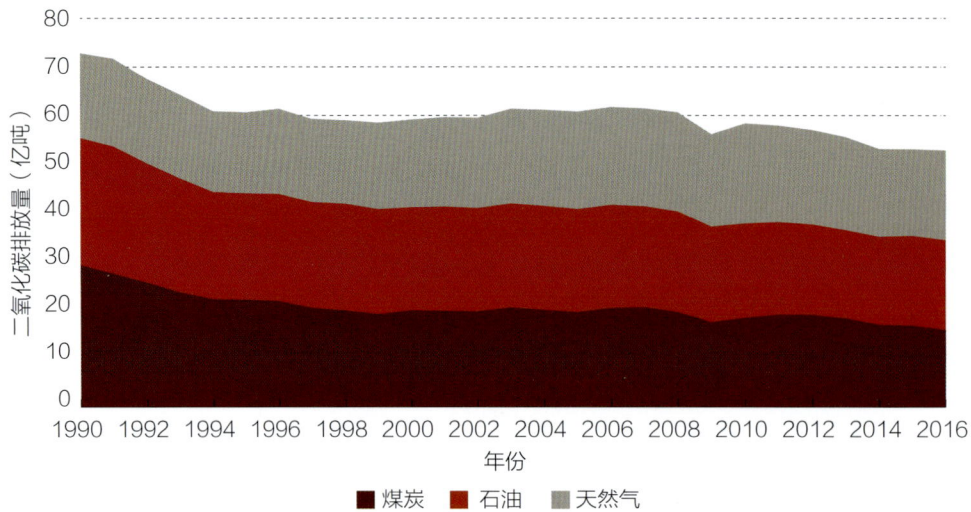

图 8.15　1990—2016 年欧洲化石能源燃烧产生的二氧化碳 [1]

8.3.2　发展思路

欧洲能源互联网建设总体思路是以零碳社会为主线，加快洲内清洁能源开发，加大洲外清洁能源受入，以清洁和绿色方式满足经济社会发展对能源电力的需求，打造欧洲及周边能源电力合作平台，实现能源资源大范围优化配置，促进区域协同发展。

经济社会方面，以"零碳"为目标，全面完善与落实涉及能源、工业、农业等各产业的低碳转型发展规划，加快构建零碳经济系统。

能源电力方面，发挥科技优势，推动供应侧高比例清洁替代、消费侧深度电能替代和采用先进成熟的新技术，进一步加快能源转型，加速形成零碳能源系统。构建覆盖全欧洲的特高压柔性直流电网，形成亚欧非电网互联格局，实现北极、北海风电与非洲太阳能在欧洲大范围消纳利用。

气候环境方面，以清洁能源互联互通和跨洲配置加速减排，降低减排成本，持续推进产业的绿色低碳转型。

---

[1] 资料来源：国际能源署，化石能源燃烧 CO_2 排放，2018。

8.3.3 重点行动

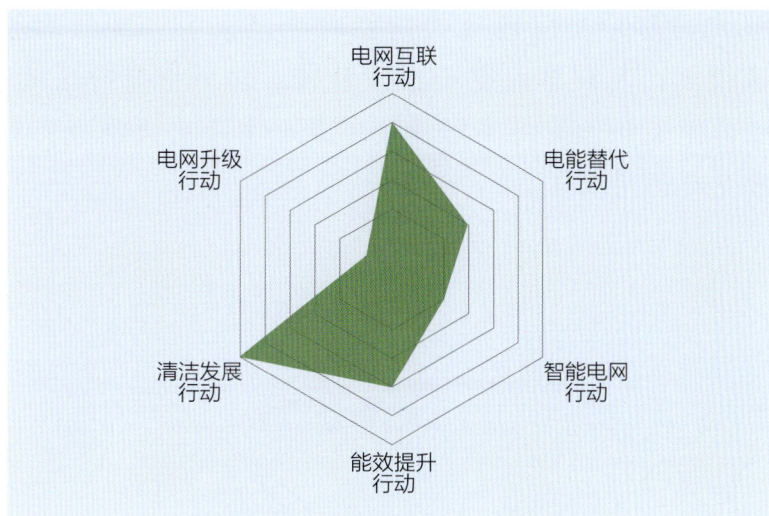

图 8.16 欧洲发展重点行动示意图

1 清洁发展

大力发展清洁能源，力争到 2035、2050 年，清洁能源占一次能源需求比重分别超过 48%、88%，清洁能源装机容量分别达到 27.3 亿、39.2 亿千瓦，占电力总装机容量比重分别达到 89%、97%。

● 主要开发北海、波罗的海地区的大型海上风电场。到 2035、2050 年，欧洲风电总装机规模分别达到 11.6 亿、19.1 亿千瓦。

● 主要开发北欧斯堪的纳维亚山脉水系、俄罗斯伏尔加河、叶尼塞河等流域和土耳其底格里斯河—幼发拉底河上游流域区水电基地。力争到 2035、2050 年，欧洲水电总装机容量分别达到 4.9 亿、6.3 亿千瓦。

● 在意大利、西班牙、葡萄牙等光照条件较好的欧洲南部地区集中开发太阳能资源。力争到 2035、2050 年，欧洲太阳能装机规模分别达到 8.3 亿、11.4 亿千瓦。

8.3 欧洲清洁低碳发展行动

案例 18　欧洲风能、太阳能季节差、时区差互补特性

欧洲北部风能与环地中海地区太阳能跨季节互补。欧洲北部风能受季节变化影响较大，呈现冬大夏小出力特性。环地中海地区的欧洲南部、北非、西亚各国太阳能资源丰富，呈现夏大冬小出力特性，与欧洲北部风能跨季节互补作用明显。

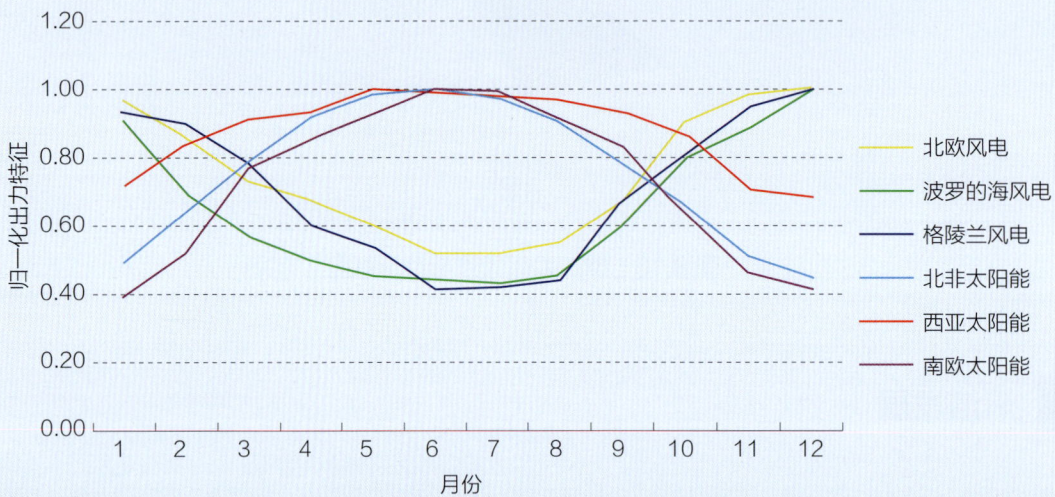

图1　欧洲北部风能与环地中海地区太阳能互济特性

欧洲太阳能与中亚太阳能跨时区互补。西欧与中亚存在 3~6 小时的时区差，由于太阳能日内辐照强度峰值一般出现于中午，通过西欧、中亚电力互联，可以利用时区差实现太阳能跨时区互补。

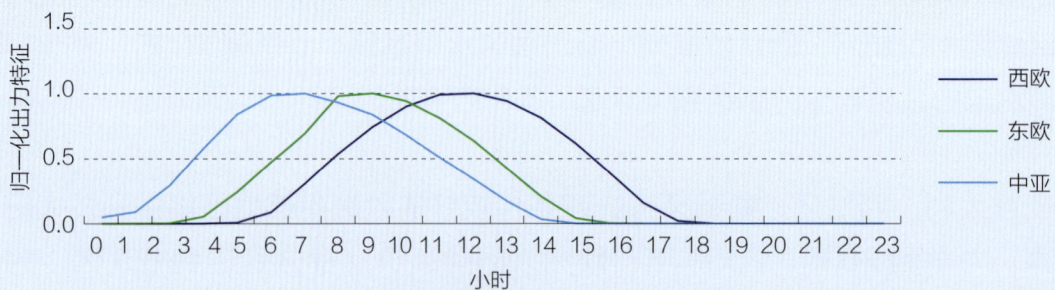

图2　欧洲与中亚太阳能跨时区互补特性

2 电网互联

> 跨洲连接中亚、北非、西亚太阳能基地的特高压柔性直流电网，建设"两横三纵"跨洲跨区互联大通道，实现清洁能源资源的大范围优化配置。到 2050 年，满足欧洲 16.4 亿千瓦负荷需求，同时跨区跨洲电力流总规模达到 1.57 亿千瓦，并网装机规模达到 40.5 亿千瓦。

● **到 2035 年，** 欧洲直流电网初具规模，依托海上风电汇集外送，建设多回大容量多端直流，形成北海、波罗的海直流环网，欧洲大陆形成中部直流环网；跨洲建设 6 回直流，形成亚欧非联网格局。

洲内： 在区域电网继续加强互联的基础上，建设挪威—英国—法国、挪威—丹麦—德国、法国—德国等直流工程，形成北海环网；建设格陵兰—冰岛—英国直流工程；建设芬兰—拉脱维亚—波兰、瑞典—丹麦—德国及波兰—德国等直流工程，形成波罗的海环网。欧洲大陆中部形成直流环网。

跨洲： 建设摩洛哥—葡萄牙、阿尔及利亚—法国、突尼斯—意大利、哈萨克斯坦—德国、埃及—土耳其及沙特阿拉伯—土耳其直流工程，实现亚欧非互联。

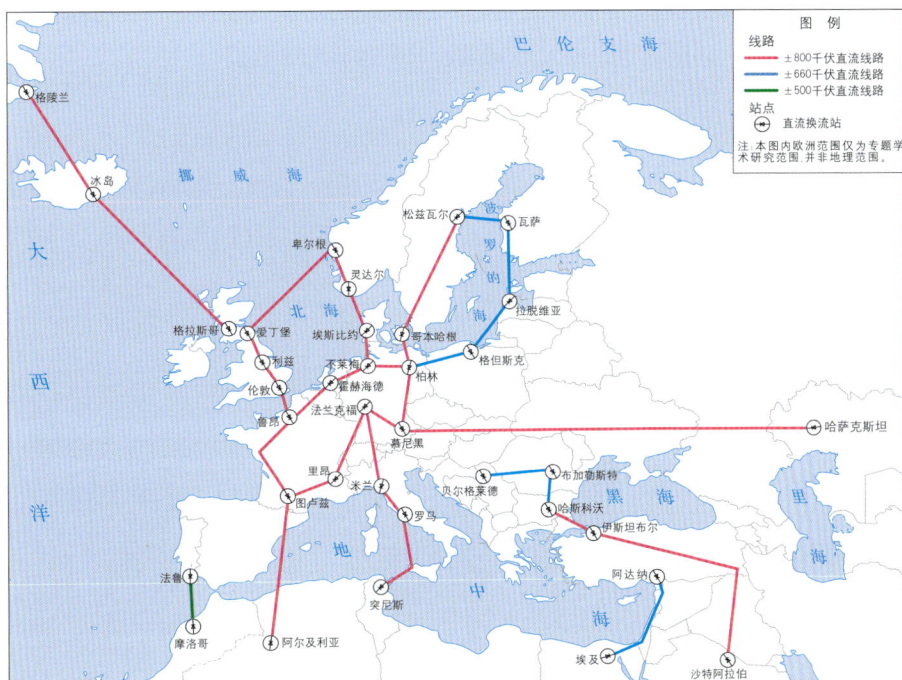

图 8.17　2035 年欧洲电网互联总体格局

8.3　欧洲清洁低碳发展行动

- **到 2050 年，**形成覆盖欧洲的灵活可控直流电网，进一步延伸北欧直流电网至挪威海，并连接北极巴伦支海地区；加强欧洲大陆中部直流环网，扩大至东欧，形成覆盖欧洲的直流电网；亚欧非联网规模进一步扩大，跨洲直流达到11 回。

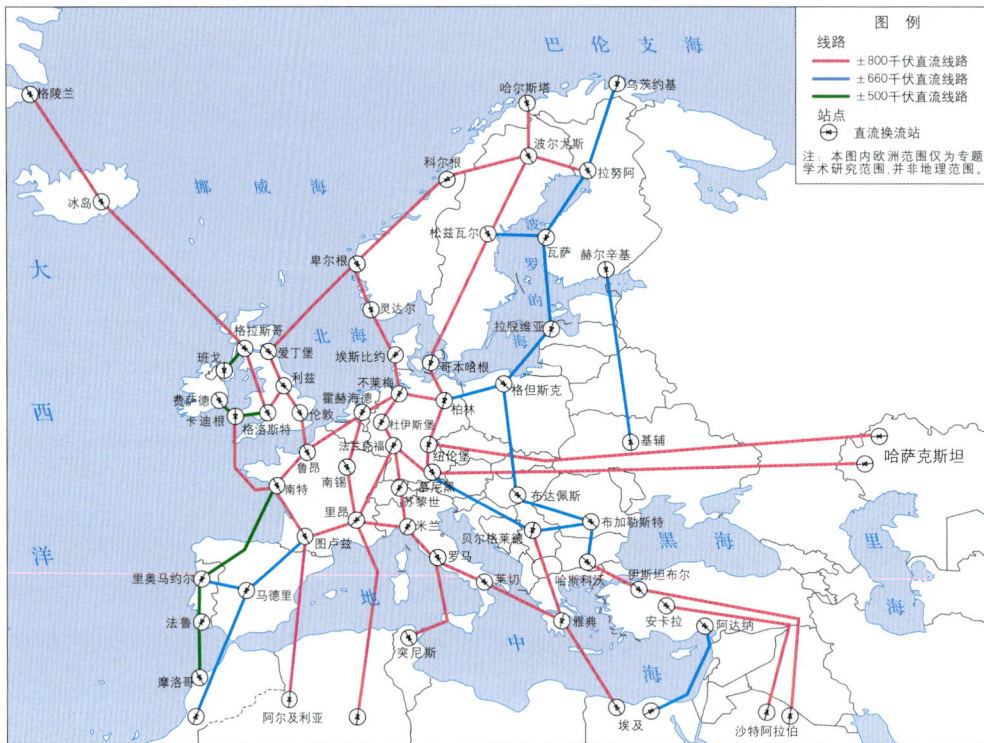

图 8.18　2050 年欧洲电网互联总体格局

洲内：围绕北海、挪威海、波罗的海及巴伦支海，进一步加强、延伸直流电网至北极地区；西欧、南欧、东欧形成 ±800/±660 千伏直流环网，接受"北风南光"、实现各国互补互济。

跨洲：通过三个纵向直流通道接受北非、西亚电力，西部直流通道经伊比利亚半岛送电葡萄牙、西班牙、法国；中部直流通道经亚平宁半岛送电意大利、法国、德国负荷中心；东部直流通道经巴尔干半岛及土耳其送电东欧各国及部分南欧国家。横向通过两回直流接受中亚清洁电力。

3 能效提升

发展应用节能技术，提高技术标准，完善政策激励机制。到2050年，实现欧洲能效相对于2015年提高25%的目标，能源强度下降至0.08千克标准煤/美元。

- 提倡清洁能源集约化开发，大力发展大型风电机组，开发数十兆瓦级海上风机并实现商业化大规模利用；发展光伏产业，提升晶硅和薄膜电池效率，开发大型光伏电站。

- 以智能化方式优化电网结构，减少输配电损耗，提高清洁能源输电比例。

- 发展低碳技术，推广智能节能建筑，提高建筑物采暖和制冷领域的节能空间，大力普及节能电器和照明产品；提高家庭电动汽车及公路运输电动卡车普及率。

4 电能替代

大力推动以电代油、以电代气，优化终端能源消费结构，提高终端能源使用效率，落实减排目标。到2035、2050年，电能在终端能源消费占比分别达到44%、75%以上。

- 加快电动交通普及，到2035年电动汽车市场占有率达到30%以上；到2050年市场占有率超过90%。以高速铁路为方向加快电气化轨道交通改造升级，研发和应用电动飞机等新一代电动交通技术。

- 在现有欧洲地区工业化基础上重点提高能效并减少温室气体排放，推广工业电锅炉、电窑炉应用技术，力争到2050年，电锅炉等工艺的普及率超过50%。

- 推广电炊具、电热水器、电采暖等生活设备的普及，减少天然气的大规模使用，实现以电代气，力争到2035、2050年，居民电采暖普及率分别超过65%、85%。

- 发展家庭电气化技术，建设集成屋顶光伏发电、储能、电动汽车及其他智能用电设备的电气化智慧家庭。

5 智能电网

提升智能电网管理水平，加快可再生能源大规模集成建设，普及智能家居及智能出行，实现欧洲智能电网全面发展。到 2050 年，满足欧洲 39.2 亿千瓦清洁能源发电装机安全稳定运行要求。

- 大力发展储能、虚拟电厂、车辆到电网（V2G）等技术，平抑大规模清洁能源发电接入的波动性，提高电网运行的智能化及安全性。

- 普及数值天气预报系统，提高灾害气象预警水平，降低极端天气造成的电网系统事故率。利用该系统增加电网调峰容量，提高电网接纳新能源发电能力，到 2050 年，智能功率预测系统普及率达到 100%。

- 普及智能电表应用，到 2050 年实现欧洲智能电表全覆盖，并不断升级用电信息高级应用。

6 电网升级

持续提升电网的安全性、经济性和气候韧性水平。

- 持续加强欧洲各级电网建设，大范围提升电网系统的潮流输送和转移能力，使电网基础设施发展满足清洁能源的大规模接入及跨国、跨洲之间的电力平衡及远距离输电需求，提高电网系统的安全性。

- 优化电网结构，加强系统安全管理，提高电网安全监察、事故处理、人员培训及环境监测能力。尤其做好在电力市场环境下的电网安全运行准备，加强设备停役计划管理和市场环境下的安全校验，提高电网对气候变化和极端天气的适应能力。

北美洲
清洁低碳 发展行动

		2016年	2050年
一次能源消费总量（亿吨标准煤）		37.8	21.1
清洁能源占一次能源比重		25%	80%
终端电气化率		22%	75%

发展方向 ▶ 构建北美洲能源互联网，促进协同互补，实现加速脱碳

清洁发展

太阳能发电装机容量
16 亿千瓦

风电装机容量
17.7 亿千瓦

水电装机容量
3 亿千瓦

电网互联

"两横三纵"

跨洲电力流
1000 万千瓦

电能替代

电动汽车 **85%**

电锅炉 **80%**

电采暖 **90%**

8.4 北美洲清洁低碳发展行动

8.4.1 发展基础

北美洲经济总量大，科技创新能力领先，能源需求大，区域合作紧密，自由贸易发展水平高。北美洲走清洁低碳发展之路，具备经济基础优势、科技创新优势、劳动人才优势。

1　经济社会方面：发展实力强、科技水平高

经济总量大、基础好，人均 GDP 高。 2017 年北美洲各国 GDP 总和为 22.3 万亿美元，约占全球的 1/3，人均 GDP 为 4.5 万美元。其中，美国经济实力领先世界，2017 年 GDP 为 19.5 万亿美元，增长率达到 2.3%，GDP 总量全球占比高达 24%。2017 年人均 GDP 达到 6 万美元。加拿大经济基础扎实，2017 年 GDP 总量为 1.6 万亿美元。墨西哥作为北美自由贸易区成员，经济稳健，2017 年 GDP 总量为 1.2 万亿美元。

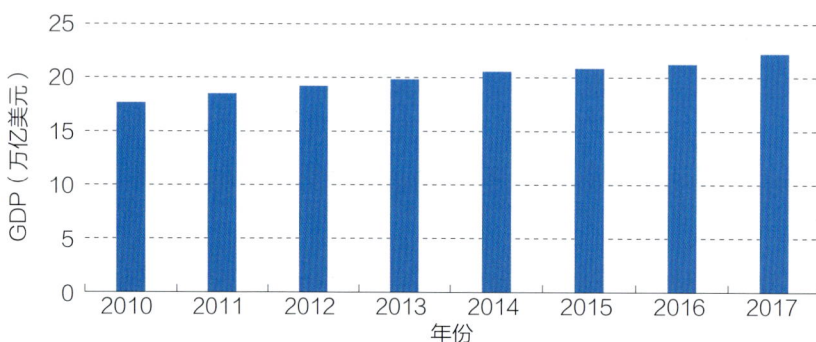

图 8.19　2010—2017 年北美洲 GDP 总量

科技创新能力领先，教育水平高。 北美洲是全球创新中心，2018 年全球创新指数报告对世界各地近 130 个经济体的创新表现排名，北美分数为 56，全球领先。其中，美国在关键创新投入和产出方面贡献最大，研发支出和专利申请量最多，加拿大在创业和风险投资交易方面具有优势。北美也是世界上教育最发达地区，美国拥有世界上最好 10 所大学中的 7 所，吸引了全球高端人才的聚集；加拿大是世界上公众教育支出占 GDP 比例最高的国家之一，拥有世界领先的科技成果，国际科技合作活跃；墨西哥科研体系完整，政府重视科技创新，以创新型经济驱动国家发展。

2　能源电力方面：能源电力消费量大、清洁能源发展前景好

能源需求大，人均能源消费量高，电能占终端能源消费比重不断提升。2000—2016年北美洲一次能源消费总量基本稳定在 38 亿吨标准煤左右，约占全球总量的20%，人均能源消费约为全球平均水平的 3 倍。电能占终端能源消费比重稳定提高，2000—2016 年从 19.4% 提升至 21.4%，高于全球平均水平 2 个百分点。

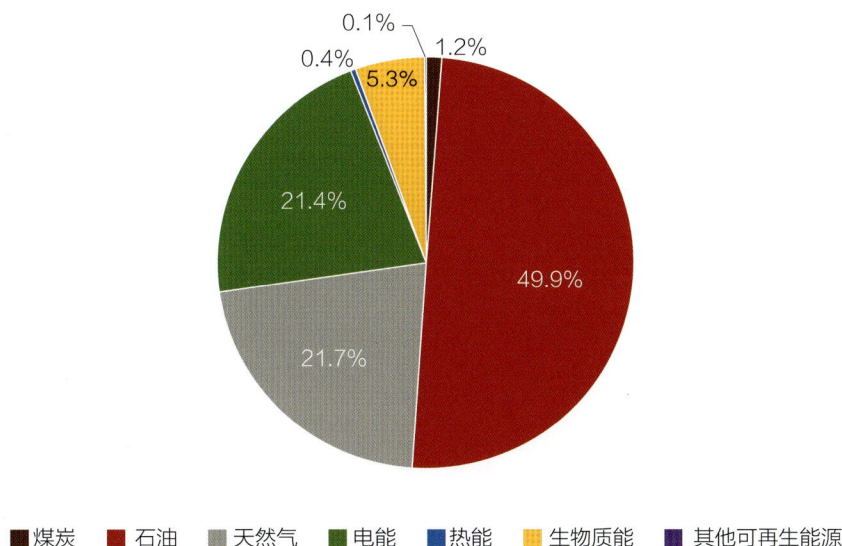

图 8.20　2016 年北美洲终端能源消费结构

清洁能源资源丰富，开发潜力巨大。北美洲水能、风能、太阳能理论蕴藏量分别为 5.5 万亿、430 万亿、1.5 亿亿千瓦时 / 年，分别占全球的 14%、21% 和10%[1]。北美洲水能资源主要分布在北部，风能和太阳能资源集中在中部和南部。水电开发比例约为 43%，风能和太阳能开发程度低，开发潜力巨大。需要统筹资源禀赋和需求分布，未来通过集中式和分布式协同开发，实现北美洲清洁能源大规模开发和高效利用。

---

❶ 资料来源：刘振亚，全球能源互联网，北京：中国电力出版社，2015。

3 **气候环境方面：二氧化碳排放稳步趋降、减排潜力明显**

北美洲化石能源燃烧产生的二氧化碳排放已于 2007 年左右达峰，2016 年二氧化碳排放量为 58 亿吨，占全球碳排放总量的 18%，其中，美国二氧化碳排放量为 48.3 亿吨，占北美洲总量的 83.1%，加拿大、墨西哥分别占 9.3% 和 7.6%。北美洲二氧化碳排放大部分来源于石油，主要来自发电与制热部门、交通部门。2016 年，煤炭、石油、天然气燃烧产生的二氧化碳排放占比分别为 26%、43% 和 31%，发电与制热部门、交通部门二氧化碳排放约占碳排放总量的 72.8%。

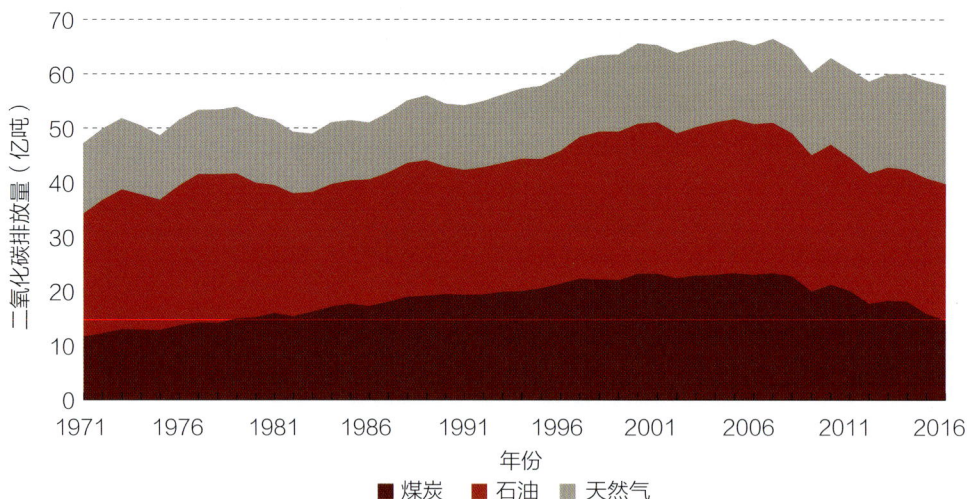

图 8.21　1971—2016 年北美洲化石能源燃烧产生的二氧化碳 [1]

---

[1] 资料来源：国际能源署，化石能源燃烧 CO_2 排放，2018。

8.4.2 发展思路

北美洲能源互联网建设总体思路是以加速脱碳为主线，以清洁化发展保障能源持续供应，以互联化实现区域协同互补，以电气化发展提高全要素生产率，实现经济增长、社会进步和气候环境保护的多元包容性发展。

经济社会方面，以能源清洁发展推进产业绿色转型，形成绿色经济发展新动力，加强区域绿色产业合作，促进社会融合发展，不断增强社会包容性和消除发展不均衡。

能源电力方面，进一步加大风能和太阳能开发力度，优化水能发电特性，加强电网互联，为经济社会发展提供绿色新动能，保障能源安全、清洁和高效地供应。大力推动用能转型，以电代油、以电代气，控制能源消费总量，降低北美洲终端能源消费中的油气比重。

气候环境方面，提升减排目标，通过能源系统清洁转型降低温室气体排放，加强基础设施气候韧性，降低气候灾害损失。

8.4.3　重点行动

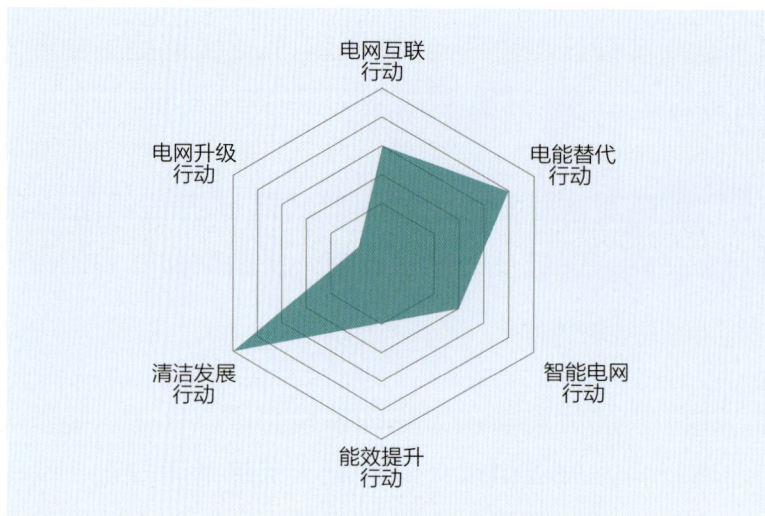

图 8.22　北美洲发展重点行动示意图

1　清洁发展

大力发展清洁能源，力争到 2035、2050 年，清洁能源占一次能源消费比重分别达到 42%、80%；清洁能源装机容量分别达到 22.6 亿、38.7 亿千瓦，占电力总装机容量比重分别达到 78.3%、86.5%。

- 主要开发美国中部、加拿大东部、墨西哥南部陆上风电基地和美国东西海岸沿海风电基地，到 2035、2050 年，风电总装机规模分别达到 10.2 亿、17.7 亿千瓦。

- 主要开发加拿大西部、哈得逊湾西部和拉布拉多高原水电基地。到 2035、2050 年，水电总装机规模分别达到 2.5 亿、3 亿千瓦。

- 主要开发美国中南部、西南部，墨西哥中部、北部地区太阳能发电基地。到 2035、2050 年，太阳能发电总装机规模分别达到 6.1 亿、16 亿千瓦。

案例 19 曼尼托巴水电基地库容效益分析

温尼伯湖位于加拿大曼尼托巴省，面积约 2.5 万平方千米，是加拿大南部最大的湖，形成天然的巨型水库，具有提供远端系统备用效益的潜力。目前，曼尼托巴水电与电力公司在温尼伯湖已建有大急流水电（48万千瓦），湖区及其流域总装机容量约 523 万千瓦，除为本地居民供电，富裕电力与曼尼托巴省其他水电汇集后通过 500 千伏交流线路送至毗邻的美国五大湖地区明尼苏达州。

预计在 2050 年，美国电源装机风电、太阳能装机占比分别为 32%、36%，需要通过多能互补、储能和系统备用等方式来满足日、季调峰需求。风电较太阳能发电日出力相对平稳，季节特性较强，通过加拿大湖泊的库容储能效益，形成远端系统备用，可进一步平抑风电基地季节性波动。

美国明尼苏达州风资源较好，考虑通过 1 回 ±800 千伏直流互联曼尼托巴省水电基地和明尼苏达州，利用温尼伯湖水电和湖区库容对明尼苏达州风电进行季节性调节，降低风电出力波动性。

经初步计算，通过直流互联，发挥远端湖泊库容系统备用效益，可有效调节约 2500 万千瓦风电装机的季节性波动（平均出力系数按 0.4 考虑），供电出力波动由 82% 降至 27%。

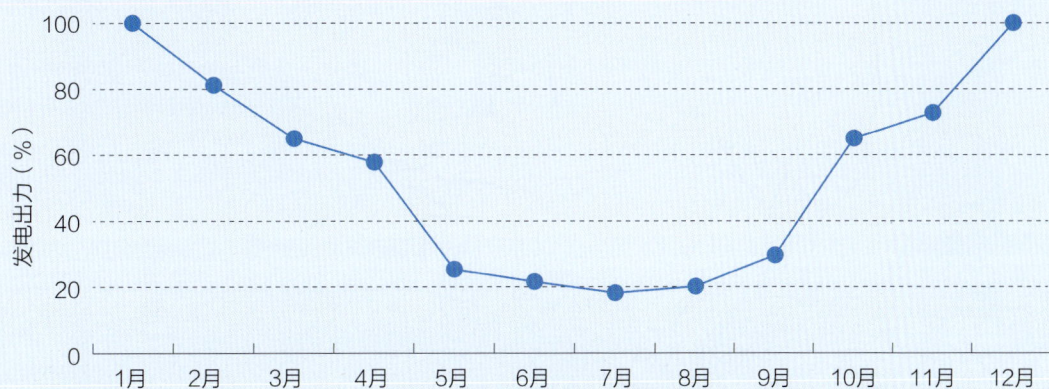

图 1　美国风电季节特性

2 电网互联

形成北美东部、北美西部、魁北克三大同步电网格局，实现大规模清洁能源电力的优化配置和多能互补利用。到 2050 年，满足北美洲 17.3 亿千瓦负荷用电需求，并网装机规模达到 44.8 亿千瓦，跨洲跨国跨区电力流总规模达到 2.5 亿千瓦，其中，与中南美洲互补互济 1000 万千瓦。

● **到 2035 年，**北美能源互联网格局基本形成。建设清洁能源外送特高压输电通道，全面升级现有电网，东部、西部及墨西哥交流电网最高电压等级提升至 1000 千伏，魁北克电网直流电压等级提升至 ±800 千伏。

北美东部电网：加强五大湖区 765 千伏主网架，东北部及东南部电网初步形成 1000 千伏骨干网架，得州形成 500 千伏交流主网架，加拿大东中部及美国中部清洁能源基地多回特高压直流通道接入 1000/765 千伏主网架。

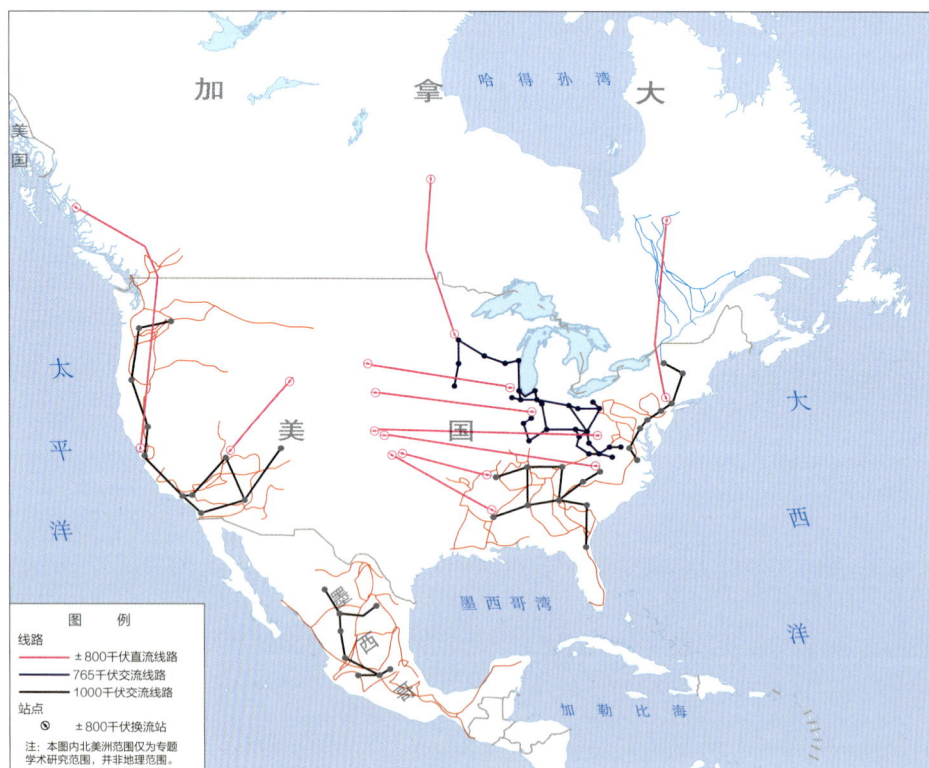

图 8.23　2035 年北美洲电网互联总体格局

北美西部电网： 建成贯穿南北的 1000 千伏交流通道，汇集北部风电、水电向南部负荷中心输送，通过特高压直流受入加拿大西部水电和美国中部太阳能及风电。

墨西哥： 建设 1000 千伏交流输电通道，连接太阳能基地，向首都和主要城市送电。

魁北克电网： 加强 735/345 千伏主网架，建设至美国东部电网 ±800 千伏直流通道，实现水电、风电联合送出。

- **到 2050 年，** 全面建成北美洲能源互联网。建成东西海岸特高压交直流纵向通道和中部、北部横向通道。

纵向通道：东纵， 特高压交、直流通道沿东海岸由加拿大魁北克延伸至美国佛罗里达州，汇集加拿大水电、陆上和海上风电，承接中部大型清洁能源基地电力。通过 500 千伏与得州交流互联，形成坚强北美东部同步电网。**西纵，** 沿西海岸形成特高压交直流混合输电骨干通道，1000 千伏交流电网向南延伸与墨西哥交流互联，形成水风光优化配置平台。

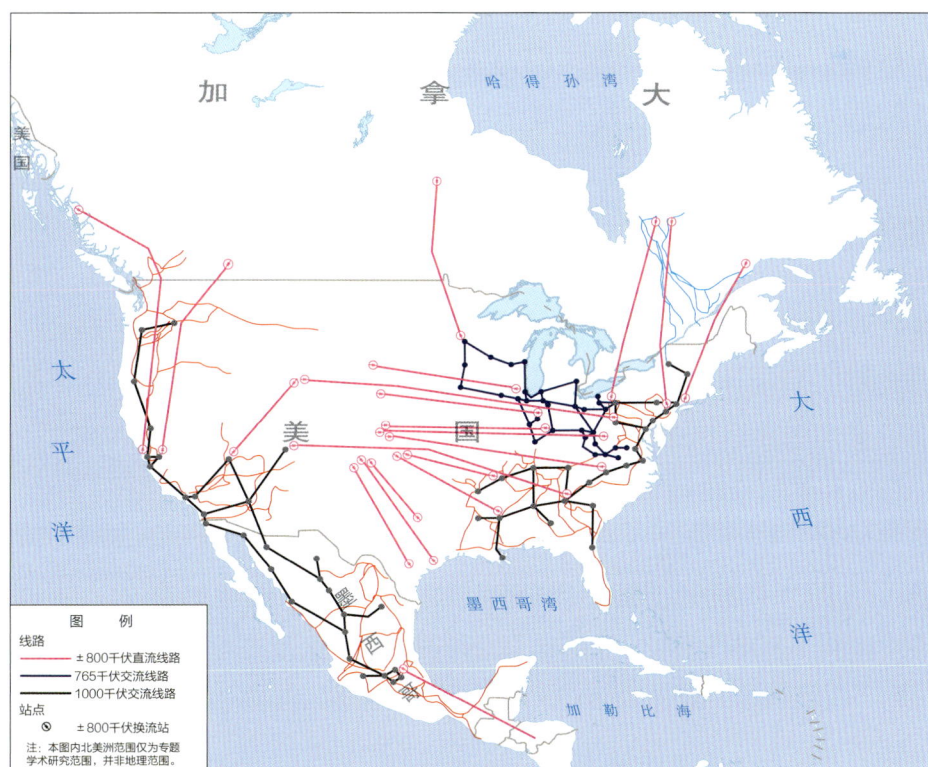

图 8.24　2050 年北美洲电网互联总体格局

○ **横向通道：南横，**美国国内向东建成中部向东北部、东南部和得州负荷中心输电通道，向西建成中部向加州负荷中心输电通道。**北横，**逐步建成连接加拿大西部、中部和魁北克的横向互联通道，实现加拿大风电、水电的互补互济，远期承接北极风电。

○ **跨洲：**建设墨西哥墨西哥城—秘鲁特鲁希略 ±800 千伏直流输电通道。

3 电能替代

大力推动用能转型，降低北美洲终端能源消费中的油气比重。到 2035 年、2050 年，电能在终端能源消费占比分别达到 44% 和 75% 以上。

• 到 2050 年，电动交通市场占有率超 85%。加快轨道交通电气化改造，建设高速铁路，研发和应用电动飞机等新一代电动交通技术。

• 发展高能效、循环利用和低排放工业技术，到 2050 年，电锅炉等工艺的普及率达到 80%。

• 普及电炊具、热泵等设备，到 2050 年，居民电采暖普及率达 90%，集成先进照明、屋顶太阳能等智能设备，建设电气化智慧家庭。

4 智能电网

融合集中式和分布式资源，利用现代化计算通信手段，建立稳定安全、经济高效、环境友好的智能电力系统。力争到 2050 年，满足超过 38.7 亿千瓦清洁能源发电装机安全稳定运行要求。

• 开发各式储能，扩大电动汽车占有率，通过电动汽车车辆到电网（V2G）、电网到车辆（G2V）和其他智能用电端响应大幅减少峰值电能需求，平抑大规模清洁能源发电接入的波动性，提高电网运行的智能化及安全性。

- 提高新能源预测精度，清洁能源智能功率预测系统精度提高到 98% 以上，智能功率预测系统普及率达到 100%。

- 全面实现高级量测体系，到 2050 年实现北美洲智能电表覆盖率达到 100%。

5 能效提升

提升北美洲能源系统能效，从能源生产、配置、消费环节开展技术创新，完善资金和政策激励机制。到 2050 年，实现能效相对于 2015 年提高 20% 的目标，能源强度下降至 0.09 千克标准煤 / 美元。

- 提倡清洁能源集约化开发，开发大功率海上风机并商业化、规模化利用，开发高转换效率的大型光伏电站。

- 发展特高压柔性直流等先进输电技术，优化电网结构和运行方式，减少输配电损耗，力争在 2050 年北美洲电网损耗降低到 5.5% 以下。

- 制定产品设备的能效指标标准，技术升级，减少温室气体排放；制定先进建筑节能指标，研发高效绝热材料节省供热制冷耗能，推广使用高效节能智能终端；提升个人及公共交通系统中电动汽车占有率。

6 电网升级

着力加强电网基础设施的灾害适应能力，减少极端天气造成的经济社会损失。

- 改进电网基础设施，提升配电网装备和智能互联自动化水平，灵活应对极端天气气候，提高电力系统适应性；提高电力设施设计标准，远程监控出力环境。

- 运行层面加大自动化技术和信息技术应用，跟踪和分析电网动态，实施自动停电恢复，优化配电网性能，缩小停电的传播范围、减少停电的持续时间。

中南美洲
清洁低碳发展行动

		2016年	2050年
🛒	一次能源消费总量（亿吨标准煤）	10.9	115
💡	清洁能源占一次能源比重	20%	82%
⚡	终端电气化率	18%	59%

发展方向 构建中南美洲能源互联网，促进多能互补，推动再工业化发展

清洁发展
- 太阳能发电装机容量 **4.2亿千瓦**
- 风电装机容量 **4亿千瓦**
- 水电装机容量 **3.6亿千瓦**

电网互联
北美—南美电网互联

跨洲跨区跨国电力流 **1亿千瓦**

电能替代
- 电动汽车 **70%**
- 电锅炉 **30%**
- 电炊具 **70%**

8.5 中南美洲清洁低碳发展行动

8.5.1 发展基础

中南美洲清洁资源开发潜力大，矿产资源丰富，各国积极推动再工业化发展。中南美洲走清洁低碳发展之路，具备自然资源优势、工业基础优势、发展共识基础。

1 **经济社会方面：发展基础好、创新工业化潜力大**

中南美洲人口结构年轻，经济发展潜力大。 2017 年中南美洲人口为 5.1 亿，占全球人口的 6.8%。根据联合国预测，未来中南美洲人口将缓慢增长，预计 2035、2050 年分别达到 5.8 亿、6.1 亿。目前中南美洲人口结构相对年轻，在 2040 年前享有人口红利。2017 年中南美洲 GDP 总和为 4.8 万亿美元，占全球 5.9%。人均 GDP 为 9400 美元，其中南美洲 9870 美元，中美洲 5346 美元，加勒比地区 9442 美元。

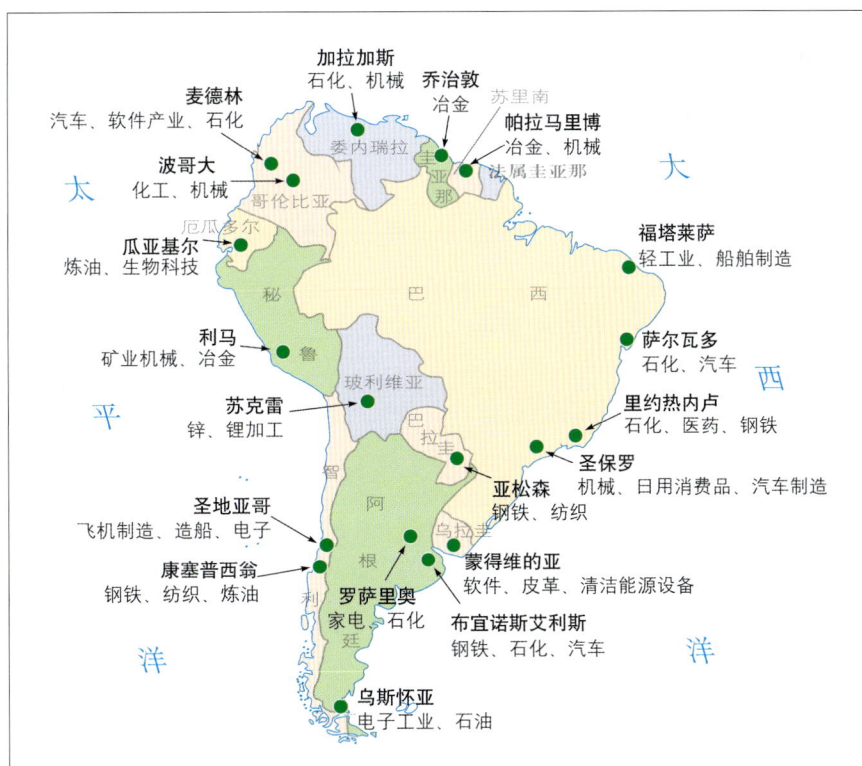

图 8.25 南美洲产业分布情况示意图

南美洲工业发展基础好，积极推动"再工业化"发展。南美洲国家普遍处于工业化中期阶段，制定了中长期发展战略，积极引进高新技术和创新业态，推进产业结构优化升级。**巴西**政府最近十余年先后出台多项政策，确定了一批战略性新兴产业，包括汽车制造、信息技术、医药生物、造船、航空、塑料、造纸等。为确保政策落实，政府设置巴西产业发展署，建立企业创新融资基金和重点产业科技专项基金，优先采购国内制造业产品。**阿根廷**政府出台了《2020 工业战略计划》，重点扶持汽车及配件、医药、石化、消费品等产业，并通过实施产业一体化战略，提高工业竞争力和产品附加值，振兴民族工业，减少对进口产品的依赖。**智利**设立了名为"启程智利"的扶持计划，通过优化创业环境、培育创新文化、提供资金支持等措施，吸引世界各地的创业人才，打造拉美"硅谷"。该计划自实施以来，成功扶持了超过 1000 个初创企业，数十家估值千万美元以上。**哥伦比亚**劳动力素质和技术水平近年来取得长足进步，重点发展石油、生物燃料、信息技术和汽车工业。

中美洲全面夯实制造业基础，加快形成现代化工业体系。中美洲国家普遍处于工业化初期，致力于发挥区位优势，抓住国际产业分工调整的重大机遇，重点发展机械、汽车零配件、化工、制药、纺织等行业。**巴拿马**在《2030 国家愿景》中提出筹集 200 亿美元资金，完善公共基础设施，使各项发展指标能够契合联合国 2030 可持续发展目标。**洪都拉斯**正在实施"20/20"国家经济发展计划，集中发展旅游业、纺织业、加工制造业及贸易服务业，计划在五年内创造 60 万个就业岗位。

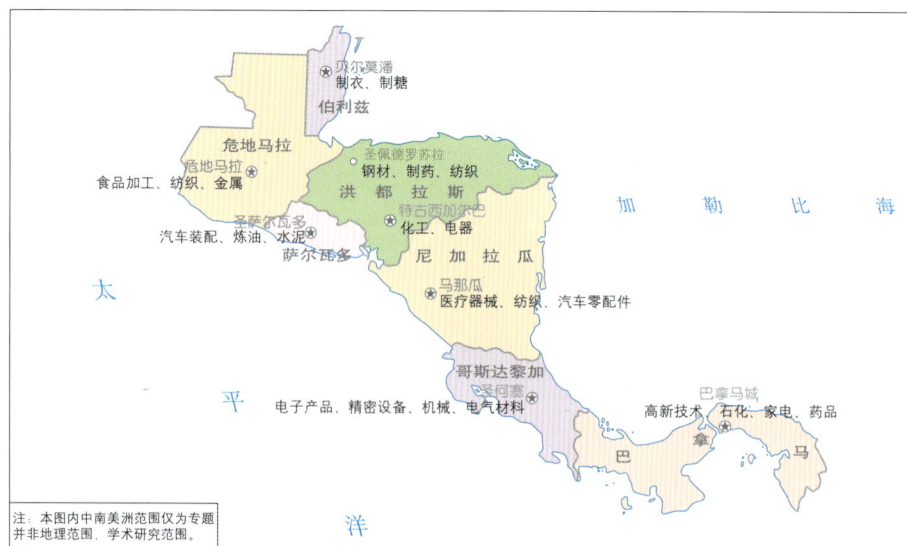

图 8.26　中美洲产业分布情况示意图

巴西优势工业

2017 年巴西人口 2.1 亿，GDP 达 2.05 万亿美元，经济实力居中南美洲首位。巴西工业基础雄厚，工业部门 GDP 约占 GDP 总量的 20%。主要工业部门有：钢铁、汽车、造船、石油、水泥、化工、冶金、建筑、纺织、制鞋、造纸、食品等。民用飞机制造业和生物燃料产业居于世界领先水平。20 世纪 90 年代中期以来，药品、食品、塑料、电器、通信设备及交通器材等行业加速发展。

钢铁：巴西全国共有 11 家钢铁企业，控股的钢铁厂共 29 个，职工总数 100 万人。巴西钢铁产量居拉美地区首位，2017 年产量 3440 万吨，出口到世界 100 多个国家和地区。

航空：巴西航空工业公司是全球最大的 120 座级以下商用喷气飞机制造商，占全球支线飞机市场 45% 的市场份额，目前在全球拥有近 2 万名员工。2016 年，巴西航空工业公司交付各类飞机 225 架，净利润 186 亿美元。

汽车：汽车工业是巴西重要的支柱产业，常年占其工业总产值的 40% 左右。巴西汽车市场曾在 2012 年达到阶段性高峰，当年汽车销量达 380 万辆，近年来受区域经济低迷影响，汽车市场不断萎缩。2017 年，巴西汽车产量为 270 万辆，汽车出口量为 76 万辆，创造了 13 万个工作岗位。

纺织：巴西是全球第五大纺织品生产国和第四大成衣制造国。全国共有 3.3 万家纺织企业，直接从业人员 150 万人。2017 年纺织业营业额为 450 亿美元，出口额 10 亿美元。

造纸：巴西森林资源极为丰富，纸浆和造纸工业发展较快。2016 年，巴西纸浆产量 1870 万吨，纸张产量 1030 万吨，纸张出口量 210 万吨，出口额 19 亿美元。

2 能源电力方面：清洁能源资源丰富、清洁发展基础好

中南美洲水能资源理论蕴藏量7.8万亿千瓦时/年[1]，主要集中在亚马孙河、拉普拉塔—巴拉那河流域。风能资源理论蕴藏量约220万亿千瓦时/年，主要分布在阿根廷和巴西东北部。太阳能资源理论蕴藏量约12000万亿千瓦时/年，主要集中在阿塔卡玛沙漠地区。中南美洲大面积覆盖热带雨林，同时还有大量农耕用地，以甘蔗乙醇和麻风树油为代表的生物质能资源禀赋优异，其中巴西是全球最大的燃料乙醇出口国和第二大生产国。中南美洲还具备一定地热能开发潜力，技术可开发装机容量约3000万千瓦。2016年中南美洲电力总装机容量为3.6亿千瓦，清洁能源装机容量为2.1亿千瓦，约占总装机容量的58%，其中非水可再生能源装机容量约0.38亿千瓦，占比11%；水电装机容量约1.7亿千瓦，占比46%；火电装机容量约1.5亿千瓦，占比42%。

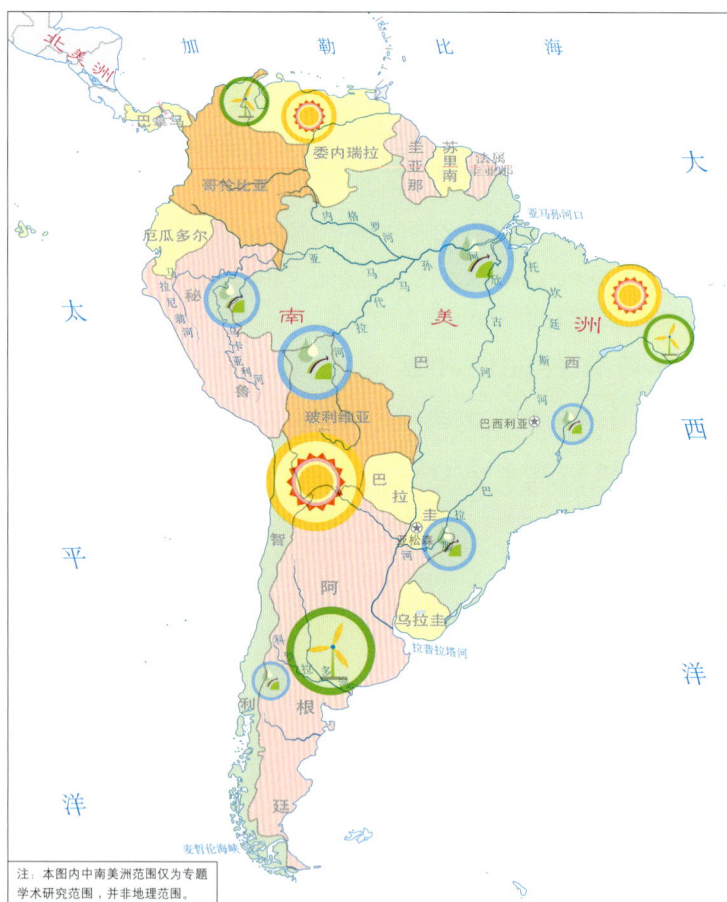

图 8.27　中南美洲清洁能源资源分布情况

---

[1] 资料来源：刘振亚，全球能源互联网，北京：中国电力出版社，2015。

3 气候环境方面：二氧化碳排放量小，各国减排共识强

2016 年，中南美洲化石能源燃烧产生的二氧化碳排放量约为 12 亿吨，占全世界总量的 3.7%。二氧化碳排放大部分来源于石油，主要排放来自交通部门、发电与制热部门。2016 年，煤炭、石油、天然气燃烧产生的二氧化碳排放占比分别为 11%、64% 和 25%，交通部门、发电与制热部门二氧化碳排放约占排放总量的 65%。中南美洲主要国家均签署了《巴黎协定》，制定了应对气候变化自主贡献目标和中长期减排战略。巴西承诺 2030 年温室气体排放相比 2010 年减少 6%，争取在 21 世纪末实现以可再生能源和经济脱碳为基础的能源体系转型。阿根廷承诺 2030 年温室气体排放比 2010 年仅增加 35%（若依照现行政策，到 2030 年，温室气体排放将比 2010 年增加 56%）。智利承诺 2030 年温室气体排放强度比 2007 年减少 30%，2050 年实现碳中和。

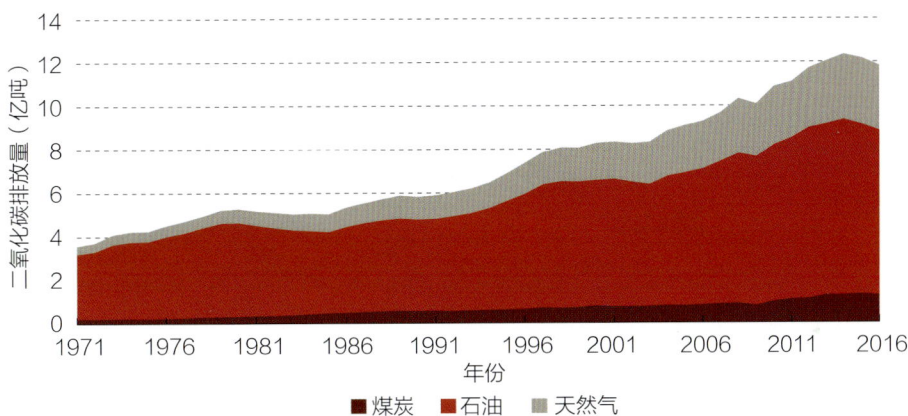

图 8.28 1971—2016 年中南美洲化石能源燃烧产生的二氧化碳 ❶

8.5.2 发展思路

中南美洲能源互联网建设总体思路是以多能互补与再工业化为主线，充分利用清洁能源资源优势，推动电网升级改造和跨国互联，提高终端电气化率，以清洁电力支撑再工业化，实现经济增长、能源转型与减排协同发展。

经济社会方面，形成清洁能源互补发展，进一步加快水能、风能和太阳能多能互补和多国协同开发，促进再工业化发展，以电能替代、电气化发展提升用能质量和效率，推动电—矿—冶—工—贸联动发展，拓展制造业和新兴产业增长空间。

---

❶ 资料来源：国际能源署，化石能源燃烧 CO_2 排放，2018。

能源电力方面，加快电网互联，大力发展跨洲跨区跨国联网，洲内整体形成南美东西部、南美南部和中美洲三个同步电网的总体格局，跨洲实现北美—南美电网互联。

气候环境方面，提升电力普及率，大幅提高城市、乡镇乃至偏远原住民村落的供电服务水平，解决无电人口用电问题，加强应对气候变化适应能力。

8.5.3　重点行动

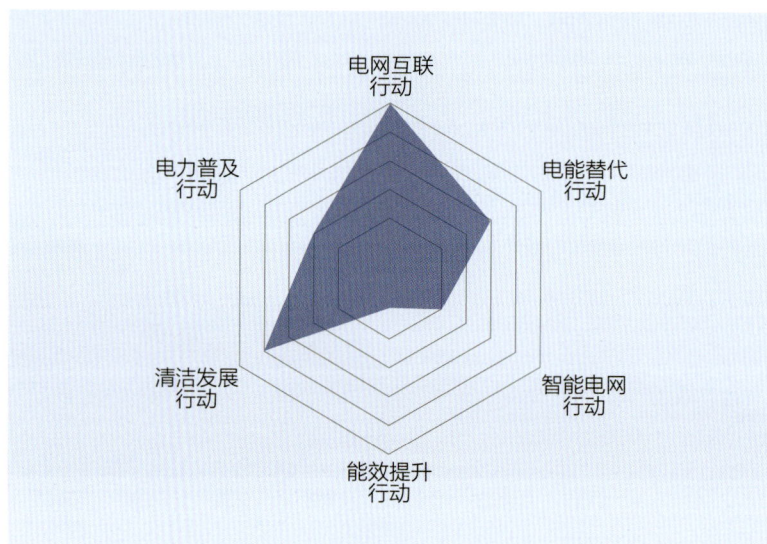

图 8.29　中南美洲发展重点行动示意图

1　清洁发展

大力开发清洁资源，力争到 2035、2050 年，清洁能源占一次能源消费总量分别达到 55%、82%，清洁能源装机容量分别达到 6.6 亿、12.9 亿千瓦，占电力总装机容量比重分别达到 78%、86%。

● 主要开发阿根廷南部、巴西东北部、乌拉圭、哥伦比亚北部海岸地区大型风电基地。力争到 2035、2050 年风电总装机规模分别达到 1.6 亿、4.0 亿千瓦。

● 主要开发亚马孙流域、拉普拉塔河—巴拉那河流域和奥里诺科河流域水电基地。力争到 2035、2050 年水电总装机规模分别达到 3.0 亿、3.6 亿千瓦。

● 主要开发阿塔卡玛沙漠、巴西东北部、奥里诺科平原地区大型太阳能发电基地。力争到 2035、2050 年太阳能发电总装机规模分别达到 1.4 亿、4.2 亿千瓦。

2 电网互联

形成南美洲东西部、南美洲南部、中美洲三个同步电网格局，跨洲实现北美—南美电网互联，实现跨国跨洲多能互补互济和清洁能源大范围配置。到 2050 年，满足中南美洲 7.1 亿千瓦负荷需求，并网装机规模达到 14.9 亿千瓦，跨洲跨区跨国电力流总规模超过 1 亿千瓦。

图 8.30　2035 年中南美洲电网互联总体格局

- **到 2035 年，**中南美洲能源互联网基本成型。南美洲东部和西部电网同步互联，南美洲南部电网与南美洲东部和西部电网之间以及南美洲西部电网与中美洲电网异步互联，各国及区域电网不断加强。

南美洲东部、西部电网：同步互联形成连接巴西、圭亚那、苏里南、法属圭亚那、委内瑞拉、哥伦比亚、厄瓜多尔和秘鲁 8 个国家的 1000/500 千伏交流主网架。

南美洲南部电网：形成连接智利、阿根廷、巴拉圭、乌拉圭及玻利维亚 5 个国家的 1000/500 千伏交流主网架。

中美洲电网：各国延伸和完善 230 千伏输电主网架，加强区域内各国电网互联。

加勒比地区电网：各国和地区延伸和完善输电主网架，南、北、中部部分国家和地区实现联网。

南美洲东部和西部电网与南美洲南部电网之间：异步联网加强，玻利维亚北部水电、阿根廷南部风电通过 2 回 ±800 千伏特高压直流送电巴西；秘鲁与玻利维亚、秘鲁与智利、巴西与阿根廷、巴西与乌拉圭通过 ±500 千伏背靠背直流实现互联。

南美洲西部和中美洲电网之间：通过哥伦比亚—巴拿马 ±500 千伏直流实现互联。

南美洲西部和加勒比地区电网之间：通过委内瑞拉—特立尼达和多巴哥联网工程实现互联。

- **到 2050 年，**中南美洲能源互联网整体保持三大同步电网格局，跨洲实现南、北美洲电网互联。

南美洲东部、西部同步电网：1000/500 千伏交流主网架进一步加强，巴西形成东部"一横二纵"、东南部"品"字形、南部梯格状的 1000 千伏交流电网；秘鲁依托东部大水电开发，形成"C"形链式 1000 千伏特高压交流主网架；各国 500 千伏交流电网在 2035 年网架结构基础上得到完善，跨国联网局部加强。

图 8.31　2050 年中南美洲电网互联总体格局

南美洲南部电网：1000/500 千伏交流主网架进一步加强，阿根廷 1000 千伏交流电网形成"日"字形环网结构；各国 500 千伏交流电网在 2035 年网架结构的基础上得到加强。

中美洲电网：各国对 230 千伏网架进行加强，跨国形成双回 400 千伏互联通道。

加勒比地区电网：升级输电主网架，大部分国家和地区实现电网互联。

南美洲东部和西部电网与南美洲南部电网之间：新建 3 回阿根廷—巴西、1 回秘鲁—玻利维亚—巴西 ±800 千伏特高压直流工程，实现跨区水风光互补。

跨洲，南美洲与北美洲之间实现直流联网： 新建秘鲁—墨西哥 ±800 千伏特高压直流工程，构建南、北美洲互联通道，进一步扩大清洁电力互补互济范围。同时，加勒比地区巴哈马电网实现与美国佛罗里达州电网互联。

3　电能替代

各领域推行电能替代，控制化石能源消费总量。力争到 2035、2050 年，电能在终端能源消费占比分别超过 39%、59%。

- 在采矿业、冶金业、制造业各环节推广使用高效机电设备，在制造业提升流水作业水平，普及电锅炉、电窑炉技术。到 2050 年，电锅炉等工艺的普及率接近 30%。

- 推进电动汽车稳步发展，提高铁路电气化水平，逐步淘汰内燃机车，力争到 2035 年电动汽车市场占有率达到 15% 以上；到 2050 年市场占有率超过 70%。

- 推广电炊具、电热水器、电采暖等生活设备的普及，减少天然气的使用，实现以电代气，到 2035、2050 年，居民电炊具普及率分别超过 50%、70%。

4　电力普及

全面消除无电人口问题，提升重点地区电力基础设施的灾害恢复和保障能力。

- 通过政府补贴、吸引投资等方式提高玻利维亚、秘鲁和圭亚那等国边远地区和农村的电能水平。力争到 2035 年中南美洲电力普及率达到 98%，2050 年消除无电人口问题。

- 提高电力设施设计标准，增强应对自然灾害的适应能力。重点在特高压输电领域、智能输变电领域、清洁能源并网及运行控制领域等提高相关设施设计标准，完善应对自然灾害的保障措施，保障电力安全稳定供应。

5 智能电网

重点提升电网运行控制和调度的智能化水平，实现各地集中式电源的优化接入和高效消纳，到 2050 年，满足 12.9 亿千瓦清洁能源发电装机安全稳定运行要求。

- 推广大容量储能技术，如抽水蓄能、电池储能、压缩空气储能等，提升电网清洁能源消纳能力及配网智能化水平。

- 风电、光伏发电智能功率预测系统普及率提高到 80% 以上，减少弃风弃光损失量，提高电网消纳新能源容量。

- 全面推广智能电表，保障智能用电和多元化需求，实现信息和电力的双向互动，优先保障清洁电力消纳。力争到 2050 年，中南美洲智能电表覆盖率达90%。

- 建立稳定可靠的智能调度系统，实现洲内、跨洲大范围用电调度，提高清洁能源消纳能力。

6 能效提升

提升中南美洲总体能效，到 2050 年，实现中南美洲能效相对于 2015 年提高20% 的目标，能源强度下降至 0.08 千克标准煤 / 美元。

- 重点淘汰落后的能源开采设备，淘汰高煤耗电厂，提高可再生能源发电技术和设备利用。到 2050 年，实现中南美洲清洁发电集约化开发装机比例达到66%。

- 重点加大基建改善及新建投资的力度，疏通各国能源运输通道，提高整体运输效能，推动配电网设备升级。到 2050 年中南美洲电网损耗降低到 8% 以下。

- 重点在工业、交通、商业、居民生活各能源消费部门推动电能替代，逐步采用能效高的电器设备，全民普及能效概念，减少能源消费，节约用能成本。

大洋洲
清洁低碳发展行动

		2016年	2050年
一次能源消费总量（亿吨标准煤）		2.3	1.5
清洁能源占一次能源比重		17%	81%
终端电气化率		22%	68%

发展方向 构建大洋洲能源互联网，加强气候适应，实现协调发展

清洁发展
- 太阳能发电装机容量 **1**亿千瓦
- 风电装机容量 **0.75**亿千瓦
- 水电装机容量 **0.35**亿千瓦

电网互联
- 跨国互联
- 南北互济
- 多能互补

跨国跨洲电力流 **2000**万千瓦

电能替代
- 电动汽车 **90%**
- 电锅炉 **50%**
- 电采暖 **75%**

8.6　大洋洲清洁低碳发展行动

8.6.1　发展基础

大洋洲人口少，经济水平发达，二氧化碳排放总量小。大洋洲走清洁低碳发展之路，具备经济基础好、适应需求高、减排共识强的优势。

1 经济社会方面：人口压力小、经济基础好

2017 年大洋洲人口约 4015 万，仅占世界人口的 0.5%。其中，澳大利亚人口数 2459 万，是世界上人口密度最低的国家之一。巴布亚新几内亚和新西兰的人口分别为 844 万和 470 万，三国人口之和占大洋洲人口总量 94%，斐济、所罗门群岛及其他国家人口总和 242 万。2017 年，大洋洲各国 GDP 总和为 1.57 万亿美元，占全球经济总量的 2%。其中，澳大利亚 1.33 万亿美元，新西兰 2026 亿美元，两国之和占大洋洲经济总量的 98%。其余大洋洲国家的 GDP 总量 321 亿美元，其中巴布亚新几内亚 223 亿美元。2017 年大洋洲人均 GDP 为 3.9 万美元，澳大利亚、新西兰两国分别达到 5.4 万美元和 4.2 万美元，其余大洋洲国家平均为 2961 美元。

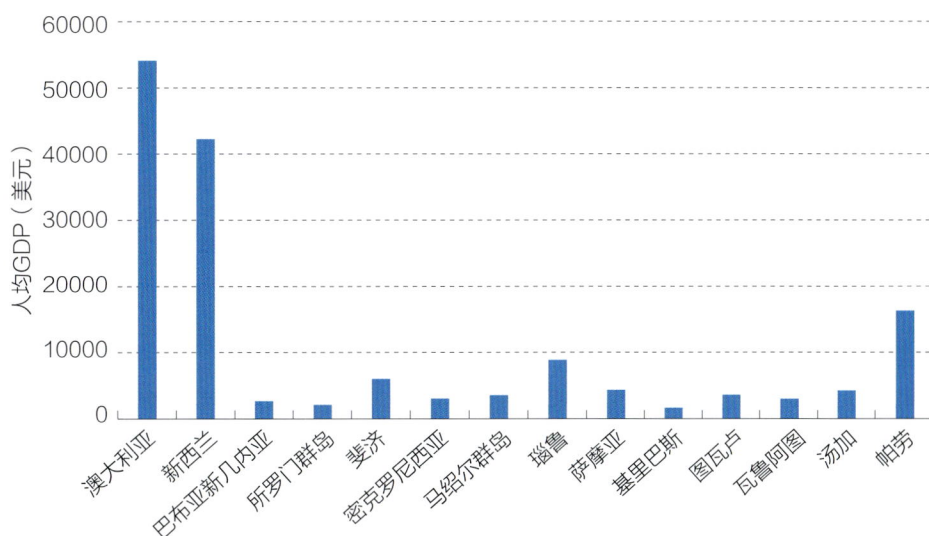

图 8.32　2017 年大洋洲主要国家人均 GDP

2 能源电力方面：清洁能源资源充沛、清洁化和电气化发展潜力大

清洁能源资源丰富，开发潜力大。 水能、太阳能、风能理论蕴藏量分别占全球的 2%、5% 和 15%。其中，水能资源理论蕴藏量约 6580 亿千瓦时 / 年，主要分布在澳大利亚东部墨累—达令河流域、东南部塔斯马尼亚岛、新西兰南岛怀塔基河、马陶拉河、克卢萨河、巴布亚新几内亚中西部普拉里河、塞皮克河和弗莱河等流域。风能理论蕴藏量 100 万亿千瓦时，全年平均风速大于 7 米 / 秒的区域较多，主要分布在澳大利亚和新西兰。太阳能理论蕴藏量 22500 万亿千瓦时 / 年，主要分布在澳大利亚北部和中西部地区。大洋洲清洁能源开发程度相对较低，水电开发比例仅 24%，太阳能和风能开发比例不足 1%，开发潜力巨大。

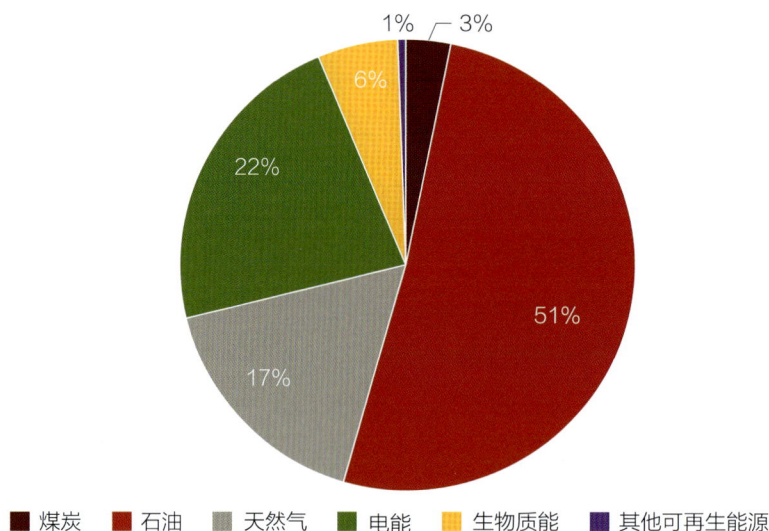

图 8.33　2016 年大洋洲终端能源消费结构

清洁能源消费占比逐步增加，电能占终端能源消费比重较高。 2016 年大洋洲一次能源消费总量为 2.3 亿吨标准煤，占全球的 1%，其中煤炭、石油、天然气在一次能源消费中占比分别为 27%、30%、23%。2016 年，清洁能源消费占一次能源消费比重提高至 17%，电能占终端能源消费比重提升至 22%，高于全球平均水平 3 个百分点。2000—2016 年，大洋洲终端能源消费总量从 1.2 亿吨标准煤增至 1.4 亿吨标准煤，年均增长 0.9%，终端能源消费占全球比重约 1%。2016 年，工业、交通、建筑部门能源消费分别为 0.4 亿、0.55 亿、0.37 亿吨标准煤，占比分别为 29%、40%、27%。2016 年，终端石油消费占比达到 51%。电能占终端能源消费比重从 2000 年的 21% 提高到 2016 年的 22%，高于全球平均水平 3 个百分点。

3 气候环境方面：二氧化碳排放总量小，应对气候变化需求迫切

2016 年，大洋洲化石能源燃烧产生的二氧化碳达 4.4 亿吨，占全球总量的 1.4%。其中，澳大利亚二氧化碳排放占大洋洲碳排放总量的 90%，新西兰占 7%。大洋洲二氧化碳排放主要来源于煤炭和石油，发电与制热部门、交通部门是主要排放部门。2016 年，大洋洲煤炭、石油、天然气燃烧产生的二氧化碳排放占比分别为 42%、38% 和 20%，发电与制热部门、交通部门共排放二氧化碳 3.2 亿吨，分别占总量的 48% 和 27%。各国沿海地区和小岛屿国家受到海平面上升、气候灾害影响最大，应对气候变化的意愿尤为强烈，向全世界积极呼吁加快全球碳减排力度，增强适应气候变化能力。

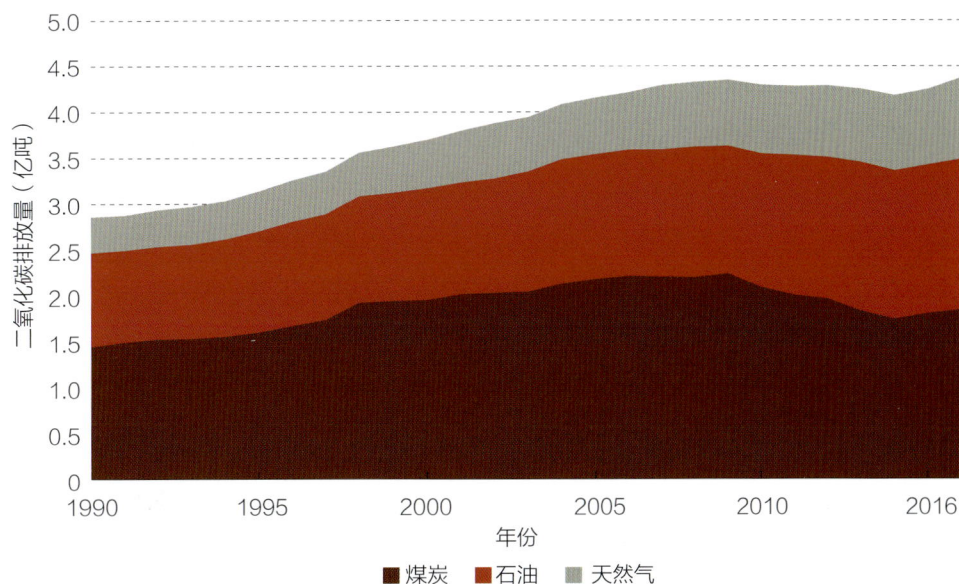

图 8.34　1990—2016 年大洋洲化石能源燃烧产生的二氧化碳 ❶

---

❶ 资料来源：国际能源署，化石能源燃烧 CO_2 排放，2018。

8.6.2　发展思路

大洋洲能源互联网建设总体思路是以协调发展为主线，推动能源系统脱煤化发展，增强小岛屿国家气候适应能力，坚持减排与适应并重，以网络化、互联化促进区域协同互补，实现经济社会、资源环境、人与自然的协调可持续发展。

经济社会方面，推进产业绿色低碳转型，实现电—矿—冶—工—贸联动发展，延长产业发展链条，将资源优势转化为经济优势，增强社会包容性，消除发展不均衡。

能源电力方面，进一步加快水能、风能和太阳能多能互补和多国协同开发，加大生物质、地热开发利用，迅速提高清洁能源在大洋洲能源供应中的比重。加强洲际互联，建设连接澳大利亚与印度尼西亚等东南亚国家的联网工程，形成大洋洲和亚洲"跨国互联、南北互济、多能互补"的能源格局。

气候环境方面，提升气候韧性，减缓气候系统异常变化和极端天气气候事件，有效降低气候灾害发生风险，减少因气候灾害造成的经济损失和人员伤亡。

8.6.3　重点行动

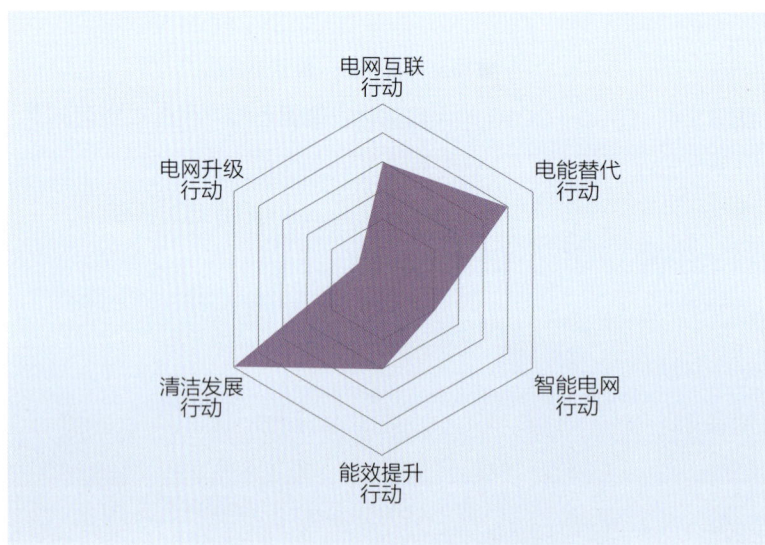

图 8.35　大洋洲发展重点行动示意图

1 清洁发展

大力发展清洁能源，力争到 2035、2050 年清洁能源消费占一次能源消费的比例分别达到 42%、81%；清洁能源装机容量分别达到 1.6 亿、2.1 亿千瓦，占电力总装机容量比重分别约 78%、91%。

- 主要开发澳大利亚北领地、昆士兰北部和南部、南澳州、西澳州等大型太阳能基地。力争到 2035、2050 年，太阳能发电总装机规模分别达到 0.65 亿、1 亿千瓦。

- 主要开发澳大利亚西部、南部、塔斯马尼亚岛和新西兰东部和南部大型风电基地。力争到 2035、2050 年，风电总装机规模分别达到 0.6 亿、0.75 亿千瓦。

- 开发澳大利亚墨累—达令河、塔斯马尼亚岛水电基地，新西兰南岛水电基地，及巴布亚新几内亚中西部水电基地。力争到 2035、2050 年，水电总装机规模分别达到 0.3 亿、0.35 亿千瓦。

2 电网互联

形成澳大利亚东部、澳大利亚西部、新西兰北部、新西兰南部、巴布亚新几内亚主岛等 5 个主要同步电网，斐济等岛国各自建成国内互联电网。力争到 2050 年，满足大洋洲 1.1 亿千瓦负荷需求，并网装机规模达到 2.3 亿千瓦，跨洲跨国电力流总规模为 2000 万千瓦。

- **到 2035 年，**大洋洲能源互联网基本建成。

澳大利亚东部和西部： 分别建成 500 千伏交流主网架。

新西兰北岛和南岛： 分别建成 400 千伏交流主网架。

巴布亚新几内亚主岛： 建成 400 千伏交流主网架。

跨国： 澳大利亚与巴布亚新几内亚直流互联。

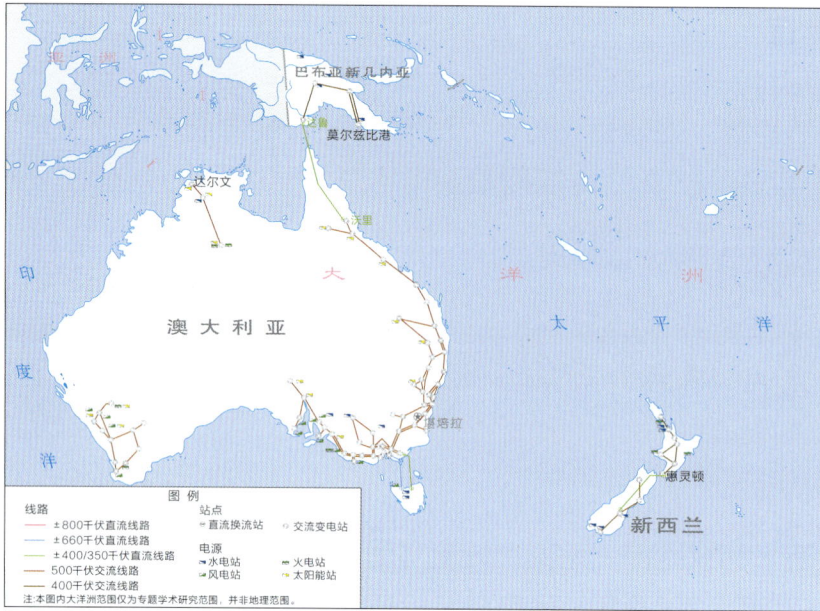

图 8.36　2035 年大洋洲电网互联总体格局

- **到 2050 年，**大洋洲继续保持澳大利亚东、西部，新西兰南、北岛和巴布亚新几内亚主岛等 5 个主要同步电网的格局。

跨洲： 澳大利亚北领地太阳能基地送电至印度尼西亚负荷中心。

跨国： 巴布亚新几内亚与澳大利亚电力交换容量进一步增加。

图 8.37　2050 年大洋洲电网互联总体格局

案例 20 澳大利亚与印度尼西亚水光互补效益

印度尼西亚水电资源十分丰富，水电出力季节性变化较为显著。澳大利亚北领地太阳能资源充足，水平总辐射（GHI）超过 2200 千瓦时／平方米，且北领地地区人口密度低，适宜开发大规模太阳能基地。

印尼水电年出力曲线和澳大利亚北领地地区太阳能基地电力出力曲线如图 1 所示。澳大利亚北领地地区太阳能基地能够在印度尼西亚枯水期为其提供电力供应，发挥澳大利亚清洁能源资源优势，减少印度尼西亚季节性装机容量，推动亚太地区电力清洁化发展。

图 1 印度尼西亚与澳大利亚水光互补示意图

3 电能替代

大力推动能源转型，以电代油、以电代气。力争到 2035、2050 年，电能占终端能源消费比重分别约 47% 和 68%。

- 加快电动交通普及，力争到 2035 年电动汽车市场占有率达到 35% 以上；到 2050 年市场占有率超过 90%。以电气化高速列车为方向加快轨道交通改造升级，研发和应用电动飞机等新一代电动交通技术。

- 围绕提升工业能效、促进清洁排放，在采矿业各环节推广使用高效机电设备，加快应用工业电锅炉、电窑炉应用技术，到 2050 年，电锅炉等工艺的普及率超过 50%。

- 加快电炊具、热泵、电采暖等生活设备应用，减少天然气的大量使用，实现以电代气，到 2035、2050 年，居民电采暖普及率分别超过 50%、75%。

- 发展智能家居系统，集合先进的照明、加热控制技术、太阳能屋顶和储能设备，建设电气化智慧家庭。

4 智能电网

重点提升电网运行控制和调度的智能化水平，促进清洁能源大规模开发利用、大范围优化配置，适应各类集中式和分布式清洁能源接入、各类智能设备即插即用，提高智能电力系统的安全性、经济性、环境友好性。力争到 2050 年，满足 2.1 亿千瓦清洁能源发电装机安全稳定运行要求。

- 推广大容量储能技术，如抽水蓄能、电池储能、压缩空气储能等，通过电动汽车和其他智能用电端响应平抑大规模清洁能源发电接入的波动性，提升电网清洁能源消纳能力及配网智能化水平。

- 提高新能源预测精度，推广数值天气预报系统，降低极端天气气候事件对电力系统影响，清洁能源智能功率预测系统精度提高到 98% 以上，智能功率预测系统普及率达到 100%。

- 加强电网精细化调度，实现洲内、跨洲大范围用电调度，建立先进智能检测和优化系统，确保高比例清洁能源接入和跨洲电力互联电网运行安全稳定。

5 电网升级

着力加强电网基础设施的灾害适应能力，减少极端天气气候事件造成的损失。

● 加强电网基础设施升级改造，提高电力设施设计标准，应用智能化、自动化装备，提高配电系统自愈能力和电力系统适应性，满足清洁能源大规模接入及跨洲电力平衡需求。

● 利用自动化技术和信息技术动态跟踪和分析电力系统运行状态，加强设备停役计划管理和市场环境下的安全校验，应用先进测量、控制和保护系统，提高电网对气候变化和极端天气气候事件的适应能力。

6 能效提升

发展清洁能源高效开发和应用节能技术，提升大洋洲能源系统能效，完善资金和政策激励机制。到 2050 年，实现能效相对于 2015 年提高 25% 的目标，能源强度下降至 0.09 千克标准煤 / 美元。

● 实施清洁能源大规模集约化开发，积极支持光伏、风电产业发展，提升晶硅和薄膜电池效率，开发高转换效率的大型光伏电站，实现大功率风机商业化大规模利用，提高清洁能源开发利用效率。

● 发展特高压柔性直流等先进输电技术，优化电网结构和运行方式，减少输配电损耗，到 2050 年大洋洲电网损耗降低到 5% 以下。

● 推动低碳技术升级，大力普及先进建筑节能产品，推广使用高效节能智能终端，提高家庭电动汽车及电气化公共交通比率，减少温室气体排放。

只有一个地球，人类命运与共。全球能源互联网立足全人类共同的危机和使命，为化解人类面临的重大气候环境灾难提供切实可行的系统方案，全方位、深层次改变全球能源供需、经济增长模式、社会生活方式，保护地球生态环境，推动世界各国人民携手构建人类命运共同体，为深陷危机的地球和人类带来新的发展希望，走上和平、繁荣、开放、创新、绿色、文明之路，迎来地球和人类的永续新世界。

9.1 危机得到全面破解

		全球能源互联网 2℃方案	全球能源互联网 1.5℃方案	
自然生态	减少二氧化硫排放	5070	6800	万吨 / 年
	减少氮氧化物排放	7810	12000	万吨 / 年
	减少细颗粒物排放	1143	1560	万吨 / 年
健康福祉	减少的污染相关疾病人数			👤 = 100 万
	减少的气候变化 相关疾病死亡人数			👤 = 10 万
经济社会	全球能源互联网投资	34	41	万亿美元
	对经济增长的贡献率	2.0%	2.2%	
	创造大量 就业岗位			👤 = 1000 万
消除贫困	消除贫困与无电人口问题	零无电人口	零贫困人口	

图 9.1　全球能源互联网避免危机并全方位带动综合效益

全球能源互联网能够引领清洁低碳发展，实现《巴黎协定》温控目标，从而化解最致命的气候环境危机；消除人为污染源头，守护天蓝、地绿、水清的地球家园；改善人类生存状况，大幅降低灾害和疾病对人类威胁；构建零碳循环经济体系，实现社会经济高质量、可持续发展；实现能源普惠普及，促进社会公平、和谐繁荣。全球能源互联网将重塑清洁美丽、和谐健康的人类社会，增进人类共同福祉，推动全球迈入永续发展新时代。

9.1.1 化解气候变化风险

全球能源互联网将形成清洁低碳、经济高效的现代能源体系，使人类从根本上摆脱能源资源约束，实现《巴黎协定》1.5℃温控目标，大幅降低气候变化引发的各类风险，有效避免气候系统、地球生态、人类生存和经济社会领域的各类风险。

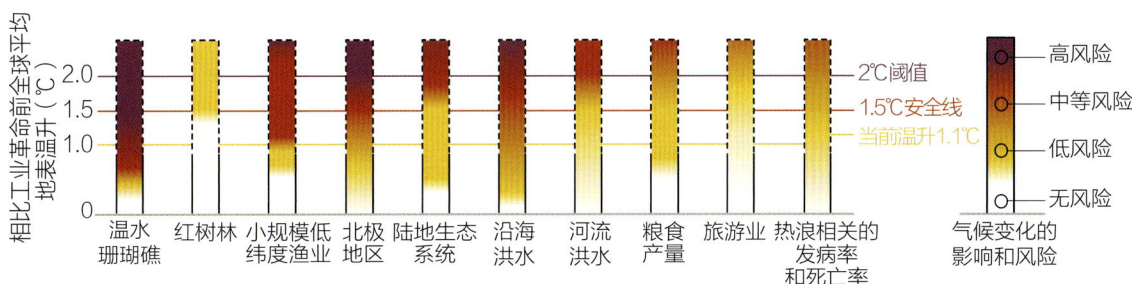

注：图中用颜色变化表示气候变化对温水珊瑚礁、红树林等自然、管理和人类系统的影响及风险大小。

图 9.2　全球能源互联网实现 1.5℃温控目标大幅降低自然和人类系统风险 ❶

1 保护地球系统

通过绿色低碳发展，全球能源互联网能够推动能源系统排放早达峰和早净零，将本世纪内全球能源系统累积二氧化碳排放控制到 5000 亿吨以内，实现 1.5℃温控目标❷。通过实现温控目标，人类生命健康、粮食安全、水资源、生产生活、经济增长面临的风险大幅降低，极端天气气候事件大幅减少。

---

❶ 资料来源：修改自 Figure SPM.2 from IPCC, 2018: Summary for Policymakers. In: Global Warming of 1.5℃. An IPCC Special Report on the impacts of global warming of 1.5℃ above pre-industrial levels and related global greenhouse gas emission pathways, in the context of strengthening the global response to the threat of climate change, sustainable development, and efforts to eradicate poverty [Masson-Delmotte, V., P. Zhai, H.-O. Pörtner, D. Roberts, J. Skea, P.R. Shukla, A. Pirani, W. Moufouma-Okia, C. Péan, R. Pidcock, S. Connors, J.B.R. Matthews, Y. Chen, X. Zhou, M.I. Gomis, E. Lonnoy, T. Maycock, M. Tignor, and T. Waterfield (eds.)]. In Press。

❷ 资料来源：全球能源互联网发展合作组织，全球能源互联网促进《巴黎协定》实施行动计划，2018。

有效控制温室气体浓度能够避免气候变化对地球系统五大圈层形成全球性、系统性和灾难性影响，气候系统、地球系统和人类系统总体风险将处于安全、可控、可逆水平，地球和人类得以避免气候环境危机。

2　遏制海平面上升

全球能源互联网推动实现 1.5℃温控目标，避免气温大幅上升，能够大幅降低气候翻转事件发生的概率，将大西洋经向翻转环流发生突变的概率由 50% 下降到 10% 以下[1]，避免引发全球气候系统灾难。

通过减缓气候变化有效遏制南极和格陵兰冰盖融化，将海平面上升控制在 0.45~1 米以内[2]，避免冰盖融化导致海平面大幅上升引发的全球性生存危机。全球大多数人口、经济活动和城市均分布在沿海地区，通过遏止海平面上升，可使全球沿海地区超过 45 亿人口、200 万亿美元经济资产和 260 多个百万人口以上的大城市免于海水淹没带来的生存危机。

3　减少物种灭绝危机

全球能源互联网通过控制温度上升，避免亚马孙和北半球森林大面积枯萎[3]，防止森林和永久冻土储存的温室气体大量进入大气引发温升正反馈机制，避免引发全球性生态危机。

通过保护极地、陆地和海洋生物的栖息地，避免全球 40% 以上的鸟类物种、60% 以上的两栖物种、占海洋总鱼类 1/4 的鱼类以及 10%~40% 的哺乳动物物种灭绝的风险，有效保护生物多样性，维护生态系统平衡。

---

[1] 资料来源：The Global Food Security Programme, Environmental Tipping Points and Food System Dynamics: Main Report, 2017.

[2] 资料来源：IPCC, Global Warming of 1.5℃, 2018.

[3] 资料来源：Steffen W, Rockstrom J, Richardson K, et al, Trajectories of the Earth System in the Anthropocene, Proceedings of the National Academy of Sciences, 2018, 115(33):8252.

4 减少经济社会损失

能源清洁转型和减排行动越早开始，控制温升目标越早实现，人类损失越低，减排收益越显著，有效降低触发翻转事件的风险，避免气候变化加速引发的"连锁效应"，如气候变化导致直接和间接经济损失、气候移民、贫困陷阱等社会问题。据测算，仅避免大西洋经向翻转环流发生突变就可避免全球每年25%～30% 的潜在 GDP 损失 ❶。

通过清洁低碳发展促进经济社会转型，综合考虑气候变化对农业、林业、能源等市场部门以及生态系统、天气气候灾害、人类健康等领域的影响，本世纪内全球能源互联网方案可累计避免经济损失超过 470 万亿美元 ❷，相当于全球能源系统投资的 5～6 倍。

加快对可再生能源资源丰富的最不发达国家能源投资，促进其与周边相对发达国家的电网互联。鼓励发达国家的能源相关援助行动，让不发达国家获得更大的发展机会，减少不平等问题。推动建立全球性协调机制，促进各国政府、企业和国际组织紧密合作，结成牢固的伙伴关系，打造共商、共建、共赢的能源共同体，减少因争夺化石能源资源而引发的政治、军事矛盾和冲突，保障能源安全和社会稳定。

---

❶ 资料来源：Nordhaus W D, Boyer J, Warming the World: Economic Models of Global Warming, MA., Cambridge: MIT Press, 2000.

❷ 资料来源：Wei Y M, Han R, Wang C, et al., Self-preservation Strategy for Approaching Global Warming Targets in the Post-Paris Agreement Era, Nature Communications, 2020, 11(1):1-13. 全球实现 2℃ 和 1.5℃温控目标的经济效益范围为 127 万亿～616 万亿美元。

9.1.2 保护地球自然生态

全球能源互联网能够从源头上降低空气污染物排放，减少水资源消耗和污染，促进荒漠化治理，建立人与自然、人与环境协调发展的新格局。

1 源头治理大气污染

推动从源头上和全过程扭转空气污染恶化趋势，促进清洁能源大规模开发利用，优化化石能源使用方式，直接减少化石能源生产、使用、转化全过程的空气污染物排放。推动工业、交通、生活部门使用的煤炭、石油和天然气被清洁电力取代，减少工业废气、交通尾气、生活和取暖废气等排放，深度挖掘和释放各行业减排潜力。

推动以"远方电、清洁电、便宜电"拓展生态环境容量空间，保障人类生存权和发展权。统筹全球时区差、季节差、电价差、资源差，实现清洁能源资源广域优化配置，以互联互通方式让过度依赖煤油气的国家和地区用上清洁电能，从而拓展各国大气环境容量，破解资源禀赋约束和发展路径锁定困境。

到 2050 年，全球能源互联网方案可减少 5070 万～6800 万吨二氧化硫、7810 万～12000 万吨氮氧化物、1143 万～1560 万吨细颗粒物排放，分别减排 64%～86%、56%～84%、62%～85%[1,2]。空气污染物的减少可直接提升大气环境质量，使人人享有清洁空气和蔚蓝天空。

---

[1] 资料来源：国际能源署，能源与空气污染，北京：机械工业出版社，2017。根据全球能源互联网方案和国际能源署中的排放系数测算减排效益。

[2] 资料来源：全球能源互联网发展合作组织，全球能源互联网促进全球环境治理行动计划，2019。

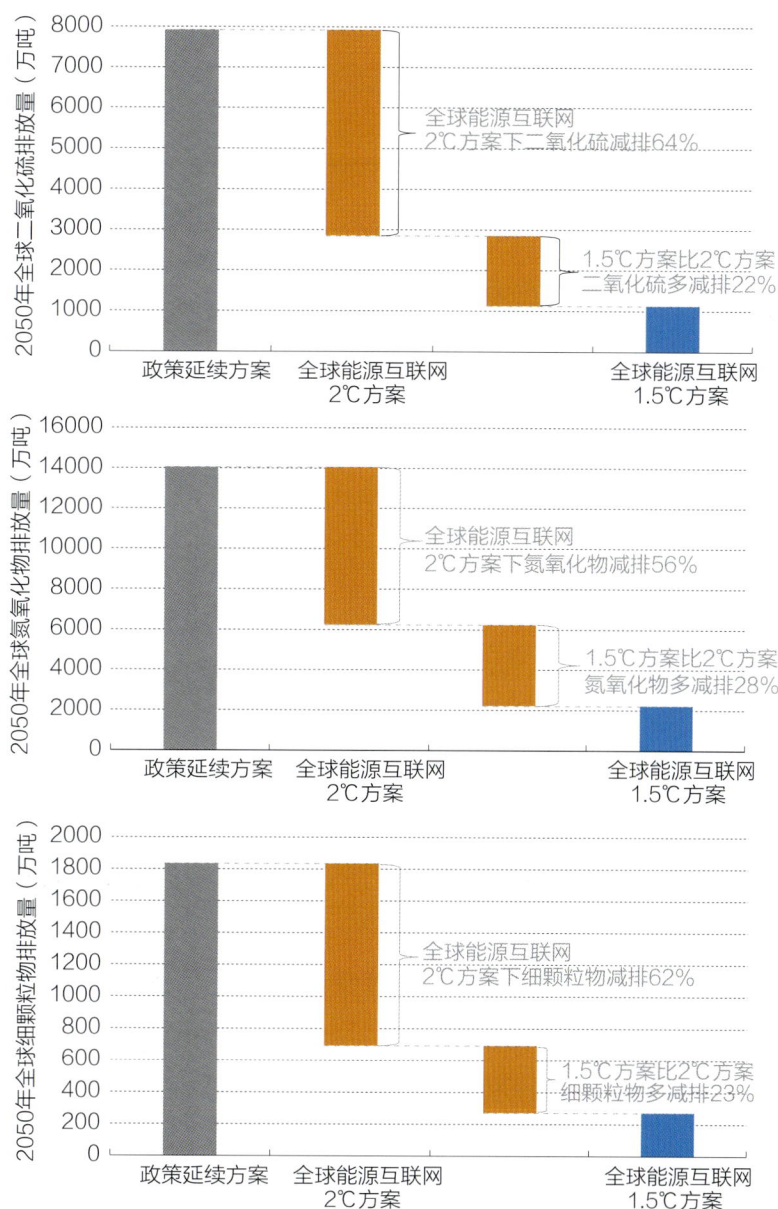

图 9.3　2050 年全球二氧化硫、氮氧化物、细颗粒物排放量

2　改善水环境质量

开发清洁能源，为大规模海水淡化提供充足便宜的清洁电力，从根本上解决水资源紧缺难题，摆脱淡水匮乏对人类发展的束缚。清洁能源开发利用耗水较少，相比化石能源开发利用产生显著节水效益，因此提高清洁能源占比，能够减少化石能源的水资源浪费，从而提高水资源利用效率。

全球能源互联网方案能够优化传统化石能源利用方式，减少化石能源开采、运输、使用全过程的废水排放，从根源上减少淡水污染。清洁替代能够显著提升清洁能源发电占比，以充足廉价的电力供应为支撑，采用先进技术，实现大规模污水治理，推动解决水污染治理问题。

到 2050 年，全球每年可节约发电用水 1100 亿立方米，实现海水淡化大规模开发利用，保障全球淡水供应，缓解干旱沙漠地区和沿海经济发达地区缺水问题。使化石能源造成的工业废水、化学需氧量、氨氮排放量分别下降 68%、63% 和 63%[1]，河流湖泊重现往日生机，"生命之源"得以有效保护。

3 提升土地生态价值

大规模开发太阳能和风力发电基地，增加地表粗糙度和覆盖度，减缓地表风速，减少降水冲击和阳光直射，增加区域降水并有效降低土壤水分蒸发量，减少水力、风力和日照等因素对土壤的侵蚀作用。创新构建电—水—土—林—汇生态修复模式，开发清洁电力淡化海水增加水资源供给，改善土地资源利用、提高植被覆盖、增加林业碳汇和粮食生产。

减少薪柴燃烧，提高终端电气化水平，减少对生物质能的初级利用，保护森林生态，保护生物多样性。减少煤炭开发利用产生的固废，促进固废集约化、无害化处理，减少化石能源全产业链的固废排放，节约土地资源，降低土壤污染风险。

在荒漠等人类未利用土地上统筹开发清洁能源，提升土地经济价值，减少高价值土地的占用，保护水土和恢复生态环境，实现经济社会发展与环境保护有机结合。该举措可全方位提升土地生态价值，到 2035 年，全球每年可提高土地资源价值约 750 亿美元；到 2050 年，全球每年可提高土地资源价值 1390 亿美元[2]。全球能源互联网助力人类在千里沃野上安居乐业，与自然生态和谐共处。

---

[1] 资料来源：全球能源互联网发展合作组织，全球能源互联网促进全球环境治理行动计划，2019。
[2] 资料来源：全球能源互联网发展合作组织，全球能源互联网研究与展望，北京：中国电力出版社，2019。

9.1.3 改善人类健康福祉

全球能源互联网创造和谐的经济社会环境，美好的自然生态环境，健康的人类生活环境，向所有人提供负担得起的高质量卫生保健，促进各年龄段所有人的福祉，打造一个"人人享有健康"的人类卫生健康共同体。

1 减少气变引发疾病

构建全球能源互联网能够减缓气候变暖导致的极端天气气候事件，降低干旱、洪涝、热带气旋（台风、飓风）、沙尘、寒潮与低温、高温与热浪等灾害事件发生的强度和频率，减少极端灾害导致的人员伤亡和经济损失。减少气候变化对农业、民生和经济部门、基础设施、人类健康等造成的不利影响和损失。

有效减少二氧化碳和其他温室气体排放，减少高温暴露造成的生理疾病，减少呼吸道、心血管等非传染性疾病的发病率，避免极端降水造成饮用水中病原体浓度提高，降低水、空气等媒介传染性疾病的发病率。

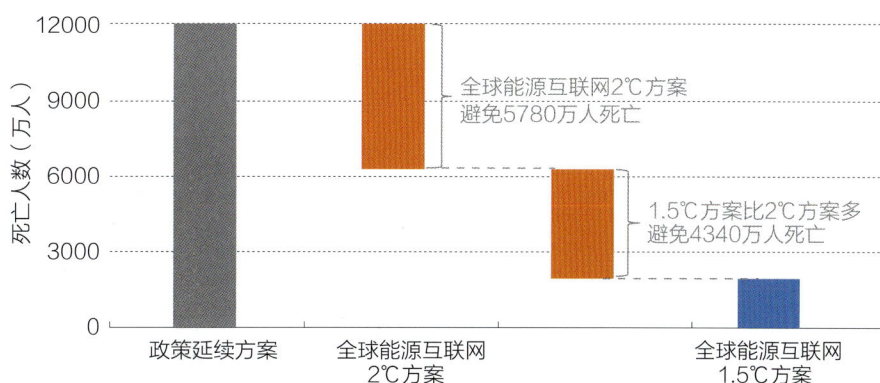

图 9.4　2020—2100 年避免气候灾害和相关疾病致死人数

到 2050 年，全球能源互联网方案能够避免气候变化引发的腹泻、媒介传播疾病（疟疾、登革热、血吸虫病）、心血管疾病和呼吸系统疾病等疾病以及热带气旋等天气气候灾害导致的 20 万~80 万人死亡，到 2100 年每年减少 200 万~260 万人死亡，本世纪内累计减少 0.6 亿~1.1 亿人死亡 ❶。

---

❶ 资料来源：Zhao Z J, Chen X T, Liu C Y, et al., Global Climate Damage in 2℃ and 1.5℃ Scenarios based on BCC_SESM Model in IAM Framework, Advance in Climate Change Research, 2020 (accepted).

2 降低环境致病风险

清洁替代和电能替代可以显著减少化石燃料燃烧产生的污染物，减少室内外空气污染，避免呼吸系统疾病等。通过清洁能源节水治污，可降低缺水导致的健康问题，减少水污染造成的水源性疾病。节约传统化石能源生产用地，通过生态修复能源生产用地，减少土壤污染，避免粮食产量下降，减少发育迟缓、营养不良等健康问题[1][2]。

通过促进经济社会发展，有效降低失业率，提升家庭平均收入，增加人均卫生可支配支出，避免失业造成的暴力事件和心理健康问题，避免营养不良、不接种疫苗等造成的新生儿死亡和儿童健康问题，避免医疗保障系统不完善导致的孕产妇死亡等问题，提高基本医疗覆盖率，保障人类健康水平。

发挥清洁替代和电能替代在 $PM_{2.5}$ 减排方面的重要作用，到 2050 年，空气细颗粒物浓度减少 85%，达到 WHO 的安全标准 10 微克 / 立方米，可避免因污染导致的相关疾病超过 1000 万例。同时，通过能源建设投资促进经济发展，加强经济社会适应能力，通过增加人均收入促进卫生投资，降低疾病死亡风险，显著延长人均预期寿命[3]。

---

[1] 资料来源：WHO, Ambient Air Pollution: A Global Assessment of Exposure and Burden of Disease, 2016.

[2] 资料来源：WHO, COP24 Special Report: Health & Climate Change, 2019.

[3] 资料来源：WHO, World Health Statistics 2019, 2019.

9.1.4 实现经济社会繁荣

全球能源互联网建设将拉动能源相关投资，提升资源配置效率，刺激经济增长，促进产业升级，扩大人力资本，不断增强经济发展动力。

1 拉动经济快速发展

通过电网互联建设刺激大量的能源供给基础设施投资，对经济增长产生最直接的贡献。投资水平的提高进而促进供应链上下游产业活动水平的提升，提高与能源供给体系建设相关的产业，如钢铁、机械设备、工程服务等行业投资水平。实施电—矿—冶—工—贸产业联动发展模式，全方位促进全球及地区经济增长。

基于先进的智能电网体系，通过大范围推广和采用智能电网技术，大幅提升电网的新能源消纳能力，提升能源利用效率，普及智能家居和智能出行，提高智能电力系统的安全性、经济性和环境友好性。新技术的应用显著降低电力系统运行成本和维护成本。通过推广和应用节能技术、装备和提高能源系统管理水平，推动清洁能源集约化、规模化发展，减少输配电损耗，提高节能环保新设备的普及率，有效提升能源的利用效率，从而节约成本，提升经济性。

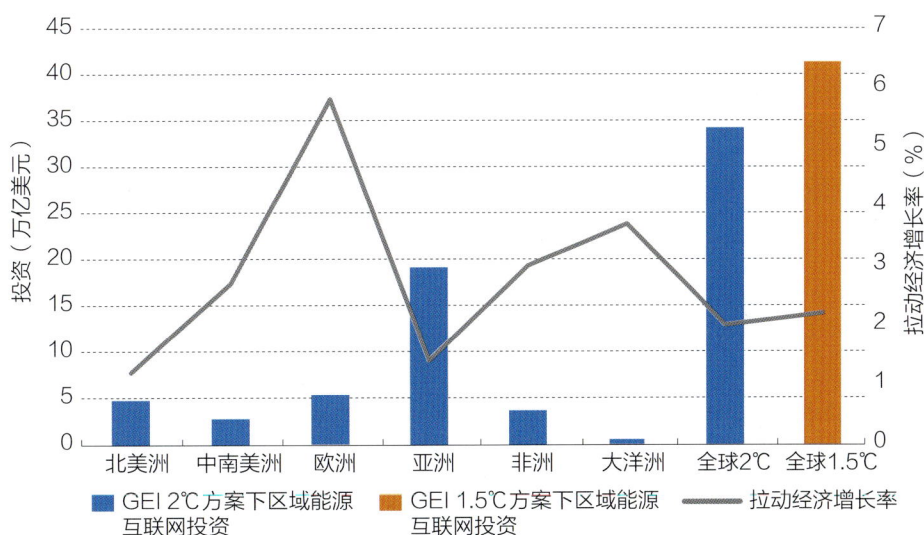

图 9.5　2050 年全球能源互联网建设拉动经济增长效益

到 2050 年全球能源互联网累计投资为 34 万亿～41 万亿美元[1]，对全球经济增长的贡献率为 2%～2.2%[2]。全球能源互联网投资最多的地区为亚洲，累计投资达 19 万亿美元，投资带动 GDP 增长的贡献率为 1.4%[3]。其次为欧洲和北美洲，到 2050 年区域能源互联网累计投资分别达 5 万亿美元和 4 万亿美元，投资带动 GDP 增长的贡献率分别为 5.8%[4] 和 1.2%[5]。大洋洲区域能源互联网累计投资 0.3 万亿美元，投资带动 GDP 增长的贡献率为 3.7%[6]。非洲和中南美洲由于清洁能源资源丰富，能源系统投资对经济增长率的拉动效应显著，到 2050 年区域能源互联网累计投资分别达 3 万亿美元和 2 万亿美元，投资带动的 GDP 增长的贡献率分别为 3%[7] 和 2.7%[8]。对于能源电力和电网基础设施不完善的发展中国家，全球能源互联网建设项目能够将清洁资源优势转化为经济优势，对 GDP 增长的贡献更为显著。

2 创造广泛就业机会

构建全球能源互联网拉动清洁能源开发、电源及电网互联工程投资，直接创造人力需求。电力基础设施投资间接为建筑业、物流业和相关建材行业等创造就业机会，刺激各相关行业技术加速发展，由技术溢出效应带动科技创新，产业结构不断调整，从而增加就业岗位，在解决就业问题、降低失业率上，发挥着关键性作用[9]。

全球能源互联网能够帮助发展中国家解决能源基础设施不足的问题，能源基础设施的建立和能源供给的保障进一步促进教育、医疗等社会基础服务水平和质量提高，增强劳动力素质和人力资本，促进经济发展和产业升级。

---

[1] 全球能源互联网投资包括电源投资和电网投资，是能源系统投资的组成部分。
[2] 资料来源：全球能源互联网发展合作组织，全球能源互联网研究与展望，北京：中国电力出版社，2019。
[3] 资料来源：全球能源互联网发展合作组织，亚洲能源互联网研究与展望，北京：中国电力出版社，2019。
[4] 资料来源：全球能源互联网发展合作组织，欧洲能源互联网研究与展望，北京：中国电力出版社，2019。
[5] 资料来源：全球能源互联网发展合作组织，北美洲能源互联网研究与展望，北京：中国电力出版社，2019。
[6] 资料来源：全球能源互联网发展合作组织，大洋洲能源互联网研究与展望，北京：中国电力出版社，2019。
[7] 资料来源：全球能源互联网发展合作组织，非洲能源互联网研究与展望，北京：中国电力出版社，2019。
[8] 资料来源：全球能源互联网发展合作组织，中南美洲能源互联网研究与展望，北京：中国电力出版社，2019。
[9] 资料来源：IRENA, Renewable Energy and Jobs Annual Review 2018, 2018.

全球能源互联网投资将带动能源电力基础设施的上中下游全链条、经济社会各领域的投资建设，到 2050 年将在全球创造近 3 亿个就业岗位[1]。其中亚洲地区就业促进效益最为显著，创造就业岗位接近 1.5 亿个，占全球新增就业岗位的一半[2]。欧洲和北美洲分别创造就业岗位 2700 万[3]和 1000 万个[4]，非洲约 1 亿个[5]，中南美洲约 500 万个[6]，大洋洲接近 500 万个[7]。

9.1.5　消除贫困普惠发展

全球能源互联网全面促进社会可持续发展，推动扶贫、脱贫，解决生存贫困问题，消除多维贫困人口问题，带动就业，提高家庭收入，保障社会公平公正，创造巨大社会福祉，促进社会和谐普惠发展。

1　全面推动可持续发展

全球能源互联网全面促进实现 17 项联合国 2030 年可持续发展目标，对可持续发展目标 7（廉价和清洁能源）、目标 13（气候行动）、目标 9（工业、创新和基础设施）、目标 12（负责任的消费和生产）和目标 1（消除贫困）等领域具有关键推动作用。

构建全球能源互联网，化解气候环境危机，保护自然生态环境，实现经济社会繁荣，增进各国民众健康福祉，尊重和捍卫全世界各国人民平等的生命健康权，天更蓝、水更绿、空气更清新、食品更安全，让人人享有更健康、更繁荣、更具包容性和抵御能力的世界。

建设全球能源互联网能够综合提升气候环境危机的预防、抵御、恢复、适应能力，刺激经济增长，促进社会发展，避免气候损失，改善生态环境，守护生存健康，综合创造社会福祉累计达 720 万亿~800 万亿美元，相当于 1 美元的能源投资能获得 9 美元的社会福祉，为人类社会繁荣发展提供强大支撑。

---

[1] 资料来源：全球能源互联网发展合作组织，全球能源互联网研究与展望，北京：中国电力出版社，2019。
[2] 资料来源：全球能源互联网发展合作组织，亚洲能源互联网研究与展望，北京：中国电力出版社，2019。
[3] 资料来源：全球能源互联网发展合作组织，欧洲能源互联网研究与展望，北京：中国电力出版社，2019。
[4] 资料来源：全球能源互联网发展合作组织，北美洲能源互联网研究与展望，北京：中国电力出版社，2019。
[5] 资料来源：全球能源互联网发展合作组织，非洲能源互联网研究与展望，北京：中国电力出版社，2019。
[6] 资料来源：全球能源互联网发展合作组织，中南美洲能源互联网研究与展望，北京：中国电力出版社，2019。
[7] 资料来源：全球能源互联网发展合作组织，大洋洲能源互联网研究与展望，北京：中国电力出版社，2019。

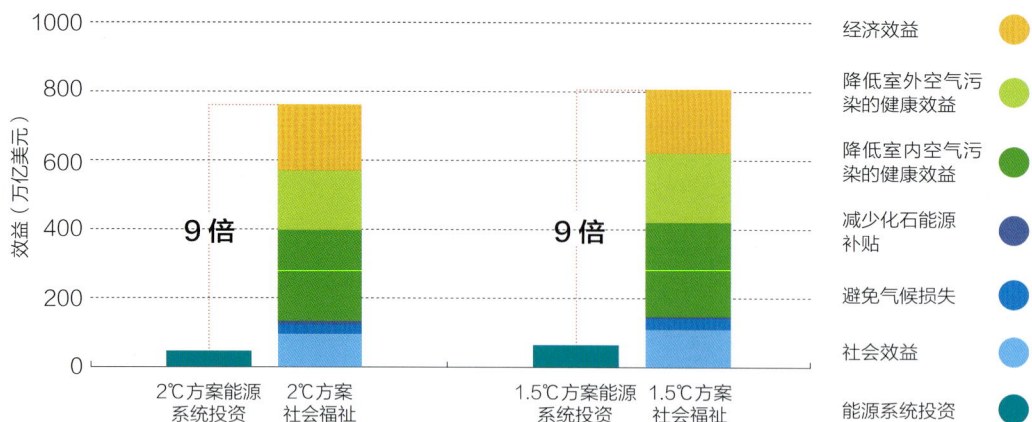

图 9.6　全球能源互联网投资带动 9 倍社会福祉提升

2　开创解决贫困新模式

采用大电网和分布式相结合方式，为广大无电地区提供可负担、可获得的清洁电力。发挥电力对工业生产、生活品质的保障提升作用，因地制宜推动零碳产业发展，促进贫困地区享受更加卫生、安全、便利的生活设施。

在非洲、亚洲等贫困人口集中的区域，通过电力普及加快推进重点扶贫、脱贫，创造就业机会，全面消除生存贫困（每天消费支出低于 1.9 美元）。能源产业投资建设，能够通过带动经济发展、增加就业提高家庭收入，解决贫困问题，促进社会和谐、稳定发展，人类社会将共享繁荣，建立幸福美好新世界。

加快破解无电人口问题，能够在解决贫困问题的同时，推动社会基础设施建设，为贫困人口提供更好的社会服务和福利保障，促进生活质量全面提升。到 2030 年，全球无电人口下降一半，多维贫困人口总数下降至 3 亿，除非洲外，其他地区基本消除多维贫困。到 2050 年，非洲、亚洲、中南美洲全面消除无电人口问题，世界范围内实现人人获得负担得起的、可靠的现代能源服务，全面消除多维贫困，促进社会稳定和谐发展。

9.2　世界实现永续发展

面向长远未来，以全球能源互联网为基础，未来全球将形成能源资源供给充足、能源转化多元高效、能源配置互联互通、能源环境清洁绿色、能源安全协同共享、能源合作开放包容的新型能源体系，能够实现能源发展突破资源、时空和物质约束，让人人享有清洁、智能、充足的永续能源保障，驱动经济发展方式深刻变革、激发无限发展活力，人类社会进入协同共享、和平永续、繁荣昌盛的新时代。我们对人类未来生活充满期望和憧憬，全人类终将共同享有物质丰富、经济繁荣、社会进步、环境美丽、和谐幸福的美好生活，开启人类更高文明的新篇章。

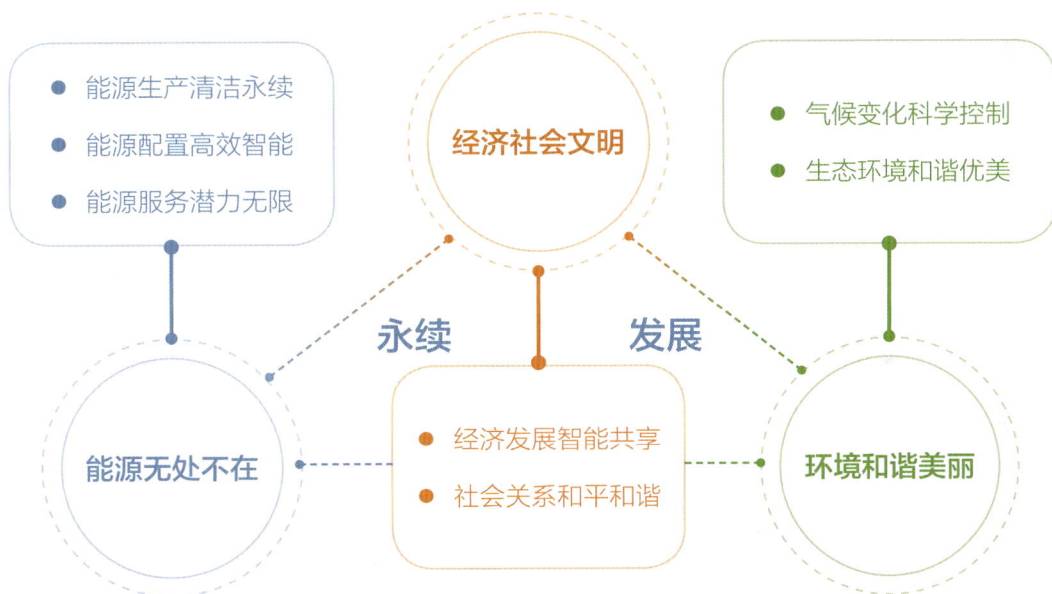

图 9.7　危机破解后世界实现永续发展

9.2.1　能源无处不在

未来能源发展的理念创新、技术创新和机制创新，将突破资源约束、时空约束和物质约束，解放人类生产力，转变生产生活形态，激发人类文明新活力。

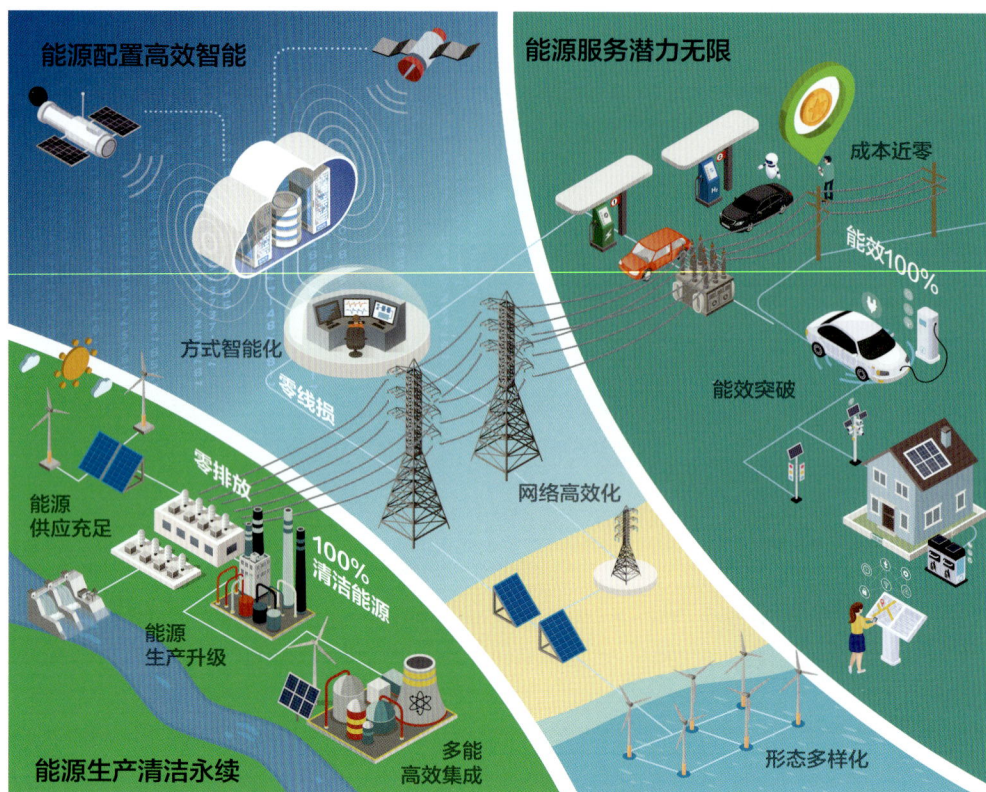

图 9.8　永续新世界能源无处不在

1　摆脱资源约束，能源生产清洁永续

能源供应充足。 各类清洁能源大规模开发利用，能源实现随取即用。普照的阳光、奔腾的河流、过境的大风、深藏的地热等各种形式的清洁能源，将通过各类新型发电装置转化为电能，随时随地满足人类需求。核能也为人类未来能源利用升级开辟新途径。随着人类对原子、中子、夸克等微观粒子开发利用能力的提升，仅海水中氘的储量就满足人类几十亿年能源需求。空间太阳能、宇宙中物质蕴藏的能量一旦得以利用，也将使星际探索能源续航不再成为障碍。

能源生产升级。 未来人类生产能源的方式从低效、粗放、污染、高碳的方式向高效、智能、清洁、低碳的方式持续演进。风力发电装置应用范围不断扩展，有效利用小时持续提升，太阳能发电装置具备阳光自动调整发电模式，大规模储能技术拓展电能使用场景，大幅度提高能源品质。全部使用清洁能源将能够满足人类生产生活的各种需要。纳米发电机、微型太阳能电池、小型生物质发电装置等各类能源转化技术创新发展，车辆、建筑等传统意义上的能源消费者，转变为能源生产和消费者，参与能源双向互动。

多能高效集成。 多能源互补是能量梯级利用、高效开发的重要保障。**在一次能源侧，** 核能、水能、风能、太阳能各自发挥作用，满足不同特性、不同时段的用能需求。依托各类能量路由器，一次能源直接并入未来能源网络，实现全球范围的能量平衡。**在二次能源侧，** 形成以电为核心，热、氢、氨等多种形式互补的能源结构，满足人类多样化的用能需求。能源由单点、单向供给转变为多向协同供给。以需求为导向，通过多能融合、梯级利用，实现二次能源的优化利用。

2　打破时空界限，能源配置高效智能

配置网络高效化。 展望未来，全球能源大规模配置网络全面建成，能源网络覆盖全球每一个角落。人类建立起能源输送的"大动脉"，实现各类清洁能源以低损耗、高质量的方式传输，在全球范围配置能源资源。超导输电、无线输电得到广泛使用。随着微波和激光等无线电能传输技术不断成熟，电能传输的灵活性和便捷性显著提升，空间太阳能也可以通过远距离无线输电传输配送到地面。未来能源网络将突破冷、热、电、气等独立系统模式，多种能源设施资源将高度融合和共享，降低能源基础设施重复投资与建设体量，实现能源设施优化利用。

配置形态多样化。 随着能源输送配置技术的不断创新发展，未来能源配置有望实现陆、海、空三位一体结构化形态。**陆基方面，** 建成覆盖陆上大型风电和太阳能发电基地的主干能源网络，实现大范围能源优化配置，解决能源资源和负荷需求逆向分布的问题。主干能源网络还与大型储能、制氢、海水淡化、输油输气管网等基础设施深度耦合。**海基方面，** 可以充分利用丰富的海洋能等各类资源，建立大型海上清洁能源基地，利用特高压海底电缆，实现数千千米的跨海能源输送。**空基方面，** 与地面太阳能相比，地球同步轨道上的空间太阳能具有照射时间长、利用效率高、能流密度大、持续稳定、不受昼夜和气候影响等优点，未来在微波、激光等远距离无线输电技术的支撑下有望发挥补充作用。

配置方式智能化。随着大数据、云计算、人工智能、物联网等科学技术的全面突破与逐项应用，人类能源配置方式会发生颠覆性改变。全球数百个气象卫星的数据支撑下，全球各地的光强和风速能够精确判断，以更加高效和绿色方式从自然界获取能量。基于先进的传感、通信、控制、计算机、智能化技术的能源信息系统，可实时了解每个用户甚至用电设备的用电规律，针对负荷特性开展灵活、精细、高效的需求侧响应。能源系统将和人类生产生活的各个环节形成紧密系统耦合、形成整体协调优化的开放型综合能源体系。

3 突破发展极限，能源服务潜力无限

能源近零成本供给。未来清洁能源实现规模化、网络化配置，有效降低了能源开发成本，整体提高全社会能源利用水平。能源生产链条大大缩短，能源供应的边际成本将大幅下降，甚至达到近乎零成本供应。由于电力易得、低廉，贫困地区的居民将告别薪柴取能，直接进入电气化社会。人们将充分享有清洁、高效、低廉的电力供应。人类从各层次的能源工作中获得解放、分享红利，生产力更多地投入到新技术、新知识、新思想的创造中，带动绿色低碳产业快速发展。

能效潜力全面释放。实现全电气化，电能占终端能源消费比重接近 100%，能量利用效率大幅度提高。人工智能大幅度提高工业生产效率，减少能源消费。通过新技术提高能源利用效率，促进技术进步、产业优化升级和生产方式变革，改变"高消耗、低效率"的粗放经济发展模式。电力作为高品质能源在全球应用更加广泛，各类超级计算机、工业机器人、大型飞行器以及电制氢、电制氨等直接或间接电能替代技术快速成熟并大规模应用，推动电能进一步发挥生产优势、配置优势、转换优势。高度低碳化、电气化、智能化的能源消费新格局，驱动智慧家庭、智慧城市、智慧社会蓬勃发展。

9.2.2 经济社会文明

充足的能源供应将对经济生产要素和生产方式产生深远影响，推动人工智能深度发展和广泛应用，极大提升生产效率，经济社会将步入协同共享、和平和谐、文明升华的新时代。

图 9.9　永续新世界经济社会高度文明

1　经济发展智能共享

智能高效。便捷普及、可靠充足的能源供应将推动人工智能快速发展。农业、工业、服务业等行业中传统的生产方式将被智能化全面取代，大量生产将全部由智能网络和智能机器完成，教育、医疗、金融等服务将全面实现智能化。受益于未来能源的近零成本供应和全面智能化的生产体系，经济体系的产品供应能力和规模将极大丰富，清洁能源和智能化成为推动经济可持续发展的核心驱动要素。

协同共享。近零成本、广泛覆盖、开放共享的未来能源系统将推动科学智慧、技术创新、现代生产资料等要素惠及社会每个角落，不同行业和领域知识壁垒、信息壁垒、生产要素壁垒将被打破。多领域跨界融合、多专业协同共享的发展机制，使个性和创意得到充分释放，创造力不断增强。3D 打印、智能制造等通用型生产在终端广泛布局，高效便捷的物流、信息网络推动商品和服务快捷共享。社会个体通过协同生产和广域共享可同时担当多个行业领域的生产者和消费者，构建起协同共享的全新经济生活方式。

2 社会关系和平和谐

和平安定的国际关系。 以近零成本和便利可及的能源、信息、物流网络为支撑，将推动形成生产协同合作、商品自由流通的地区国家共同体和技术广泛共享、理念融合互促的非地缘性行业共同体。依托地区、行业双层架构，建立利益共享、风险共担、相互依存、紧密融合的全球治理机制，一国一旦因违反共同体公约而被排除在外，将面临极大的经济损失和政治压力。将有效化解国际社会不安定因素，消除因能源争夺、市场竞争、贸易纠纷等引发的冲突和战争，实现人类社会持久和平和普遍安全。

以人为本的社会关系。 未来能源系统将在生产自动化、生活智慧化、价值多元化的基础上，推动构建以人为本的社会发展模式和生活保障体系，促使更多社会个体投身到应对气候变化、环境治理、科技创新等为人类社会谋和谐、谋福祉的宏伟事业中。目前全球受雇于非营利部门的全职员工人数超过 5600 万且增长迅速，未来非营利领域将成为社会劳动力就业的主流方向。未来能源系统推动构建近零成本的共享社会，GDP 将不再是衡量经济水平和社会发展程度的指标，社会成员的物质和精神生活品质以及和谐社会关系将成为重点。

平等互利的人际关系。 未来能源系统提供了虚拟和现实多层次沟通交流的基础平台，将有力促进理念传播、思想交流、文化交融。源自传统社会制度的私有化、市场交易、国家边界等意识将逐渐减少，形成跨越政治界限、文化界限、思想界限的新型社交关系。人们将前所未有地深度感受他人的情感，区分你我的陈旧观念将被超越，人类的同理心、同情心得到升华。形成平等友善、互相帮扶、共同进步的人际关系，缩小因经济社会发展不平衡、不充分带来的差距，促进各个国家、民族、肤色、性别的人群平等独立，无差别地提升所有人的福祉。

9.2.3 环境和谐美丽

清洁、高效、永续的能源发展方式，能有效避免各类温室气体和污染物排放，气候变化、环境污染、土地荒漠化、水资源紧缺等问题不复存在。人与自然回归最初的和谐，处处绿水青山，处处生机盎然，人类进入永享自然之美的新常态。

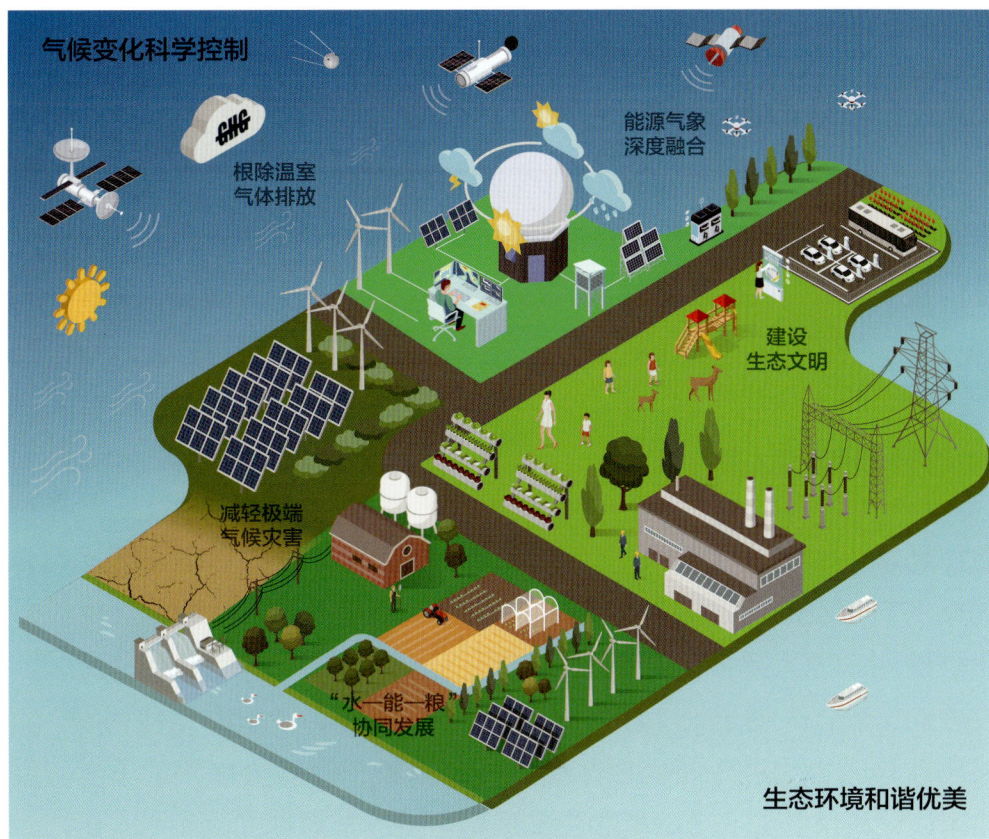

图 9.10 永续新世界环境和谐美丽

1 气候变化科学控制

根除温室气体排放。能源开发、输送、使用方式的不断发展，为解决气候变化问题提供根本解决方案。陆地、海洋、天空、太空各类清洁能源组成的未来能源体系，让化石能源彻底回归工业原材料属性，人类生产生活将不再有各类温室气体排放，彻底消除地球变暖的根源。依托成本近零、充足可靠、取用便捷的清洁能源供应，依托碳捕集与封存、气候工程等前沿技术，人类将有能力从根本上控制人为排放温室气体和各类污染物，让地球气候和环境回归自然状态，根治气候环境危机，迎接更加美好的未来。

减轻极端气候灾害。能源约束的突破使得严重威胁人类生存发展的自然灾害不再无解，提高人类适应自然、改变自然能力。基于持续、稳定、高功率的太空太阳能和高空风力发电支撑，人类能够通过人工增雨、防雹、消云、消雾、削弱台风、抑制雷电、防霜冻等工程技术手段，影响局部区域内大气中的物理过程，减轻和避免各类灾害。通过开发海洋热能、清理海洋废料等方式，修复海洋环境、保护海洋生态。

能源气象深度融合。能源与气象系统深度融合将实现人类从被动适应气候变化到精准预报气候系统和有效利用气候资源的巨大转变。以太空太阳能为支撑，利用宇宙空间站、同步轨道卫星等技术，组建由自动地面气象站、高空站、空间站、海洋观测站等组成的全球气象观测网络。这一网络全方位覆盖地球上任何地方，能够准确获取不同时间和空间精度的精准气象要素信息，极大提升气象模式的预报能力和预报精度。地表太阳能、风能等清洁能源资源将改变"发电不可控、出力有波动"的特性，在指定时间段内实现平稳发电，大大提升能源开发利用效率。

2 生态环境和谐优美

保护自然环境。未来能源体系不仅能够有效化解能源活动对生态环境影响，而且为人类保护和改造自然提供了强大动能。能源发展不再破坏自然生态，能源设施土地使用率大大降低，森林重现往日的茂密，草原恢复曾经的葱郁，峡谷回归过去的宁静，大地呈现"绿色繁荣"。依托能源、气象、土地利用、农林业等领域创新技术，促进荒漠化地区通过高效采集、存蓄雨水和地下水，增加植被覆盖率，让荒漠变成沃土，提高生态环境可持续发展能力。

"水—能—粮"协同发展。充足、高效、智能的能源供应将有力促进水资源的再生与保护，开创粮食生产新方式，为人类生存提供"水—能源—粮食"协同发展保障。太阳能、核能等清洁能源的广泛应用，使得大规模海水淡化和大范围水利调度成为现实，解决水资源供应紧缺、分布不均等问题，摆脱淡水匮乏对人类发展的束缚。依托清洁能源，人类生产生活曾经造成的水污染将可通过离子交换、磁分离等先进技术得到大规模处理，让水质恢复清澈。在获得充足水源的基础上，利用基因工程技术增加粮食产量，让全世界人民都能吃到高质量、高营养食品，提高健康水平。

建设生态文明。与自然和谐共生的生态文明价值观代表了一种更为高级的文明，促使人类以历史性、系统性、整体性的新视角来看待自然，开启尊重自然、珍爱自然、保护自然、与自然协同发展的新历程。尽管人类的科技水平越来越发达，经济、社会、政治、文化等逐步走向更高形态，但人类与自然环境相互依存的密切关系却在不断回归和谐。能源约束的突破，推动人类经济社会发展不断进步，促进人与自然建立和谐友好的可持续发展关系，开启人类文明新纪元。